历史学研究入门丛书

陈　恒　主编

历史学研究入门丛书

中国史学史研究入门

AN INSTRUCTION TO THE STUDY OF THE HISTORY OF CHINESE HISTORIOGRAPHY

张越　著

图书在版编目（CIP）数据

中国史学史研究入门/张越著．—北京：北京大学出版社，2019．12
（历史学研究入门丛书）
ISBN 978－7－301－30922－3

Ⅰ．①中…　Ⅱ．①张…　Ⅲ．①史学史—研究—中国　Ⅳ．①K092

中国版本图书馆 CIP 数据核字（2019）第 256567 号

书　　名	中国史学史研究入门 ZHONGGUO SHIXUESHI YANJIU RUMEN
著作责任者	张　越　著
责任编辑	刘书广　李学宜
标准书号	ISBN 978－7－301－30922－3
出版发行	北京大学出版社
地　　址	北京市海淀区成府路 205 号　100871
网　　址	http://www.pup.cn　新浪微博：@北京大学出版社
电子信箱	pkuwsz@126.com
电　　话	邮购部 010－62752015　发行部 010－62750672 编辑部 010－62755217
印 刷 者	大厂回族自治县彩虹印刷有限公司
经 销 者	新华书店
	965 毫米×1300 毫米　16 开本　22 印张　306 千字 2019 年 12 月第 1 版　2022 年 8 月第 2 次印刷
定　　价	59.00 元

《历史学研究入门丛书》弁言

一、自上世纪六七十年代以来，历史学的面貌发生了很大变化，继积极接受社会科学的影响之后，又将其触角伸向了文化生活的方方面面。其表现之一，就是相对于以政治活动为中心的史学传统，诸多新的对象、新的领域进入了历史学家的视野，举凡妇女、儿童、市民生活、民间信仰，甚至城市卫生、声音与气味，都可以作为历史书写的中心问题。随着历史学家们领地的扩展，在断代史、国别区域史、事件史等传统专门领域之外，渐次形成思想史、文化史、城市史、妇女史、文明史、书籍史等众多的新兴史学分支。历史学的这一变化，既得益于相关学科理论或方法的启迪，同时，其进展反过来也为其他学科提供了有益的借鉴。因此，将历史学各个专门领域的知识框架、研究传统、核心文献等基本内容精编为一册，随时浏览，便于入门，无论对历史学专业还是其他相关学科的读者来说，均有必要。

二、"历史学研究入门丛书"旨在为历史学学科内外的读者群提供基本的专业指南。因此，丛书着重于基本知识、历史脉络、基础理论及经典成果的缕述。一般来说，每种图书介绍某一专门领域，其内容至少包括如下几方面：(一)历史概述，让读者的历史想象有所凭借，把握基本的发展脉络；(二)原始文献介绍，史料是历史学的根基，是历史解释的基本依据，应特别重视；(三)学术史概述，通过国内外研究成果的梳理，给予读者一幅知识树生长、延展的图景；(四)经典研究的重点研讨；(五)工具书、资料库、学术期刊等必备的学术资源，给初入门的研究者提供指引；(六)关键词，亦即最基本的核心概念和术语。当然，最后还要为读者准备一份进一步扩展阅读的书目。这样的构想看似简单，实则是艰巨的写作任务。

三、丛书遵循短小精悍、简明扼要的编写原则。“入门”不是“手册”,我们这套丛书面对的是学科内外的广大读者,功用在于读而非在于查。列入丛书书目中的各个历史分支都有一定的历史积累,知识含量丰富,“入门”目的是让读者了解该领域的重心和走向,不求面面俱到,亦难免挂一漏万。还需要说明的是,各个史学分支虽然同属于历史学领域,但各有自身的特点,内部知识生长的具体情形差异颇大,因此,我们一方面力图遵循一定的撰写体例,另一方面亦不拘泥于此,以在写作中尽量体现各领域的知识重点为要务,而无须削足适履,追求形式上的整齐划一。

四、根据历史学目前的学科特点,丛书大概分为专题系列、国别系列和人物系列等若干类别,其中专题和国别区域两个系列为目前编写出版的重点。为了给广大读者奉献一套国内一流的史学入门丛书,我们力求以“成熟的选题、最佳的作者”为出版方针,在力所能及的前提下,将丛书规模渐次扩充。在此,我们要恳请国内史学界的专家学者们鼎力襄助。希望本丛书的刊行,能为学术薪火的绵延传承略尽微薄之力。

陈 恒

2009年8月

目录

目录

目录

序　言

接到陈恒教授示下撰写此书的邀约，我一时十分犹豫，主要原因在于：本书虽名为“入门”，但是写好却并不容易，因为这不仅要照顾到中国史学史研究的各个方面，需要在研读大量已有成果的基础上条分缕析、归纳总结、深入浅出、择善而从，而且还要从中提示重点、明确问题、点面结合、追踪前沿。在陈恒教授的鼓励下，我多少还是有些不揣冒昧地接受了这个任务。

中国史学史研究从20世纪80年代以来已取得全方位进展，但是以全面阐述研究动态、评述已有研究成果、为学习与研究中国史学史的同仁以及历史爱好者提供本学科基本情况参考为目的的同类著作却并不多见，除断续发表的年度（或某个时段）中国史学史研究情况综述文章外，此前大概仅有一本1996年出版，由杨翼骧先生审定、乔治忠教授和姜胜利教授编著的《中国史学史研究述要》，而缘于各种原因，该书仅述及1987年以前的中国史学史研究情况。因此，总结与分析20世纪90年代至今的中国史学史研究状况、基于今日对中国史学史的认识回顾与反思20世纪初中国史学史学科建立以来的发展历程、汇集在新的学术研究条件下不断出现的各种中国史学史研究的学术资源，这对本学科而言，无论如何都是具有重要意义的，这也是我勉力撰写此书的主要原因。

有以下几点需要说明：

第一，近十几年来，我的主要研究领域更多地是在中国近现代史学史方面，虽一直非常关注中国古代史学史研究，但毕竟精力、能力有限，反映在本书中，特别是第四章“重点问题”部分，古代史学史研究方面可能显得有些分量不足。

第二,本书论及的各类问题,主要基于研究著作,那些以著者发表过的论文汇集为书的著作,原则上不再提及;限于时间和篇幅,数量更多的研究论文,在本书正文中提到的不多,为了适当弥补这一缺憾,在书末的“推荐阅读文献”中,列出了部分重要论文,请读者参考之。

第三,本书提及的学者中有很多是我素所敬仰的先辈或老师辈学者,还有更多的学者与我亦师亦友,只是为了体例上的统一,正文中均以其名讳直称。

第四,书中提及的研究成果,或有遗漏;书中论述的某些观点,或有不妥。欢迎读者批评指正。

感谢上海师范大学陈恒教授和北京大学出版社刘书广先生,感谢为本书的撰写提供帮助的王应宪、王传、叶建、王兴等先生。

张 越

2019 年 8 月

导　言

在历史学各分支学科的大家庭中，史学史显得有些“小众”。史学史既非叙述历代王朝成败兴亡、治乱兴衰的过程，也非叙述那些具有各种意义的历史事件和建功立业的历史人物，亦非叙述那些宏大叙事视野之外的阶层、群体、个体等的历史存在，史学史叙述的仅是历史学这门古代的学问、现代的学科的产生和发展过程，这或许就注定了史学史即便是在历史学领域也未必能得到更多学者的关注，更遑论在人文学科或整个知识体系中的地位。然而史学史因此就无足轻重吗？回答当然是否定的。

且不说各学科发展史的意义之于本学科的重要性，如文学史之于文学、哲学史之于哲学，即如从史学史的学科特征和研究内容来看，它大致包括对不同时期史书史家与史学流派的总结与评价、史学成果及其内在的史学观念对史学发展走向产生的深层作用、史学发展在不同时期与当时社会的互动关系、史学与其他相关学科间的渗透和影响等，这些基于历史学各个研究领域的具体成果之上所具有的总结、反思、批评、评估、展望等基本属性，都是本学科其他领域所不具备或不完全具备的，那么，史学史的重要性则是不言而喻的。如此说来，史学史不仅是历史学研究层面所必需的，同样也应为初学历史者或历史爱好者应该大致了解的，因为，过往的历史是赖于历史学者的记载而流传下来为大众所知的，只有明了古往今来的学者是怎样记载历史的、客观历史在历史学家笔下何以呈现如此之样态、我们所知道的历史是不是真实全面的、前人对历史的评价是不是恰当客观的等诸如此类的问题，才真正有助于人们更正确地了解历史、认识历史和评价历史。因此，史学史研究或许显得“小众”，但从史学史研究中所得到的认识与启发是具有更广泛的意义的。

中国史学史研究的任务或目的，主要是要讲清楚中国史学是怎样发展的、中国史学给人们提供了怎样的历史知识、中国史学有什么特点、中国史学在中国文化传统中有什么影响等问题。笔者并不奢望通过中国史学史的研究能够找到中国史学的“发展规律”，但是却坚定地认为中国史学史研究是可以帮助人们更深入地了解中国史学乃至认识中国历史的一种有效途径。朱维铮指出：“中国的史学遗产，以它在世界文库中无与伦比的丰富程度令人惊叹，更以它绚丽多彩的记录形式令人眼花缭乱。它的门类，照十八世纪目录学家的区别，便有正史、别史、杂史、传记、政书、史评等十五类。它的体裁，照古代历史学家自己的命名，大的有纪传、编年和纪事本末，小的有笔记、野史、家乘、谱牒等等。”“当今世界上几乎所有的历史编写形式，都已被我们的先辈所发现，至少创造过某种雏形。”[①]先辈史家历史撰著的数量与种类趋于无与伦比的丰富程度，在编纂形式上几乎穷尽中外史学上的已知各种编纂形式，达到如此程度的基本动力就是为了更好地记载历史、认识历史，以此为研究对象，是中国史学史的基本任务。

中国史学史的研究范围或研究内容，除梁启超、金毓黻、蒙文通等先辈学者的论说之外，近几十年较有影响的一是白寿彝提出的“历史理论”“史料学”“历史编纂学”和“历史文学”四个方面之说[②]，一是朱维铮提出的“历史编纂学史”“历史观念史”和“中外史学的交流和比较”三个方面之说[③]。白寿彝所说的历史理论，又被人们解释为对客观历史的理论认识和对史学自身的理论认识两个方面，前者可称为“历史理论”或历史哲学，后者可称为“史学理论”，“历史理论”更偏重于哲学范畴、“史学理论”更偏重于史学范畴，史学史当以“史学理论”的研

---

① 朱维铮：《中国史学史讲义稿》，上海：复旦大学出版社，2015 年，第 4 页。

② 白寿彝：《中国史学史》第一册，上海：上海人民出版社，1986 年。

③ 朱维铮：《史学史三题》，《复旦学报》2004 年第 3 期。

究更受关注;史料学即历史文献学,作为史学史研究内容之一自是题中之义,但是历史文献学属于目前学科目录中的二级学科之一,已自成一个研究领域;历史编纂学是史书的表现形式,是史学史研究中不可或缺的主要内容;历史文学,在这里特指历史撰写的文字表述(非历史题材的文学作品),以"准确、凝练、生动"为标准,然而近年来受到关注的历史叙事、历史书写的文本属性等理念,更重视渗透于历史书写中无处不在的各种主观因素的影响,其重要性大有后来居上之势。与此相比,朱维铮所提出的史学史的结构不包括前者的"史料学"和"历史文学",增加了"中外史学的交流和比较"。与白寿彝提出的历史理论和历史编纂学相近,朱维铮也提出了历史编纂学史和历史观念史,朱维铮的解释亦有其特点:历史编纂学史"既需要继续探究各类历史记录形式的递嬗与衍变,厘清与重要作品攸关的人和事的历史实相,还需要深入考察与作品作者密切相关的生态环境和重大事变。从事后一项工作,尤其需要克服种种非史学的干扰,诸如古为今用、以术代学、以论代史、惟权是尚的等等"。历史观念史是"在社会历史中互相冲突又互相吸纳的复杂历史认知的存在,那复杂性就在于这类认知总是呈现历时性与共时性错综交集的特色","观念未必形成理论。但观念的萌生、分蘖、争存或荣枯,却是历史的整体映像,在历代史学遗存特别是非官方的载籍中多有踪迹。除了狭义的史学理论或史学批评,史学史还需要从更高层面系统考察历史观念史"。① 至于中外史学的交流和比较,虽"历代都有目治耳食的记载"②,但与中国史学有实质性互动还是要从 19 世纪后期开始,它更多地属于近代中国史学史研究的重要部分。综合两家之言,中国史学史的研究范围恐离不开广义的史学理论(观念)史和广义的历史编纂学史两个基本方面,从大处着眼,理论观念方面包含历史理论、史学理论、史学观念、史学思想、史学批评、史学评论等,怎样确定这些概念的范畴与内涵、如何阐释这些概念的古今要义、如何厘清这

---

① 朱维铮:《史学史三题》,《复旦学报》2004 年第 3 期,第 27、28、23—24 页。
② 同上书,第 28 页。

些概念之间的复杂关系是一大难题；历史编纂方面含历史记录的各种形式(史体)、私家著史的旨趣与特征、官修史书的体制与方法、历史叙事的取舍与考量、文本书写的隐喻与描述、社会因素对史书编纂的影响、文化因素对史书编纂的影响、相关学科对史书编纂的影响、特定时期史学所处的生态环境等。到了19世纪末20世纪以后，中外史学的比较与融通加入其中，构成了中国史学史研究内容的三大板块。

中国史学史是近代中国史学学科化后的产物。将历史学作为近代学术分类中的一门学科，便会具有学科史的意识，中国史学史学科意识的产生仅百年左右，面对的却是有着两千多年漫长发展过程和厚重积累的中国史学，首先出现的问题就是怎样用学科化的历史学概念去阐述长时期并不具备近代学科化意识，而只是作为传统知识结构中的一门学问的古代中国史学。换句话说，无论是对历史学功能、性质、作用、意义等的认识，还是对历史学研究对象、史料范围、研究方式、成果形式等的理解，传统史学与近代学科独立后的历史学并不完全一致，作为一门学科史的中国史学史研究，更多的是在用近代历史学的理念梳理古今史学发展历程。由于中国古代史学往往文史不分、经史混同，从学科史的角度考察古代史学、史家、史学观念、史学著作，常会出现顾此失彼、以今度古、强制阐释等各种问题，于是有人主张从学术史的角度研究史学史，以避免单一学科史概念造成的对古代史学史研究内容的缺失，可是史学学术史研究视角又有可能忽略历史学的学科界限，出现史学史与学术史、思想史甚至文化史不分的情况。出于同样的原因，对中国史学史研究旨趣的把握也多有不同，中国史学史研究究竟应该以考察史家、史书、最近的史学趋势为主，还是以着重于史学在其发展中与时代、社会的关系为主，或是以强调影响史学发展的各种史学观念为主，各种意见不尽相同。这样的歧义表明，中国史学史本身的学科理论尚需进一步充实与完善，中国史学史研究仍在不断的探索过程中。

本书名为中国史学史研究“入门”，除了介绍本研究领域的基本情况、基本资料、主要问题等，以便为对中国史学史研究有兴趣的读者提供可能的“入门”帮助外，多少也会涉及若干前沿性问题和笔者的一些个人观点。按照本丛书的体例要求，本书主体部分以中国史学史概述、史料概述、研究史概述和重点问题四章为主。第一章“中国史学史概述”，简明扼要地梳理了中国史学从古代到近代再到现当代的大致脉络。不论是对中国史学史整体发展的阶段划分、对不同时期史学特点的概括，还是对重点史家史著的介绍、对各种史学现象的评述，都以当前研究中大致相近的观点为基础，个别处或有一些笔者己见，也以服从前者为原则。第二章“史料概述”以叙述研究不同时期中国史学史的基本材料为主，需要说明的是，鉴于史学史研究的性质，其“史料”往往既是史料也是研究对象，故这里的“史料”与“研究对象”多有重合。一些经过今人整理的史学史研究史料类文献，在本书“附录”的“学术资源”和“推荐阅读文献”部分另有介绍，建议读者结合这几部分的内容一并阅读、参考。第三章“研究史概述”较为全面地对中国史学史学科从建立至今的研究情况进行了考察、分析和总结。该章虽提及大量的中国史学史研究成果，却也不免存在一些遗漏，对各个阶段的中国史学史研究状况的分析与评价，难免存在偏颇之处，或有着继续讨论的空间。第四章“重点问题”主要是基于目前的中国史学史研究现状归纳出一些重点问题作进一步探讨，限于笔者的研究领域和能力，所提出的问题肯定不会全面、到位，对问题的看法也可能有值得商榷的地方，虽然这也属正常现象，但仍然希望能做得更完善一点。附录部分旨在提供中国史学史研究的主要“学术资源”和若干重要概念的解释。最后的“推荐阅读文献”部分，提示了中国史学史研究的部分重要论著和论文。

第一章　中国史学史概述

中国史学源远流长，与世界其他国家和民族的文明相比，中国史学的最大特点可能就是为中华民族的文明历程留下了唯一不间断的历史记载，从《春秋》到《资治通鉴》，从《史记》到《明史》，从编年体史书、纪传体史书到典制体史书、纪事本末体史书，中国古代史学从各个方面记载中国的历史面貌，也成为中国古代最为发达的学问之一。20 世纪初，梁启超提出“新史学”，标志着中国近代史学的开始。近代中国社会发生的巨大变化对中国史学产生重大影响，在继承古代史学的基础上，学习、融入西方史学成为中国近代史学最明显的特征。1949 年中华人民共和国成立至今，现当代中国历史学既是近代史学的延续，又有诸多新的特点，形成了当前的以唯物史观为主导的史学多元发展局面。

一　中国古代史学

从中国史学的产生到 19 世纪末，中国古代史学依时代先后大致可以分为先秦时期史学、秦汉时期史学、魏晋南北朝时期史学、隋唐时期史学、五代辽宋金元时期史学和明清时期史学等六个阶段，不同时代的史学虽各有特点，但是从总体上可以看出中国古代史学从单一到丰富、从简单到复杂的过程。①

① 这里对中国古代史学史的阶段划分，仅为叙述的方便，并不代表作者的中国古代史学史分期观点。

(一)先秦时期的史学

史学的起源可以追溯到上古时期先民对往事的代代相传。文字出现之前的那些口耳相传的“历史”,既反映了先民的历史意识,也存留一些史事的真实因素。然而充满了人们的想象、寄托、好奇、憧憬等期盼的口述往事,在长期的流传过程中更多地演绎为神话和传说,杜撰和虚构尚不足以作为可信的历史真实来看待,尽管这些神话和传说不乏些许真实的影子。

到了商朝,出现了比较成熟的文字——甲骨文。因为甲骨文的内容以占卜的记载为主,又被称为卜辞。从这些刻在龟甲和兽骨上的文字看,在殷商后期,对史事的记载已经具有了较为明确的日、月、年的时间意识,而同时具有文字、时间和内容的记载三方面的要素,应当是史学的最早形态,所以甲骨卜辞的发现,不仅有力证明了商朝的存在,也成为迄今发现的最早的中国历史的记录形式。金文是刻在青铜礼器上的铭文,也称钟鼎文。西周的铭文主要记述了祀典、征伐、赏赐、颂德等活动,多的可达五百字左右。金文比甲骨文有明显进步,在内容上分记事和记言不同类别,时间概念也更明晰。金文铭刻末尾常见“其子子孙孙永宝用”这样的话,表明了保存器物,也保存历史记载的历史意识,这与甲骨文相比是不同的。

西周、春秋时代得以流传到后世的传世文献以《尚书》和《诗经》最具历史价值。《尚书》是一部先秦政治文书汇编,汇集了典、谟、训、诰、誓、命等文章,基本是统治者的讲话记录或文告。经考证,已认定有《今文尚书》28 篇是可信的。其中《虞书》《夏书》共 4 篇,是春秋战国时期根据相传旧书整理或改写而成;《商书》5 篇,《盘庚》最有文献价值,约西周早期成文;《周书》共 19 篇,除《洪范》作于战国时期、《文侯之命》和《秦誓》作于周室东迁后、《吕刑》时代待考外,余下的 15 篇作于西周。《尚书》保留下了当时一些重大政治事件和人物活动的记载,如《盘庚》是说服和动员商人迁徙的通告;《大诰》《康诰》《酒诰》《梓材》《召诰》《洛诰》《多士》《多方》被称为“周初八诰”,记载了周之东征、营建洛邑、封侯立国等举措;《牧誓》记载了殷、周政权更替之际武王伐纣的大致过程,反映"殷鉴"的历史观念;《顾命》写出了成、康交替时的政治状况;《无逸》《君奭》《立政》是王室内部的政论。《尚书》是早期中国历史记载的最重要的传世文献之一。

《诗经》是中国第一部诗歌总集,其中作品大约写成于宗周初年到春秋中期的五百余年间。《诗经》由《风》《雅》《颂》三部分组成,共305篇。《国风》160篇,按国编排,主要是各国各地的民歌,反映了当时的社会风情与大众生活风貌;《小雅》74篇,《大雅》31篇,主要是贵族享宴和讽谏的歌辞;《周颂》31篇,《鲁颂》4篇,《商颂》5篇,主要是王室和诸侯的祭祀歌辞。《诗经》是以诗歌的形式写成的,作为历史记载来看,不免存在一些局限,但是却从另一个角度反映了当时的历史面貌。《雅》《颂》部分有很多咏史篇章,如《生民》《公刘》《緜》《皇矣》《大明》等篇是歌咏周王朝先祖建功立业的文治武功;《下武》《假乐》等篇是歌咏周成王、周康王以下"率由旧章""绳其祖武"的升平时期;《崧高》《江汉》等篇是歌咏周宣王的中兴业绩;《桑柔》《召旻》等篇是感叹、讽刺周厉王和周幽王时的暴政与衰败。如果把这些诗篇联系起来看,就是西周的兴衰历史。

西周晚期到春秋战国时代,历史记述逐渐突破了官文书和诗篇的形式,诸侯国开始以时间、年代先后编年记载本国的国史。孟子说:"晋之《乘》、楚之《梼杌》、鲁之《春秋》,一也。"①可知诸侯国的国史各有其名。国史主要记载的是当时朝聘、会盟、征伐、筑城、祀典等诸侯国的重大历史事件,记载形式包括只记某时发生的某事、写出史事发展过程、记言记事相结合几种。没有一部当时的国史流传至今,后人只能从孔子据鲁国国史修订的《春秋》及相关记载中了解大致情况。可以肯定的是,国史在编纂形式上具备时间、地点、人物、事件等历史记载的必备要素,人物活动和史实发展在记载上也有了连续性。国史较之卜辞、金文,以及《尚书》《诗经》等都有很大的进步。国史的出现,对中国的

① 《孟子·离娄下》。

史书记载,尤其是编年体史书的发展,起到了至关重要的作用。

经孔子修订的鲁国国史《春秋》,编年记载鲁隐公元年(前 722 年)至鲁哀公十四年(前 481 年)共 242 年间的鲁国史事。《春秋》因孔子赋予其“微言大义”而成儒学经典,也称《春秋经》,按时间顺序编排史事,记事简略,一般在年月日之下只记事目,记事最多的只有三四十字,最少只有一个字。《礼记·经解》说:“属辞比事,《春秋》教也。”“比事”指按照编年体史书的时间先后要求记事,以事系日、以日系月、以月系时、以时系年;“属辞”也称“书法”,指用规范的文字使记事简明扼要、用特定的语言表达作者对所记史实的褒贬态度以达到惩恶劝善的目的,以此反映撰写者对事件性质的判断和态度。孟子说:“孔子作《春秋》而乱臣贼子惧。”[①]说明《春秋》在后人眼中,其教化功能超越了史学意义。

大致成书于战国初期的《左传》,称得上是中国古代第一部较成熟的编年体史书。顾炎武说:“左氏之书,成之者非一人,录之者非一世。”[②]《左传》曾被视为注解《春秋》之书而与《公羊传》《穀梁传》并称“《春秋》三传”,但是现在人们更愿意将其看作是一部独立于《春秋》的史书。《左传》全书大约 19 万字,始于鲁隐公元年(前 722 年),终于鲁哀公二十七年(前 468 年),下限比《春秋》晚了 13 年,共 255 年。所记晋国史事最多,鲁国、楚国史事次之,郑国、齐国史事又次之,还有卫、宋、周、吴、秦、越、陈各国史事,较为详细地记载了春秋时期的军事、政治大事,也记载了其他方面的社会情况和代表人物的言论。记载体例更为成熟,虽为编年体史书体裁,也使用了纪事本末的方式或传记体的写法,以弥补编年体史书体裁的不足,成功地勾勒出春秋时期王室及各诸侯国兴亡之迹和当时社会的状况。书中对战争的记载如齐晋鞌之战、晋楚城濮之战、秦晋殽之战、晋楚邲之战、晋楚鄢陵之战等,均成为古代史书中记述战争的名篇。

---

① 《孟子·滕文公下》。

② 顾炎武:《日知录》卷 4,“春秋阙疑之书”条。

先秦时期的史学名著还有《国语》《战国策》《竹书纪年》《世本》等。《国语》是一部分国别的记言体史书，以记述政治人物的言论为主，包含了很多有价值的政治见解和历史见解，是了解春秋乃至西周后期历史的重要材料。《战国策》是一部记载战国时期说客辩士的权谋和军政大事的书，也是一部以记言为主的史书，善于以生动的语言，酣畅淋漓地铺陈形势的利害与辩士的意见，展现了历史人物的论辩智慧和思维水平。《竹书纪年》是西晋初年出土于战国后期魏襄王墓中的一部由战国后期魏国人撰写的编年史，所记史事自上古至战国魏襄王二十年（前299年），是现今所知最早的具有通史性质的史著，经西晋著名学者束皙、荀勖、和峤等人整理抄录保存，其记载的一些史事与《尚书》等儒家传统说法不合，此书约在宋代亡佚。元代以后流传的《竹书纪年》2卷，为《今本竹书纪年》，王国维等学者证其为伪书。又有清代学者朱左辑成《汲冢纪年存真》，王国维在此基础上再辑《古本竹书纪年辑校》。今本、古本均非西晋出土时原文，其史料价值虽难定论，却也不失为了解先秦历史的参考书籍。《世本》也是一部久已亡佚的史著，由帝系、本纪、世家、传、谱、氏姓、居、作等部分组成，是一部内容广泛的综合体史书。司马迁著《史记》创造纪传体这一新的史书体裁时，在形式上似受到它的启发。

先秦时期是中国史学的产生阶段，早期传世经典的记载显示了历史传播的初始状态，《春秋》初步确立了史学的价值评判原则，《左传》是记言与记事结合在一起的较为成熟的历史著述，国史是史官制度的产物，战国时期私家修史开始出现。在先秦时期史学中，史学求真与史学致用功能的矛盾随着史学的发展而趋于明显。先秦诸子据历史建立其学说，以史为鉴的意识则成为先秦时期的史学精神之一。

（二）秦汉时期的史学

秦建立了中央集权的政权，实现了“车同轨、书同文、行同伦”[①]的

① 《礼记·中庸》。

大一统局面,但是因文化高压的专制政策而使史学付之阙如。

西汉政权建立后,汉武帝在董仲舒建议下"罢黜百家,独尊儒术",实现了统治思想的转变,大一统的社会政治格局促进了大一统观念的形成,汉初对历史经验教训的深刻总结,重新引发了人们对历史学的重视。司马迁撰著《史记》,提出"究天人之际,通古今之变,成一家之言"①的撰史宗旨,将中国古代史学陡然提升到了一个前所未有的新高度。

《史记》本名《太史公书》,司马迁受到其父司马谈的影响,立志撰写一部历史著作。司马迁任太史令后,便开始了《史记》的撰写,不久因李陵案获罪受刑,他忍辱负重,终于用毕生心血写成了千古不朽的历史巨著《史记》。《史记》"网罗天下放失旧闻,考之行事,稽其成败兴坏之理,凡百三十篇"。② 全书 52 万字,所记上起传说中的黄帝,历夏、商、周、春秋、战国、秦汉之际,直到汉武帝太初年间,包括二千多年的史事,是中国历史上第一部贯通古今、规模宏大的通史巨著。《史记》为纪传体史书的开山之作,纪传体由本纪、表、书、世家、列传五大部分组成。"本纪"以编年的形式记载历代帝王或具有最大权势者的政治事迹,实为全书的纲领,即按年代记述一代盛衰大事;"表"分世表、年表、月表,分别以谱表方式记录某类历史现象的变化,有一目了然的作用;"书",后来史书多称"志",记载典章制度或经济文化等现象,属专史性质;"世家"融合本纪、列传两种形式,记录诸侯及重要历史人物的家族或集团历史;"列传"记载那些在历史上做出过杰出贡献的历史人物和少数民族及域外政权。各篇附"太史公曰",发表议论、补订史迹。在《史记》之前虽然出现了多种历史记述形式,但是《史记》有意识地借鉴以往不同的记载形式而创造出一种全新的史书体裁——纪传体。唐代史学评论家刘知幾评价说:"《史记》者,纪以包举大端,传以委曲细事,表以谱列年爵,志以总括遗漏,逮于天文、地理、国典、朝章,显隐必该,

① 班固:《汉书》卷 62《司马迁传》。

② 同上。

洪纤靡失。此其所以为长也。"①司马迁创立的纪传体成为中国古代史学中影响最大、使用率极高的史书体裁,是正史"二十四史"一直沿用的史书体裁形式。

《史记》将远古到汉的历史大体划分为五帝夏商周、春秋、战国、秦汉之际、汉五个阶段,通过纪传体的形式把二千余年的历史发展变化大势以及重大历史事件、重要历史人物清晰有序地表述出来,用通史形式记录古往今来的历史,是司马迁的伟大创举,也成为中国史学注重通史撰述和历史贯通意识的典范。从内容上看,《史记》记载了中原地区以及西到中亚、北至大漠、南至南越、东至大海这一广阔地域内,各民族及中央与地方政权的历史活动,几乎囊括了社会历史所有领域,包括政治、经济、军事、文化、科技、交通、民族、民俗、宗教等各方面,所记人物则包括社会各阶层,上至王侯将相,下至卜者、游侠、医生以至农、工、商、贾,都在书中得到反映。近代学者评论《史记》:"这实在是一部组织严密、包罗万象、百科全书式的通史,也是在公元前2世纪全世界规模最大的一部通史。"②

对于历史发展过程的整体思考,是《史记》中更值得重视的方面。司马迁不完全认同上天决定人间祸福的说法,对于天道鬼神表现出怀疑的态度。他强调人在历史中的作用,多次指出人心向背是成败兴亡的关键。在影响社会与历史的诸因素中,司马迁对社会经济予以特殊的关注,在《史记》的《货殖列传》中集中论述了物质生产对社会生活的重要作用、财富对社会政治和社会意识的决定性作用。司马迁重视历史变化,把历史看作一个从古到今的有始有终的整体过程,用"原始察终、见盛观衰"③的历史眼光观察历代政权的治乱兴衰。

因为有了司马迁,才使中国史学在整体上具备了"究天人之际,通古今之变"的宏大器识;因为有了《史记》,才使中国的历史撰述在内容

---

① 刘知幾:《史通·二体》。

② 齐思和:《〈史记〉产生的历史条件和它在世界史学上的地位》,《光明日报》1956年1月19日。

③ 司马迁:《史记》卷130《太史公自序》。

的连续性、形式的丰富性等各个方面具备了持续发展的无限潜力。

《史记》之后直到《汉书》出现的近二百年间，没有产生能够流传后世的著名史著，《史记》在汉宣帝时流传开来后，吸引了许多学者对《史记》做补续和评论。值得一提的是两汉之际刘向、刘歆父子等人对历史文献的整理工作。汉初“广开献书之路”，到了汉成帝年间已经积累了大量书籍，然而大量古籍编残简脱、零篇单行、讹误重复、纷然淆乱，不加以全面整理，无法阅读使用，难以流传后世。河平三年（前 26 年）汉成帝命刘向总揽全局，刘歆等人协助工作。刘向去世后，哀帝命刘歆继承父业，直至全部完成。他们首先整理定本，即对每种书先广求异本、择善而从，再去复补缺、整齐篇目、校正文字，补足脱简，最后命定书名、缮写定本。之后又撰写每种书的叙录，介绍作者，略述全书大旨及评价，写成《别录》和《七略》，按照图书内容分类编排，分为六艺、诸子、诗赋、兵书、数术、方技，共 6 类 38 种。清代学者章学诚说：“校雠之义，盖自刘向父子部次条别，将以辨章学术，考镜源流。非深明于道术精微、群言得失之故者，不足与此。”①他们对文献典籍的整理、分类及校书的实践和理论总结，对古代文献典籍的保存流传有筚路蓝缕之功。

东汉初期，出现了又一部对中国史学有重大影响的史著——《汉书》。班固的父亲班彪撰有《史记后传》，班固在整理其父遗稿时决心完成父业，此为班固撰写《汉书》的直接动机。班固去世时，《汉书》并未全部完成，其妹班昭及同郡马续继写八表和《天文志》，完成全书。

《汉书》是中国第一部纪传体断代史，记述了从汉高祖初起到王莽败亡的西汉（包括新朝）230 余年的历史。全书 80 余万字，后人析为 120 卷。由纪、表、志、传四个部分组成。《汉书》承《史记》而来，沿用了纪传体史书体裁，却改通史为断代，专门记载持续二百余年的大一统西汉皇朝的历史，从后来的中国历史发展过程来看，断代为史正符合中国历史王朝更迭的特点，《汉书》创建的断代史得到历代史家的认可，纪传体断代史成为中国古代史学的主导形式，正史“二十四史”中，除

① 章学诚：《校雠通义》卷 1。

《史记》外,绝大部分是断代体。班固对《史记》的纪传体也做了调整和改变。“本纪”部分明确以帝王为中心编年记载王朝大事,确立了一帝一纪的基本模式;“表”的部分新增加《百官公卿表》和《古今人表》,前者为后世相关史书不可或缺的部分;改“书”为“志”,新增《刑法志》《五行志》《地理志》《艺文志》等篇目,《汉书》十志结构严整、内容博洽,成就最为突出;合并“世家”“列传”为“传”,诸传编排更为规范。论证汉朝的存在上合天意、下为正统的“尊汉”思想是《汉书》的主旨,但是在记载中,班固能够坚持如实直书,对西汉统治不乏揭露与批评,对皇朝职能、社会经济、民族历史和学术文化等方面都作了专门论述,可见他对古代社会及历史问题的深入探讨和历史见解。章学诚评价:“迁史不可为定法,固书因迁之体而为一成之义例,遂为后世不祧之宗焉。”[①]从这个意义上看,《汉书》对后来史著的撰写产生了更直接的影响。

东汉一代有官修史书《东观汉记》,是东汉各朝前后相续撰写的当代史,修撰者有几十人,贡献较大者是班固、刘珍、蔡邕等人。《东观汉记》的意义在于,它是中国史学中的第一部官修纪传体史书,开创了后世官修国史之例,形成了官修本朝史的传统。《东观汉记》在撰写阶段以及三国两晋南北朝时期传布很广,人们曾把它与《史记》《汉书》并称为“三史”,在历史上产生了重大影响。此书久已亡佚,现有辑本行世。

东汉后期战乱不止,建安年间汉室衰微,献帝喜好读史,希望吸取经验教训,因感到《汉书》“文繁难省”,便命荀悦用《左传》那样的编年体对《汉书》加以改编,荀悦用了三年时间写成《汉纪》30 卷,该书成为中国史学史上首部编年体断代史。《汉纪》材料多取自《汉书》,按时间先后顺序排列帝纪,在各帝纪下编年记事,使全书纲举目张,充分体现了编年体史书的特点。通过对《汉书》所载西汉史事的再次剪裁编纂,“撮要举凡,存其大体”[②],把一代兴衰大势清晰地展现于史书中,又着

---

① 章学诚:《文史通义》卷 1《内篇》一“书教”下。

② 荀悦:《汉纪》卷 1《高祖皇帝纪序》。

力反映其盛衰转折的关键所在,《汉纪》重新将编年体史书成功地再次运用于历史撰述中,形成"班、荀二体,角力争先,欲废其一,固亦难矣"①的局面。此后,在中国古代史学中,编年体获得了与纪传体并驾齐驱的地位。

通史巨著《史记》和断代史巨著《汉书》的出现,使秦汉时期形成了中国史学的初步规模,奠定了中国古代史学继续发展的坚实基础。

(三)魏晋南北朝时期的史学

魏晋南北朝时期,除西晋有短时期统一外,长期处于分裂割据、朝代频繁更迭的局面中,民族关系在冲突、矛盾与融合的过程中呈现出非常复杂的状况。这个时期的历史学,既要记载各汉族和少数民族政权的历史,又要反映复杂的社会面貌所带来的新的历史内容,还要承担愈来愈受到重视的历史学的社会功能,加之造纸术的发明和纸的使用,史学因此得以蓬勃发展,除记载更迭频繁的王朝史外,在民族史、地方史、家族史、人物传、域外史、史论、史注等多方面,都出现了重要史著。

据记载,在魏晋南北朝时期,有关东汉历史的史著有十余种,今存有范晔《后汉书》、司马彪《续汉书》中的八志和袁宏《后汉纪》;记载三国历史的史著也有十余家,今存有陈寿的《三国志》,裴松之的《三国志注》与本书共存;记载两晋历史的史著数量最多,后因唐官修《晋书》问世,他书逐渐失传;记载十六国历史的史著约有二十余种,以崔鸿的《十六国春秋》最为知名,已失传;记载南朝历史的史著,亦不下二十余家,今存者,仅沈约《宋书》和萧子显《南齐书》;记载北朝历史的史著较少,今存有魏收等撰写的《魏书》。同时期的历朝起居注的编纂也十分丰富。

陈寿的《三国志》、范晔的《后汉书》、沈约的《宋书》、萧子显的《南齐书》、魏收的《魏书》因被纳入正史二十四史中而最为知名。《三国志》成书时间早于范晔《后汉书》。陈寿在西晋灭吴后历经十年撰成

---

① 刘知幾:《史通·二体》。

《三国志》65 卷。鉴于由蜀入晋的陈寿的思想感情以及对三国时期历史的全盘考虑,《三国志》以魏主为帝纪,总揽三国全局史事,分《魏书》《蜀书》《吴书》,既协调了正统问题的困扰,又显示出三足鼎立的历史格局,彰显出陈寿的史才。《三国志》叙事简洁、注重实录的特点也十分突出。裴松之注《三国志》,补充了大量相关史料,并于注中对史实发表评论,开史注之新风气。南朝宋人范晔不满意当时的各种东汉史撰述,自己撰写了纪传体史书《后汉书》,完成纪、传部分的 90 卷后因他事获罪入狱身亡。南朝梁人刘昭注释范晔《后汉书》时,将西晋司马彪《续汉书》中的八志(律历、礼仪、祭祀、天文、五行、郡国、百官、舆服)共 30 卷附于其后,到北宋时合为一书。范晔著史,在材料整理上博采诸家,在对史事的评论上见解深刻独到,这是《后汉书》的最大特点。《后汉书》的许多类传如党锢、循吏、酷吏、文苑、独行、逸民、列女以及六夷等传的序、论,如范晔所说,都写得"笔势纵放",颇多精彩之处,为后人所称道。沈约《宋书》100 卷,志的部分几乎占全书篇幅的一半,弥补了陈寿《三国志》无志的缺憾和当时诸家晋史尚无定本的不足,其中的《律历志》《乐志》《州郡志》等颇有新意。萧子显《南齐书》60 卷,志也有一定价值。《宋书》和《南齐书》的作者都是南朝很有才华的文人,两部史书的共同缺陷是崇尚华丽空洞的文辞。此外,二书充斥着天命、神秘主义观念,相比之下,更可见范晔《后汉书》的高明之处。魏收的《魏书》是古代史学正史中第一部记载少数民族政权的朝代史。《魏书》130 卷,记述了中国北方鲜卑族拓跋部从 4 世纪后期至 6 世纪中期(即北魏道武帝至东魏孝静帝)的历史,内容包括它的发展兴盛、统一北方、门阀化的过程,以及北魏早期与东晋的关系和北魏、东魏与南朝宋、齐、梁三朝关系的发展。其《食货志》《释老志》《官氏志》各有特色。魏收在史书中对一些史事的如实记载,触怒了当时的门阀大族,其书被称为"秽史",但是经千百年的时间流传,诸家魏史尽亡而魏收《魏书》独存,证明了它的价值。这个时期还有谢承的《后汉书》、薛莹的《后汉记》、华峤的《后汉书》、谢沈的《后汉书》、袁山松的《后汉书》、刘义庆的《后汉书》、王沈的《魏书》、韦昭的《吴书》、鱼豢的《魏略》、臧荣绪的《晋书》、徐爰的《宋书》、谢吴的《梁书》等断代纪传体史书。

编年体成为魏晋南北朝时期史书撰述的另一种常用体裁,比较知名的断代编年体史书有张璠《后汉纪》、袁宏的《后汉纪》、孙盛的《晋阳秋》、陆机的《晋纪》、干宝的《晋纪》、裴子野的《宋略》、吴均的《齐春秋》、刘璠的《梁典》等书。孔舒元的《汉魏春秋》、习凿齿的《汉晋春秋》等书,是跨出一个朝代的编年体史书。

魏晋南北朝时期的史书数量大大增加,史书种类明显增多,官私修撰的纪传体和编年体史书之外,地方史志、人物传记与族谱、史注、史评类著述纷纷出现,共同构成了这个时期史学的繁盛局面。

东晋人常璩的《华阳国志》是这个时期最有代表性的地方史著述。《华阳国志》12 卷,因该地区为《禹贡》所记之梁州,有"华阳黑水惟梁州"一语,故以"华阳"名书。卷一至卷四,记"华阳"地区历史概况,述及各州郡的山川、交通、风土、物产、民俗、文化等历史;卷五至卷九,编年记述东汉末至东晋中"华阳"地方政权的兴替;卷十至卷十二,记载该地区的历史人物共 300 余人。全书自成体系,将历史风貌、政治变迁和历史人物三个部分有机地组织在一书之中,成为后人了解西南地区各族的历史、风俗、地域分布的珍贵史料。

北朝东魏人杨衒之有感于洛阳佛教与佛寺从昔日繁荣到时下衰败的变化,撰写《洛阳伽蓝记》5 卷,"伽蓝"即佛寺之意,通过对洛阳城内曾经有过的 40 多个大型佛寺、40 多个中小型佛寺的记录,涉及北魏时期政治、经济、文化、社会、交通、习俗、人物诸方面的历史情况,以及神话、异闻等,是重要的地方史和宗教史著作。

人物传记方面的进展表现为家传、谱牒和别传的发展。《隋书·经籍志二》杂传类著录家传 29 种,多为两晋南北朝时人撰写,南朝梁人刘孝标注《世说新语》引用家传有 5 种未见著录于"隋志"。《隋书·经籍志二》谱系类著录的谱牒之书包括帝谱、百家谱、州谱、家谱共 41 种,而实际上的数量当比这要大得多。谱牒撰述之盛和谱学的兴起,与门阀士族及九品中正制有直接关系,划分士庶、有司选举、品藻人物都以谱牒为据,谱碟又须"考其真伪",故有谱学之兴,而门阀士族之间的联姻,也往往要互相考察谱牒,以确保门当户对。《隋书·经籍志二》杂传类著录中的高士、逸士、逸民、高隐、高僧、止足、孝子、孝德、孝友、忠臣、良吏、名士、文士、列士、童子、知己、列女、美妇等传,都属于别传,着重以"名教"观念为本和门阀士族人物的言论行迹为主的别传记载原则,都是时代的特点在史学上的表现。

史注的繁荣与史评的兴起,也是魏晋南北朝时期史学的重要特征。裴松之的《三国志注》之外,北魏郦道元的《水经注》也是当时史注和地理学成就的代表作。《水经》原书记载了水道137条,而郦道元的注文,大至江河、小至溪津陂泽,总计达1252条水道,不仅叙述了水流的发源和流向,还述及水道流经区域的山脉、丘陵、陂泽以及水道的变化、流域故墟的历史遗迹等。作者还在注中加入了他自己实地考察和访问所获得的资料,为中国古代地理学作出了重大贡献。该时期的史书对所记历史多有评论,以范晔《后汉书》的史论成就最高;对史学本身的议论也有间或发明,而南朝人刘勰的《文心雕龙·史传》则在史评发展中具有重要地位和影响。

此外,古史考述、通史编纂、典制记载、故事杂记等类的著述,均构成了魏晋南北朝时期史学的丰富内容。

魏晋南北朝时期是史家史著明显增多、史学影响迅速扩大、史学走向多途发展的重要时期,史学也开始摆脱文史不分的局面,在古代学术体系中逐渐形成了独立为学的态势。十六国后赵元年(319年)石勒立宗庙、创制度,史载:"任播、崔濬为史学祭酒"[①];南朝宋元嘉十五年(438年)文帝召雷次宗至京师开学馆,"会稽朱膺之、颍川庾蔚之并以儒学……使丹阳尹何尚之立玄学,太子率更令何承天立史学,司徒参军谢元立文学"[②];南朝宋泰始六年(470年),"初置总明观,玄、儒、文、史四科,科置学士各十人"[③]。当时的"史学"与今天的史学之意并不完全

① 《晋书》卷105《石勒载记下》。
② 《宋书》卷93《隐逸·雷次宗传》。
③ 《南齐书》卷16《百官志》。

相同，但是史学已经在当时的学术体系占有了一席之地，当是不争的事实。当初刘向、歆父子著《七略》，《汉书·艺文志》沿用其分类方法，史书因数量较少，仅列于“六艺略”下“春秋家”里。西晋荀勖撰《中经新簿》，将群籍分甲、乙、丙、丁四部，其中的丙部为“史记、旧事、皇览簿、杂事”，相当于历史类，说明史部书籍已经从六艺中独立出来；东晋李充编《晋元帝四部书目》，大体沿用荀勖的分类法，不同的是将《中经新簿》中的乙、丙两部互换前后位置，史书成为乙部之书，最早以经、史、子、集的内容为序形成四部分类法。唐初官修《隋书·经籍志》首次以经、史、子、集四部命名，成为中国古代学术最权威的分类体系，史学在其中的地位赫然可见，这是史学在魏晋南北朝时期迅速发展的客观事实所致。

（四）隋唐时期的史学

隋唐时期再现大一统盛世，历史学在整体上表现得既有气势又具规范。设馆修史成为定制，官修史书成果突出，史学评论独树一帜，历史撰述从形式到内容多有创新，中国古代史学继续向纵深发展。

隋朝短暂统一期间，隋文帝曾下令“人间有撰集国史、臧否人物者，皆令禁绝”①，但是他又关注于史书中东魏、西魏的正统问题，肯定了魏澹的《魏书》以“以西魏为真，东魏为伪”②的做法，目的在于通过阐明西魏、北周系统的正统地位而最终证明隋朝政权的合理性，真实反映了统治者利用史学达到现实目的的用意。

唐初，唐高祖诏修梁、陈、魏、齐、周、隋六代史，“裁成义类，惩恶劝善，多识前古，贻鉴将来”③。贞观三年（629 年），实施官修梁、陈、齐、周、隋五代史的计划，同年，设立史馆，宰相负责监修，成为定制。此后的历代修史机构大致袭用此制，中国古代修史绵延不断，史馆和专职史

---

① 《隋书》卷 2《高祖纪下》。

② 《史通》卷 12《古今正史》。

③ 《旧唐书》卷 73《令狐德棻传》。

官的设立起到了重要作用。贞观十年(636年),五部史书同时修成:《梁书》56卷、《陈书》36卷、《齐书》(后称《北齐书》)50卷、《周书》50卷、《隋书》55卷,史学史上亦称为“五代史”。其中,《梁书》和《陈书》的作者姚思廉、《北齐书》的作者李百药,其书其学都有家学渊源,《周书》《隋书》具有更明确的官史性质。

“五代史”均只有纪、传而无志,贞观十七年(643年),唐太宗诏修《五代史志》,褚遂良、令狐德棻先后任监修,于志宁、李淳风、韦安仁、李延寿等学有专长者参加撰写,十四年后书成,包括10篇共30卷:《礼仪志》7卷,《音乐志》3卷,《律历志》3卷,《天文志》3卷,《五行志》2卷,《食货志》1卷,《刑法志》1卷,《百官志》3卷,《地理志》3卷,《经籍志》4卷。《五代史志》综叙梁、陈、齐、周、隋五朝典章制度,与“五代史”纪传相配合,因附于《隋书》之后,又称“隋志。《五代史志》是公认的典制史的上乘之作,而合数代典制记于一书的做法,也为后来的典志体史书的创立打下了基础。

总的来看,“五代史”对所记王朝改变了以前如《宋书》《南齐书》称北朝为“索虏”、《魏书》称南朝为“岛夷”的敌视态度,把他们视为同等地位的历史存在。“五代史”中以魏徵主持的《隋书》中的史论最有价值,其对历史经验的总结、历史发展过程的论述、成败兴亡之故的探究等方面,均极具见识。

贞观二十年(646年),唐太宗发《修晋书诏》,诏令重修晋史,其中强调的“大矣哉,盖史籍之为用也”①之语,尤其凸显唐初统治层对历史学的重视程度。鉴于所存“十八家晋书”有着各种问题而不能令人满意,以房玄龄、褚遂良为监修,启动重修《晋书》的工作,参与者主要有许敬宗、令狐德棻、敬播、李淳风、李延寿等二十余人,两年后书成,包括帝纪10卷、志20卷、列传70卷、载记30卷,叙例、目录各1卷。因唐太宗亲自为宣、武二帝纪及陆机、王羲之二传写了后论,故全书曾总题为“御撰”。《晋书》记载西晋、东晋史事,并仿《东观汉记》之例设“载

① 唐太宗:《修晋书诏》,见《唐大诏令集》卷81。

记”部分，将大致跟东晋同时存在的十六国政权的君臣事迹置于“载记”中，力求在正统观念与如实记事矛盾关系中做出更妥善的处理。

《晋书》成书11年后，李延寿秉承家学撰成《南史》80卷和《北史》100卷。李延寿发挥了其父李大师的撰史思想，突破时人断代为史的固定思维，分别连缀宋、齐、梁、陈四代之史为《南史》，魏、齐、周、隋四代之史为《北史》，既在史书中将流行的视南北朝为华夷对立的态度变为更客观的政治对峙的历史态度，又在撰史观念上一定程度地重拾通史撰述的传统，整体格局更胜一筹。

唐初官修“五代史”及《五代史志》《晋书》，加上《南史》和《北史》，此八部史书均被列入正史中，占全部二十四史的三分之一，可见唐初正史修纂的突出成就。此后，正史撰述开始趋于程式化，质量也相应有所下降。唐代官修史书的工作还包括纂修本朝国史、本朝皇帝起居注和实录，这些举措也大多被后代所继承而形成定制，从而为后世留下了宝贵的历史资料。盛唐时期，刘知幾参与了史馆修史工作，于史书纂修有颇多见解，又深感史馆修史的各种弊端，终于辞去史职，“退而私撰《史通》，以见其志”①。

《史通》20卷，包括内篇10卷39篇、外篇10卷13篇，合52篇，今存49篇。内篇以阐述史书的体裁、体例、史料采集、表述要求和撰史原则并以评论纪传体史书体例为主；外篇以论述史官制度、正史源流以及史家、史著得失为主。刘知幾在《史通》中所申论的主要观点是：首先，针对长期以来史书中存在的“曲笔阿时”“谀言媚主”“假人之美，藉为私惠”“诬人之恶，持报己仇”“舞词弄札，饰非文过”等种种现象，刘知幾给予严厉批评，写了《直书》与《曲笔》两篇，指出造成“曲笔”的个人和社会等多方面原因，阐发“直书”的重要性，表彰历史上那些“直书其事”“务在审实”“无所阿容”的史家“遗芳余烈，人到于今称之”，明确了史家治史所必须坚持的真实原则，这种强调“直书”、反对“曲笔”的意识在古代史学中尤显可贵，是中国史学维系其学术底线得以长期发

① 刘知幾：《史通·自叙》。

展的基本保证。其次,总结分析历史编纂学之得失、方法和原则。刘知幾非常看重史书编撰的规范性,在《史通·序例》中明确指出"夫史之有例,犹国之有法,国无法,则上下靡定,史无例,则是非莫准"[①],将以往史书归纳为"六家""二体"几种形式,分别指出其不同特点及长短得失,对设篇立目、载文、书事、记人、文字表述等各个方面的义例、原则、方法等都提出评论意见。中国史学发展到盛唐时期,经过刘知幾的梳理与评价,得以在史书编纂方面从理论上进行了系统总结和反思,《史通》正是通过史学评论来检视以往的史著,从而形成了自己的理论见识。第三,提出对史家资质的要求,首次明确了才、学、识作为史家"三长"的重要性。《史通》的《覈才》《鉴识》《辨职》等篇中,不断强调史才之难得、史家所需的素质和能力等问题,《旧唐书·刘子玄传》完整记载了刘知幾对此问题的主张:"史才须有三长,世无其人,故史才少也。三长:谓才也,学也,识也。夫有学而无才,亦犹有良田百顷、黄金满籯,而使愚者营生,终不能致于货殖者矣。如有才而无学,亦犹思兼匠石,巧若公输,而家无楩楠斧斤,终不果成其宫室者矣。犹须好是正直,善恶必书,使骄主贼臣,所以知惧,此则为虎傅翼,善无可加,所向无敌者矣。"[②]一般说,史才,指的是史家著史的编纂水准和表达能力;史学,指的是掌握史料和具备学问的程度;史识,指的是史家撰史、论史的见识。"史才三长"论已成中国史学千百年来的不刊之论,对史学家的如此要求,从理论上保证了中国史学和史著所应该具备的品质。第四,历史学究竟有什么用?对于这个长久以来不断被追问的问题,《史通》中的《辨职》《直书》《曲笔》《自叙》《史官建置》等篇多处论及,刘知幾最经典的回答是:"史之为用,其利甚博,乃生人之急务,为国家之要道。有国有家者,其可缺之哉。"[③]把史学之"用"和"利"贯彻于从个人到国家的"急务"和"要道"的不同层面,历史学的作用被表述得既准确、实在

---

① 刘知幾:《史通·序例》。

② 《旧唐书》卷102《刘子玄传》。

③ 刘知幾:《史通·史官建置》。

又明确、大气。《史通》对中国史学的影响是长久而深刻的，与刘知幾同时代的学者徐坚评价《史通》说："居史职者，宜置此书于座右。"①即使在今天，这样的评价亦未过时。

唐代的官私史著数量众多，种类也十分丰富。杜佑的《通典》就是一部非常有特点的重要史著。杜佑历仕玄、肃、代、德、顺、宪六朝，历任三朝宰相，他明确表示："所纂《通典》，实采群言，征诸人事，将施有政。"②是政治家治史的典型代表。《通典》200卷，记载上起黄帝、下迄唐玄宗天宝末年的历代典章制度，兼及与此相关的言论，创典志体通史的记载形式。《通典》记事以"食货"开其端，在"教化之本在乎足衣食"的基础上，依次记载选举制度、职官制度、礼乐制度、兵刑制度，在此基础上，再记州郡、边防的具体措施，全书的结构安排有新意。为了更好地表达从历代典制中所得出的经验与启发，《通典》中有序、论、说、议、评，都是阐发著者史论的部分。《通典》"礼"的部分占全书卷数之半，且忽略正史志书中的天文、律历、艺文等内容，说明杜佑作为政治家治史，虽器识颇可称道，但视野未免有局限。唐宪宗元和八年(813年)，李吉甫撰成《元和郡县图志》，是现存最早的一部地理总志，也是唐代地理书撰述的代表作。唐德宗时，苏冕撰唐《会要》，是一代典制和类书相结合新的史书形式。域外史地的史书，以玄奘的《大唐西域记》最为有名。

(五)五代辽宋金元时期的史学

五代、两宋、辽夏金和元代，汉族和少数民族建立的政权都非常重视历史学，以两宋史学取得的成就最为突出，关于历史的认识和史学的观念既宏阔且深入，历史撰述方面的贯通气质更为突出，在具体研究方面也更为丰富和更加精致。这个时期的历史学，在正史、通史、本朝史、史书编纂体裁、史学中的义理与考证、历史评论以及少数民族历史撰述

① 《旧唐书》卷102《刘子玄传》。
② 杜佑:《通典·自序》。

等方面都有重大进展。

五代十国时期,虽战乱不断,政权鼎革,诸朝却并未停止设馆修史的工作。后晋官修《唐书》(后称《旧唐书》)220 卷,保存了丰富的唐朝原始材料,至今仍有不可替代的史学价值。

北宋建立之后,宋太祖诏修五代史,仅一年多时间完成《五代史》(后称《旧五代史》)150 卷。《旧五代史》以梁、唐、晋、汉、周各为一书,各为《本纪》《列传》若干卷;又有《世袭列传》《僭伪列传》,记述"十国"历史;又有《外国列传》,记述契丹、吐蕃等少数民族史事;十"志"内容也很详备。近一百年后,欧阳修撰成《新五代史》(原名《五代史记》)74 卷,全书结构严谨、选材讲究、考订详实、文字凝练,此为其长处,但是在内容、编排、评论诸方面都刻意讲求"春秋笔法""褒贬义例""微言大义""尊王攘夷",利弊俱存,后人评价不一。数年后,宋仁宗诏命重修《唐书》,欧阳修主持其事并撰写本纪、志、表之序等内容,宋祁作列传,范镇作志,吕夏卿制表,经过约十六年时间的努力,完成《新唐书》(原名《唐书》)225 卷。《新唐书》虽成于众手,因材料更为丰富,撰写者皆为当时名家,是具有较高水准的宋代史著,被评价为"其事则增于前,其文则省于旧"①,一些志、表作得尤其令人称道。《新唐书》同样贯穿着欧阳修师法《春秋》的撰史宗旨,行书法,寓褒贬。新旧"唐书"和新旧"五代史"同为二十四史之列,"旧书"在保存历史文献原始面貌等方面,"新书"在编订的周全、内容的详瞻、观点的深刻等方面,各有对方所不可替代之处。

北宋时期成就了一部几乎可以与《史记》相提并论的著名的编年体通史《资治通鉴》。司马光历仕仁宗、英宗、神宗、哲宗四朝,曾撰《通志》8 卷。宋神宗时,王安石变法开始,身为反对新法的领袖人物,司马光辞官居洛阳修史 15 年,"专取关国家盛衰,系生民休戚,善可为法,恶可为戒者,为编年一书",撰成《资治通鉴》294 卷。协助司马光撰史的有刘恕、刘攽、范祖禹等人,皆为成名史家。《通鉴》编撰分排列"丛

① 曾公亮:《进〈唐书〉表》,《新唐书》卷末。

目”、编纂“长编”、勒订成书等三个主要步骤，形成了分工合作、各司其职、互相协调、由司马光总其成的严密合理的修史模式。司马光及其他参加者“研精极虑，穷竭所有，日力不足，继之以夜”，全力投入于《通鉴》的编撰，“臣之精力，尽于此书”。[①]《资治通鉴》编年记述上起战国时期三家分晋（前 403 年）、下至五代末年（959 年）共一千三百余年的历史。全书以“资治”为中心，重视政治、军事、民族关系等方面的历史，把历史上治乱盛衰的原因完全归咎于“人治”而避免附会于灾异、符瑞、图谶等虚妄之说，直书历史上政治的腐败、帝王的昏庸和残暴、社会的动荡、百姓的疾苦等相关事实，论证“民可载舟，亦可覆舟”的道理。《通鉴》能够合理运用编年体的记载形式，且叙事艺术高超，尤善于写战争，留下了“淝水之战”等脍炙人口的名篇。书中“臣光曰”评论历史人事，总结历史经验教训，陈说长治久安之道，集中表达了司马光的政治和历史思想，在《资治通鉴》中有着画龙点睛的作用。

《资治通鉴》对当时和其后的史学发展产生了极大影响，续补、改编、注释、仿制、评论之作相继出现，形成“通鉴学”。在改编的著作中，《资治通鉴纲目》和《通鉴纪事本末》最为流行，它们各自创造了新的史书体裁。南宋思想家朱熹据《通鉴》以纲目体形式编成《资治通鉴纲目》59 卷，于纲、目之间将史事、史论、评价分别纳入其中，以“春秋笔法”寓褒贬，系名教观念为示范，分行文格式定历代政权之正统，虽行文简明扼要，眉目清晰，但教化功能胜于史学意义。南宋史学家袁枢因《资治通鉴》卷帙浩繁且因编年记事难以连贯记载历史事件，遂以《通鉴》原书为本，提取历史大事之始末过程，分类编辑，“因事命篇”，按时间先后编成 239 个事目，始于《三家分晋》，终于《世宗征淮南》，成《通鉴纪事本末》42 卷，创立纪事本末体，被评价为“文省于纪传，事豁于编年”[②]，纪事本末体史书也成为与编年体、纪传体并列为中国古代史学的三大史书体裁之一。《资治通鉴纲目》和《通鉴纪事本末》均因《资治

① 司马光：《进〈资治通鉴〉表》，《资治通鉴》卷末。

② 章学诚：《文史通义》卷 1《内篇》一“书教”下。

通鉴》而产生,由于其形式内容更适合人们的阅读理解,故普及率甚高,反倒成为时人及后人了解历史的流行读物,影响极大。后续作成的各类纲目体和纪事本末体史书亦蔚为大观。

唐宋以来,在断代皇朝史撰述久盛不衰的情况下,通史撰述重获重视并逐渐兴盛。编年体通史《资治通鉴》外,南宋时期郑樵撰写的纪传体通史《通志》也是通史撰述的代表性史著。《通志》的优点不仅表现为在记载内容上古今贯通,更在于郑樵对通史观念的理论阐发。郑樵于宋高宗绍兴三十一年(1161 年)撰成《通志》200 卷。在其书《总序》中,郑樵对"会通之义"作了阐发:"百川异趋,必会于海,然后九州无浸淫之患;万国殊途,必通诸夏,然后八荒无壅滞之忧。会通之义大矣哉!"①他提出,通史之作一方面要汇集文献史料而能融会贯通,一方面要具有"极古今之变"的"会通"意识,不但在时间上要古今贯通地看待历史发展过程,而且要具有对于历史的通识。除了提倡"会通之义",《通志》中最有学术价值的是"二十略",郑樵自称为"总天下之大学术",其中的《氏族略》《艺文略》《校雠略》《昆虫草木略》等尤显独到之处和学术价值。与前述之《通典》《通鉴》比之《通志》,可以明显看出身居高位的政治家兼史学家(杜佑、司马光)与身为布衣的学者(郑樵)在撰史宗旨、著史旨趣和记载内容等方面的各自特点。

两宋之际的民族矛盾、社会矛盾以及战和问题、变法问题等都需要通过对历史经验教训的总结获得正确认识,因此,南宋时期涌现出大量的私修本朝史,以探求北宋灭亡的历史原因和回顾南宋初期"中兴"历史为重点,具有代表性的是李焘《续资治通鉴长编》、徐梦莘《三朝北盟会编》、李心传《建炎以来系年要录》。李焘以 40 年心血撰成《续资治通鉴长编》980 卷,记事起自建隆,迄于靖康,是一部卷帙浩繁的编年体皇朝史,史料来源丰富,特别是对于那些有争议的历史大事,重视荟萃不同史料以互相参照。徐梦莘的《三朝北盟会编》记北宋徽宗、钦宗二朝及南宋高宗朝这"三朝"史事,"北盟"指宋金"海上之盟",以宋金关

① 郑樵:《通志·总序》。

系为主要的记事线索,以丰富的史料反映了两宋之际复杂的社会矛盾和民族矛盾。《建炎以来系年要录》以编年体裁记载高宗一朝36年历史,李心传有意把其书当作李焘《续资治通鉴长编》的续作,全书网罗宏富,采撰精审,受到好评,如四库馆臣认为:“大抵李焘学司马光而或不及光,心传学李焘而无不及焘。”①中国史学中的当代史撰述的传统得以继承和发扬。

宋代学者在金石学、考据学方面亦有创获。欧阳修《集古录》和赵明诚《金石录》是代表性著述。前者是迄今可见最早的金石学专书,记录欧阳修搜集的器铭碑刻;后者记录著者搜求所藏的两千余件金石铭刻的目录以及为其所撰部分金石铭刻跋尾,书后有李清照撰写的跋文,文辞婉转,寓意深沉。金石学的迅速发展对历史学产生重要影响。宋代考据学发达繁盛,对史书的考异、纠谬、刊误十分突出。如司马光作《资治通鉴》的同时还撰写了《资治通鉴考异》,汇集了《资治通鉴》考证史料时存在的问题和使用的方法。吴缜撰《新唐书纠谬》,专门摘举《新唐书》的谬误并总结其致误的原因。此外,宋代还出现很多针对前人史书进行修订、刊误之作。

五代以后,北方先后有契丹族建立的辽朝、党项族建立的西夏朝和女真族建立的金朝。这些政权都有本民族的文字,有独具特色的史官制度,有本民族的史家,用汉文或其民族文字撰写出许多史书。这一时期是中国古代少数民族史学发展的重要时期。

忽必烈即大汗位,设立翰林国史馆,编修国史并着手编纂《辽史》和《金史》。元朝统一后,翰林国史馆纂修实录、后妃及功臣列传,而《辽史》《金史》和《宋史》的修撰却一直议而不决,最主要的原因就是不能确定在史书中如何处理辽、金、宋三朝地位。“或欲以宋为世纪,辽、金为载记,或以辽立国在宋先,欲以辽、金为《北史》,宋太祖至靖康为《宋史》,建炎以后为《南宋史》,各持论不决。”②拖至元顺帝至正三

---

① 《四库全书总目》卷47《史部·编年类》。

② 赵翼:《廿二史札记》卷23《宋辽金三史》。

年(1343 年),有大臣进言:“国家当及斯时修辽、金、宋三史,岁久恐致阙逸。”①顺帝令翰林国史院分局纂修,右丞相脱脱为总裁,脱脱正式确定“三国各与正统,各系其年号”,定下“三史”纂修的格局,经过三年多的时间,《辽史》116 卷、《金史》135 卷和《宋史》496 卷全部完成。三部史书虽成书仓促,讹误较多,但因前朝史料多有保存,各书在材料和质量上颇有可取之处,尽管频遭后来学者诟病并屡有学者欲重修三朝史,却也未曾出现可以替代元修三史的著作,是为元朝官方史学的重要成就。蒙元官修史书,如《蒙古秘史》《元朝秘史》《元典章》等书,都是重要的历史著述。“国可灭,史不可灭”的修史意识及修史过程中反映出的统一多民族国家的认同意识,也是值得重视的。

以宋遗民自居的马端临,在元至元二十二年(1285 年)前后开始撰述《文献通考》一书,历时 20 余年完成。《文献通考》记事起自上古,至于南宋宁宗嘉定年间,共 348 卷,凡 24 门,继承了《通典》的规模而分类更加完善和细化,扩大了典制史的范围。《通典》《通志》《文献通考》被称为中国史学上的“三通”。

(六)明清时期的史学

从中国古代史学的发展历程来看,明清时期史学已处于后期阶段,但是这并不一定意味着古代史学从此走向“衰落”“终结”。时代与学术趋向的变化,影响着明清时期史学不断形成其新的特点,明代私人修史的繁荣、明清之际学者对历史的深沉思考、清乾嘉时期的历史考证及史学理论的建树等方面,较之以往都有明显进展。

明代官修《元史》因成书仓促而成就有限。洪武元年(1368 年)明军攻克元大都,得《元实录》等文献材料,明太祖随即下诏修纂《元史》,用了不到一年的时间即告成书。明太祖急于诏修《元史》,目的之一是通过撰写前朝史书证明明朝的正统性与合法性,朱元璋不时督导史局,申言自己的意志,史臣在巨大的压力下只能“不作论赞,但据事直书”,

① 《元史》卷一四三《嶾嶾传》。

不敢轻发议论,“准《春秋》及钦奉圣旨事意”而已。[①]《元史》被认为是二十四史中编纂最草率、问题最多的一部正史。有明一代先后修有13部实录,合3045卷,系统记载了除崇祯朝外所有15朝史事,然而史官时常篡改于统治者不利的记载,加之明代党争突出,个人恩怨也往往被带入编纂之中,致使《实录》“史之曲讳甚多,不可枚举”[②]。

与此形成鲜明对照的是,明代私撰史著的数量之多,是以往各朝代都无法比拟的。明代私人历史撰述以本朝史居多,本朝纪传体史书、编年体史书大量出现,无论是在编纂实践,还是在理论认识方面,都留下许多有价值的内容。到了明后期,出现了以涉及社会经济、政治、军事、生活等国计民生各方面奏议汇编而成的史书,从正德、嘉靖之际到明末,先后编纂刊刻的经世文著作20余种。与此相关的是在制度专史撰述的拓展上,出现了专门记述漕运、盐政、赋税、厂库、关榷、荒政、学政、茶马、钱法、矿业、军事等诸多方面的专史。此外,还有众多被称作“别史”的杂记历代或一代史事的私修史著以及数以千计的记载王朝掌故、历史琐闻和社会风俗等内容的笔记。这些存留下来的著述,方便后人更加全面地了解和研究明代历史,然而各类著述的撰述者水平参差不齐、撰写动机亦各不相同,歪曲、隐讳、编造、夸饰、阿谀、好异之词充斥其中,不仅促成了恶劣的学风,也严重影响到了这些著述的史料价值。

明代的官私方志编纂数量巨大、编修区域普遍,明代共修成各类志书2892种,是宋、元方志总和的五倍。有反映全国面貌的“一统志”,如《寰宇通志》和《大明一统志》这样的巨帙志书;有反映各级行政区划状况的“总志”“通志”“府志”“州志”“县志”“镇志”“乡志”乃至“里志”等;有反映军事区域兵事、武备的“卫志”“所志”等;有反映边关要塞重镇形势及军备的“边志”“关志”等;有反映少数民族地区风貌的“土司志”,以及一些山、水、书院、寺庙等不易归属的“杂志”等。这些

---

① 《元史》附《纂修元史凡例》。

② 王世贞:《弇山堂别集》卷20《史乘考误》一。

不同类型的方志,从不同层面生动地展现出明代的社会发展,展现了明代方志编修空前繁荣的局面。

明朝兴办学校,奖掖读书,各类通俗性史书广泛刊行于世,形成了历史知识普及热潮;历史知识还通过小说、戏曲等形式传播于社会,其与史学的劝诫、教化等观念相得益彰;士人热衷于史论、史评,富有创见的观点裹挟其中,真知灼见亦值得重视。

面对明代史学发展与普及的状况,明后期有人开始重视强调史学的经世之旨和强调史学的严肃性,对史学理论问题的思考和对历史的批判也受到关注。嘉靖、万历年间,王世贞和胡应麟是这种趋向的代表人物。王世贞有《弇山堂别集》等多种著述,提出"天地间无非史而已"的命题[①],说明对"史"的认识的深化。他对几类史料的不同价值分析的十分到位:"国史人恣而善蔽真,然其叙典章、述文献,不可废也;野史人臆而善失真,然其征是非、削讳忌,不可废也;家史人谀而善溢真,其缵宗阀、表官绩,不可废也。"[②]胡应麟的论述集中于《少室山房笔丛》,在历史文献与历史编纂方面多有新见。李贽著有《藏书》《续藏书》《焚书》《续焚书》等,这些著作中的历史评论富有批判精神。

明清之际是朝代更迭、社会剧变的时代,史学家面对明朝灭亡的现实反思历史,前一阶段兴起的经世致用的史学思想和历史批判思想,在严峻的现实状况下,都得以深化,学风也更加朴实。曾亲身投入抗清复明活动的黄宗羲、顾炎武、王夫之等史家的著作和思想是这个时期史学的杰出代表,他们都主张学术经世致用,都将批判锋芒指向专制制度。顾炎武一生著述宏富,《天下郡国利病书》《肇域志》两书纂辑了社会经济、地理、政治的丰富资料,荟萃了他一生所学心得的《日知录》是其代表作。经世致用是顾炎武毕其一生所着力提倡的治学精神,强调"君子之为学,以明道也,以救世也。徒以诗文而已,所谓雕虫篆刻,亦何益

---

① 王世贞:《艺苑卮言》卷1,明万历十七年武林樵云书舍刻本。

② 王世贞:《弇山堂别集》卷20《史乘考误》引言。

哉!”①他重视实证与博学,继承并发展了宋人运用小学、金石学和版本目录学考经证史的方法,开启一代考据之风,为清代及后世学者所推崇。黄宗羲见复明大势已去,悉心编纂明代史料,所著《明儒学案》是一部记述明代学术思想及其流派的学术史著作,创学案体,按照时间先后以及不同学术授受统绪,将明代200余名学者的生平、著述及学术观点分17目19个学案记述下来。后又着手编撰《宋元学案》,未完而卒,其子黄百家继之,仍未完成,全祖望复以10年之功修订增补而成。黄宗羲治学强调学有宗旨和自得之学,力图做到不对任何学派刻意褒贬,力戒门户之见。王夫之一生著书多达百余种400余卷,内容广泛涉及政治、经济、哲学、历史、文学、宗教、文字训诂、天文等多方面。所撰《读通鉴论》《宋论》是他的代表作。王夫之提出了“势、理相成”的理论以探究历史发展的内在原因,认为历史发展中没有脱离“势”的“理”,也没有不表现“理”的“势”,“‘势’字精微,‘理’字广大,合而名之曰‘天’”②,理势合一的“天”,主宰历史发展而不以人的意愿为转移。王夫之的观点达到了中国古代历史理论认识的空前高度。

清前期还有几部私人历史撰述值得重视。顾祖禹的《读史方舆纪要》是一部内容丰富、考订精审、体例严谨的历史地理学著作,全书以经世为务,“以史为主,以志证之;形势为主,以理通之”③,尤重视军事地理的内容,是集古代历史地理之大成之作。查继佐的《罪惟录》、计六奇的《明季南略》《明季北略》等是记载明代史事的史书,而书中对南明历史的格外关注,均反映出明末清初史学面貌。

在清朝统一局面逐渐形成的过程中,官方修史机构也建立、健全起来,官修史书种类繁多,其投入之大,部帙之巨,都超过了以往各代。清代官修史书可分清当代史纂修和清前代史纂修。其中当代史著述重要者有《清实录》《清国史》《清会典》,诸《方略》《清一统志》《清漕运全

---

① 顾炎武:《亭林文集》卷4《与人书二十五》,《清代诗文集汇编》本第42册。
② 王夫之:《读四书大全说》卷9。
③ 《读史方舆纪要·彭士望叙》。

书》及《清通典》《清通志》《清文献通考》等，前代史纂著重要者有《明史》和续“三通”等。《明史》的修纂，前后历时近百年，历经顺、康、雍、乾四朝方告完成。因复国无望转而志在“存史”观念，一些汉族学者或直接参与，或“布衣”支持，形成“朝野合作”齐心著史的局面。明史名家万斯同以“布衣”身份参与修史，为最终成稿奠定了坚实基础。《明史》332 卷，刊行于乾隆四年（1739 年）。全书详略得体，繁简适中，对史实的考订用功极深，体裁完善且有创新，是公认的二十四史中的上乘之作。

清代乾嘉时期的考据学臻于全盛，其范围广泛涉及音韵、训诂、目录、版本、校勘、辑佚、算术、舆地、声律、礼制等不同领域，几千年流传下来的古籍得到了全面的整理，一向难以通解或真伪难辨的文献得以明辨，沉埋已久的古音古义得以复现。乾嘉时期的历史考证以王鸣盛、钱大昕等为代表，他们的成就推进了史学从叙史向考史方向的转变，其中所蕴含的考证方法为近代史学所重视；崔述则以疑古考信独树一帜，开后世疑古之风。此外，四库馆臣在《四库全书总目》中对历代史书和以往史学的评论，赵翼等学者对历代治乱兴衰之故的理论探究等，都是清代史学建树的重要组成部分。在考据盛行的乾嘉时期还出现了一位以研思史学理论著称的学术大家章学诚，他的《文史通义》与千余年以前的刘知幾《史通》交相辉映，成为中国古代史学的“双壁”。

章学诚一生多奔走于各地，或任教书院，或入幕协修史著，或在地方主持修纂方志，他认为，“世俗风尚，必有所偏，达人显贵之所主持，聪明才俊之所奔赴，其中流弊必不在小”，著《文史通义》，“欲有所救挽，则必逆于时趋”。① 《文史通义》8 卷，兼论文、史，以史为主，包括内篇和外篇两部分。内篇 5 卷，专论文史理论问题，外篇 3 卷，主要论述方志编纂问题。“六经皆史”说从明中期就开始盛行，章学诚将其作为他的史学理论体系中的核心问题进行阐发，认为《六经》不是“道”本身而是载道之“器”，从而申明了经史之间的相互依存关系，论证“六经皆

---

① 章学诚：《章学诚遗书》卷 29《外集二》“上钱辛楣宫詹书”。

先王之政典”[1]的史学意义。与刘知幾一样,历史编纂理论也是《文史通义》的主要内容,区别在于,他声称“刘言史法,吾言史意”[2],试图从认识论的层面用抽象的史意去深化已经趋于固定或程式化的史书编纂形式、史事表述方法,形成了章学诚在历史编纂理论上的新见,史家对事与文要有“别裁心识”便显得更为突出。章学诚从整体上就性质把史书分为撰述和记注两大类别,分别指出“圆而神”“方以智”的不同特点和“撰述欲来者之兴起”“记注欲往事之不忘”的研究目的,“然圆神方智,自有载籍以还,二者不偏废”。[3] 刘知幾提出史家需具有才、学、识三长,章学诚进一步提出“史德”说:“能具史识者,必知史德。德者何? 谓著书者之心术也。”[4]即史家治史要有尊重历史真实的基本态度及道德品行修养,“慎辨于天人之际,尽其天而不益以人”,尽可能不以主观偏见代替客观史实陈述,将史家的主观影响克制在一定的范围内,是“欲为良史”的基本条件。章学诚的方志学理论也具有重要学术价值。他明确界定“方志乃一方全史”[5],改变了“前此言方志者为‘图经’所囿,以为仅一地理书而止”[6]的局限。关于方志的内容,章学诚建议“仿纪传正史之体而作‘志’,仿律令典例之体而作‘掌故’,仿《文选》《文苑》之体而作‘文徵’”[7],在编纂方志的过程中应遵循详近略远、载要简明、体例严谨、内容真实、文字雅洁等原则。

清朝道光、咸丰年间,由于西方列强的入侵,中国历史出现了前所未有的大变化,在传统史学依旧延续发展的情况下,中国史坛受到时代变迁的刺激,出现了一些新的发展趋向。如:因列强侵蚀中国边疆领土而出现了西北边疆史地研究的热潮,张穆的《蒙古游牧记》、何秋涛的

---

① 章学诚:《文史通义》卷1《内篇》一“易教”上。

② 章学诚:《章学诚遗书》卷9《文史通义外篇三》“家书”二。

③ 章学诚:《文史通义》卷1《内篇》一“书教”下。

④ 章学诚:《文史通义》卷3《内篇》三“史德”。

⑤ 章学诚:《章学诚遗书》卷14《方志略例一》“记与戴东原论修志”。

⑥ 梁启超:《中国近三百年学术史》,《饮冰室合集》专集之七十五,中华书局,1988年,第304页。

⑦ 章学诚:《章学诚遗书》卷14《方志略例一》“方志立三书议”。

《朔方备乘》等史著即是代表；因魏源的《海国图志》带来的“开眼看世界”使中国人开始涉足于外国史地研究领域，王韬的《法国志略》、黄遵宪的《日本国志》等史著即是代表；因不断出现的社会危机，当代史撰述受到重视，出现了多种记述清廷平定各地武力行为的“方略”之书和对两次鸦片战争的记述等。这些新的趋向，预示着古代史学即将走完其漫长的路程，中国近代史学很快将开启新的篇章。

二　中国近代史学(20 世纪初—1949 年)

20 世纪初由梁启超发表的《中国史叙论》和《新史学》而形成的“新史学”思潮，是中国近代史学的开端。

1902 年，梁启超在《新民丛报》上发表《新史学》，在文中疾呼：“史界革命不起，则吾国遂不可救！悠悠万事，惟此为大。新史学之著，吾岂好异哉，吾不得已也。”[①]此前，他曾计划以“近世史家”的眼光“草一《中国通史》以助爱国思想之发达”[②]，但是发现沿袭旧史学根本无法达到救亡图强的现实需求。“新史学”的目标，是以社会进化史观为理论，将近代“国家”“民族”等观念运用于中国历史的研究和编撰中，并对旧史学作出各种变革。《中国史叙论》一文讨论了“新史学”中关于“中国史之范围”“中国史之命名”“地势”“人种”“纪年”，史前时代、历史发展的阶段划分等一系列传统史学范畴不曾涉及的在史书体例、研究内容等方面的问题。《新史学》对旧史学进行了猛烈抨击，明确历史研究的目的是“叙述人类进化之现象而求得其公理公例者也”。[③]“新史学”的主张，在当时得到了不同政见和不同学术派别的很多人的认同。1905 年正式废除科举制以后，新式学堂出现，到了民国时期，高等

① 梁启超：《新史学》，《饮冰室合集》文集之九，第 7 页。

② 梁启超：《三十自述》，《饮冰室合集》文集之十一，第 19 页。

③ 梁启超：《新史学》，《饮冰室合集》文集之九，第 7—11 页。

教育、中小学校教育制度已初步建立。在高等学校，以西式学科分类为基础的专业设置逐步规范化，史学作为独立的学科门类，在高等院校中被设置为专门的教学系或研究院，成为新的历史教学与史学研究体制中的重要组成部分。以新的历史观点编写新式中小学历史教科书，成为时代要求的反映。中国近代史学开始于"新史学"思潮。

新文化运动前后，随着留学欧美的中国留学生陆续归来，中外史学交流更加频繁，西方的史学观念和研究方法传入中国，对中国史学产生了直接影响。在"整理国故"运动中，胡适在《国学季刊发刊宣言》里阐明"国学的使命是要使大家懂得中国过去的文化史；国学的方法是要用历史的眼光来整理一切过去文化的历史；国学的目的是要做成中国文化史"①，实际上是在学术体系方面有效打通了新旧史学的界限，从学科分类的角度指明了从古代史学到近代史学的转变方式。

还是在"新史学"思潮期间，甲骨卜辞、敦煌文书、汉晋木简等新史料进入到学者的研究视野中。王国维、罗振玉等人通过新史料对殷周历史的考证研究开辟了中国近代史学的研究路径，郭沫若认为："大抵在目前欲论中国的古学，欲清算中国的古代社会，我们是不能不以罗、王二家之业绩为其出发点了。"②以整理、运用新史料为主要特点，以"求真"为研究目标，以"科学方法"为串联中西史学的纽带，在近代中国史学转型的过程中，新历史考证学成为民国时期史学的主流。

王国维随罗振玉赴日本，治学方向转入中国古史史料、古文字、古器物、音韵学等研究领域。王国维的古史考证研究直接受益于殷墟卜辞等新发现的史料。王国维一方面考释甲骨文、金文、汉晋简牍等新史料的文字字义，另一方面用甲骨文等新史料考证历史文献的记载，他在1917年撰成了著名的《殷卜辞中所见先公先王考》《殷卜辞中所见先公先王续考》两篇论文，考证了殷代先公先王13人的名号和前后顺序，证明了《史记》袭《世本》所记的商代世系基本无误。同年完成的《殷周

---

① 胡适：《国学季刊发刊宣言》，《国学季刊》第1卷第1期，1923年1月。

② 郭沫若：《中国古代社会研究·自序》，石家庄：河北教育出版社，2000年，第8页。

制度论》指出殷、周制度的三个重大不同之处是立子立嫡之制、庙数之制、同姓不婚之制。“中国政治与文化之变革,莫剧于殷周之际。”[①]王国维在研究中实践并总结出“二重证据法”:“吾辈生于今日,幸于纸上之材料外,更得地下之新材料。由此种材料,我辈固得据以补正纸上之材料,亦得证明古书之某部分全为实录,即百家不雅驯之言亦不无表示一面之事实。此二重证据法惟在今日始得为之。”[②]“二重证据法”的提出,是对研究方法在理论层面的概括,因而具有近代史学的史学方法论意义。

胡适不断地宣传倡导“科学方法”。一生所写注重“学问思想的方法”的文章,据统计约在百万言以上。[③] 在近代史学家中应属独一无二,也构成了胡适最重要的学术特色。胡适所说的“科学方法”以他的老师杜威的实验主义为理论基础。一般认为,胡适倡导的“科学方法”,主要是结合西方现代科学理念,阐发清代乾嘉考据学已经具有了的“科学”精神,“他们用的方法无形之中都暗合科学的方法”[④],其中心内容,可以归结为“大胆的假设,小心的求证”十个字。总起来看,大胆假设、小心求证与其说是一种方法,不如说是一种治学的精神和态度。真正具有“方法”意义的内容,是他根据中国传统治学方法与西方现代科学法则加以贯通,所得出的一系列结论。他的《中国哲学史大纲》等论著,对于中国近代学术研究具有“示范”意义。

傅斯年从欧洲学习归国后,于 1928 年 10 月成立了中央研究院历史语言研究所,下设历史、语言和考古三组。在《历史语言研究所工作之旨趣》中,傅斯年陈述了他的学术理念:一是尊重并保持前辈学者“利用旧的新的材料,客观地处理实在问题”的传统;二是“扩张研究的材料”;三是“扩张研究的工具”。史料成为傅斯年史学思想的中心:

---

① 王国维:《殷周制度论》,《观堂集林》卷 10。

② 王国维:《古史新证·总论》,北京:清华大学出版社,1993 年,第 3 页。

③ 见许冠三:《新史学九十年》上册,香港:香港中文大学出版社,1986 年,第 139 页。

④ 胡适:《论国故学——答毛子水》,《胡适文存》一集卷二,上海亚东图书馆,1921 年,第 287 页。

“我们反对疏通,我们只是要把材料整理好,则事实自然显明了。一分材料出一分货,十分材料出十分货,没有材料便不出货。”“我们只是上穷碧落下黄泉,动手动脚找东西。”“利用自然科学供给我们的一切工具,整理一切可逢着的史料。”他提出的一个著名的学术口号便是:“近代的历史学只是史料学。”①如果从方法论的角度理解“历史学只是史料学”的主张,可以看出其回归历史学实事求是基本功能的诉求,是将历史学研究方法“科学化”的努力,也反映了现代考古学的迅速兴起致使史料范围的扩大以及史料观念转变对历史学的影响。“历史学只是史料学”的理念,从史语所的学术实践及其对中国近代史学转型所产生的作用上看,的确有着独到的意义。然而,史料和史料学毕竟是历史学研究的基础,而不是历史研究的全部。傅斯年主持撰写的《东北史纲》,就是为了证明东北自古属于中国领土、驳斥日本的侵略谬论、激励国人抗日信心的“书生报国”之作。1948 年他当选中央研究院院士的两篇代表作分别是《夷夏东西说》和《性命古训辨证》。《夷夏东西说》认为中国历史上古三代及三代以前的民族分东系的夷、商和西系的夏、周,此东西两大族群、两大文化系统的对峙,构成了上古史研究的新视角,可以看作是傅斯年在古史考证中的历史“疏通”之作。

1917 至 1923 年,陈垣先后完成的《元也里可温教考》《开封一赐乐业教考》《火祆教入中国考》《摩尼教入中国考》,后来合称“古教四考”,填补了中国古代宗教史的研究空白,奠定了他在史学界的地位。陈垣关于佛教史和道教史的研究成果还有《释氏疑年录》《中国佛教史籍概论》《明季滇黔佛教考》《清初僧诤记》《南宋初河北新道教考》等,后三书又合称“宗教三书”。他在 1923 至 1927 年间完成的《元西域人华化考》,从选题到材料,从方法到内容,达到了当时历史考证研究的最高水准。这部著作从文化传播、交流与融合的角度,对元代文化发展状况作了深入全面的探讨,内容包括元代西域人在儒学、佛教、史学、礼

---

① 均见傅斯年:《历史语言研究所工作之旨趣》,《历史语言研究所集刊》第一本第一分,1928 年。

俗、文学、美术等多方面的成就,并结合民族迁徙、中西交通、西北史地的研究,通过阐述元代西域各族接受汉文化的事实,纠正了明以来轻视元代文化的倾向。《元西域人华化考》的学术意义已不限于历史考证本身,如陈寅恪誉其"有以合于今日史学之真谛","关系吾国学术风气之转移者至大,岂仅局限于元代西域人华化一事而已哉"。[①] 陈垣还在目录学、年代学、史讳学、史源学和校勘学等方面均做出了开创性成就。他校勘《元典章》得出各种各样的谬误一万二千余条,于是取其有代表性的校补实例分类示之,作《〈元典章〉校补释例》(又名《校勘学释例》),总结出"校法四例"(对校、本校、他校、理校),胡适评价这"是中国校勘学的第一次走上科学的路"[②]。

陈寅恪留学欧美十余年,先后就读德国柏林大学、瑞士苏黎世大学、法国巴黎高等政治学校、美国哈佛大学。多年海外留学的经历,让陈寅恪掌握了多种域外语言,更让他能够在历史研究中融会多种语言的文字史料,以更为宏阔的史料观扩展历史研究的视野,探索历史现象的深层内涵,洞悉中外史学的特点,进而提出以民族本位、民族精神为核心的精辟识见。陈寅恪指出:"其真能于思想上自成系统,有所创获者,必须一方面吸收输入外来之学说,一方面不忘本来民族之地位。此二种相反而适相成之态度,乃道教之真精神,新儒家之旧途径,而二千年吾民族与他民族思想接触史之所昭示者也。"[③]对于研究历史、评价古人及其著述,陈寅恪强调"了解之同情"[④]。陈寅恪在纪念王国维时所申明的"独立之精神,自由之思想"[⑤],也是他贯之始终的学术理念。

---

① 陈寅恪:《陈垣元西域人华化考序》,《金明馆丛稿二编》,上海:上海古籍出版社,1980年,第239页。

② 胡适:《元典章校补释例序》,陈垣《校勘学释例》,上海:上海书店出版社,1997年,第6页。

③ 陈寅恪:《冯友兰中国哲学史上册审查报告》,《金明馆丛稿二编》,北京:生活·读书·新知三联书店,2001年,第284—285页。

④ 同上书,第279、283页。

⑤ 陈寅恪:《清华大学王观堂先生纪念碑铭》,《金明馆丛稿二编》,北京:生活·读书·新知三联书店,2001年,第246页。

陈寅恪自谓“平生为不古不今之学”,“不古不今”当指中国中古史时期。他在佛教史考证、唐史研究、诗史互证、六朝史论四个方面的研究成果,均属中国中古史范畴。陈寅恪在民国时期发表的部分文章收录在《金明馆丛稿初编》《金明馆丛稿二编》中,还有《隋唐制度渊源略论稿》《唐代政治史述论稿》等著作。

以王国维、胡适、傅斯年、陈垣、陈寅恪等为代表的史家,不仅在其各自的历史考证研究中取得了杰出成就,而且在引领、推进近代中国史学的不断发展中作出了重要贡献。以新历史考证学为主的民国时期史学研究趋势,开辟了历史研究的新领域和新学科,扩大了历史考证学的研究范围。甲骨学、敦煌学、简牍学等新学科得到了国际学术界的广泛承认,中外交通史、中西交流史、科技史等新的研究领域受到格外重视。在古史考证、宗教史考证、民族史考证、历史地理考证、学术史考证等领域,有意识地使用甲骨文、金文、简牍等新发现的史料,并结合笔记、杂史、档案、方志、域外史籍等文献史料,以及石器陶器、石窟壁画、墓铭碑拓、玺印封泥、兵符唐尺等实物史料,突破了以往多以传统文献资料为主的局限。在文献史料方面也出现了校勘学、年代学、史讳学、史源学等。在历史考证的具体选题和内容成果上,或超越前人,或发前人所未发,解决了许多重大历史问题。近代史学中的通史、断代史、各类专史以及史学理论的研究和撰述是建立在这些具体的、专题性的历史考证研究成果的基础上的。此外,历史考证的研究动机与研究内容也不是全然停留在学术层面,而是在特定的情况下被赋予现实关怀。如顾颉刚创办的《禹贡》杂志,其办刊宗旨从研究中国地理沿革史转向以研究边疆历史和记录边疆现状为主。抗战时期陈垣在沦陷区北平也借历史考证表彰爱国精神和民族气节;等等。一批以历史考证见长的史学家成为民国时期史学的重要研究力量。如古史研究领域的王国维、顾颉刚、郭沫若、吴其昌、徐中舒、徐旭生等,秦汉史研究领域的劳榦、贺昌群等,中古史研究领域的陈寅恪、周一良、岑仲勉、唐长孺、严耕望等,宋辽金元史研究领域的聂崇岐、冯家昇、邵循正、陈述等,明清史研究领域的孟森、李华晋、吴晗、萧一山、王崇武等,中西交通史研究领域的张星烺、冯承均、向达等,历史地理研究领域的谭其骧、史念海、王静如、韩儒林等,宗教史研究领域的陈垣、汤用彤等。历史考证学以其严谨、扎实、广征博引、实事求是的研究手段而成为历史研究的基础性工作。但是,历史考证毕竟只是历史研究的一个不可或缺的重要方面,对史料的考证、弄清史实也只是历史研究的基础部分,"不应以部分之研究,而忘却整个之贯通"[①]。仅凭历史考证还难以作到对宏观历史发展的理论概括,还难以上升到对客观历史的一般性认识的层次。

民国时期史学在新旧中西间的张力中还表现出了其他多种发展趋向。

1918 年底至 1920 年梁启超游历欧洲,目睹了一战后西方的实际状况,亲身感受到了西方的文化氛围,实际了解到了西方学术的发展状况,对曾经大力提倡的进化史观产生了怀疑,也改变了以前激烈否定传统史学的态度。此后,他将主要精力集中于学术,而对于政治则放在其次,"吾自今以往,除学问上或与二三朋辈结合讨论外,一切政治团体之关系,皆当中止"。[②] 这是他一生数次变化中最重要的一次。他写的《清代学术概论》从宏观的角度梳理了清代学术的发展过程,评价了三百年间众多主要学者的学术成就和历史地位,既勾勒出了学术思想演变的脉络,又对重要学者和论著作了深入具体的分析。在《中国历史研究法》和《中国历史研究法补编》中,梁启超基本的学术理念来自于西方史学,而论述内容则以中国古代史学为学术资源,包括研究历史与编纂史书的范围和目的,史料的采集、考辨和使用,史书的编次,对旧史书的改造,史家的修养等。梁启超晚年自忖,"假如我将来于学术上稍有成就,一定在史学方面"。[③] 由政治家转而为学者的梁启超,在史学方面有着全面的规划。梁启超后期的学术建树既具有总结性又具有开创性,为中国史学转型和发展作出了重大贡献。

① 金毓黻:《中国史学史》,重庆:商务印书馆,1944 年,第 323 页。

② 梁启超:《吾今后所以报国者》,《饮冰室合集》文集之三十三,第 53—54 页。

③ 梁启超:《文史学家的性格及其预备》,《时事新报 · 学灯》,1923 年 11 月 10 日。

1923年5月出版的《努力》周报所附《读书杂志》第九期,发表了顾颉刚的《与钱玄同先生论古史书》,提出了他著名的"层累地造成的中国古史"说:第一,"时代愈后,传说的古史期愈长";第二,"时代愈后,传说中的中心人物愈放愈大";第三,我们即不能知道某一件事的真确的状况,但可以知道某一件事在传说中的最早的状况。此后,他又提出了判别古史可信与否的四项标准:打破民族出于一元的观念、打破地域向来一统的观念、打破古史人化的观念、打破古代为黄金世界的观念。顾颉刚的疑古学说引发了古史论战。顾颉刚疑古学说的积极意义在于:斩除思想上的荆棘,指出了旧的古史系统的不可信,打破了长期以来被奉若经典而不可触动的圣贤之言,为重建可信的中国古史开辟了道路;促使中国史学走出旧史学的窠臼,迈出了以史学独立、史学"求真"为宗旨的近代史学学科建设的实实在在的一步。1926年6月,汇集了讨论古史的信件与文章的《古史辨》第一册由朴社出版,一年中重印了二十版,疑古学说产生了更为广泛的影响,至1941年,共出版了7册。在《古史辨》系列中支持、赞同并声援疑古学说的学者被称之为"古史辨派"。顾颉刚还创办了《禹贡》杂志,成立了禹贡学会。在抗战时期中华民族处于危亡之际,禹贡学会将研究方向转移到边疆史地和民族学方向,恪尽学者报效国家的职责。顾颉刚培养的历史地理学人才成为中国现代历史地理学的重镇。顾颉刚整理的《吴歌甲集》成为民俗学研究的典范之作,他组织的妙峰山香会调查开民俗学田野作业之先声,他的《孟姜女故事研究》则首次将传说故事纳入学术研究领域,这些学术业绩使顾颉刚成为中国民俗学的领路人。

柳诒徵早年曾编写历史教科书《历代史略》。在东南大学期间,主办《学衡》《史地学报》等杂志,他的文章主要发表在这些杂志上。柳诒徵不赞同新文化运动所倡导的诸如白话文学、浪漫主义、实验主义。他明确表示:"我们研究历史的最后目的,就在乎应用。"①他反对顾颉刚的疑古学说。即如《学衡》杂志的办刊宗旨"昌明国粹,融化新知",柳

---

① 柳诒徵:《历史之知识》,《史地学报》第3卷第7期,1925年5月。

诒徵更多地倾向于尊崇和维护传统,也主张汲取和融化西方的思想文化。柳诒徵的《中国文化史》以近代史学极为关注的文化史视角,辅以世界文化的眼光,贯通古今地阐述中国文化发展。柳诒徵的另一部代表作《国史要义》,以归纳传统史学理论范畴、阐释国史要义为主体,虽难掩西方史学观念的影响,但通篇以中国史学资源为素地。全书共十篇,先后为"史原""史权""史统""史联""史德""史识""史义""史例""史术""史化",分专题依次申论。其书历时愈久,其蕴意愈可回味,是一部重要的史学理论著作。吕思勉以淹博的学识,完成了数量宏富的历史著作。他的《白话本国史》是民国年间发行量最大的一部中国通史,长期被用作大学教材,被誉为"以丰富的史识与流畅的笔调来写通史,方为通史写作开一个新的纪元"①。吕思勉还撰写了《先秦史》《秦汉史》《两晋南北朝史》《隋唐五代史》等断代史以及民族史、社会史、思想史、制度史、文化史等多部专史,并在历史研究法、史学评论等方面多有心得。在以专精考证为主要史学趋向的民国时期,吕思勉坚持以贯通的眼光考察历史的宏观发展进程,关注历史上的制度沿革、风俗变迁、文化嬗递、朝代更迭,集观点与考证于不同体例的通史撰述中,表现出了突出的历史见识和深厚的史学功力,形成了以"观其会通"为特色的治史格局。钱穆的成名作《刘向歆父子年谱》针对康有为《新学伪经考》所主刘歆遍伪群经以助王莽篡汉之说提出怀疑并予以辨正。《先秦诸子系年》是他的另一部代表作,通过对材料的曲证旁推、纵横贯通诸子而非拘于某一流派的考证方法,对诸子的出身行实详加考订,探明各家的学术思想渊源。《国史大纲》是钱穆在抗战时期完成的中国通史撰述,全书从上古三代至清代共分八个部分,以纲目体行文,提纲挈领地叙述了中国五千年的历史,是民国时期的又一通史名著。

早在 19 世纪末至 20 世纪初,作为一种新的西方社会科学理论,唯物史观已经开始被介绍进中国。李大钊、陈独秀、瞿秋白、蔡和森、杨匏安、李达等人,都是中国最早的马克思主义理论的传播者和宣传者,他

---

① 顾颉刚:《当代中国史学》,重庆:胜利出版公司,1947 年,第 85 页。

们力图运用马克思主义的社会经济形态学说观察中国的现实社会和历史发展，分析中国的社会性质。1916 年，李大钊任北京大学图书馆主任兼经济学教授，相继发表了《我的马克思主义观》《物质变动与道德变动》《史观》《马克思的历史哲学与理恺尔的历史哲学》《唯物史观在现代史学上的价值》等文章，宣传马克思主义唯物史观。《史学要论》是李大钊运用马克思主义理论观点阐发他的史学思想的史学名著，全书分六个部分，言简意赅地论述了关于史学的六个方面的理论问题："什么是历史""什么是历史学""历史学的系统""史学在科学中的位置""史学与其相关学问的关系""现代史学的研究及于人生态度的影响"。书中反映的对马克思主义唯物史观的信念，对史学与社会，与人生观之间的联系的重视程度，都具有重要的启示意义。

1927 年，国共合作破裂，大革命失败。中国向何处去、中国革命的前途何在、中国社会性质是什么等问题成为摆在人们面前的首要问题，知识界对这些问题的讨论，形成了 20 世纪 20 年代末到 30 年代初的中国社会史大论战。在中国社会史论战中的一个最突出的现象是，论战的参与者都大量引用马克思主义的词句，作为自己观点的支持。马克思主义理论在整个社会和思想理论界取得了重要地位，产生了广泛影响。1931 年创刊出版的《读书杂志》开辟"中国社会史论战"专栏，直到 1933 年停刊，该杂志成为中国社会史论战的主要阵地，各家各派陈述自己的观点，相互之间的论战达到高潮。论战的问题主要包括：第一，奴隶制社会是不是人类必经的社会阶段，中国历史上有没有奴隶社会？第二，中国封建社会始于何时？终于何时？有什么主要特征？第三，什么是亚细亚生产方式？中国历史上是否出现过亚细亚生产方式？这些问题都是中国社会性质问题的深入与延续。中国社会史大论战的结果，对革命者正确了解中国革命的形势、性质，明确革命的对象、任务、前途等都起到了重要作用。运用唯物史观阐述中国社会发展的历史，也得到人们的共识。

1930 年，流亡于日本的郭沫若完成出版了《中国古代社会研究》。这部著作以摩尔根《古代社会》、恩格斯《家庭、私有制和国家的起源》

为“向导”，通过考释甲骨文、金文，将对古文字的研究心得运用于对古代社会的研究，将中国历史划分为原始公社制、奴隶制、封建制、资本制诸阶段，首次在研究中实现了唯物史观与中国古史的结合，成为中国马克思主义史学研究的开创之作，被评价为“例示研究古史的一条大道”①。《中国古代社会研究》标志着中国马克思主义史学开始建立。

抗战时期，延安和重庆两地的中国马克思主义史学形成了各自的研究规模与研究群体。两地的马克思主义史家在中国通史、古史分期、中国社会史、中国思想史、中国近代史、中国革命史、中共党史等方面都作了深入研讨并取得了重要成果。在延安，范文澜撰写完成了《中国通史简编》上册和中册，中国近现代史、革命史、党史和民族史也是延安地区史家的研究重点；在重庆，聚集了郭沫若、翦伯赞、侯外庐、吕振羽等史家，郭沫若撰写了《十批判书》《青铜时代》，吕振羽撰写了《简明中国通史》，翦伯赞撰写了《中国史纲》（翦伯赞此前完成出版了《历史哲学教程》），侯外庐撰写了《中国古代思想学说史》和《中国近世思想学说史》。中国马克思主义史学的框架体系和话语系统初步形成。

总的来看，开始于20世纪初梁启超倡导的“新史学”的中国近代史学，在历史观念、撰述形式、研究方法、学科建制等各个方面都发生了重大变化，呈现出新的面貌。从清末到民国时期，救亡图强的时代主题成为中国史学转型的直接原因，世界眼光、国家和民族意识促使近代史学在整体上突破了古代史学视中国为“天下”的传统视野，在新文化运动的影响下，民国时期史学崇尚“科学”的历史学、追求史学“求真”。西方史学不仅是中国史学学习和追赶的目标，也成为影响中国近代史学走向的最直接的、最重要的因素。民国时期史学的各种研究趋向、各种史学思潮和流派，都或多或少地与西方史学的影响有关系，而怎样看待、借鉴和继承传统史学，也同样是贯穿中国近代史学的重要问题。中国近代史学在学科设置、历史教育教学、人才培养、组建研究机构、创办学术杂志等诸方面的举措，使历史学学科化建设趋于完善，近代中国史

---

① 素痴（张荫麟）：《评郭沫若〈中国古代社会研究〉》，《大公报》1932年1月4日。

学成为现代学术分类体系中的一门独立的人文学科。历史研究中对"科学方法"的提倡、对新史料的重视与利用,使民国时期史学发展以历史考证为主流。唯物史观史学在探讨中国历史发展阶段和中国不同历史时期的社会性质以明确中国革命的发展方向的努力中逐渐成长起来,唯物史观史学对中国历史的解释、对历史研究的宏观把握、在历史研究中的重视学术性和现实性的特点,都与历史考证学有着明显不同,是民国时期史学中不可忽视的重要内容,也为中华人民共和国成立后中国马克思主义史学居主导地位打下了坚实基础。

三　中国现当代史学(1949 年至今)

1949 年 10 月 1 日中华人民共和国的成立,标志着中国历史进入了一个新的时代。中国史学也开始了新的发展历程。新中国成立之初,全国范围开展了学习马克思列宁主义、普及唯物史观的教育活动。"从头学起"成为当时社会各界学习马克思主义理论的行动口号,历史唯物主义和社会发展史成为基本的学习内容。《家庭、私有制和国家的起源》《资本论》等马克思主义经典著作和《毛泽东选集》适时出版发行。全国掀起了学习马克思主义理论的热潮。

新中国的历史学科从起步时起,就提出了明确的发展方向和建设目标。1949 年 7 月 1 日,新中国成立前夕,中国新史学研究会筹备委员会在北平成立,研究会的宗旨是:"学习并运用历史唯物主义的观点和方法,批判各种旧历史观,并养成史学工作者实事求是的作风,以从事新史学的建设工作。"①由新史学研究会发展而成的中国史学会于 1951 年成立,郭沫若在会上作了题为《中国历史学上的新纪元》的致

---

① 《中国新史学研究会筹备会昨在平成立》,见《人民日报》1949 年 7 月 2 日。又见《中国新史学研究会暂行简章》,中国史学会秘书处编:《中国史学会五十年》,郑州:海燕出版社,2004 年,第 4 页。

辞，指出中国史学“在历史研究的方法、作风、目的和对象各方面，都有了很大的转变，中国的历史学已创造了一个新纪元”，具体表现为从唯心史观转向唯物史观、从个人研究转向注重集体研究、从名山事业转向为人民服务、从贵古贱今转向注重近代史研究、从大民族主义转向注重少数民族史研究、从欧美中心主义转向注重亚洲及其他地区历史的研究。[①] 这六个“转向”，成为新中国成立后马克思主义史学区别于以往史学的主要特征。

1952 年全国高等院校院系调整，重点院校的历史学系进行重组，教学计划参考苏联高校的历史系课程重新制订，一般分为理论修养（马列主义基础、新民主主义论等）、工具的训练（外文、历史文选等）、基础课程（中国通史、世界通史等）、辅助课程（人类学通论、考古学通论等）四大类必修课，另有中国古代史、中国近代史、中国境内汉族以外诸少数民族史、苏联及东欧诸人民民主国家史、美国及其他资本主义国家史、亚洲史、国际关系史等。一些马克思主义史家纷纷成为高校和研究机构以及学术杂志的主持者、负责人。1950 年 5 月，在华北大学历史研究室的基础上成立中国科学院近代史研究所，8 月成立中国科学院考古研究所；1954 年 1 月中国科学院成立历史研究第一所、第二所，近代史研究所改称第三所。1951 年 1 月中国新史学会河南分会创刊《新史学通讯》，同时创刊的还有《历史教学》和《文史哲》杂志；1953 年创办的《光明日报 · 史学》副刊，由中国科学院近代史所、北京大学历史系、北京师范大学历史系轮流主编；1954 年 2 月中国科学院哲学社会科学学部创办《历史研究》杂志。这些措施都使中国马克思主义史学的主导地位在形式上得以确立。在研究内容上，马克思主义史学家在总结经验教训的基础上，对发展马克思主义史学提出了新的规划和展望。新中国成立初期，通过开展知识分子学习马克思列宁主义和思想改造运动，马克思主义史学研究在历史观、研究方法、研究内容等方面的规定和导向也逐步明确起来。新中国成立后的十七年间，中国

---

① 郭沫若：《中国历史学上的新纪元》，《进步日报》1951 年 9 月 29 日。

马克思主义史学的学科建设获得了长足进展:对一系列重大历史理论问题展开了大规模的讨论,中国通史、世界通史、中国近代史、各断代史、专史和各个专题的研究也渐次展开,都有一些具有影响力的论著面世;考古学研究成就突出;史料的搜集和整理工作获得重大成果。

因唯物史观与中国历史相结合而出现的许多重大历史理论问题,从中国马克思主义史学建立之初就一直受到重视,不断引发讨论。新中国成立后,随着马克思主义史学主导地位的确立,在新旧史学家学习和掌握马克思主义理论、努力将马克思主义理论运用于中国历史的研究中去的背景下,认真梳理和探讨那些以往积累下来的以及不断出现的历史理论问题,不仅具备了较为成熟的客观条件,而且对于马克思主义史学的学科建设同样至关重要。其中最为引人注目的是关于中国古代史分期问题、中国资本主义萌芽问题、中国封建社会农民战争问题、中国封建土地所有制形式问题、汉民族形成问题、中国封建社会长期延续问题、历史主义与阶级观点问题、中国近代史分期问题、历史人物评价问题等,其中前五个问题因受到更多的关注而成为这些历史理论问题中的焦点问题,被称为“五朵金花”。对这些重大历史理论问题的讨论,表明了中国马克思主义史学注重以宏观的视野考察中国历史发展过程整体,注重从纵向的历史发展阶段中考察其不同的阶段性特点。尽管在讨论中存在许多不同观点和各种各样的问题,但是以生产力与生产关系及其互动来划分社会形态,重视经济对社会变动及其形态产生的基础性影响,深化了人们运用唯物史观研究中国历史所得出的理论认识,说明宏观的理论框架对人们把握长时段的、不断变化的历史整体进程的重要意义。对这些历史理论问题的讨论,是以详尽占有史料为基础的,是宏观考察与微观考证并重的大规模研究和讨论,是将马克思主义理论和中国历史发展实际相结合的有效实践。中国资本主义萌芽、中国封建土地所有制、汉民族形成、农民战争、中国封建社会长期延续、中国近代史分期等问题,无不是着眼于中国历史、从中国历史实际出发提出的命题。运用跨学科方法对历史进行研究和解读,也在讨论这些重大历史理论问题过程中得到了比较充分的反映。社会学、考古学、人类学、民族学、经济学等诸学科的学科理论和方法,多被运用于考察中国古代历史与古代社会。跨学科方法的使用与国际史学的发展趋势相符,为中国史学在研究方法上的进步起到了推动作用。讨论还促进了文献学、考古学、民族学、社会学等学科的进一步发展,为此后的学术研究提供了一些新的生长点。在讨论中起到最重要作用的是老一辈马克思主义史学家,如郭沫若、范文澜、侯外庐分别是新中国成立后古史分期问题讨论、汉民族形成问题讨论、中国封建土地所有制形成问题讨论的开启者,翦伯赞、吕振羽等老一辈史家在其中的作用也举足轻重。在如此广泛的讨论中,一大批以历史考证见长的史学家参与其中,他们大多是治学严谨、卓有成就的史学家,怀着对学术本身的真诚与执着,考证、搜集、整理了大量的史料,在不同见解的论辩交锋中贡献了许多具有学术价值的思想观点、理论方法,既对讨论作出了积极的学术贡献,也对他们自己的学术研究产生了重要影响。同时,通过讨论还培养了一大批中青年史学工作者。对重大历史理论问题的讨论具有很强的意识形态的属性,在理论运用与方法上也存在着教条化与"左"的倾向,但是从总体上看,中国马克思主义历史理论在相关讨论的基础上收获甚丰是不争的事实,其理论成就和学术意义对于中国历史学研究走向的影响是深远而长久的。

1950 年中国新史学研究会开始组织编纂"中国近代史资料丛刊",到 1978 年,共计出版了 11 个专题、总字数达 3000 多万字的中国近代史资料,包括《鸦片战争》(齐思和主编)、《第二次鸦片战争》(齐思和主编)、《太平天国》(向达主编)、《捻军》(范文澜主编)、《回民起义》(白寿彝主编)、《洋务运动》(聂崇岐主编)、《中法战争》(邵循正主编)、《中日战争》(邵循正主编)、《戊戌变法》(翦伯赞主编)、《义和团》(翦伯赞主编)、《辛亥革命》(柴德赓主编),涵盖了近代史上的重大政治事件。除正文外,《丛刊》各专题还附有"书目解题""大事年表""人物传记"等。此外又陆续编纂了《中国近代经济史资料丛刊》《中国近代经济史参考资料丛刊》。这些资料对推动国内外中国近代史研究、培养近代史研究人才,都起到了重要作用。

1954 年 11 月,根据毛泽东的指示,成立“标点《资治通鉴》、改编‘杨图’委员会”。《资治通鉴》的标点、整理工作先后由顾颉刚、聂崇岐主持,选择版本较佳的清嘉庆年间胡克家翻刻的元刊胡三省注本为底本,并参考前人校勘过的宋、元、明各本,集历代校勘之大成。1956 年由中华书局出版。1958 年 2 月,国务院科学规划委员会成立了古籍整理出版规划小组,点校“二十四史”是该小组成立后进行的一个重大项目。参加整理“二十四史”的有几百位学者,他们来自全国二十多所高校和研究机构。整理工作自 1958 年开始,1966 年被迫中断,1971 年恢复工作。至 1978 年春,点校出版工作全部完成。这套 3000 余卷、4000 余万言的史书,采取了统一的体例标点、分段,经过了全面的校勘,真正做到了超越前人,成为最具权威的定本。

由谭其骧主编的《中国历史地图集》,始于对清末学者杨守敬的《历代舆地图》的改绘工作,后来由改绘转而决定新编《中国历史地图集》,由谭其骧主持全面工作,在非常困难的情况下,断续经过三十余年的艰苦努力,终于在 1982—1988 年出齐全部 8 册,包括 20 个图组,共 304 幅地图(不计插图),地图全部采用古今对照,成为历史地理学和中国历史地图史上的里程碑式的研究成果。

中国的世界史研究,在民国时期处于准备和草创时期,高校中的外国史课程大多集中于西洋史,即西欧和北美领域,亚洲史、非洲史、拉丁美洲史、大洋洲史,乃至东欧史基本是空白状态,教材基本编译自外国学者的相关著述。真正建立起世界史学科,是在新中国成立之后。1952 年全国高校院系调整,各高校的历史系相继建立了世界史课程,东北师范大学、北京大学、南开大学、武汉大学等设立了世界史专业。1962 年,在周一良、吴于廑主持下,集全国众多世界史学者编写的《世界通史》完成出版。虽然该书有着受苏联多卷本《世界通史》影响的痕迹,但是反映出中国学者对世界历史和世界史学科的见解,反映了中国世界史研究的水平,产生了广泛影响,长时期成为许多高校历史系的世界史教材。这一系列举措,使世界史教学和科研力量得到明显加强,中国的世界史学科由此真正建立起来。

1950年8月中国科学院考古研究所成立后,又在各地成立了考古研究所或文物研究所。不久即举办了数届全国考古工作人员训练班,对来自各地的学员进行田野考古培训,初步形成了全国性的各级考古工作组织架构。1952年北京大学历史系设置考古专业,此后又有十余所高校的历史系设置了考古学专业,为中国考古学研究培养和输送了大量人才。

1949年至1966年间的中国史学,也不可避免地受到一些现实因素和政治运动的影响而出现偏差。如1958年因经济领域的"大跃进"波及史学界而掀起的"拔白旗、插红旗"运动,随后形成的所谓"史学革命",提出"打破王朝体系""打倒帝王将相"等口号,造成了历史教学和科研的极大混乱。

"文革"期间,历史学成为重灾区,吴晗、翦伯赞成为首先被迫害的对象,一大批史学家遭遇厄运,正常的历史研究和教学活动完全停顿,马克思主义史学所要求的原则被彻底抛弃。"文革"后期对所谓"儒法斗争史"的宣扬和"评法批儒"闹剧,把一些历史学家牵连其中,历史学再次蒙受灾难。中国史学所遭遇的种种破坏,直到1976年"文革"结束才得以改变。

改革开放后的新时期史学,经过拨乱反正,出现了前所未有的思想解放的局面,开始步入正常的学术环境中,强调研究工作要从历史事实出发而不是从概念和原则出发,积极拓宽研究领域,在更新研究理念和深化课题意识的过程中表现出了新的气象。文化史是新时期史学研究中最早形成的热门研究领域,从大部头、多卷本的文化通史到涵盖社会生活各个方面、各个类别的文化史论著相继出版。"文化热"可以看作拓展历史研究领域的一种突破,然而随后便出现了泛文化现象,以致文化史研究的学术影响力与人们的期望值不成正比,"文化热"也逐年消减。社会史是紧随文化史研究而兴起的又一个热门研究领域。新时期的社会史研究热潮也是出于拓宽史学研究领域的基本要求而出现的。社会史研究的新趋向,主要表现在把研究重点转向民众、基层社会和日常生活,还表现在有意识地运用多学科方法研究等方面。在历史学的其他领域，也各有研究成果面世。政治制度史和军事史成为新的研究重点。民族史研究继续受到重视，中华民族多元一体的观点得到广泛认同。

20 世纪 90 年代后期至 21 世纪初期，中国史学各研究领域对本学科在 20 世纪的百年发展进程作了回顾和总结，对当前和未来中国史学的发展趋向作了评估和展望。唯物史观在中国史学中的地位和作用，中国马克思主义史学如何继续发展，成为必须积极面对的重要问题。马克思主义史学居主导地位，并不意味着不允许其他学派和理论的存在与发展。坚持、发展唯物史观必须有开放的学术气度。面对各种新的历史理论、观点和方法，唯物史观应当积极吸收其合理成分和优秀成果，在兼容并蓄中显示自身的优势；同时，还要善于分析鉴别他人之长，而不是全盘照搬。坚持以唯物史观为指导的中国马克思主义史学应该在这种史学多元发展的格局中体现出主流史学的作用，引导中国史学进一步走向新的繁荣。经济全球化趋势和西方史学的影响日益扩大，中国史学不可能置身事外。用新的思想、新的观念、新的方法研究历史，使中国史学不断有所收获、有所创新，中国史坛实际上已经出现了史学多元发展的格局，陆续形成了一些有特点的史学思潮与流派，唯物史观指导下的中国史学正在呈现出新的生机。

在中国古代史研究领域，无论是对中国历史发展道路的探讨，还是对中国历史特点的总结，都表现出更加尊重历史实际的研究倾向。“20 世纪 90 年代以来中国古代史学人的思想世界里，并没有消失马克思主义的踪影。虽然他们对已经教条化的马克思主义极其反感并努力摆脱，但真正的马克思主义理论之精髓，已经融化入他们的血液中，变成了一种思维理性和思维习惯。”①摆脱西方历史解释框架的强势影响，在中国历史研究中建立自己的话语系统，总结并构建基于本土经验之上的历史理论，已经成为中国史学越来越迫切的要求。

① 李振宏：《六十年中国古代史研究的思想进程》，《历史学评论》第一卷，北京：社会科学文献出版社，2013 年，第 104、106 页。

以唯物史观为指导的中国近代史研究,无论是在理论和方法方面,还是在具体研究领域,都取得了多方面的重要进展。一些学者借用库恩的“范式”概念,将马克思主义史学的近代史研究注重反帝反封建革命斗争,归结为“革命史范式”;而将新时期以来主张借用现代化理论重新探究近代史,称之为“现代化范式”。两种范式之争实际上是对中国近代史两种解释体系的争论,是对中国近代史有关近代中国社会性质、发展阶段、基本线索等重要问题的重新审视。实事求是地看待中国近代历史的发展过程,将革命和现代化都视为中国近代史的主题,探寻并建构中国近代史研究的新范式,不断拓展研究领域、转换研究视角、更新研究方法,这些正在成为近代史研究者努力的方向。民国史研究、中华人民共和国史研究,都成为史学界的主要研究领域。

新的社会史研究不断向纵深发展。通过对社会史学科理论的讨论,促使社会史研究能够不断地自觉与反省,着眼于更大的学术目标与追求的课题意识,结合政治史、传统史学与社会史的关系,反思社会史研究的新的出路。社会经济史的区域性研究逐渐形成潮流,较为突出的是以区域社会史和历史人类学相结合为研究特色、以田野研究调查和地方文献分析为主要研究手段、以华南一带几个代表性的地区社会为研究对象的“华南学派”的基本理念和研究群体的形成。社会史与文化生活史研究的日趋融合,也为社会史研究开辟了更为广阔的前景。

基于抗战时期范文澜的《中国通史简编》不断修订而成的《中国通史》5 编 10 册于 1995 年出版,蔡美彪又主编补写了 11 册、12 册,内容下延至清朝灭亡,至此,12 册《中国通史》于 2007 年全部出齐。这部中国通史,因其前身《中国通史简编》为马克思主义史学中国通史体系的开创之作而受到广泛关注。最终完成的这部《中国通史》很少直接引用马克思主义原著中的文句,基本不见有教条式的空疏议论,主要是结合史实具体分析和阐述,以显现中国历史特点为最主要目的。郭沫若主编的《中国史稿》于 1958 年开始编写,编写缘起是为便于各级干部学习中国历史。经过几十年的修订和续写,《中国史稿》共 7 册于 1995 年全部出版。这部通史记述从原始社会到鸦片战争前的中国历史,重视吸收史学界和考古学领域的成果，并配以《中国史稿地图集》，比较充分地反映了当时通史撰述的研究水准，当然也带有时代的印记。白寿彝在1975年酝酿着手编纂中国通史，至1999年，12卷22册《中国通史》全部出版，全书以马克思主义理论为指导，记述了从远古时代到中华人民共和国成立前的中国历史，所述各时代分序说、综述、典制和传记四部分，涵括了几千年中国历史发展中政治、经济、民族、军事、学术文化各个方面的演进历程，各分卷主编均由在相关研究领域卓有成就的学者担任，在中国历史研究上达到了新的高度和深度，在理论认识和体裁创新等方面有较大突破。

中国的世界史学科在改革开放后开始了全面的、全方位的发展历程，世界史研究领域的国际交流已成常态。中国的世界史研究者正在努力改变以往那种闭门造车、自说自话的状况，逐步进入到专题研究和综合研究的阶段，研究工作越来越深入，不断寻找并确定自己的学科特色，力图突破“西欧中心论”，写出真正意义上的中国的世界史研究著作。吴于廑、齐世荣主编的6卷本《世界史》以全人类的历史发展作为考察对象，提倡以全人类一体化历史发展过程作为世界历史的分期标准，将世界历史分为古代（1500年以前）、近代（1500—1900年）和现代（1900年以后）三个时期，采用大区划排比叙述法，着重研究各个地区、国家、民族和文明类型之间的联系、交流与碰撞，全书章目的最小单位也是东亚、西亚、东欧、西欧、北美等地理区域，鲜见对某一国家的单独叙述，体现世界的一体性和时代的主流。为超越以往“国家本位”的世界史框架，摒弃以往用地区国别历史的拼凑来充当世界历史的做法，全书使用了诸如基督教世界、伊斯兰文化世界、儒佛文化世界、游牧世界、农耕世界、工业世界、资本主义工业世界、社会主义工业世界、第三世界等大文化地理范畴。该书成为中国世界历史研究的代表性著作，一直以来是高校历史学专业普遍使用的教材。国际关系史研究、第二次世界大战史研究、冷战史研究、世界现代化进程研究、中外历史比较研究等世界历史的专门史研究受到格外重视。中国的世界史学者还就全球史和全球化问题展开了热烈讨论，全球史观将“互动”视为认识人类社会发展的理念,是对“欧洲中心论”的颠覆。全球史将气候、环境、一切生物和微生物统一纳入人类“生态圈”来考察的尝试,以及由此带来的交叉学科研究特性,给世界史研究开拓了更为广泛的认识空间。

考古学研究取得的成就更为突出。结合考古学文化、考古地层学与考古类型学理论,夏鼐、苏秉琦等考古学家建立了关于考古学文化命名和考古学“区系类型”的理论。此后,在继续丰富和完善考古学文化发展序列的同时,考古学者将研究重点扩展到史前至历史时期的文化内涵、人们生活状况和古代社会等方面。值得注意的是,21世纪以后的中国考古学者将历史学意识与以往研究器物本身形制及其变化为主的研究内容更为紧密地结合起来,以研究历史本来面目作为考古学研究的努力方向。“‘透物见人’,注意研究考古遗存所反映的当时人的意识、行为以及相互关系,已经逐渐成为多数考古学家的共同研究理念。”①大量的考古发掘报告和研究论著的出版,都显示了中国考古学研究的成熟时期的到来。中国考古学无论在史前考古还是历史考古中都取得了丰硕成果,使其在世界考古学界中确立了自己的重要学术地位,并赢得了外国同行的承认与尊重。中国正在从考古资源大国转型为考古研究大国。

21世纪是经济全球化的时代,国与国之间在经济上既互相依存又纷争不断,各种文明文化间的交流与碰撞更为频繁和激烈。面向世界、面向未来的中国史学面临新的挑战,必须承担起新的职责和新的历史性使命。中国史学需要重新认识世界的历史和重新认识我们自己的历史,逐步建立起我们自己的历史学理论体系和方法,用丰厚的学术著作、研究成果,反映和阐发这一理论体系,使之在世界史坛上产生影响,以至在一些领域引领世界历史科学发展的新趋势,在精神文化方面对世界作出应有的贡献。

当前,历史学门类被划分为中国史、世界史和考古学三个一级学科,在这样的学科框架下,各学科更需要相互协调、相互配合、互相借

① 王巍:《新中国考古六十年》,《考古》2009年第9期。

鉴、互相融通，使中国史学在新的形势下获得更大的发展。

在中国史研究方面，中国史家正在努力推进中国史学科体系建设和学术观点、研究方法的创新，使中国史学成为世界史学界公认的学术重镇，提升中国学者在本领域的话语权，形成本土特色鲜明的中国史流派。中国史研究要与中国的现实相适应，使历史研究服务于经济发展、社会进步和道德建设。诸如民族史、社会史与区域史、古代制度史、历史地理、生态环境史、人口史、近代社会与近代变迁、近代知识与制度转型、古代中国与世界、近代中国与世界等传统或新兴研究领域，都需要着重加以研究并力图作出显著的成绩。

在世界史研究方面，首要任务是以一种开放的、包容的、多元的态度，构建中国的世界史学科体系，有鉴别地吸取当代国际史学和社会科学的新理论与新方法，考察人类文明形成与发展的整体轨迹，考察人类社会的整体发展过程。根据中国的世界史各分支学科研究状况，已经有较好研究成绩的欧洲各国史、美国史等领域，应该加强专题史的研究，推出使外国学者关注、认可的研究成果；着重加强薄弱学科的学科建设，在亚洲史、非洲史、拉丁美洲史等方面，选择条件不同的国别、地区、专题，合理规划研究力量，提升各分支学科的水平。

在考古学研究方面，中国作为具有悠久文明和历史的大国，考古研究的地域范围已经从以中原为主扩展至过去相对薄弱的边疆地区，并开展对邻境国家和地区的考古研究。加大旧石器时代考古在整体考古中的比重，完善历史时期考古在时空框架的构建，逐步改变历史时期考古基础研究落后于史前考古的现状。中国考古学要与历史学、民族学等学科合作，重视开展多元一体的中华民族和多民族国家的形成历史的研究，为维护民族团结和国家统一作出贡献。考古学还需要继续加强与古生物学、古人类学、地质学、古地理学等学科合作，进一步开拓现代科技方法在考古学中的应用，促使考古学研究从单纯的文化史研究转向更广泛的多领域、多层面、多角度的历史研究。

中国史学已经充分关注并重视到了史学社会化的发展趋向。史学社会化一方面指的是历史学从重点关注帝王将相、英雄豪杰、社会精英到关注普通人的日常生活、风俗习惯、信仰、交往等广大社会公众对自身历史的记忆,另一方面指的是历史知识通过不同形式的现代媒介传播方式为大众所了解和掌握。前者以研究层面为主,后者以通俗层面为主。中国的公共史学研究方兴未艾,口述研究成为热点。无论如何,史学社会化趋向使历史学比以往任何时候都更直接地进入了更为广泛的群体中。历史学的研究视野不断扩大,社会公众也有条件更便利地在历史学中被发现、被确认、被理解。在这个过程中,历史学家有必要传达更为准确真实的历史事实,有责任阐发正确的、科学的历史观念,有义务弘扬民族精神和爱国主义。

2015 年 8 月,第 22 届国际历史科学大会在中国山东济南举办。这是创建于 1900 年的国际历史科学大会首次在亚洲国家举办。国际历史科学大会首次走进中国,说明了在历史学的世界学术版图中,中国史学所拥有的地位,也是中国历史学走向世界的重要契机。中国史学在国际史坛赢得与中国国际地位相匹配的声誉,是中国史学走向世界的必要条件。中国史学界应当系统整理和继承中国优秀的史学遗产,充分展示中国史学从概念到方法为世界史学发展所作出的贡献。

第二章　史料概述

与历史学其他研究领域不尽相同的是，史学史是对以往历史学——而不是历史——的产生、发展为研究对象的，这就决定了中国史学史研究的史料范围主要应该是那些已经广为人知和并不十分知名的历史著述、那些产生了不同影响的历史观点和史学思想、那些官修史书机构的设置及职能、那些对历史学作出了不同贡献的学者等与历史学相关的各种资料。这些材料，当是史学史研究在史料方面的主体部分。学术史、思想史、文化史等方面的材料也与史学史有密切关系。扩而言之，所有历史学研究的成果、关于历史和历史学的各种观点言论，都应当是史学史的研究资料。在这种情况下，区分主次、抓住重点就显得十分必要。此外，历史学本身是在不断地发展、变化的，史学史研究的资料范围当然也是随着历史学的变化而有所增益，不仅中国古代史学史的研究资料与中国近现代史学史的研究资料在内容、种类、性质上有很大不同，而且在同一时代里的不同时期，其史料内容亦各有特点。“史学史对于史籍的研究是从史学发展状况、史学活动内容上着眼，所侧重的不是这些史事本身的情节，而侧重于史籍记述这些史事的指导思想和技术手段。”①就此而言，那些在史学史上公认重要的史书的著述动机、撰述宗旨、表现形式和产生的影响，以及著名史家的家学渊源、个人经历、学术思想、成就特点等，无一例外地都应该在史学史研究的史料范围之内。如果是这样的话，则非本章篇幅力所能及，实际上面面俱到

① 杨翼骧审定，乔治忠、姜胜利编著：《中国史学史研究述要》，天津：天津教育出版社，1996 年，第 236 页。

也无必要。既为“史料概述”,这里姑且对中国史学史研究的“重点”史料分时代略作陈述,虽不免挂一漏万,但求提供一个基本线索供初学者参考。一些更为具体的史学史研究史料,读者可参见本书“附录”的“学术资源”和“推荐阅读文献”部分。

一　中国古代史学史研究的基本史料

(一)先秦时期

文字出现以前的远古传说,包含了一些历史的“影子”。文字出现后,那些根据先民口耳相传的神话和传说被记述下来,流传至今的相关文献也可以被视为是最早的史学史资料,如《山海经》《淮南子》《诗经》《尚书》《史记·五帝本纪》等文献中的相关记载。

《山海经》,今传18篇,由山经、海经、荒经三个部分组成。作者不详,从内容看应为战国人所作。治地理学者,尊其为现存最古之地理书;治神话学者,推其为古代神话之总结。《山海经》中对于饮食、起居、婚嫁、战争等的记述,在某些方面可以反映远古人类从野蛮到文明的发展片段,其所记地理范围十分辽阔,突破诸侯王国的行政区划,扩大了人们的视野,比较普遍地注重到各地的物力资源,认为与国用有极大关系,这在历史观上是值得重视的。《淮南子》又名《淮南鸿烈》,西汉初年汉高祖刘邦之孙淮南王刘安和他的门客集体撰写。书中的思想内容比较复杂,《汉书·艺文志》列为“杂家”。《淮南子》中的“览冥训”“本经训”等篇章中,也有一些记载远古历史的文字。《诗经》中的若干篇章,如《商颂》中的《玄鸟》、《大雅》中的《公刘》,以及《尚书》中的有关篇章对商、周先祖的一些记述,与历史真实更为接近。《史记·五帝本纪》以文字史料与调查材料相互印证记载了上古世系,反映了司马迁著书时的审慎态度。在司马迁看来,中国历史从黄帝写起,不仅有文献上的根据,有民间传说的参考,而且寄寓着史家本人对于历史的深厚情感。司马迁笔下的黄帝时代，象征着力量、智慧、勤劳、统一。以黄帝开篇，意味深长，其历史影响历时愈久而愈强烈。

西周至战国时期，《尚书》和《诗经》等传统典籍都是史学史研究的重要资料。《尚书》以典、谟、贡、歌、誓、诰、训、命、征、范等十种文体及其变体写成，为古代帝王的命令、公告、誓词和谈话记录等，是古代重要的历史文献。西汉初，《尚书》存 28 篇，由伏生所传，用西汉通行的文字书写，称为《今文尚书》。后又增入《泰誓》一篇，合为 29 篇。西汉中期，从孔子旧宅壁中得一《尚书》，比《今文尚书》多出 16 篇，用汉以前的古代文字写成，称为《古文尚书》。魏晋之际，《古文尚书》亡佚，直到东晋元帝时梅赜奏上《古文尚书》58 篇，除由《今文尚书》29 篇析成的 33 篇外，多出 25 篇，后经宋、明、清三代学者的反复考证，断定其为伪书。从史学史的角度看《尚书》，可以不必过分牵涉今古文真伪之争，更宜重视对无争议的《今文尚书》部分进行分析。《尚书》中的《周书》留下了周公在摄政期间的一系列文诰，告诫周初贵族要借鉴夏和殷灭亡的教训，反省治理朝政的经验。《诗经》是上古的诗歌总集，共收诗 305 篇，由《国风》《小雅》《大雅》《周颂》《鲁颂》《商颂》组成。《国风》多数是民歌，能据以考察宗周、春秋时期各地的社会政治风貌。《大雅》为宗周时期歌颂先王业绩及讽刺厉王、幽王政治缺失的诗篇，能据以考察宗周的社会政治，也能看出周人在思想意识上的重大变化，其中的"殷鉴不远，在夏后之世"，被认为是古人重要的"殷鉴"思想的流露，对后人有深远影响。《小雅》有贵族作品，也有民间歌谣。前者多写贵族的狩猎、习武等生活和娱乐，后者多流露出对剥削压迫表示不满的怨愤之情。三颂为周、鲁、商的后裔宗庙中祭祖的乐歌，其中有可资参考的历史风貌的描述。

《春秋》是孔子据鲁国国史修成，记事起于鲁隐公元年，止于鲁哀公十四年，涉及各国史事而以鲁为主，一万八千多字。尽管它记载简略，但在史学发展史上却有重要意义。全书着重从人事角度记载政治活动、得失成败，同时它还开创了史家在史书中表明政治观点、寄托政治理想的传统。在历史编撰上，《春秋》创立了按照一定体例编撰史书的格局,开私人修史之先河,书中所谓“春秋笔法”对于中国古代史学有着深远影响。孟子受业于孔子之孙子思,曾游历齐、宋、魏等国陈说政见,不见用,退而与弟子万章等人著书立说。后人汇为《孟子》一书。《汉书·艺文志》著录11篇,今存7篇。在《孟子·离娄》等篇中,可以看出对史事、史文、史义以及历史观等方面的见解,是中国古代史学思想的重要资料。

流传至今的先秦时期史籍数量有限,几部重要史书都是史学史研究的基本材料。《左传》是一部初具规模的编年体史书。起自隐公元年,止于哀公二十七年。《左传》可初步判定成书于战国前期,不排除后人有所增益。《左传》非出一人之手,最初传授者应为左丘明。《左传》记载史事丰富详实,对晋、楚两大国及鲁国事记载甚详,书中对春秋时代的历史大变动持肯定态度,对齐桓、晋文的争霸表示赞许,还大量记载了政治家、思想家关于“重民”和“民本”的言论。《左传》对编年体已使用熟练,并且糅合了纪事本末体的因素,是早期史著中历史与文学结合的典范,尤长于写战争。所记晋国史官董狐“书法不隐”的事迹,成为古代史学的追求目标。《国语》是一部记载宗周末年至春秋时期周王朝与鲁、齐、晋等国历史的国别体史书。《国语》是逐步汇集周与各诸侯国所录之“语”编纂而成的,非一人一时之作。《国语》全书21卷,包括《周语》《鲁语》《齐语》《晋语》《郑语》《楚语》《吴语》《越语》,其编纂次序是按周与各国关系的亲疏、“诸夏”与“蛮夷”的区别来安排的。《国语》在内容上突破了当时国史的限制,以论述历史形势为特点,视野更为开阔。在编撰体裁上,是分国记言,记载各种政治言论,包含不少很有价值的政治见解和历史见解。《战国策》是战国时期的记言体史书,记载战国时期说客辩士的权谋和军政大事。为战国时人所撰,但非出于一时一人之手,战国末年初步编成,后经西汉刘向重新整理编次,厘为33篇,定名为《战国策》。《战国策》在表述上有一定的成就,善于写辩士的说词,能以生动的语言酣畅淋漓地铺陈形势的利害。在史事的叙述上,也写得有声有色。

（二）秦汉时期

秦汉时期是中国史学发展的重要阶段。汉初学者从借鉴历史经验的角度撰写的若干政论文，与史学有着重要关系，是反映当时人对史学功用认识的材料。如西汉政论家、辞赋家陆贾，随刘邦定天下，常在刘邦前称说《诗》《书》，刘邦命其著书论秦亡汉兴的原因，成《新语》，引据历史经验，论述人主用人的重要性，认为用人犹如居高履危所用的拐杖，必须仔细考察，又根据历史经验提出以德治民得人心、一味尚刑失人心。陆贾善于运用历史知识来为政治服务，反映了汉初政治家对历史经验的重视。又如，西汉初年政论家、文学家贾谊，其政论文《过秦论》是探讨秦朝兴亡原因的专论，认为并兼天下靠诈力，这是战时形势使然，而治理天下则须行仁义，这是因为形势变了，必须审时度势，应时变化。贾谊行仁义的说法是儒家的传统观点，而"变化应时"的见解也值得重视。董仲舒是西汉今文经学大师，以治《春秋公羊传》著称，他的著名的《贤良对策》（天人三策）的主要观点是认为天是有意志的，君主的权力系上天所授予，天道、人道和治道是永恒不变的，天是仁慈的，故人君应以道德教化人民，大一统是天经地义的事，应罢黜百家，独尊儒术。《春秋繁露》是一部系统论述天人感应的书，论及天道、伦理、人性、名实等问题，为加强专制统治提供了理论根据，也对中国古代的历史观产生了重要影响。

西汉最重要的史著当然是司马迁的《史记》。《史记》原名《太史公书》，是一部纪传体通史，为历代正史之首。司马迁以"究天人之际，通古今之变，成一家之言"的宏阔宗旨，创造了纪传体这一形式，以本纪、表、书、世家、列传五个部分来表述丰富、生动的历史内容，不但记载了历史大事和历史人物，还能把政治、经济、天文、地理等方面的制度和情况有机地结合在一部书中。《史记》以"寓论断于叙事"为主要特点，在各个篇章和"太史公曰"中反映了司马迁"综其终始""原始察终""见盛观衰""承敝通变"等丰富的历史观点和史学思想，是中国史学史最重要的研究资料之一。《太史公自序》是《史记》总序，也是中国史学史上极为重要的文献,为历代史家必读之文,司马迁历数太史公世谱家学,述其父司马谈《论六家要旨》及临终遗言,介绍了他自己的成长经历,集中阐述了《史记》继承《春秋》之旨、述通史之义、成一家之言的撰述目的。《太史公自序》还集中了全书130篇之各篇小序,为《史记》全书的总纲。保存在《汉书》中的《报任安书》是司马迁写给友人任安的信。司马迁在信中陈述了他对李陵事件的看法以及获罪于此后他的艰难处境,通过引证历史上的事例表达了他之所以受此大辱仍然"隐忍苟活"的原因,以周文王、孔子等先哲自况,阐释了他发愤撰写《太史公书》的原因,是了解《史记》及司马迁著《史记》的宝贵材料。

两汉之际刘向、刘歆等奉命校定皇家藏书,经过多年的努力,大批散佚古书得以复其旧观,无数残篇断简得以整理完善,众多尘封秘籍得以传世行远,这是中国文化史上的重大成就,于历史学的意义亦尤为重要。刘向、歆父子据此做成的《别录》《七略》,是写出每一部书的叙录,再将群籍的大小序汇辑而成,分六艺、诸子、诗赋、兵书、数术、方技六大类(略),各类之下再分小类(种),形成了学术门类观念,也是目录学成熟的表现,成为中国古代学术研究的入门方法,即"辨章学术,考镜源流"之滥觞,亦为中国古代史学史研究不可不研读的基本材料。《别录》《七略》都已亡佚,虽有辑佚本却也缺失较多,所幸《七略》由班固删节后,编为《汉书·艺文志》,从中可一窥原书面貌。此外,刘向的《战国策书录》是刘向校书后所写,既能看出他校书所下的功夫,也能看出他对周秦之际历史演变的看法;刘歆的《移让太常博士书》是他要求列《古文尚书》于学官而给太常博士的公开信,信中申述了古文经学家对历史文献的看法。

继《史记》之后的另一部重要史书是《汉书》。《汉书》以西汉皇朝兴衰为断限,突出了皇朝史的地位,含纪、表、志、传四个部分,创造了反映一代皇朝史事的纪传体断代史撰述形式。与《史记》相比,《汉书》以"宣汉"为宗旨。全书上下洽通、详而有体,与《史记》齐名,后人并称《史》《汉》、"马""班"。《汉书》中的"过秦""宣汉"以及皇朝大一统的观念等在中国史学思想史上都占有重要地位。《汉书》的论赞部分反映了班固对历史的看法。如:《高祖纪赞》和《武帝纪赞》反映了班固的正统史观和对独尊儒术的肯定;《食货志》概述中国古代食、货发展的历史和西汉的社会经济状况,论述了“理民之道,地著为本”的思想;《地理志》反映了班固的大一统思想和学问的博洽;《艺文志》总序概述了中国文化发展史,春秋类序交代了东汉以前史书发展的情况。《汉书》原文照录了许多重要历史资料和文献,具有重要的史料价值。

东汉末年史学家、政论家荀悦,著有《汉纪》《申鉴》等。《汉纪》记事起于刘邦之兴,迄于王莽之败,而以班彪著《王命论》、班固撰《汉书》事为殿,改纪传为编年,内容大部分综合凝炼《汉书》而成,是中国史学上第一部编年体皇朝史。荀悦著《汉纪》有“达道义、彰法式、著功勋、表贤能、通古今”等五志,以儒家“三纲”为核心,维护汉皇朝的成规,着意考察西汉皇朝政治统治的得失,有明确的以史为鉴的思想。该书编年断代的史书体例,也值得重视。

(三)魏晋南北朝时期

《史记》和《汉书》成为后世通史与断代皇朝史撰述的先驱和楷模。魏晋南北朝时期成就了几部正史:陈寿的《三国志》、范晔的《后汉书》、魏收的《魏书》以及沈约的《宋书》和萧子显的《南齐书》。西晋灭吴后,陈寿开始撰《三国志》。陈寿“善叙事,有良史之才”,在编撰体例上,以魏主为帝纪,总揽三国全局史事;以蜀、吴二主史事传名而纪实,既与全书协调,又显示出鼎立三分的格局。以一部纪传体史书兼记同时存在的三个王朝的历史,是为正史撰述中的新创造。陈寿的史才还表现在善于通过委婉、隐晦的表述方法贯彻史家的实录精神,以及叙事简洁等方面。南朝宋裴松之的《三国志注》补充了大量史料,且不乏对史事的评论。南朝宋史家范晔撰纪传体东汉史《后汉书》,除纪、传为范晔所撰外,梁刘昭取司马彪《续汉书》中八志注补范书,附纪传以行。《后汉书》无论对史事的整理,还是于史事的评论上,“皆自得之于胸怀”。《后汉书》对传记采用类叙法,增加党锢、文苑、独行等类传,篇末的“论”“赞”等,皆有特色。北朝史家魏收所撰《魏书》,体现了少数民族入主中原后的史学活动，可以说是正史中第一部专记少数民族政权史事的著作，保存了拓跋部等北方少数民族的活动资料，也反映了当时北方的阶级矛盾和民族矛盾的概况。魏收特创有《官氏志》和《释老志》，前者不但详记官制、阶品，还列举拓跋部及其所属部落的姓氏，是反映北魏统治门阀化以及研究姓氏、民族融合等问题的重要文献。另如沈约《宋书》中的律历、天文、五行、州郡等志，萧子显《南齐书》中的礼、乐、州郡、百官、舆服等志，都有较高的史料价值。

魏晋南北朝时期的史书种类更为丰富。如东晋时常璩撰《华阳国志》，此为魏晋南北朝时期最有代表性的地方史著述，兼记一方的历史、地理、人物，涉及民族、风俗、物产，是一部内容丰富的地方史。三国魏人曹冏的《六代论》，论夏、殷、周、秦、汉的历史经验教训，分析曹魏面临的现实问题，预感到曹爽、齐王芳将面临“疾风卒至”“天下有变”的局面，是一篇重要的史论。北魏杨衒之撰有《洛阳伽蓝记》，以追述北魏京城洛阳佛寺的兴废沿革为主要线索，所记寺庙55所，奢侈壮丽，可见北朝佛教之盛。《洛阳伽蓝记》虽为寺庙而作，但涉及内容颇广，凡政治、人物、风俗、地理等无不详载，可补正史之不足。品评人物是魏晋南北朝时期社会风气的重要特点之一，这种社会风气推动了人物品评理论的发展，代表性著作有三国时魏人刘劭所著《人物志》，其品评人物的理论基础，是以五行说与人体的自然本质骨、筋、气、肌、血相配，认为人的才性出于自然，再与五常即仁、义、礼、智、信相结合，作为判断人物才性的根据。《人物志》对于史学的重要意义在于，它从理论上系统分析了历史人物在才性上的种种差异，以及认识这种差异的社会实践意义。

值得重视的是南朝梁人刘勰所撰《文心雕龙》，其中的“史传”篇是较早讨论史学问题的专文。文中先对古代史官制度的设立和史官的职责及史书修纂的历史过程作了简要叙述，又对历史撰述中的修史方法、史书体裁优劣、史书得失等方面进行评论，总结了“史传”的研究状况。刘勰强调“居今识古，其载籍乎”，即史书对于人们了解历史的重要性，肯定了《春秋》《史记》《汉书》等的史学价值，批评了史书中存在的诸如“俗皆爱奇,莫顾实理”等现象,并对中国古代史学发展中“文疑则阙,贵信史也”的“直笔”精神予以肯定。《文心雕龙》除“史传”外,其他篇章中也涉及对史学的评论,是史学史研究不可或缺的重要研究资料。

(四)隋唐时期

唐初成八部正史,分别为《梁书》《陈书》《北齐书》《周书》《隋书》《南史》《北史》《晋书》,其中的前五部史书又称“五代史”,《隋书》十志也称《五代史志》,记五代典章制度。《五代史志》自唐太宗时开始修纂,至唐高宗时成书,褚遂良、令狐德棻先后任监修,书成后由长孙无忌奏进,参与撰写的于志宁、李淳风、韦安仁、李延寿等均为学有所长的知名学者,《礼仪志》《音乐志》《律历志》等质量上乘。《隋书·经籍志》是《七略》《汉书·艺文志》以来最重要的目录书,是唐以前目录书的总结性成果。它把前人的四部分类法和按经、史、子、集分类的思想结合起来,形成了新的文献分类格局。除有总序外,各部有大序,各部所划分之类均有小序,其概括、总结与评价均见功力。史部分为正史、古史、杂史、霸史、起居注、旧事、职官、仪注、刑法、杂传、地理、谱系、簿录等十三类。《隋书·经籍志》最终确立了四部分类法在目录学中的地位,不仅具有重要的学术史价值,其史部也可以视为是史学史的雏形。

刘知幾是唐朝杰出的史学家,他率先对史学及史学工作进行了全面的、自觉的反省,撰成中国史学上第一部史评著作《史通》。《史通》20卷,包括内篇10卷39篇,外篇10卷13篇,合52篇。其中内篇中有3篇亡佚,全书今存49篇。内篇是全书的主要部分,着重阐述了史书的体裁、体例、史料采集、表述要求和撰史原则,而以评论纪传体史书体例为主;外篇论述史官制度、正史源流,杂评史家、史著得失,并略申作者对于历史的见解。《史通自序》重点述及刘知幾习史、治史的经历及其本人对《史通》一书的期许,文中直言监修大臣的干预对修史造成消极影响,以至于修史者无法施行自己对史书编纂的诸多见解,不得不辞去史职,独自撰写《史通》,“以见其志”。《史通》对中国古代史学有着重大贡献,是中国史学史研究最重要的资料之一。

唐代史论十分发达,是了解古代史学与政治间的关系的基本材料。唐初学者虞世南所撰《帝王略论》是一部记帝王之事略、论帝王之贤愚的著作,采用问答体的形式,阐述了对于君主的认识,其价值不在于“略”而在于“论”,在评论历代君主或由此而涉及对其他历史问题的评论方面,不论在见解还是在方法上,都有理论上的价值。唐朝史学家吴兢撰《贞观政要》,“缀集所闻,参详旧史”,按照专题分类,每篇都有一个论述中心,每卷也大致有一个论述中心,在历史编纂学上有独特的成就,是反映唐代贞观年间政治历史的一部重要文献。《贞观政要序》和《上〈贞观政要〉表》中,吴兢明确交代了撰述《贞观政要》的出发点和目的。朱敬则在武则天时曾兼修国史,“尝采魏晋已来君臣成败之事,著《十代兴亡论》”,从中可看出这位史论家的深刻见解。中唐时期学者皇甫湜撰《编年纪传论》,对此前关于编年体、纪传体孰优孰劣的辩难提出了自己的看法,可视作此类评论最精彩的一篇,从理论上说明了纪传体的产生及其存在的合理性。柳宗元撰《封建论》,以说明历史而审视现实。《封建论》提出了“不初,无以有封建”和“封建,非圣人意也”两个前后相关联的论点,还提出“势”这个历史范畴来与“圣人之意”相对立,反复论证殷周时代实行分封制是必然的趋势。柳宗元阅韩愈的《答刘秀才论史书》后写的《与韩愈论史官书》,讨论了史官的修史态度等问题。

杜佑的《通典》分食货、选举、职官、礼、乐、兵、刑、州郡、边防九门,每门之下分若干子目,子目下有细目,以记载历代典章制度的历史演变、得失兴革为主。杜佑既是通晓史学的政治家,又是精于政治的史学家。《通典》一书创造了综合性的典制体通史形式,奠定了独立的制度史撰述的基础,扩大了历史研究和撰述的领域,是中国史学史上的重要著述。

关于中外交通和域外情况的撰述,佛教僧人作出了突出贡献。唐太宗贞观年间玄奘西行印度取经,跋涉 5 万余里,返回长安后撰成《大唐西域记》,记录了玄奘西行取经的实况。玄奘西行到过 110 个国家,他游踪所及,考察当地的山川风土、习俗人情及物产气候,此书是中国古代历史地理和域外交通的重要史著。李吉甫所撰《元和郡县图志》是一部关于唐朝全国地理总志之书,成书于唐宪宗元和年间,故名,该书是现存最为完整的一部古代全国总志。这些史著是唐代大一统局面的客观反映,也是史学史研究在中外交流、历史地理研究方面的基本材料。

史注的发达是历史文献学成长起来的显著标志之一,在史学史研究资料中占有重要地位。魏晋以后,许多重要的历史著作都有了注或新注,其中有相当数量的史注名作。《史记》有南朝宋人裴骃的"集解"、唐司马贞的"索引"和张守节的"正义",习惯上统称为"《史记》三家注";《汉书》注之集大成者是唐颜师古注;《三国志》有南朝宋人裴松之的注。其中裴松之《三国志注》属补充史事一派,他广搜资料,精心撰作,征引书多达二百多种,所注内容主要在四个方面:一是"以补其阙",二是"以备异闻",三是"以惩其妄",四是"有所论辩",主要是史事上的补阙、存异、惩妄;《史记》三家注和《汉书》颜师古注则属训释史文一派,司马贞《史记索隐》、张守节《史记正义》都没有脱离注音释义这个基本方法,颜师古的《汉书注》是这一派史注中成就最大的,在字音、字义的注解上一丝不苟,功夫艰深,且不脱离原著,反对"竞为该博,多引杂说,攻击本文"。

(五)五代辽宋金元时期

五代宋元时期史学继续向纵深发展,史学史资料的类型也呈现出多样化。五代后晋官修《旧唐书》(原名《唐书》),因成书仓促、撰述不精而多有讹误,但是,因多采唐人《国史》、实录,保存了丰富的原始资料,亦成为史学史上不可忽视的一部正史。百年之后,北宋以欧阳修、宋祁为首官修《新唐书》。《新唐书》无论在史料采择还是在考证精审方面都更胜一筹,志写得丰满充实,表多有创新,但过分注重"春秋笔法",且对原始材料都有删削润饰,反而影响到史料价值。新、旧"唐书"各有优长,其得失之故,可为史学史研究所借鉴。宋代还有《旧五代史》和《新五代史》两部正史,前者为官修史书,取材于五代实录,后者为欧阳修一人独撰。新、旧“五代史”间的短长与新、旧“唐书”类似,都是史学史研究的重要材料。

北宋时期最重要的史著当属司马光的《资治通鉴》。司马光从政失意,退而治史,他与刘恕、范祖禹、刘攽共同编撰成编年体通史《资治通鉴》,另有《目录》《考异》。《通鉴》扩大了编年体史书的容量,所记千余年史事,连贯而丰富。全书以历代统治的盛衰得失为叙述重点,对各时期错综复杂的民族关系也有丰富的记述。书中的“臣光曰”在解释历史上的得失、成败、善恶、是非的过程中,反复提示君主应讲求仁义,克遵于礼,慎于抉择,善始慎终。《通鉴》以极其丰富的历史事实证明:政治统治的存在、巩固和发展,离不开对历史经验的总结。《通鉴》在严肃撰述历史发展中成败兴亡的基础上,典型性地反映了中国古代正统史学的“资鉴”思想和功用,是古代史学史资料的核心部分之一。《通鉴》还具有很高的文献价值,在表述上,《通鉴》对战争及历史场面的描述都十分出色。司马光作为与司马迁齐名的大史学家,其主持编撰的巨著《资治通鉴》对当时和后世的史学发展产生了极其重大的影响。《通鉴》的成功,也引发了编年体史书编纂的热潮,南宋初年,出现了一批编年体当代史,如李焘的《续资治通鉴长编》、李心传的《建炎以来系年要录》、徐梦莘的《三朝北盟汇编》等,无论在材料还是在编纂上,都属古代史学的上乘之作,成为宋代史学史研究的基本材料。

南宋朱熹根据《资治通鉴》编纂成《资治通鉴纲目》,其用意是使“义例益精密,上下千有余年,乱臣贼子真无所匿其形”,《纲目》的大经大法“莫不系于三纲五常之大”。《纲目》义例精密,它的编写凡例有统系、名号、即位等,各类有关的史事记载,行文有讲究,连文字上的遣词用句都是微词奥义,通过这种办法达到辨名分、正纲常、示劝戒的目的。在编纂形式上,《纲目》创立了纲目体。该书虽不是以史料价值见长的历史著述,但是流传甚广,应为史学史研究所重视。另一部因《通鉴》而成的书也在大致相同的时间完成,这就是袁枢的《通鉴纪事本末》。该书的材料虽取自《通鉴》,但是袁枢因此而创立的纪事本末体史书体裁在中国史学的史书表述形式上有重大影响，与编年体、纪传体合称中国史学的三大史书体裁。纪事本末体以《资治通鉴纲目》和《通鉴纪事本末》为代表，因其在表述形式上的变化和在编撰目的上获得的认同，大大促进了历史知识向社会的传播，同样是史学史研究的基本材料。

南宋郑樵撰纪传体通史《通志》，含帝纪、年谱、略、世家、载记及列传。全书记事起于三皇，迄于隋末，诸略所记下及于唐，其“二十略”多有创获，氏族、六书、七音、都邑、艺文、校雠、金石、草木昆虫诸略，多为郑樵所创立或拓展，具有重要的学术价值。《通志》在史学史上最引人注目的是他提出的以“会通”为主的史学思想。在《通志・总序》中郑樵反复强调“会通之义”“会通之旨”“会通之道”，强调古今“相因之义”以贯通历史的联系，重视历代损益以揭示“古今之变”。《通志・总序》还对“二十略”作了详尽介绍，自信能够“总天下之大学术而条其纲目”，使“百代之宪章，学者之能事，尽于此矣”。“贯通”意识是中国史学的主要特点，郑樵的“会通”思想是继司马迁“通古今之变”后中国古代史学史上的重要思想资源。

马端临编纂的《文献通考》，继承和发展了杜佑《通典》开创的典制体通史。他不仅补充了唐玄宗天宝以后至宋宁宗嘉定以前的典章经制，而且增加了门类，扩大了典制体通史内容的范围，继承了《通典》各门之间的逻辑体系，强化了以食货为首的历史见识。在《自序》中，马端临对于《通典》各门、对“文献”之意都作了说明，并指出了《文献通考》撰写的宗旨，是“会通因仍之道”，对历史“相因”说有新的认识。《文献通考》与之前的《通典》《通志》在史学史上合称“三通”，清朝乾隆年间官修“续三通”“清三通”，构成中国史学史上的一个著述系列，为史学史的基本材料。

元朝修成的三部正史是《辽史》《金史》和《宋史》，质量已不可与前“四史”相提并论，显示出官修正史的颓势，但是《辽史》叙事简洁、《金史》撰述规范、《元史》材料充实，也各有特色，而元修正史所反映的多民族历史内容的丰富性，是古代史学中少数民族史学的重要资料。

宋元时期历史文献学研究有进一步发展。北宋吴缜的《新唐书纠谬》针对欧阳修主持编撰的《新唐书》中存在的谬误一一予以纠正,又针对《新五代史》撰《五代史纂误》。“纠谬”和“纂误”之书,开订正、考证与评论某部史书的历史文献学研究的新形式。元代胡三省的《资治通鉴音注》,集训解名物制度、校勘史文、考订史事、补充阙遗、训释音义、评论历史等于注释之中,为史注中卓有成就之作。

(六)明清时期

明清时期史学的整体发展趋向有新的特点,主要表现在方志兴盛、稗史增多,事关国计民生的经济史方面的专题史种类丰富。方志方面,明代全国总志类的如《大明一统志》,各省的通志如《山西通志》《山东通志》,各府州县志则不计其数,还有边关志、边镇志、卫志等门类的方志。清代方志更为兴盛,《大清一统志》是历代全国总志中空间范围最广、内容最丰富、部帙最多的巨制,各级地方志书更为兴盛。清代修志的成就促成了方志学理论的研究,清人章学诚在《修志十议》《答甄秀才论修志第一书》及《第二书》等文中,对方志修纂理论作了阐述。稗史主要指野史和相关记述历史琐闻、社会风貌的笔记、札记等,明清稗史中保存了大量朝野史料,亦不乏各种历史和史学评论资料。经济史方面如治河、漕运、水利、农政、盐政、荒政等著述较之以往也大幅增加,如《河防一览》《农政全书》《漕和通志》《赋役全书》《户部漕运全书》等。

明代官修《元史》,不足一年即告完成,虽取自元朝实录而颇具史料价值,但因成书过于仓促,错讹多端。明官修政书如《大明会典》等,记载了明代典章制度,保留了明朝行政法规方面的珍贵文献。清代官方修史制度更为完备,顺治朝开始修纂《明史》,至乾隆朝初年刊刻成书,经官私名家多年锤炼,《明史》质量上乘,受到好评。清朝开实录馆、玉牒馆、起居注馆、国史馆、《明史》馆、会典馆、“三通”馆、四库馆等,编纂了大量各类书籍。

明清之际史学以经世致用为宗旨,顾炎武的《肇域志》《天下郡国利病书》、黄宗羲的《明夷待访录》、唐甄的《潜书》等,或以经世致用为务，或对专制制度作了深刻反思。黄宗羲等的《明儒学案》《宋元学案》分别记明代、宋元的学术思想及其流派，是一部具有独特形式的学术史专书。

明代的历史考证成就突出者，有王世贞《史乘考误》、胡应麟《四部正讹》等。明清之际顾炎武的《日知录》、阎若璩的《古文尚书疏证》、马骕的《绎史》、吴任臣的《十国春秋》等著作，虽以文字音韵、辨识古书、历史地理等为研究对象，但均以考证精审著称，开清代考证学之风气，其中顾炎武的影响力最为突出。另有明末清初顾祖禹以二十年之功，十易其稿，撰成《读史方舆纪要》这部历史地理著作，全书包括历代州域形势，此为历史地理部分；全国各地方舆，此为政治、军事地理部分；总叙全国山川分布，此为自然地理部分。《读史方舆纪要》是一部以地理为基础、以阐明军事上的成败为主要内容、以总结政治兴亡为目的的巨著。作者为各地方舆所撰的序论，最能反映出他在这方面的造诣和旨趣。这些研究成就，是结合历史考证与经世致用于史学研究中的重要材料。

清代乾嘉时期考证学极盛，历史考证同样成就卓著。王鸣盛的《十七史商榷》以考证史家所记典制、事迹之"实"为重点，对十七部正史的文字的考订和历史事实如典制、地理和职官等方面的考订尤为用力。钱大昕《廿二史考异》重在考订诸史志表，其中于天文、律历、地理、职官、艺文等志的考订最具学术价值。赵翼《廿二史札记》于考订诸史中特别重视发挥对于历史的见解，关注"治乱兴衰之故"，这是不同于其他考证著作之处。赵翼对史书的考订，重点不在于文字的校勘，而在于史书所记内容的异同和得失。崔述《考信录》以宗经而疑传注、诸子、杂说等对于历史的解释和杜撰为主，由怀疑而辨伪，由辨伪而考信。崔述的辨伪和分析，从许多方面考证出战国以后尤其是西汉以后一些"铺张上古为事"的文字是不足为据的，它们紊乱了人们对于古史的认识。崔述的辨伪工作是为了恢复上古信史的面貌。清代历史考证学的突出成就，对近代历史学研究产生重要影响，也是清代和近代史学史研究的基本史料。

《四库全书总目提要》是清代目录著作的代表作,也是古代目录学之集大成者。清乾隆年间,在修《四库全书》的同时,分别为著录及存目的一万多部书籍撰写提要,其中包括作者介绍、书籍内容和流传情况,并论述书中得失,辨订文字增删、篇帙分合,汇集为《四库全书总目提要》200 卷,按经史子集四部分类。四部之下列类,类中有子目。各部有总序,各类有小序,类后有跋语,子目有案语,论述学术流变及分类旨趣。《四库提要》在区分类别及论述学术源流、评价各书优劣等方面,条目分明,间有新意,是学术史、目录学的重要资料。章学诚所撰《校雠通义》,是对目录学的总结之作,章学诚认为,目录学的任务,不只是甲乙丙丁地排列书目,更重要的是辨章学术,考镜源流,起到引导读书治学之门径的作用。对于编目的体例也有论及。《校雠通义》在目录学上多有创见,值得重视和研究。

清代的史评成就斐然。在历史评论方面,清初王夫之的《读通鉴论》是他根据《资治通鉴》而撰写的一部历史评论,涉及上自三代、下至明朝的许多重大历史问题。发展的历史观、精于辨析的兴亡论、重视以史学经世致用的史学思想,是它的历史价值的几个主要方面。《读通鉴论》之论历代兴亡治乱,一是指出托国于谀臣则亡,国无谀臣则存;二是指出不重"积聚","无总于货宝"与政治统治的关系;三是指出"风教之兴废"与皇朝兴亡的关系。《叙论》篇阐明了作者的史学经世致用的思想,是中国古代史学史研究中在历史理论方面不可或缺的材料。

在史学评论方面,最重要的是章学诚的《文史通义》。《文史通义》内篇 6 卷、外篇 3 卷,对清初以前的史学从理论上进行了比较全面的总结,提出了许多理论性的认识。其中,以圆神、方智定史学之两大宗门,论"史德",论"史意",是涉及全局性的几个史学理论问题。章学诚把古往今来的史书划分为撰述和记注两大系列,而圆神、方智分别是其特点,这一认识是他在史学理论上的创见,在《书教》篇中有集中的阐述。章学诚还发展了"史家三长"论,明确提出"史德"这一理论范畴,以及与此相关的"心术"论,详见《史德》篇。论"史意"与"别识心裁"是《文史通义》对《史通》之继承和发展的又一个重要方面,《答客问》篇有相关表述。《文史通义》标志着中国古代史学理论方面的最高成就，与《史通》一样成为古代史学理论研究的宝贵材料。

龚自珍的历史评论具有鲜明的时代特点，在《乙丙之际箸议》《古史钩沉论》《尊史》等篇的论述中，将历史批判和现实批判相结合，触及到了历史必变的时代脉搏，蕴含着国家民族的忧患意识，反映出传统历史观念的嬗变趋势。龚自珍还针对乾隆以来"号为治经则道尊，治史则道绌"的观点，提出"尊史"说，强调史学的重要性，指出"经子皆史"，认为"史"与人类前途和国家民族关系密切，必须提高史家的思想和认识。

鸦片战争以来，西方列强侵入中国。魏源撰《圣武记》，历述清朝武功及用兵成败之道，兼及有关军事制度，阐述了关于练兵、整军、筹饷、驭夷的见解和主张。为了倡导"开眼看世界"以了解西方，魏源以林则徐主持编译的《四洲志》为基础，以"师夷长技以制夷"为目的，于1842年完成了第一部系统地介绍外国史地的著作《海国图志》。徐继畬撰《瀛环志略》，是近代早期介绍外国史地的又一名著。全书以亚、欧、北美为重点，涉及南美洲、大洋洲、非洲，纲目清晰，记载较为全面。

西方列强蚕食中国边疆领土，一些学者开始注重边疆史地研究。相关史料主要有张穆撰《蒙古游牧记》，记述了内外蒙古自古代迄于清代道光年间的地理沿革和重大史事。其由今溯古、由地理而兼及相关史事的表述方法，反映出作者在撰述思想上具有时代感和历史感相结合的特点。何秋涛撰《朔方备乘》记载了历代北疆用兵利弊和中俄关系，考察了中国北部边疆的历史沿革和攻守地势。姚莹撰《康輶纪行》，对西藏的历史、地理、宗教、政治、戍守多有记载，对外国侵略者对西藏地区的窥伺极为敏感，抱有深切的忧虑，反复强调了解外国、认识世界的重要性。

王韬曾游历英、法、俄、日等国，写出《法国志略》《普法战纪》等书，在中国近代史学上成为研究外国史地的先驱之一。《法国志略》既具有世界历史的眼光，又提出了中国人了解世界的紧迫性，详细记述了法国的历史、地理和现状，反映了资本主义世界在当时取得的进步，也反映出作者对君主专制的批判态度以及对法国政治制度、科技进步以及社会文明的向往。黄遵宪曾作为中国驻日本使馆参赞在日本居留近5年,为明治维新以来日本的巨大变化所吸引,撰写了《日本国志》一书,反映出作者对于研究外事的强烈的自觉意识,对于中国当时士大夫固步自封的狭隘眼光的不满和忧虑。《日本国志》一书在历史认识上,肯定君主立宪的政治体制,注重富国强兵、科技实学,主张汉学、西学兼而用之。这些都是近代早期中国人记述外国历史的重要材料。

康有为撰《新学伪经考》《孔子改制考》《日本变政考》等。出于维新变法的现实目的,他用"改制"的观点重新解释古代学术史,动摇了顽固派"祖宗之法不可变"的陈腐历史观。《新学伪经考》攻击"新学",驳斥"伪经"。《孔子改制考》用"改制"即变法的观点重新解释儒学历史和整个古代学术史。他把公羊学的"三世说"与建立君主立宪的主张结合起来,鼓吹当时变法所要实行的是由君主制变为立宪制,即由"据乱"变为"升平"。康有为的"三世说"中每一世又分为小三世,再划为更小的三世,历史必须经由这种差异极小的层次缓慢地"循序渐进",表明其主张渐变和改良、反对突变和革命的态度。这些著述与时代和政治有着密切关系,也是考察近代史学思想的基本材料。

二　中国近代史学史研究的基本史料

中国近代史学与古代史学的明显不同之一,是近代史学作为一门独立的人文学科而纳入新式学科体系。在近代历史学的学科化过程中,史学史明确成为一门学科史或者专史,准确地说,史学史学科是在近代史学中才逐渐清晰并开始形成的。在这种情况下,较之古代史学史,近代史学史的资料因其学科独立而在概念上可能更为集中,又因独立的历史学科开拓了更多的研究领域而在资料内容上会更为广泛。这里仅就中国近代史学史的若干重点资料作简要提示,不免挂一漏万,仅供参考而已。

20 世纪初发表的《中国史叙论》和《新史学》，呼吁“史界革命”，倡导建立中国的“新史学”，开启了中国近代史学的序幕。《中国史叙论》包括“史之界说”“中国史之范围”“中国史之命名”“地势”“人种”“纪年”等内容，率先从近代的世界观念和近代历史学范畴的角度对中国史学作了阐述。梁启超在《新史学》中以“新史氏”自居，激烈抨击旧史学，用社会进化论定义“历史者，叙述人群进化之现象而求得其公理公例者也”。梁启超还发表了《历史上中国民族之观察》《论中国学术思想变迁之大势》《中国专制体进化史》等文章，集中反映了建立中国“新史学”的迫切愿望，成为中国近代史学史最初的重要资料。章太炎《訄书・哀清史》的附录中收入了他撰写的《中国通史略例》和《中国通史目录》，主张新型中国通史的宗旨是“镕冶哲理，以祛逐末之陋”，即注重理论，把握历史变化“之所原”；应以事类为经、时代为纬，互相补充；对于史书体裁的变革要能破能立，由典、记、考纪、别录、表五体而写成一部综合体的中国通史。

20 世纪的中国历史教科书的编纂，是中国近代史学初期的主要研究材料。夏曾佑《最新中学中国历史教科书》（又名《中国古代史》）是“新史学”思潮在通史撰述上的重要资料。该书首次以进化史观为指导，把中国历史发展作了上古、中古、近古三个阶段的划分，对历史演进作了纵向的梳理，对各个时代的制度、思想、风俗、民族等社会生活领域作了横向的记述。全书按篇、章、节叙述，同时又含以大事为纲的特点。以通史著作的形式贯穿了进化史观，在撰述内容和形式上都反映出了“新史学”的特征。另如柳诒徵的《历代史略》、汪荣宝的《中国历史教科书》、陈庆年《中国历史教科书》、刘师培的《中国历史教科书》等，以及后来的吕思勉的《自修适用白话本国史》、顾颉刚和王锺麒合写的《现代初中教科书本国史》等，都从各个方面反映了中国近代史学在通史研究方面的最初面貌。

王国维在 20 世纪初的十几年中发表的一些文章，如 1905 年《论近年之学术界》、1906 年《奏定经学科大学文学科大学章程书后》、1911 年《国学丛刊序》、1919 年《沈乙庵先生七十寿序》等，对新旧史学和中西史学的论述,都有重要的启示作用。

19 世纪末 20 世纪初,新史料的发现、运用新史料对中国古代历史的研究成为近代中国史学的热点。1910 至 1911 年罗振玉的《殷商贞卜文字考》和《殷虚书契前编》刊行。1914 年罗振玉、王国维的《流沙坠简》出版。1915 年罗振玉撰成《殷虚书契考释》。在此前后,王国维完成了《殷卜辞中所见先公先王考》《殷卜辞中所见先公先王续考》《殷周制度论》(1917 年)等一系列重要研究成果,大大推进了古代历史的研究。1925 年王国维为清华学校暑期补习学校作了题为《最近二三十年中中国新发见之学问》,介绍了新史料的发现过程和当时的研究状况,分析了新史料的价值和意义,展望了新史料所带来的大有发展前途的研究前景,是新史料与历史学方面的重要文献。王国维在 1925 年将他在清华学校研究院任经史小学导师的讲义编订为《古史新证》出版,提出了著名的"二重证据法",对新史料的意义从方法论层面作了总结。

1919 年胡适的《中国哲学史大纲》(上卷)出版,该书对传说中的古史采取"截断众流"的处理,撇开三皇五帝尧舜汤禹的传说,径直"从孔子、老子"讲起。蔡元培为该书作序,盛赞此书有证明的方法、扼要的手段、平等的眼光和系统的研究等四大长处。胡适的《清代学者的治学方法》《科学的古史家崔述》《元典章校补释例序》等一系列著述,倡导"科学方法",对历史考证学起到了重要的推动作用,是近代史学史研究的基本文献材料。

1923 年,《国学季刊》创刊号上发表胡适撰写的《国学季刊发刊宣言》,提出"国学的使命是要使大家懂得中国过去的文化史;国学的方法是要用历史的眼光来整理一切过去文化的历史;国学的目的是要做成中国文化史。国学的系统的研究,要以此为归宿。一切国学的研究,无论时代古今,无论问题大小,都要朝着这一个大方向走。只有这个目的可以整统一切材料;只有这个任务可以容纳一切努力;只有这种眼光可以破除一切门户畛域"。阐述了传统文化在新的时代和学术语境下的研究方向。胡适提出的"中国文化史"包括民族史、语言文字史、经济史、政治史、国际交通史、思想学术史、宗教史、文艺史、风俗史、制度史等十个方面，他希望通过“整理国故”逐渐用现代学术体系来取代“国故”，构建中国史学的新体系。1928年，傅斯年在《历史语言研究所集刊》创刊号上写的《历史语言研究所工作之旨趣》阐述了他主张的学术理念：“我们反对疏通，我们只是要把材料整理好，则事实自然显明了。一分材料出一分货，十分材料出十分货，没有材料便不出货。”“我们只是上穷碧落下黄泉，动手动脚找东西。”他提出了著名的学术口号：“近代的历史学只是史料学。”这些观点对近代中国史学产生了深刻影响。《国学季刊发刊宣言》和《历史语言研究所工作之旨趣》是近代史学史研究需要认真研读的基本史料。

1923年，《读书杂志》发表了顾颉刚的《与钱玄同先生论古史书》，提出了著名的“层累地造成的中国古史”说，引发古史论战，形成了怀疑和推翻不可信的、杜撰或伪造的古史系统和建立真实可信的古史体系的研究热潮，这是中国近代史学史上的一件大事。顾颉刚等人把阐述和论辩古史问题的文章汇集为七册《古史辨》，成为近代史学史研究“古史辨派”的重要资料，《古史辨》第一册由顾颉刚撰写的“自序”达7万字，具有重要的史料价值。

近代史学有“史学二陈”之称的陈垣和陈寅恪，他们的学术建树和史学思想同样是史学史研究所必须关注的重要资料。陈垣的“古教四考”“宗教三书”、《元西域人华化考》《史讳举例》《校勘学释例》等著作，反映了近代史家研究传统史学所取得的杰出成就。陈寅恪是最具史识的近代史家之一，他所提出的对历史“了解之同情”、“预流”说、“独立之精神，自由之思想”等观点，不仅对近代中国史学产生了深远影响，而且也是近代史学思想史方面的重要材料。

1930年郭沫若出版了《中国古代社会研究》，成为中国马克思主义史学的开创性著作，该书的“自序”表示，罗振玉、王国维对新史料的研究，开辟了中国古史研究的“新纪元”，而“整理国故”运动则很难认清“国学的真相”，借助于唯物史观是达到由“知其然”到“知其所以然”，由“实事求是”到“实事之中求其所以是”的正确研究途径。该书是研究中国马克思主义史学开端的重要资料。吕振羽的《史前期中国社会研究》和《殷周时代的中国社会》、郭沫若的《十批判书》《青铜时代》、范文澜的《中国通史简编》、翦伯赞的《历史哲学教程》《中国史纲》、侯外庐的《中国古典社会史论》(该书后定名为《中国古代社会史论》)和《中国古代思想学说史》等著作,都是研究马克思主义史学发展史的基本材料。此外,郭沫若的《甲申三百年祭》《我怎样写〈青铜时代〉和〈十批判书〉》、吕振羽的《中国政治思想史·导言》、侯外庐的《中国古代社会史论·自序》等著述,均有助于进一步了解中国马克思主义史学发展史。

中国近代历史学作为一门独立学科,需要明确历史学的学科理论和学科功能,需要阐述历史学的研究目的、研究内容,需要论证历史学的研究方法和学科规范,还需要研究本学科的学科史。近代中国史学出现了一批史学概论、史学通论、史学方法和史学史性质的著述,都是中国近代史学史研究的基本材料。择要录其书目,见下表。

书　名	作　者	出版社	出版时间
《史学通论》	曹佐熙	湖南中路师范学堂	1909 年
《史学研究法大纲》	李泰棻	北京武学书馆	1920 年
《中国历史研究法》	梁启超	商务印书馆	1922 年
《史学要论》	李守常	商务印书馆	1924 年
《史地新论》	杨鸿烈	北京晨报社	1924 年
《历史学与社会科学》	李　璜	东南书店	1928 年
《史学研究》	罗元鲲	开明书店	1929 年
《中国历史研究法补编》	梁启超	商务印书馆	1930 年
《史学概要》	卢绍稷	商务印书馆	1930 年
《史之梯》(《史学概论》)	吴贯因	上海联合书店	1930 年
《历史学 ABC》	刘剑横	上海 ABC 丛书社	1930 年
《通史新义》	何炳松	商务印书馆	1930 年
《史学通论》	陈汉章	中山大学	1930 年

续　表

书　名	作　者	出版社	出版时间
《史学概要》	罗元鲲	亚新地学社	1931 年
《历史学与社会学》	李　璜	大陆书局	1932 年
《史学通论》	周　容	开明书店	1933 年
《史学常识》	徐敬修	大东书局	1933 年
《正史概论》	张立志	商务印书馆	1933 年
《历史统计学》	卫聚贤	商务印书馆	1934 年
《历史研究法》	何炳松	商务印书馆	1935 年
《史学通论》	李则纲	商务印书馆	1935 年
《史学研究法》	姚永朴	商务印书馆	1935 年
《史学概论》	胡哲敷	中华书局	1935 年
《中国正史编纂法》	董允辉	正中书局	1936 年
《历史之重演》	陈登原	商务印书馆	1937 年
《史学概论》	吴贯因	文化书局	1937 年
《历史哲学教程》	翦伯赞	新知书店	1938 年
《历史研究法》	杨鸿烈	商务印书馆	1939 年
《史学通论》	杨鸿烈	商务印书馆	1939 年
《中国历史新研究法》	蔡尚思	中华书局	1940 年
《中国史学史》	魏应麒	商务印书馆	1941 年
《中国历史研究法》	吴　泽	峨嵋出版社	1942 年
《中国史学通论》	朱希祖	独立出版社	1942 年
《中国史学史概论》	王玉璋	商务印书馆	1942 年
《中国史学史》	金毓黻	商务印书馆	1944 年
《历史艺术论》	姜蕴刚	商务印书馆	1944 年
《历史哲学论丛》	常乃德	商务印书馆	1944 年
《史学纂要》	蒋祖怡	正中书局	1944 年
《中国史学概要》	傅振伦	史学书局	1944 年

续 表

书 名	作 者	出版社	出版时间
《史料与史学》	翦伯赞	上海国际文化服务社	1946 年
《中国史学概要》	方壮猷	中国文化服务社	1947 年
《史学方法大纲》	陆懋德	独立出版社	1947 年
《历史论》	刘 节	正中书局	1948 年
《历史哲学概论》	胡秋原	民主政治社	1948 年
《国史要义》	柳诒徵	中华书局	1948 年

梁启超的《中国历史研究法》和《中国历史研究法补编》,主要学术理念取自西方史学思想,而论述内容则是中国古代史学资源,包括研究历史与编纂史书的范围和目的,史料的采集、考辨和使用,史书的编次,对旧史书的改造,史家的修养等。梁启超的《清代学术概论》《中国近三百年学术史》等著作,也是研究清代学术史的基本材料。李大钊(守常)的《史学要论》是运用马克思主义理论观点阐发他的史学思想的史学名著,该书不仅介绍阐述了他的史学思想,而且从理论上给中国马克思主义史学开辟了道路,具有重要的理论价值。翦伯赞的《历史哲学教程》首次系统论述了中国马克思主义史学中的一系列重大理论问题,如人民群众在历史创造中的局限性问题、历史研究中的整体性原则、历史发展与自然环境的关系、历史发展中的统一性和多样性问题、历史必然性与人的主观能动性问题等,是对起步时间不长的马克思主义史学的总结,为中国马克思主义史学的继续发展壮大作了理论准备。柳诒徵的《国史要义》将中国传统史学理论归纳为"史原""史权""史统""史联""史德"等十个方面,是反思中国古代史学理论的重要成果。金毓黻的《中国史学史》是第一部完整的中国史学史论著(该书完稿于1939 年)。其他相关著述各有特点,水平高下不一。

上述类型的史学著述,有相当部分都涉及介绍、引用、转述西方的史学理论与史学方法,而对晚清民国时期史学影响甚大的、已经译成中文的同类西方史著,应该是何炳松翻译的鲁滨逊《新史学》、李思纯翻译的朗格诺瓦和瑟诺博司《史学原论》以及陈韬翻译的伯伦汉《史学方法论》,这类译作也是研究中国近代史学史的主要材料。

晚清民国时期史家辈出,他们在通史、断代史、专史等研究领域完成出版的各种研究著作,是中国近代史学史研究的丰富资料。在著作之外,还有大量高质量的研究论文发表在各种学术杂志中,因此,学术杂志也属于近代史学史研究的史料范围。学术杂志既方便了学者及时发表最新研究成果和了解研究状况,也是进行学术交流和学术争鸣、辩论的平台。中国近代史学研究的迅速发展,与学术刊物所起到的前所未有的媒介作用有直接关系。某一种学术期刊可以吸引学术旨趣大致相同的人们聚集在一起共同切磋,进而形成某种思潮和学派;一个时期的学术期刊则能够比较全面地反映出该时期学术研究的状况和走向,为当时人了解学术动态提供方便,为后人的研究提供较为充分的资料。民国时期较为重要的史学期刊见下表。

刊　名	创刊时间	主办单位
《史地丛刊》	1920 年 6 月	北京高等师范学校史地学会
《史地学报》	1921 年 11 月	南京高等师范史地研究会
《文史地杂志》	1923 年 10 月	武昌师范大学文史地学会
《国立历史博物馆丛刊》	1926 年 10 月	国立历史博物馆
《史学与地学》	1926 年 12 月	中国史地学会
《中山大学语言历史研究所周刊》	1927 年 11 月	中山大学语言历史研究所
《中央研究院历史语言研究所集刊》	1928 年 10 月	中央研究院历史语言研究所
《史学杂志》	1929 年 3 月	南京中国史学会
《史学年报》	1929 年 7 月	燕京大学历史学会
《成大史学杂志》	1929 年 7 月	成都大学史学研究会
《史学》	1930 年 12 月	中央大学文学院史学系
《师大史学丛刊》	1931 年 6 月	北平师范大学史学会
《现代史学》	1933 年 1 月	中山大学史学研究会
《中山大学文史学研究所月刊》	1933 年 1 月	中山大学文史学研究所

续 表

刊　名	创刊时间	主办单位
《历史科学》	1933 年 1 月	北师大研究院历史科学研究所
《史地丛刊》	1933 年 11 月	大夏大学史地学会
《禹贡》	1934 年 3 月	禹贡学会
《史学论丛》	1934 年 7 月	北京大学潜社
《史地周刊》	1934 年 9 月	燕京大学史地周刊社
《史地社会论文摘要月刊》	1934 年 10 月	大夏大学史地社会学研究所
《食货》	1934 年 12 月	上海新生命书局
《史学》	1935 年 1 月	北京大学史学社
《史学专刊》	1935 年 12 月	中央大学研究院文科研究所历史学部
《史学集刊》	1936 年 4 月	北平研究院
《历史学报》	1936 年 10 月	武汉大学历史学会
《史学消息》	1936 年 10 月	燕京大学历史学系
《史地》	1936 年 11 月	北平史地补充教材编译社
《历史与考古》	1937 年 2 月	济南历史学会
《治史杂志》	1937 年 3 月	北京大学史学会
《新史地》	1937 年 4 月	大夏大学史地学会
《历史教育》	1937 年	北平师范大学史学会
《史学季刊》	1940 年 3 月	史学季刊社
《史学述林》	1941 年 1 月	中央大学历史学会
《史地学部丛刊》	1942 年 4 月	浙江大学文科研究所史地学部
《史料与史学》	1944 年 6 月	中央研究院历史语言研究所
《史学杂志》	1945 年 12 月	史学杂志社
《历史与考古》	1946 年 10 月	沈阳博物馆编辑委员会
《史地丛刊》	1947 年 1 月	湖北师范学院
《历史与文化》	1947 年 1 月	历史与文化双月刊社

续　表

刊　名	创刊时间	主办单位
《历史政治学报》	1947 年 1 月	岭南大学政治学会
《历史社会季刊》	1947 年 3 月	大夏大学历史社会研究部

上列史学(与地学)期刊中的很多种,因为主办方的经费或其他原因,存在时间很短,出刊期数也很少。只有《中央研究院历史语言研究所集刊》,1928 年创刊后,史语所虽几经迁徙,仍出版不辍,至 1948 年史语所迁台之前共出版 20 本。该刊至今继续出版。顾颉刚、谭其骧主编的《禹贡》半月刊和陶希圣主编的《食货》半月刊两份杂志,对历史地理学和中国经济史研究分别起到了开宗立派的作用,对近代史学的这两个研究领域产生了极为重要的影响。此外,主要反映以柳诒徵为首的南高-东大史学群体的治史特点与研究成果的《史地学报》《史学与地学》,北京高等师范学校史地学会主办的《史地丛刊》、燕京大学历史学会主办的《史学年报》等杂志,也有一定影响。

一些重要的高校主办的学报类杂志,也是发表史学论文的重要园地。由于高等学校有一流的教授,又缘于高等学府的学术声誉与地位,许多非任教于该校的知名学者也积极投稿。加之高校已建立了初具现代规模的系、院两级史学人才培养体系,高校的学报或所属刊物发表的史学研究成果,往往具有很高的学术质量,如北京大学研究所国学门的《国学季刊》《北京大学研究所国学月刊》、燕京大学的《燕京学报》、清华学校的《清华学报》、清华国学研究院《国学论丛》、辅仁大学的《辅仁学志》、东南大学的《国学论丛》等。许多近代史学研究的重要论著都是在这些杂志上首发,这些杂志更值得关注。

受到西方近代科学及学术制度的影响,中国近代史学发展过程中也成立了不少史学研究机构,主要是以高校建立的研究院、所为主,近代学术研究机构基本情况见下表。

名　称	成立时间
北京大学研究所国学门	1922 年
清华国学研究院	1925 年
厦门大学国学研究院	1926 年
中山大学语言历史研究所	1928 年
中央研究院历史语言研究所	1928 年
燕京大学国学研究所	1928 年
北平研究院	1929 年
北平大学女子师范学院研究所	1930 年
齐鲁大学国学研究所	1930 年
金陵大学中国文化研究所	1931 年
北平师范大学研究所	1931 年
辅仁大学研究院史学研究所	1933 年
浙江大学史地研究所	1939 年

上列史学研究机构存在的时间长短不一,研究规模和研究水平、人员编制、主管机关的经费投入等也各不相同,但是,这些机构在其研究成果、人才培养、运作机制等方面的资料,在中国近代史学史研究领域都值得重视。

与此相关的还有中国近代史学专业学会的兴起与运作,这方面的情况及相关资料,同样应被视为近代史学史研究的资料范围。历史学专业学会的基本情况见下表。

名　称	成立时间	发起人
中国史地学会	1926 年	柳诒徵、缪凤林等
中国史学会	1929 年	朱希祖、陈垣、罗家伦等
南京中国史学会	1929 年	柳诒徵等
北平史学会	1932 年	谭其骧等

续　表

名　称	成立时间	发起人
禹贡学会	1934 年	顾颉刚、谭其骧
食货学会	1934 年	陶希圣
考古学社	1934 年	容庚、徐中舒、董作宾等
浙江中华史地会	1936 年	陈训慈
吴越史地研究会	1936 年	吴稚晖、卫聚贤
中国史学会	1943 年	顾颉刚等

20 世纪二三十年代高校历史学会的大致情况见下表。①

名　称	成立时间	主要成员
北京大学史学会	1922 年	北大史学系学生
燕京大学历史学会	1927 年	燕大历史系师生
成都大学史学研究会	1929 年	成大史学系学生
厦门大学历史学会	1930 年	厦大历史系学生
北平师范大学史学会	1931 年	北师大师生
中山大学史学研究会	1933 年	中大历史系师生
清华大学史学研究会	1934 年	清华历史系学生
武汉大学历史学会	1936 年	武大历史系师生
中央大学历史学会	1939 年	中大文学院师生

近代学者对近代史学史的研究十分重视，一些重要论著，既是中国近代史学史的研究成果，也是中国近代史学史的研究资料。如 1941 年周予同在《学林》杂志发表《五十年来中国之新史学》，从经史关系的角度由清代史学的演变追溯新史学的渊源，对近代中国史学作了"史观""史料"的划分，史观派包括"儒教史观派"和"超儒教史观派"，"超儒

① 胡逢祥：《现代中国史学专业学会的兴起与运作》，《史林》2005 年第 3 期。

教史观派”则分为疑古、考古、释古三派，他们都脱离了经学而独立存在。“‘七七’事变以后，史学界已渐有综合各派或批评各派而另形成最后新史学派的趋势。”①该文着重从经史关系的角度把近代史学的发展视为逐渐走出经学的过程，由此考察了19世纪末至20世纪30年代中国史学的发展历程，是较早研究中国近代史学史的重要论文。

又如1947年南京胜利出版公司出版的由顾颉刚与方诗铭、童书业合著的《当代中国史学》，阐述了从19世纪40年代至20世纪40年代中国史学的发展大势，全书包括“近百年中国史学的前期”“新史料的发现和研究”“近百年中国史学的后期”三编。本书认为：自鸦片战争至民国成立，中国史学主流仍沿续乾嘉以来的治学路数，以考证、续补或改作历代正史为主，同时也产生了几种新的趋向，即金石学的考索、元史和西北边疆史地的研究，以及经今文学的复兴。民国初至抗战胜利时期，由于输入了西洋近代的科学治史方法、输入了新史观如进化论和唯物史观等，加之新史料的发现、新文化运动兴起等原因，中国史学出现了考古学和史前史、中外交通史、蒙古史、敦煌学、小说戏曲俗文学和社会史等六方面的新的研究领域，“这短短的一个时期，使中国的史学，由破坏的进步进展到建设的进步，由笼统的研究进展到分门的精密的研究，新面目层出不穷，或由专门而发展到通俗，或由普通而发展到专门，其门类之多，人材之众，都超出于其他各种学术之上”。② 该书是全面梳理古代史学向近代史学转化、阐述近代史学发展面貌的重要著作。

再如1949年齐思和在《燕京社会科学》上发表的长文《近百年来中国史学的发展》，对近百年来的史学发展进行总结，认为梁启超提出的“新史学”和“史界革命”使史学界发生了一场革新运动，新史学思想的输入引起了改编国史的运动，夏曾佑的《中国历史教科书》、刘师培的《中国历史教科书》等都是新史学的产物。五四前后的中国思想界

---

① 周予同：《五十年来中国之新史学》，《学林》第4期，1941年2月。

② 顾颉刚：《当代中国史学》，南京：胜利出版公司，1947年，第3—4页。

发生的变动也深刻影响到了历史学,“古史辨”运动是其产物。北伐以后中国社会史的研究,特别是唯物史观的社会史研究得以展开。假如“古史辨”运动可以代表五四时期的史学,那么中国社会史论战便可以象征北伐后的史学。郭沫若、李大钊、吕振羽、范文澜、翦伯赞的史学也在文章中被重点提及。

中国近代史学史资料还包括史家和相关学者的日记、书信、文集、回忆录以及各种关于历史研究、历史教学、研究机构、学术杂志、史学活动等的档案材料。这些材料除已经整理出版的之外,尚需要学习者和研究者去搜集、整理。

三 中国现代史学史研究的基本史料

1949 年以后,中国马克思主义史学居主导地位。在 1951 年举办的中国史学会成立大会上,郭沫若发表了题为《中国历史学上的新纪元》的致辞,明确了中国史学新的发展方向。以唯物史观为指导研究中国历史,在当时的中国史学界,既需要普及,也需要提高。《学习》《新建设》《新史学通讯》《历史教学》《文史哲》《光明日报·史学》以及 1954 年创刊的《历史研究》等杂志和报刊,发表了大量马克思主义史学研究论文和指导学习运用唯物史观研究历史的文章,是新中国初期史学史研究的基本资料。新中国成立后的十七年间,对一系列重大历史理论问题展开了大规模的讨论,包括:中国古代史分期问题、中国资本主义萌芽问题、中国封建社会农民战争问题、中国封建土地所有制形式问题、汉民族形成问题、亚细亚生产方式问题、中国封建社会长期延续问题、历史主义与阶级观点问题、中国近代史分期问题、历史人物评价问题等,这些问题的讨论文章公开发表在各类报刊中,一些重要文章被汇集成册出版,主要有《中国的奴隶制与封建制分期问题论文选集》(生活·读书·新知三联书店,1957 年)、《汉民族形成问题讨论集》(生活·读书·新知三联书店,1957 年)、《中国近代史分期问题讨论集》(生活·读书·新知三联书店,1957 年)、《中国资本主义萌芽问题讨论集》(生活·读书·新知三联书店,1960 年)、《中国封建社会土地所有制形式问题讨论集》(生活·读书·新知三联书店,1962 年)、《中国封建社会农民战争问题讨论集》(生活·读书·新知三联书店,1962 年)等。

新中国成立后十七年间,中国史研究领域出现了许多优秀成果。先秦秦汉史研究方面有郭沫若《奴隶制时代》、王玉哲《中国上古史纲》、杨宽《战国史》、安作璋《汉史初探》等;魏晋南北朝史研究方面有唐长孺《魏晋南北朝史论丛》和《魏晋南北朝史论丛续编》、王仲荦《魏晋南北朝隋初唐史》、周一良《魏晋南北朝史论集》等;隋唐五代史研究方面有岑仲勉《隋唐史》、杨志玖《隋唐五代史纲要》、韩国磐《隋唐五代史纲》、陈寅恪《元白诗笺证稿》等;两宋和辽夏金元史研究方面有邓广铭《王安石》和《岳飞传》、漆侠《王安石变法》、陈述《契丹社会经济史稿》等;明清史研究方面有傅衣凌《明清时代商人及商人资本》和《明代江南市民经济初探》、梁方仲《明代粮长制度》、王钟翰《清史杂考》、孟森《明清史论著集刊》等。专门史研究方面有侯外庐主编的五卷本《中国思想通史》、胡寄窗的三卷本《中国经济思想史》等。有关这些著述的基本内容和观点、它们在著者本人学术成就中的地位及在该领域学术研究中的价值等资料,都是史学史研究所重视的。在中国近代史研究领域,1954 年胡绳在《历史研究》创刊号上发表的《中国近代历史的分期问题》一文,提出了近代史研究“三次革命高潮”的观点,引发了中国近代史发展基本线索的讨论,使近代史的理论研究得以深入。较有影响的中国近代史著作包括郭沫若主编、刘大年负责编写的《中国史稿》第四册,翦伯赞主编、邵循正和陈庆华编写的《中国史纲要》第四册,林增平《中国近代史》、戴逸《中国近代史稿》第一卷等。此外,对鸦片战争、太平天国运动、洋务运动、中法战争、甲午战争、戊戌变法、义和团运动、清末新政、辛亥革命、北洋军阀统治等近代历史大事,均有相应的研究成果涌现出来。这些成果构成了中国现代史学史研究中,中国近代史研究方面的主要资料。

中国的世界史研究,在民国时期处于准备和草创阶段。1952 年全国高校院系调整,大学历史系相继开设了世界史课程,又在北京大学、南开大学、武汉大学设立了世界史专业。这一系列举措,使世界史教学和科研力量得到明显加强,中国的世界史学科由此建立起来。1962 年,在周一良、吴于廑主持下,集全国众多世界史学者编写的《世界通史》完成出版。虽然该书有着受苏联多卷本《世界通史》影响的痕迹,但是反映出中国学者对世界历史和世界史学科的见解,反映了中国世界史研究的水平,产生了广泛影响,长时期成为许多高校历史系的世界史教材。吴于廑、郭圣铭、林志纯(日知)等在世界古代文明史领域,齐思和、耿淡如、戚国淦、刘启戈、蒋相泽等在世界中古史领域,蒋孟引、沈炼之、王荣堂、吴廷璆、杨生茂、黄绍湘、张芝联、齐世荣、刘祚昌、孙秉莹等在世界近代史、地区史与国别史领域,王辑五、何肇发、朱杰勤、陈翰笙、季羡林、周一良等在东方史领域,杨人楩等在非洲史领域,耿淡如在西方史学史领域,丁则民在近代亚洲民族解放运动史领域,都为中国的世界史研究作出了开创性的贡献。这些世界史学者的学术建树,也是中国现代史学史研究的重要资料和研究对象。

1950 年 8 月成立了中国科学院考古研究所,又在各地成立了专门的考古研究所或文物研究所,举办了数届全国考古工作人员训练班,对来自各地的学员进行田野考古培训。1952 年北京大学历史系设置考古专业,此后有吉林大学、武汉大学、南京大学、山西大学、山东大学、中山大学、四川大学、西北大学、厦门大学、郑州大学等 11 所高校的历史系设置了考古学专业,为中国考古学研究培养和输送了大量人才。夏鼐在考古发掘的基础上,以建设考古学文化发展序列作为主要学术目标,结合考古学文化、考古地层学与考古类型学理论,建立了关于考古学文化命名和考古学"区系类型"理论。此后,在继续丰富和完善考古学文化发展序列的同时,考古学者将研究重点扩展到史前至历史时期的文化内涵、人们生活状况和古代社会等方面。考古学在今天已经成为历史学门类的一级学科。考古学者十分重视考古学史的研究,相关资料十分充实,这也应当是中国现代史学史研究资料的组成部分。

汇集一流文史学者集体标点整理的《资治通鉴》、“二十四史”及《清史稿》等古代历史文献典籍，是历史文献学领域的重大成果。谭其骧主持的《中国历史地图集》的绘制，经过近二十多年的断续努力，终成8册出版，是中国历史地理学研究的重大成果。这些成就是中国现代史学史上不可忽视的重要内容，标点本“二十四史”各史的“校勘记”、谭其骧的《历史上的中国和中国的历代疆域》等文章，都是重要的研究资料。

中国史学会成立后，很快着手组织编纂“中国近代史资料丛刊”，在1951—1958年间，完成出版了《鸦片战争》《太平天国》《捻军》《回民起义》《中日战争》《中法战争》《洋务运动》《戊戌变法》《义和团》《辛亥革命》等10个专题共11分册，字数达3000余万字。范文澜为总负责人，翦伯赞、向达、白寿彝、齐思和、邵循正、柴德赓、范文澜、聂崇岐等为分专题主编。各专题设“序言”“书目题解”“大事年表”“人物传记”等，“序言”阐述编纂思想，“书目题解”介绍所辑录资料的价值，并附有未选录资料名录并说明未选录缘由。“中国近代史资料丛刊”被评价为具有明确的编撰方针、近似类书的编撰方法、缜密的史料采撰、罕见史料的辑录等四个方面的特点，对中国近代史研究产生了深远影响。“中国近代史资料丛刊”的编纂宗旨、编纂方法、编纂团队的形成、对材料的选择与整理、各专题的序言和题解等内容，都是史学史研究有价值的研究资料。

“文革”期间，历史研究和教学活动受到严重破坏，既无史学可言，亦无史家可言。影射史学把以往的历史当作现实的政治的隐语或注脚，马克思主义史学所要求的原则被彻底抛弃。这一特殊时期里史学和史家的遭遇所具有的警示意义，也是中国现代史学史不应忽略的，只是目前研究十分薄弱，资料也十分缺乏，希望今后能够有所加强。

改革开放后的中国史学，开拓新领域，吸纳新观点，人才培养体系化，中外史学交流日益频繁，研究成果空前丰富，中国史学进入了全方位多元发展的崭新阶段。改革开放至今，各类历史研究成果空前繁荣，令人目不暇接。在资料整理方面也成果显著，对古代史学文献资料的整理出版和数据化处理，大大方便了研究者的研究工作；近代史学资料，包括晚清民国以至中华人民共和国成立以后的各种史著、期刊、报纸，几乎均为各种数据库所囊括，近现代史家、学人的日记、书信、全集、专集、文集、选集相继整理出版，相关档案文献资料逐渐公开。如全集、文集类：《傅斯年全集》（全七卷，联经出版事业公司，1980 年）、《傅斯年全集》（全七卷，湖南教育出版社，2003 年）、《范文澜全集》（全十卷，河北教育出版社，2002 年）、《胡适全集》（全四十四卷，安徽教育出版社，2003 年）、《翦伯赞全集》（全十卷，河北教育出版社，2008 年）、《陈垣全集》（全二十三册，安徽大学出版社，2009 年）、《王国维全集》（全二十卷，浙江教育出版社/广东教育出版社，2010 年）、《顾颉刚全集》（全六十二册，中华书局，2011 年）、《吕振羽全集》（全十卷，人民出版社，2014 年）、《吕思勉全集》（全二十六册，上海古籍出版社，2015 年）、《侯外庐著作与思想研究》（全三十三卷，长春出版社，2016 年）、《刘大年全集》（全十六卷，湖北人民出版社，2016 年）等。日记类主要有：1993 年辽沈书社出版金毓黻的《静晤室日记》（全十册），内容起自 1920 年 3 月 6 日，迄 1960 年 4 月 20 日，共约 550 万字；2007 年台湾联经出版事业公司出版《顾颉刚日记》（全十二卷），始于 1913 年，终于 1980 年，共约 600 万字；2011 年中华书局出版《顾颉刚全集》中含《顾颉刚书信集》（全五册）、《顾颉刚日记》（全十二册）；2012 年华东师范大学出版社出版《夏鼐日记》（全十卷），起自 1931 年 1 月 1 日，止于 1985 年 6 月 17 日，430 余万字；2016 年湖北人民出版社出版《刘大年全集》中含《日记》（上下册）、《书信》（上下册）；2018 年中华书局出版《郑天挺西南联大日记》（上下册），起 1938 年 1 月 1 日，止 1946 年 7 月 14 日，约 86 万字等。其他类如《顾颉刚年谱》（增订本，中华书局，2011 年）、《吕思勉先生年谱长编》（上下册，上海古籍出版社，2012 年）、《郭沫若研究文献汇要》（全十四卷，上海书店出版社，2012 年）、《郭沫若年谱长编》（全五卷，中国社会科学出版社，2017 年）等。中国史学史研究资料也和历史研究其他领域的研究资料一样，呈日益丰富的态势，相信中国史学史研究在此基础上会有更为明显的发展。①

1949 年后,台湾、香港和澳门地区的史学研究各有特点,特别是台湾地区的史学研究具有十分雄厚的实力,取得明显收获。这方面的史学史资料,因笔者了解有限,暂且从略。

① 参见本书"附录一学术资源"和"推荐阅读文献"。

第三章　研究史概述

尽管“史学史”学科在中国仅有不足百年的历史，但史学史的意识在源远流长的中国史学发展过程中则要长久得多。孟子“王者之迹息而《诗》亡，《诗》亡然后《春秋》作”[①]，就是先秦时期对史学发展的初步表述。从司马谈、司马迁父子到班彪、班固父子的论著，从刘勰的《文心雕龙·史传》到《隋书·经籍志》，从刘知幾的《史通》到郑樵《通志》的相关篇章、再到章学诚的《文史通义》，古代学者不仅对历代史学发展有许多纵向评论，还横向论及了史书体裁体例、史法与史意、采撰与文辞、“实录”精神与“信史”原则、史学功能及其与政治的关系等诸多问题。这些论述是中国传统史学中史学史意识的集中反映，也正是有了前人对历史学持续不断地总结和反思，才使中国史学在几千年的历史长河中得以不间断地呈多途发展的态势，出现了众多史家和浩如烟海的史书，为我们留下了深厚的、丰富的史学遗产。

在近代以来西方学术思想不断输入、经学衰微失势、传统的经史子集的学术格局被打破、西式科学化的学术分类体系中史学得以独立等学术背景下，近代意义的史学史学科出现了。梁启超在《中国历史研究法补编》中提出“史学史的做法”，强调史学“很有独立做史的资格”，这被认为是中国的史学史学科开始建立的标志。此后，中国史学史作为现代学术分类体系中人文学科之一——历史学中的一门学术专史逐渐发展起来。

---

① 《孟子·离娄下》。

一　中国古代史学中的“史学史”意识

王国维认为:“史为掌书之官,自古为要职。殷商以前,其官之尊卑虽不可知,然大小官名及职事之名,多由史出,则史之位尊地要可知矣。”[①]这说明,“史”最早的含义不是指书,而是指人,是掌管某种文书的人,即史家。这与我们今天所说的“史”通常指历史和历史典籍是不一样的。后金毓黻著《中国史学史》,引《说文》、江永、吴大澂、章太炎、王国维诸说,详解“史字之义”。[②]

《孟子·离娄下》中说:“晋之乘,楚之梼杌,鲁之春秋,一也。其事则齐桓、晋文,其文则史。孔子曰:其义则丘窃取之矣。”这里的“史”并非指的是史书。“其事则齐桓、晋文”应该理解为“其事则齐桓、晋文之事”,“其文则史”应理解为“其文则史之文”。中国很早就出现了文献记载,春秋时期已经有《春秋》《左传》这样的史书。古人在整理材料、记载历史的时候,就需要查阅前代史官的记载。《尚书·多士》中记周公之言“惟尔知,惟殷先人,有册有典”,古代文书都用线将龟甲或竹简穿连起来,这便是“册”,在“册”下面是两只手,这就是“典”。刘节的《中国史学史稿》有“释史”一章,认为“到了周代晚期,才出现正式的简册制度”[③]。说明从周人开始,抑或从《诗》《书》开始,人们想要了解历史,就要看“册”和“典”,即前人的记载。后来发现的甲骨文文献也证明周公的话是有根据的。这些“册”和“典”是史官所记,所以最早讲的“史”是指史官。

王国维说:“史之本义为持书之人,引申而为大官及庶官之称,又引申而为职事之称。其后,三者各需专字,于是史、吏、事三字于小篆中

---

① 王国维:《观堂集林》卷六《释史》,石家庄:河北教育出版社,2001 年,第 163 页。

② 金毓黻:《中国史学史》,重庆:商务印书馆,1944 年,第 5—9 页。

③ 刘节:《中国史学史稿》,郑州:中州古籍出版社,1982 年,第 14 页。

截然有别,持书者谓之史,治人者谓之吏,职事谓之事。此盖出于秦汉之际,而《诗》《书》之文尚不甚区别。"[①]尽管如此,在秦汉时期,一方面,史仍然指的是人(持书者),而不是史书。司马迁的《史记》原名《太史公书》,但是《史记》中多次出现"史记"一词,如"太史公读史记"等。《史记·周本纪》中首次出现"史记"两个字:"周太史伯阳读史记曰:周亡矣。"张守节《史记正义》对这里的"史记"作注:"诸侯皆有史以记事,故曰史记。"即"史记"是史官的记载而不是历史记载。因此,《史记》原来称作"书"是有道理的。《太史公书》之后,"二十四史"中的《汉书》《后汉书》《魏书》《宋书》《南齐书》《梁书》《陈书》《北齐书》《周书》《隋书》《晋书》《旧唐书》《新唐书》等都是"书"为名,说明那时"史"的含义主要还是被理解为人(史官),而不是史书。另一方面,如司马迁所说:"秦既得意,烧天下《诗》《书》,诸侯史记尤甚,为其有所刺讥也。"[②]这里的史记更多的是史书的意思。另如《汉书》言孔子"以鲁周公之国,礼文备物,史官有法,故与左丘明观其史记"[③],"及孔子因鲁史记而作《春秋》"[④],也指的是史书。到了晋人杜预写的《春秋左氏传序》的时候,不仅使用的"史""史记""国史""旧史"等,多指史书,而且已经径称"史书"了。"魏、晋以下,称'史'为史书之意或直接称说'史书'的也就逐渐多了起来。"[⑤]史的含义悄然发生了很大的变化。

孔子在《论语》中说:"夏礼,吾能言之,杞不足徵也。殷礼,吾能言之,宋不足徵也。文献不足故也。足,则吾能徵之矣。"这里讲夏礼、殷礼均文献不足,说明古人要了解历史,不仅要查阅"册""典",还要有"文献"。这里的"文献"实际上包含"文"和"献"两个含义:"文"指的是"史之文";"献"指的是"贤(人)",即指的是人。意思是也要找人询问当时的事。司马迁著《史记》,就是既要查寻存留的"典""册",也要

---

① 王国维:《观堂集林》卷六《释史》,石家庄:河北教育出版社,2001年,第164页。
② 《史记·十二诸侯年表》序。
③ 《汉书·艺文志》春秋家后序。
④ 《汉书·司马迁传》后论。
⑤ 瞿林东:《中国史学的理论遗产》,北京:北京师范大学出版社,2005年,第127页。

走访各地去问人、问父老。由此可知,古人对于过往的历史,不仅要查文,还要问事;历史记载这个“史”,既包括历史记载之文,也包括历史发生之事,它们在形式和内容上是不可分的。

“史学”这一概念最早见诸记载,人们通常会提到金毓黼在《中国史学史》中所说的:“‘史学’一辞,创于十六国之石勒。”①根据是《晋书·石勒载记下》中记载东晋大兴二年(319 年):“始建社稷,立宗庙,营东西宫。署从事中郎裴宪、参军傅畅、杜嘏并领经学祭酒,参军续咸、庾景为律学祭酒,任播、崔濬为史学祭酒。”这里的祭酒相当于太学的学长,如同现在的大学校长或院长。当时有经学祭酒、律学祭酒、史学祭酒,经学早在汉代就有了,并非东晋才有,史学也并非始于东晋十六国时期。并且,这里的经学、律学、史学等,主要指的是这些学问的教育机构,非学问本身,而学问本身是不能有祭酒的,只有这门学问的教育机构才有祭酒。故史学一词“创于十六国之石勒”之说,主要是就其文献学意义而言,中国古代学术,不仅文史不分,经史也不分,在中国古代学术体系中,史学大约是从两汉时期逐渐分出来的。

《史记·十二诸侯年表》说孔子“西观周室,论史记旧闻,兴于鲁,而次《春秋》。上记隐,下至哀之获麟。约其辞文,去其烦重,以制义法。王道备,人事浃。七十子之徒口受其传指。为有所刺讥褒讳挹损之文辞,不可以书见也。鲁君子左丘明惧弟子人人异端,各安其意,失其真,故因孔子史记,具论其语,成《左氏春秋》。铎椒为楚威王传,为王不能尽观《春秋》,采取成败,卒四十章,为《铎氏微》。赵孝成王时,其相虞卿,上采《春秋》,下观近世,亦著八篇,为《虞氏春秋》。吕不韦者,秦庄襄王相,亦上观尚古,删拾《春秋》,集六国时事,以为八览、六论、十二纪,为《吕氏春秋》。及如荀卿、孟子、公孙固、韩非之徒,各往往捃摭《春秋》之文以著书,不可胜纪。汉相张苍历谱五德。上大夫董仲舒推《春秋》义,颇著文焉”。② 白寿彝认为:“这一段话,可能是我国关于史学

---

① 金毓黻:《中国史学史》,上海:商务印书馆,1946 年,第 223 页。

② 《史记·十二诸侯年表》。

史的最早论述，话虽不多，但把《春秋》的史料来源，记载的年代，文字的表述，写作的主导思想以及《春秋》的传播及其影响，都说到了。”①

司马迁《史记》的“自序”、班固《汉书》的“叙传”、王充的《论衡》、应邵的《风俗通义》等著述，都已经写到了对史学的反思。班彪续《史记》作“后传”，“斟酌前史而讥正得失”，对《诗》《书》、国史、《春秋》《左传》《国语》《世本》《战国策》《楚汉春秋》《太史公书》等史著都有简要述及，认为“今之所以知古，后之所由观前，圣人之耳目也”。② 班彪评论《史记》称：“司马迁序帝王则曰本纪，公侯传国则曰世家，卿士特起，则曰列传。又进项羽、陈涉而黜淮南、衡山，细意委曲，条例不经。若迁之著作，采获古今，贯穿经传，至广博也。一人之精，文重思烦，故其书刊落不尽，尚有盈辞，多不齐一。”③文字不多，却点出了《史记》各部分的体例特点、内容安排的侧重取舍以及史家著史的局限等，其中的一些问题在后世多有长时期的争论。

南朝刘勰作《文心雕龙》，是一部文学理论著作，其中有“史传”篇，除了评述既有史籍外，还总结出史学的一系列一般性问题：史学功用问题（“夫载籍之作也，必惯乎百氏，被之千载，表徵盛衰，殷鉴兴废”）、著史观念问题（“立义选言，宜依经以树则，劝戒与夺，必附圣以居宗”）、史书表现形式问题（“纪传为式，编年缀事，文非泛论，按实而书”）、史书内容安排问题（“岁远则同异难密，事积则起讫易疏”，“两记则失于重复，偏举则病于不周”）、信史原则问题（“文疑则阙，贵信史也”）、直书原则问题（“若乃尊贤隐讳，固尼父之圣言，盖纤瑕不能玷瑾瑜也，奸慝惩戒，实良史之直笔”）、史家修养问题（“寻烦领杂之术，务信弃奇之要，明白头讫之序，品酌事例之条，晓其大纲，则众理可贯”）、史家责任问题（“史之为任，乃弥纶一代，负海内之责，而赢是非之尤，秉笔荷担，莫此之劳”）。④ 这些议论，是建立在已经积存了相当数量的史著的基

---

① 田孔（白寿彝）：《中国史学史上的两个重大问题》，《史学史研究》1984 年第 3 期。
② 《后汉书 · 班彪传》。
③ 同上。
④ 刘勰：《文心雕龙 · 史传》。

础上,才有可能通过“史学史意识”得出,虽论题显得很零碎,论述也显得不系统,但是已经初步具备了“问题意识”。

到了唐代,出现了最早对史学作系统反思的著作,这就是刘知幾的《史通》。《史通》既可以说是史学史的书,又可以说是史学理论的书。其中的《直书》《曲笔》《疑古》《惑经》等篇,更多的是属于对史学在理论方面的反思;《古今正史》等篇则是史学史范畴的。在中国古代史学发展中,所谓史学理论和史学史的概念是相互纠缠在一起的,真正把史学理论和史学史分开,是近代以后的事了。将二者分开有现代学科分类的影响,而古人将其合在一起思考,也没有想象的那么差,不同的学术语境而已。今人如果过分苛责刘知幾《史通》中的一些观点,正如刘知幾《史通》中有些过分苛责司马迁的《史记》的观点一样。常有学者将《史通》与章学诚的《文史通义》相比较,或者与西方有关史学理论的论说作比附,结论是刘知幾所论大多集中于史书编纂形式的优劣短长,而缺乏历史认识方面的深入思考。必须承认,通篇有体系、有见解地反思过往史书撰著和史学发展的专门著作,《史通》是第一部;唐代官修史书进入程式化,是刘知幾“退而私撰《史通》”的直接原因。因此,批评史书体例体裁、评价史书编纂中的各种问题,是刘知幾著《史通》的主要目的,也是《史通》最主要的内容。在发表这些议论的同时,刘知幾并未忽视总结史学对历史的认识的诸方面,仅以其将“史”与“通”合为书名,就可以看出刘知幾对中国史学传统中“通”的重视程度。反观今人思考历史叙事、历史书写而引发的对历史文本特征的种种思考,能够在《史通》中依稀看到与之相近的问题意识。

前面两章中已经简要介绍了《史通》的主要内容。《史通》问世之后,人们对《史通》毁誉不一,好评者认为“为史氏者,宜置此坐右也”,抵触者认为“妄诬先哲”“知幾以来,工诃古人,而拙于用己”。[①] 明代陆深撰《史通会要》,并重新校刻《史通》,之后张之象和张鼎思分别又出新刻本,三者有效促进了《史通》的流传。明代李维桢、郭孔延的《史

① 《新唐书·刘子玄传》。

通评释》和王惟俭的《史通训故》是《史通》研究的新成果，清人黄叔琳的《史通训故补》在王惟俭书的基础上增补完成。之后浦起龙撰成《史通通释》，成为后世通行版本，为人们研读《史通》提供了极大便利，也使得《史通》的影响力持续扩大。

《史通》之后又经过了一千多年的时间，才又出现了另一部史学理论及史学史类的重要著作——《文史通义》。对此，朱维铮认为："随着中世纪统治学说及经学的更新，新出现的理学代替了汉唐经学，中国有了以思辨为主的哲学。理学对于历史观起了重要影响，却没有帮助催生出一种历史哲学。像《史通》那样把既往全部史著作为研究对象的专著不再出现了，接踵而起的所谓史评，多半不是研究史学，而是议论史事；即使讨论历史著作，也都是沿袭南宋胡寅《读史管见》、吕祖谦《东莱博议》、朱熹《资治通鉴纲目》的学风，纠缠于书法啊、义例啊、心术啊，用理学家的尺度去裁量以往史学家。"①宋代史论不可谓不发达。欧阳修《新五代史》中的史论多以"呜呼"发端，抒发对历史的认识与感慨。司马光《资治通鉴》以"臣光曰"的形式总结历史上成败兴亡的经验教训。欧阳修和司马光这两位大史家的史论，为宋代史论繁荣起到了示范作用。北宋"三苏"皆善作史论，范祖禹的《唐鉴》、孙甫的《唐史论断》等史论著述也很有名。宋代理学家重视"义利之辨"和"王霸之辨"，以"义理之正"的标准看待和评价历史及史学家。胡寅、吕祖谦、朱熹等人都著有这类书。这多少会影响到对史家著史中存在的史实与史著的关系、史书的编纂形式以及史学发展趋势等史学自身问题的关注度。

宋代的史书撰述更为丰富，却没有出现《史通》那样具有深远影响的全面反思史学自身的重要著作，还应该与当时出现的更注重讨论褒贬书法和"古文"叙事的现象或潮流有一定关系。事实上，一些宋代史家对这样的潮流有尖锐的批评。如吴缜说："若乃事实未明，而徒以褒贬、文采为事，则是既不成书，而又失为史之意矣。"②苏洵则从经史关

---

① 朱维铮：《中国史学史讲义稿》，上海：复旦大学出版社，2015 年，第 5—6 页。

② 吴缜：《新唐书纠谬·序》。

系的角度看待这个问题:“经不得史,无以证其褒贬,史不得经,无以酌其轻重。经非一代之实录,史非万世之常法,体不相沿而用实相资焉。”“一规一矩一准一绳足以制万器,后之人其务希迁、固实录可也。慎无若王通、陆长源辈嚣嚣然冗且僭,则善也。”[①]诸如此类的论说,实际上是在抵制因史学之外的因素而导致史学最基本的功能被异化的弊端,也是在试图回答“什么是史学”的根本性问题,这同样是“史学史”意识中绕不过去的问题。有识之士的这些见解,依然难以改变宋明“史评”的总体状况:“大抵其论人也,人人责以孔、颜、思、孟;其论事也,事事绳以虞、夏、商、周。名为存天理,遏人欲,崇王道,贱霸功,而不近人情,不揆事势,卒至于窒碍而难行。”[②]

南宋郑樵著《通志》,其“总序”纵论“会通”思想,是对此前史学思想中“贯通意识”的集大成提炼。由此引发的对通史与断代史撰述体裁的评论,成为后世学者讨论的话题,如陈振孙在《直斋书录解题》中批评郑樵“虽自成一家,而其师心自是,殆孔子所谓不知而作者也”[③],马端临说他“讥诋前人,高自称许”[④],清代学者如钱大昕、王鸣盛、戴震、周中孚等对郑樵都很反感,说他“大言欺人”,甚至“贼经害道”[⑤]。章学诚则对郑樵大加赞赏:“郑樵生千载而后,慨然有见于古人著述之源,而知作者之旨,不徒以词采为文,考据为学也,于是遂欲匡正史迁,益以博雅,贬损班固,讥其因袭,而独取三千年来遗文故册,运以别识心裁,盖承通史家风,而自为经纬,成一家言者也。”[⑥]郑樵的史学思想在近代以来获得了更多学者的褒扬。比郑樵稍晚的另一位学者洪迈撰《历代史本末》,依次论说了从《春秋》到《新五代史》的十几部史书的编纂情况。[⑦] 叶适写的《习学记言序目》中述及历代史家撰写史书时处

---

① 苏洵:《嘉祐集·史论上》。
② 《四库全书总目提要·史部·史评类存目·〈读史管见〉提要》。
③ 陈振孙:《直斋书录解题》卷2。
④ 《文献通考·经籍考》。
⑤ 《戴震文集·与任孝廉幼植书》。
⑥ 《文史通义·申郑》。
⑦ 洪迈:《容斋随笔》卷8。

理古今史事的得失。晁公武的《郡斋读书志》、陈振孙的《直斋书录解题》等，是以著录史书的形式发表对史书的评论。这些著述，都反映了史学史的意识。

明代王世贞的《弇山堂别集》等著作，提到了对“史”的认识和对不同性质的史料的评价。焦竑写过《论史》《修史条陈四事》等文，回顾了《史记》之后的史学发展状况，对于众手修史、纪传体史书等提出自己的看法。胡应麟的《少室山房笔丛》有许多历史文献学方面的论述，他所说的“才、学、识三长足尽史乎？未也！有公心焉、直笔焉。五者兼之，仲尼是也。董狐、南史，制作亡徵，维公与直，庶几尽也”①，也有一定影响。顾炎武评价《春秋》《史记》《通鉴》等书的言论，散见于《日知录》中。

清代学者的成绩，以整理前代典籍文献为主。“辨章学术，考镜源流”的治学方法为清人所重视，对史学“源流”的梳理阐发也有重要进展。邵晋涵在四库馆中负责史部书的审订工作，四库馆臣对史部诸书的渊源、内容、编纂方法都作了评述，邵晋涵功不可没。《四库全书总目提要》是史部目录书的集大成者，也是反映古人史学史意识的一个重要方面。乾嘉时期学者钱大昕不满于北宋以后经史关系中重经轻史的现象：“道学诸儒，讲求心性，惧门弟子之泛滥无所归也，则有诃读史为玩物丧志者，又有谓读史令人心粗者。此特有为言之，而空疏浅薄者托以藉口，由是说经者日多，治史者日少。彼之言曰，经精而史粗也，经正而史杂也。予谓经以明伦，虚灵玄妙之论，似精实非精也；经以致用，迂阔刻深之谈，似正实非正也。……若元、明言经者，非剿袭稗贩，则师心妄作，即幸而厕名甲部，亦徒供后人覆瓿而已，奚足尚哉。”②从经史关系的角度，对史学的发展状况作了“史学史”式的考察。清代学者万斯同、全祖望、王鸣盛、赵翼等的史学著作中，都或多或少地表现出史学史意识。乾嘉时期还产生了一部能够与《史通》并提的杰出的史学著

---

① 胡应麟：《少室山房笔丛·史书占毕》。

② 钱大昕：《赵翼〈廿二史札记〉序》。

作——《文史通义》。

《文史通义》是一部把史学的理论和历史结合在一起论述的著作。瞿林东认为:"章学诚论史学以理论分析见长,而他的理论分析往往是同史学史意识结合在一起的。他说'六经皆史',不仅仅是说明经史关系,也是在探索史学的源头。"①朱维铮指出:《文史通义》的内容"主要从讨论经史关系出发,重新解释宋明学者所谓'六经皆史'说,进而对以往史著作了比较全面的考察。其中不乏经过深思的见解,但除了继续讨论历史记录形式以外,较刘知幾前进的地方,一是尝试区别'史学'与'史料',二是强调史学家在具备刘知幾所说才、学、识三个条件的同时,还必须有'史德'"。②章学诚讨论的是千年以来史学积重于经学所引出的系列问题,其史学史的意义是全面考察以往史著的历史记录形式,其史学理论的意义则是辨析"古人未尝离事而言理"中的"事"和"理"的关系。章学诚自称刘知幾言"史法",自己言"史意",然而论"史意"离不开"史法",他比刘知幾走得更远的是通过"史意"(或"史义")而使其"史法"讲得更深入,无论是"记注藏往""撰述知来",还是"史德""心术",无论是"释通""申郑"说,还是他的"校雠"与方志理论,都达到了古代史学认识的高峰。章学诚"六经皆史"说的命题,给后人留下了无尽的讨论空间,他在"史法"层面的见解,则为后人提供了一系列经典式的结论。从刘知幾到章学诚,深刻反映了中国古代史学中的"史学史"意识。

二 20世纪前半期的中国史学史研究

(一)梁启超、金毓黻等学者的中国史学史研究

20世纪初,梁启超发表《中国史叙论》和《新史学》,提出建立中国

---

① 瞿林东:《中国史学的理论遗产》,北京,北京师范大学出版社,2005年,第135页。

② 朱维铮:《中国史学史讲义稿》,上海:复旦大学出版社,2015年,第6页。

的“新史学”。那时的梁启超不惜用激烈的言语抨击旧史学,“史界革命不起,则吾国遂不可救,悠悠万事,唯此为大。新史学之著,吾岂好异哉,吾不得已也”①。不难看出,梁启超所谓“新史学”,主要目的在于使史学适应救亡图强的现实目标。然而,他断然否定旧史学的态度,却打开了经日本了解西方史学的方便之门,也给传统的经史子集学术格局和一直笼罩着史学的经学光环以重重一击。梁启超在《中国史叙论》和《新史学》中讨论的“中国史之范围”“中国史之命名”、中国历史上的地理环境即“地势”、中国历史上的各个民族即“人种”、撰述中国历史所应使用的“纪年”、史前时代及历史记述的不同阶段等问题,都为中国史学从古代史学走向近代史学的道路作了铺垫。

辛亥革命推翻了古代专制政体,长期依附于专制政体的经学失去了造血功能而走向终结。走出经学羁绊的历史学注入了新文化运动带来的“科学”观念,加快了中国史学转型的步履。缘于近代以来西方学术思想的不断输入、经学的衰微失势、传统的经史子集的学术格局被打破、“科学”和“科学方法”的流行,近代历史学在中国开始建立健全其学科体系。在“整理国故”运动中,胡适提出“国学的使命是要使大家懂得中国过去的文化史;国学的方法是要用历史的眼光来整理一切过去文化的历史;国学的目的是要做成中国文化史”。② 他所讲到的“文化史”包括有民族史、语言文字史、经济史、政治史、国际交通史、思想学术史、宗教史、文艺史、风俗史、制度史等十个方面,实际上明确了现代学科体系中历史学的学科位置和内容,促进了从“国学”到“文化史”再到近代独立的历史学科的“软着陆”。中国史学史研究在民国时期得以真正展开。

1921 年,梁启超在南开大学讲授中国文化史,部分讲稿连载于同年《改造》杂志第 4 卷第 3、4 号,1922 年由商务印书馆出版,书名为“中国历史研究法”,副题为“中国文化史稿第一编”。《中国历史研究法》

---

① 梁启超:《新史学》,《饮冰室合集·文集之九》,北京:中华书局,1989 年,第 7 页。

② 胡适:《国学季刊发刊宣言》,《国学季刊》第 1 卷第 1 号,1923 年 1 月。

第二章“过去之中国史学界”,叙述从史学的产生到清代史学间的“二千年来史学经过”①,就是一篇简要的中国史学史,说明在逐渐明确了史学成为一门学科的情况下,已经突破了以往的“史学史意识”,开始初步具备了学科史的概念。1926 年 10 月至次年 5 月梁启超在清华国学院讲授“文化史”,讲稿经整理成《中国历史研究法补编》(1930 年由商务印书馆出版)一书,书中专有一部分“史学史的做法”,梁启超写道:中国史学“很有独立做史的资格,中国史学史最简单也要有一二十万字才能说明个大概,所以很可以独立著作了”。② 这段话被公认为是中国史学史(或者说是史学史)学科建立的标志。梁启超进而提出:“中国史学史,最少应对于下列各部分特别注意:一、史官,二、史家,三、史学的成立及发展,四、最近史学的趋势。”在这里,他按照这四个部分的顺序,分别阐述了中国史学之史:首先,抓住中国史学的特点——史官,“中国史学之所以发达,史官设置之早是一个主要原因”,重点阐述的内容是史官的地位、信史精神和国史馆的设立;其次,“史家”部分主要叙述历代史著撰述情况,以不同的史书体裁和“二十四史”为主;再次,“史学的成立及发展”重点介绍了刘知幾、郑樵和章学诚,由这三人的史学建树串联起中国史学的发展过程,并由此论述了“史与道”和“史与文”的关系;最后,“最近史学的趋势”则批评了当时史学界过分重视新发现的史料和轻率怀疑古史的风气。

基于此,梁启超被认为是中国史学史学科的创立者。后人多评价梁启超之后的史学史著作是继承了梁启超的“史学史的做法”而很有些史部目录或要籍解题的味道,如果单看梁启超在《中国历史研究法补编》所写的这部分简要的中国史学史,恐非如此。或许是此后的中国史学史著作在细化梁启超“做法”的过程中,并非全然领会梁启超“做法”的全部要义而显得与史部目录学更为相近了。必须承认,受西

---

① 梁启超:《中国历史研究法》,《饮冰室合集 · 专集之七十三》,北京:中华书局,1989 年,第 27 页。

② 梁启超:《中国历史研究法补编》,《饮冰室合集 · 专集之九十九》,北京:中华书局,1989 年,第 151 页。

式学术分类体系的影响而在中国产生的史学史学科，承载的是中国史学自身两千余年历史的厚重内容，因而，就史学史的学科建设而言，在早期的中国史学史研究著述中表现出要藉解题式的研究特征，这在中国史学史研究的最初阶段是有其必然性的。

20世纪三四十年代，随着中国史学史研究的逐步展开，相继出现了十余种史学通史性的讲义和著作①，以及数百篇相关论文②。其中公开出版并产生有较大影响的史学史著作，当属金毓黻的《中国史学史》(商务印书馆，1941年)、魏应麒的《中国史学史》(商务印书馆，1941年)以及王玉璋的《中国史学史概论》(商务印书馆，1942年)。商务印书馆在两年间即出版三部史学史著作，可见当时中国史学史研究所受到的重视程度。有学者评论说，金、魏、王"三书都受到梁启超的影响，史官、史家(史籍)、最近之史学趋势，同为主要内容；魏书将刘知幾、郑樵、章学诚列为专章；金著将刘知幾、章学诚合为一章，也都有迹可寻"。③ 从多部史学史著作的整体架构和主要内容来看，的确可见梁启超"做法"的影响，但是各部史学史著作也都有着自己的特点。

金毓黻的《中国史学史》是早期中国史学史研究中影响最大的一部著作。这部书完成于1938年，1940年9月被教育部大学用书编纂委员会选为大学用书，次年3月作为"大学丛书"由商务印书馆印行出版。金毓黻在此书1944年版的"导言"中说："史字之义，本为记事，初以名典文书之职，后仍被于记事之籍，今世造新史者，上溯有史以前，覃及古代生物，而治史之的，仍为人类社会，研究人类社会之沿革，而求其变迁进化之因果，是谓之史。更就已撰之史，论其法式，明其义例，求其原理之所在，是谓之史学。最后就历代史家史籍所示之法式义例及其

---

① 详情可见朱仲玉：《中国史学史书录》，《史学史研究》1981年第2期；牛润珍：《20世纪中国史学史著作述评》，《中国史研究动态》2001年第8期。

② 陈光崇主编、赵俊编辑的《中国史学史论文、著作索引(1900年—1981年12月)》(辽宁大学历史系1983年印)对该时期的中国史学史研究论文和著作作了较为详尽的分类著录。

③ 戴晋新：《20世纪中国史学通史书写结构取向的演变》，《史学理论与史学史学刊》2003年卷，北京：社会科学文献出版社，2004年，第138页。

原理,而为系统之记述,以明其变迁进化之因果者,是谓之史学史。"①这是在具有史学史学科意识之后,从史、史学和史学史的思路定义何为史学史的较早论述,这样的认识也只有在明确史学史概念的前提下才能出现。从全书来看,金毓黻对中国史学史的阐述并非仅依梁启超的史学史框架而来,他的《中国史学史》的绝大部分内容来自于他本人对中国史学发展的认识,而且这些认识对当时和后来的中国史学史研究有直接影响。②

魏应麒《中国史学史》分上下两编,上编专论中国史学之特点与价值、史籍之位置与类别、史官之建置与职守,下编叙述远古至民国诸时代的史学发展,并强调"尤注意史学家之史学理论与方法"③。全书分别从横向和纵向两方面论述中国史学史的框架结构是作者的"别识新裁"。中国史学史的书写,基本内容必然是史学,而史学又以史家和史书为中心。突出史家和史书,就会影响到对史学发展过程的纵向展示;强调史学之"史",又会削弱史家和史书在史学史中起到的核心作用。梁启超的"做法"提出了史官、史家、史学的成立和发展、最近史学的趋势四个部分,其中的史官和史家是史学中的题中之义(史官是中国史学的独特部分,亦可归于史家中),史学的成立和发展以及最近史学的趋势是史学之"史"。从梁启超将这四个部分平行列于史学史的"做法"中,可以看出他在处理史家、史书与史学史之间关系的矛盾心态。金毓黻同样遇到这个问题,他的《中国史学史》的结构安排显得不甚清晰:将史官制度、设馆修史、私家修史分阶段先后叙述,中间又加入司马迁和班固、刘知幾和章学诚。金毓黻试图平衡中国史学史中的官修史书、私人撰述、最具影响力史家、史学发展过程四者的位置,效果并不理想。④ 魏应麒在

---

① 金毓黻:《中国史学史》,重庆:商务印书馆,1944 年,第 1 页。

② 金毓黻《中国史学史》的特点,详见本书第四章第一部分。

③ 魏应麒:《中国史学史》,重庆:商务印书馆,1941 年,第 2 页。

④ 如戴晋新认为:"史学通史的书写也还在尝试摸索的草创阶段,体例规模一时自然尚难臻完善,最明显的问题是书写结构逻辑的粗糙与历史解释内涵的贫乏。" 见戴晋新:《20 世纪中国史学通史书写结构取向的演变》,《史学理论与史学史学刊》2003 年卷,北京:社会科学文献出版社,2004 年,第 140 页。

书中的上编以分专题的方式横向论述中国史学的“特质与价值”、史书的特点和史官建置等问题，在下编分述古代史学、两汉史学、三国两晋南北朝史学、隋唐史学、五代宋史学、元明清史学、民国以来史学等不同历史时期的史学发展情况，不失为解决上述问题的有效处理办法。此外，魏应麒书中一些论题的设置，如五德三统说下之历史观及其影响、正统僭伪之见、史评之兴起、史识问题等，也可看出作者的问题意识。

王玉璋的《中国史学史概论》“远宗梁先生(启超)之大义，而略为去取，以求研述之方便。藉金先生(毓黻)搜罗之宏富，而取精用宏，裁以自我之史观大义，而成一新系列”。[①] 可知该书受到梁启超、金毓黻影响很大。全书大致依照梁启超的“做法”谋篇布局，有“史官”“史籍名著述评”“史体”“史学之新趋势”诸章。惟“历史哲学”一章，述及中国历史上的五德终始说、三正三统论、皇极经世论、三世说、神权史观、垂训借鉴史观、科学史观等，“均一一加以叙及藉明吾国史学观念发展之大势”[②]，所论虽不乏牵强之处，但至少表现出了对梁启超“做法”的某种突破。

20世纪30至50年代蒙文通在多所大学讲授中国史学史，讲义的部分内容陆续在《重光月刊》《图书集刊》《华文月刊》《国论月刊》等刊物上发表。他的史学史理念是“哲学发达之际，则史著日精，哲学亡而史迹亦废”[③]，于是他将春秋、六朝、两宋三个在思想学术史十分活跃的阶段看作是中国古代史学的关键时期，却不甚重视重要史家及著名史著在史学史上的意义。这种认识与当时流行的史学史观念大相径庭，实际上是至今仍有争议的史学史书写究竟应该以史学本身的著作、制度为主还是以其背后的思想意识、哲学认知为主的问题。不同的观点导致史学史书写内容与撰述旨趣的不一致，蒙文通的观点丰富了中国史学史研究的理念，反映出当时的史学史认识已经达到了较深的层面。

---

① 王玉璋:《中国史学史概论》,重庆:商务印书馆,1942年,第3页。

② 同上书,第12页。

③ 蒙文通:《中国史学史·绪言》,见《蒙文通文集》第三卷《经史抉原》,成都:巴蜀书社,1995年,第222页。

另有贝琪撰《中国史学史初稿》(《大美晚报》,1937 年),今仅见《正史源流篇》《编年源流篇》两部分;朱杰勤撰《中国史学研究》(《书林》杂志,1937 年),含绪论、国史缘起、国史流别、历代正史评述、论杂史等部分;黄庆华撰《中国史学思想史》(1942 年);朱希祖撰《中国史学通论》(重庆独立出版社,1943 年),含自序、中国史学之起源、中国史学之派别、附录等部分;赵超玄撰《中国史学史》(三册,沧海书屋,1943 年),含史官的建置与沿革、记注、撰述、官修诸书、已没史籍之复见、史学科学之成立、史学复兴时代、现代史学之趋向等部分;董允辉撰《中国史学史》(三册,手写油印本,1945 年),含史官、史家、史学之成立及其发展、最近中国史学之趋势等四编。

20 世纪 30 至 40 年代,陆续出版了各种史学通论、概论、概要类的小册子,这些书大多以梳理、编次以往史学理论研究成果和介绍外国史学理论与史学方法为主,其中一些书会有介绍中国史学史发展的章节。具体情况列表如下:

书　名	作　者	相关章节标目	出版机构及时间
《通史新义》	何炳松	第十一章“历史之种类”的(一)“中国史学之发展”	上海:商务印书馆,1930 年
《史学概要》	卢绍稷	第二章“中国史学界之回顾”、第四章“现代史学之发达”的第二节“现代中国史学之发达”	上海:商务印书馆,1930 年
《史之梯》(一名《史学概论》)	吴贯因	第四章“史家地位之变迁”	上海:联合书店,1930 年
《历史学 ABC》	刘剑横	第二章“史学渊源”	上海:世界书局,1930 年
《中国史学 ABC》	曹聚仁	第二章“古史”、第三章“纪传诸史”、第四章“编年诸史”、第五章“纪事本末及其他”、第六章“刘知幾与史通”、第七章“郑樵与通志”、第八章“清初之浙东史学”、第九章“章学诚与文史通义”、第十章“史学界之新曙光”	上海:世界书局,1930 年

续　表

书　名	作　者	相关章节标目	出版机构及时间
《史学概要》	罗元鲲	第二十一章“中国史学演进之大概”、第二十二章“三代之史学”、第二十三章“两汉之史学”、第二十四章“魏晋六朝之史学”、第二十五章“隋唐之史学”、第二十六章“宋元明之史学”、第二十七章“清代之史学上”、第二十八章“清代之史学下”	武汉:亚新地学社,1931 年
《史学常识》	徐敬修	第二章“历代史学之大概情形”、第三章“史学之内容”	上海:大东书局,1931 年
《史学通论》	周容	第二章“史学史上(中国之部)”	上海:开明书店,1933 年
《史学通论》	李则纲	第三章“历史学发展的历程”	上海:商务印书馆,1935 年
《史学概论》	胡哲敷	第三章“中国旧史学”、第五章“新史学的建设”、第九章“史学的进化”	上海:中华书局,1935 年
《史学通论》	杨鸿烈	第三章“史学的‘今’与‘昔’”	长沙:商务印书馆,1939 年
《史学纂要》	蒋祖怡	第三编“史学”的第一章“史学略史(上)”、第二章“史学略史(中)”、第三章“史学略史(下)”	重庆:正中书局,1944 年
《中国史学概要》	傅振伦	第二篇“史官建置”、第三篇“史学起源”、第四篇“史书名目”、第五篇“史书流别”、第六篇“史体得失”	重庆:史学书局,1944 年
《历史研究法》	吕思勉	第二章“历史的历史”、第三章“史学进化的几个阶段”	上海:永祥印书馆,1945 年
《史料与史学》	翦伯赞	“论司马迁的历史学”、“论刘知幾的历史学”	上海:上海国际文化服务社,1946 年

续 表

书 名	作 者	相关章节标目	出版机构及时间
《中国史学概要》(原名《中国史学史讲录》)	方壮猷	第一章“中国史学之启源”、第二章“纪传史上”、第三章“纪传史下”、第四章“编年史”、第五章“纪事本末”、第六章“制度文物史”、第七章“方志与家谱”	上海:中国文化服务社,1947 年

上述有关中国史学史的章节,大多作为原书整体的一部分处理,写得较为简略,不过也表明民国时期史家的史学史意识十分明确,中国史学史已经理所当然地被视为是史学概论、史学通论性著述的组成部分。

在此期间发表的论及中国史学的论文中,其中一些具有相当的学术水准,“不仅对司马迁、刘知幾、司马光、章学诚等重点研究课题有了较详细论述,而且具备了一定的研究广度”[①]。有学者指出:“史学史专书以外,最值注意者,为发表于各学术性杂志之史学史论文,晚清以来,论述中国史学史之精华,荟萃于此。洋洋巨观之一部专书,往往不如一篇论文更富学术性。专书每流于驳杂,为字数而拼凑材料;论文则专精,能道前人所未道。如金毓黻之《释记注》《唐宋时代设馆修史制度考》二文,较其在《中国史学史》中所谈及之记注之法与唐宋设馆修史始末,实更为详密精确也。”[②]这些中国史学史研究方面的论文对于中国史学史学科建设的积极意义是至关重要的。[③]

(二)民国时期中国史学史教学与教材编写情况

与中国史学史的研究相比,中国史学史的教学开始得更早。1920

① 乔治忠、姜胜利编著:《中国史学史研究述要》,天津:天津教育出版社,1996 年,第 14 页。

② 杜维运:《中国史学史论文选集序》,见杜维运、黄进兴编《中国史学史论文选集》(一),台北:华世出版社,1976 年,第 7 页。

③ 陈光崇主编、赵俊编辑的《中国史学史论文、著作索引(1900 年—1981 年 12 月)》(辽宁大学历史系 1983 年印刷,未公开出版)详细收录了 20 世纪前半期的中国史学史研究论文篇目。

年，朱希祖任北京大学史学系系主任，“希祖颇思以欧美新史学，改革中国旧史学”[1]，史学系的课程体系由六个部分组成，“史学史及史学原理”是其中之一。[2] 史学史被纳入北京大学史学系的课程体系中，这比梁启超提出“史学史的做法”还要早若干年。

20世纪20年代，许多高校都开设了中国史学史课程，如北京大学（朱希祖）、清华大学（朱希祖）、辅仁大学（朱希祖）、北平师范大学（朱希祖）、广东高等师范学校（陈功甫）、中山大学（陈功甫）、云南高等师范学校（郑鹤声）等，中央大学、光华大学、东北大学等校也将中国史学史列在课程设置中。

20世纪30年代，据不完全统计，已有十多所高校开设了中国史学史课程，主要情况见下表：

<table>
<tr><th>时　间</th><th>学　校</th><th>教　师</th><th>主要内容</th></tr>
<tr><td rowspan="4">1930年</td><td>北京大学</td><td rowspan="2">朱希祖</td><td>中国史学之源流变迁及编纂方法。撷《史通》《文史通义》之精华而组织，稍有系统，并与西洋史学相比较，使研究史学者有所取资。</td></tr>
<tr><td>清华大学</td><td>中国史学之起源及历代各派史学发展之概况，注意各时代文化思想之背景，而以近代史学观点评论重要著作之价值。</td></tr>
<tr><td>中央大学</td><td>郑鹤声</td><td>中国史学界之沿革，俾学者明了国史之体系及其盛衰得失迁变之故，其内容注意点：一、史家与史著之概况；二、各种史体之源流；三、重要史学家之学说与其贡献；四、重要史著之体制与其价值；五、最近中国之史学。</td></tr>
<tr><td>成都师范大学</td><td>张仲铭</td><td></td></tr>
</table>

① 朱希祖：《北京大学史学系过去之略史与将来之希望》，《国立北京大学卅一周年纪念刊》，1929年，第70页。

② 傅振伦：《先师朱逖先先生行谊》，《文史杂志》第5卷，1945年12月，第11、12页。另五个部分分别为史学的基本科学、史学的辅助科学、中外通史及断代史、专门史、外语。

续 表

时 间	学 校	教 师	主要内容
1930	东北大学		上起三代下终民国，将中国历来所有之史料、史家及史学专著共有若干优劣如何一一为之说明，如上古时代则讨论传说史籍之起源、史官之建置，中古时代则研究史家传记、史籍之流别、史料之真伪，近代则说明史评、史注、史补之功用，中外史家研究中国史之结果及史料所在与保存之方法，其目的在使学者明了中国文化之所以然，并能直接研究旧有之史料。
	中国公学	杨鸿烈	中国历代所有史家的生平及著作的内容，使学者明了史籍进化之概况；又就历代史籍分为文化、政治、法制、经济、学术、艺术等性质的专史，使欲以科学方法整理者知所取材。
1931	大夏大学		
1932 年	中山大学	萧鸣籁	
1933 年	中央大学		对于史籍之体制流别、名著特征以及名家批评等作系统的讲述，俾学者明了我国史学界之流派得失，其要目为：一、历代史官建置；二、纪年史；三、纪事史；四、纪传史；五、评史与史评等。
	持志学院	卫聚贤	定义、历史的起源及演进、史学的分类及位置、正史及史目、历代的史官、历代的史学家。
	暨南大学		
1934 年	北平师范大学	陆懋德	中国史学之概要与史书之类别。
1935 年	辅仁大学		中国史学之起源，次及历代史学之变迁，并讨论著名史学家学术之修养及其著述之经过。至于各家史书之内容及体裁组织，亦附带评论。
	北京大学	蒙文通	从各时代学风之变迁以究其及于史学之影响，凡中国史学进展之大势，名著之梗概，均详为叙述。
	安徽大学	李则纲	中国史学发展之过程及现时史学界之概况，以为研究史学之辅助；关于中国史籍、史家、史观以及治史学之方法，为有系统之分析比较与叙述。
	东北大学		中国史学演进之程序与史书的分类，以示治国史之途径。
	复旦大学	姚名达	

续　表

时　间	学　校	教　师	主要内容
1936 年	四川大学	彭云生	探究古代史官之精神,叙明历代史学之演进,评述历代史家之得失,推阐近代史学之趋势。
1938 年	武汉大学	方壮猷	中国史学之起源、各时代史学进展之大势、各种重要体裁之名著(以编年、纪传、政书、纪事本末四体主)。除注意于各时代主要思潮对于史学之影响外,并及于近数十年来新史料之发见,如殷商甲骨、汉晋木简、唐人写经、辽夏文字、明清档案等重要文献对于新史学上之贡献。
	中央大学	金毓黻	

1938 年教育部召开第一次大学课程会议,次年,《大学科目表》正式颁行,史学史及相关课程设置情况大体如下:

系　别	科　目	性　质	学年学期
历史学系	中国史学史或史学方法	必修	第三学年第二学期
	西洋史学史或史学方法		第二学年第一、二学期
	中国史部目录学	选修	第二、三、四学年
	史籍名著		
史地系	史学通论	必修	第二学年第一学期
	中国史部目录学	选修	第三、四、五学年
	中国史学史或史学方法		
	中国史学专书选读		
哲学系	历史哲学	选修	第二、三、四学年

(以上二表承华东师范大学历史系王应宪先生提供,特此致谢)

史学史课程在各高校的实际开设情况可能并不完全依此计划真正实施,但是进入部署教学科目中,亦足见受到的重视程度。

此外,民国时期因部分高校中的中国史学史成为固定课程,即有相应教师任教于此课程,包括朱希祖、陈功甫、郑鹤声、朱谦之、萧鸣籁、陈庆麒、杨鸿烈、张仲铭、蒙文通、彭云生、李源澄、金毓黻、陆懋德、姚名达、卫聚贤、赵万里、傅振伦、方壮猷、姚从吾、张遂青、郑天挺、白寿彝、董允辉、张政烺、张鸿翔、蔡尚思、王锺翰、谭其骧、刘节、陈述等学者均讲授过中国史学史课程。他们的授课讲义、讲稿,至今可见其内容或名目者见下表:

讲义(书)名	编者	主要内容	编写或印出时间	印行机构
《中国史学史》	陈功甫	两书皆分十章概述上古至清之史学。前书第一章为“唐虞三代之史学”,后书改为“上古之史学”,其余篇目相同;语言表述上,后书更为简洁。	1920—1924 年	广东高等师范学校
《中国史学述略》	陈功甫	两书皆分十章概述上古至清之史学。前书第一章为“唐虞三代之史学”,后书改为“上古之史学”,其余篇目相同;语言表述上,后书更为简洁。	1924—1926 年	国立广东大学
《中国史学史讲义》	卫聚贤	分述史的定义、历史的起源及演进、史学的分类及位置、正史及史目、历代的史官、历代的史家。	1932—1933 年	上海持志书院
《中国史学史》	陆懋德	分述中国史学之起源、中国历代史学之变迁、著名史学家学术之修养及其著述经过。	1932—1934 年	北平师范大学
《中国史学史》	容肇祖	前三章含“史学与史学史”“史的起源”“经书”,后大致以王朝顺序叙述战国至宋代官修史书,又分述《史通》《通典》《资治通鉴》《通鉴考异》等。	1932 年	国立中山大学文学院
《中国史学导论讲义》	朱希祖	原本印刷时署名容肇祖,但与朱氏 1943 年版《中国史学通论》相比,该版除缺其书所附 8 篇研究论文,其余内容完全一致。该讲义当为朱氏所撰讲义,并提供给容肇祖讲授课程之用。	1932 年	国立中山大学文学院
《中国史学史讲义》	姚名达	今存自序、第一编“绪论”、第二编“史官制度”。	1934 年(整理)	复旦大学

续　表

讲义(书)名	编　者	主要内容	编写或印出时间	印行机构
《中国史学史讲义》	萧鸣籁	今仅存前三部分即“史与史学及史学史”“古史官与中国史之特征”“经史不分时代之古史”。	1937 年前	国立中山大学
《中国史学史讲录》(后更名《中国史学概要》)	方壮猷	分纪传、编年、纪事本末、制度文物史、方志与家谱等七章。	1947 年	武汉大学，中国文化服务社出版

(本表承华东师范大学历史系王应宪先生和王传先生提供材料,特此致谢)

综上,民国时期高校中的中国史学史教学已具有一定规模,对于充实和完善中国史学史学科建设具有重要的促进作用。① 无论是研究或叙述中国史学史的专著、专文、讲义,抑或是在高校中开设中国史学史及相关内容的课程及任课教师的人数,仅从数量上看,比以往我们所了解到的要多得多,就此而言,民国时期中国史学史研究和教学的规模、程度与水平,恐怕是被低估了。

(三)周予同、顾颉刚、齐思和等学者的中国现代史学史研究

民国时期学人十分重视对最近史学发展的回顾和研究,这与晚清民国以来中国史学发生的巨大变化有直接关系,也多少受到了梁启超在“史学史的做法”中专门提及“最近史学的趋势”的影响。金毓黻的《中国史学史》被认为是最重要的一部史学史专著,但是在当时被批评的意见之一就是“在金氏的中国史学史中,对于‘新史学’的叙述太少了……也没有将近十余年的地下发掘出来的史料作一系统的介绍与说明。这一点,笔者认为是‘美中不足’的”。“写一部史学史的用意,虽然是在明了整个史学的发展,但是重要的还是在解释现代史学之所以

① 本部分内容,详见王应宪:《20 世纪上半叶中国史学史学科建设再探讨》,《华东师范大学学报》2012 年第 5 期。

会‘转变’,之所以会‘革新’。在转变与革新期中的史学,他又怎样发展着？向着哪个方向发展?”①

最早对当前史学史做深度研究的成果,应该是1940年周予同发表在《学林》杂志的《五十年来中国之新史学》一文。作者以“中国现代的新史学家可归纳为两类,即‘史观派’与‘史料派’”为核心观点,以清代初期、中叶以及后期的政治、文化与学术思想为其渊源,依次重点论述的对象包括“将中国正在发展的经今文学,西洋正在发展的进化论和日本正在发展的东洋史研究的体裁相糅合的第一人”夏曾佑、“使中国史学开始转变、开始脱离经学羁绊的”梁启超、“使中国史学完全脱离经学的羁绊而独立的”胡适、“考古派”的“代表者”王国维和李济、“使释古派发展而与疑古派,考古派鼎足而三地成为中国转变期的新史学”的郭沫若和陶希圣,由此勾勒出晚清民国几十年间的中国史学发展走势。作者的目的不在于一般性地介绍当前史学的发展情况或罗列出重要的新史家和新史著,而是要讨论“中国之新史学”产生的原因、开始的时间、形成的过程和发展的特点。作者重点论述的史学流派以及各派中的代表性人物,使晚清以来变化多端的中国史学在中国史学史书写上开始具有了史学派别和学术谱系的描述,为后人继续研究现当代中国史学史起到了示范作用。作者将“中国之新史学”纳入今文经学的学术背景中考察,明言“史料派”和“史观派”两大系统,是文章的最大特点。基于此,作者提出“中国史学的转变,实开始于戊戌变法以后,或者就原因说,开始于鸦片战争以后,而给予中国史学以转变的动力的,却是经今文学”的看法,却少有提及西方史学的影响和“科学”观念的刺激等因素,似稍显单一;作者提出的胡适等新史学家“由今文学胎育而来,而结果却否定今文学,这便是中国现代学术界演变的历程”的观点,也有些过于武断了。② 作者提出的中国史学的“史料派”和“史观派”的区分,对后世影响甚大,结果是这样划分的某些缺漏也随

---

① 周光岐:《读金著〈中国史学史〉》,《文汇报·史地周刊》第19期,1946年10月8日。

② 本段引文均见周予同:《五十年来中国之新史学》,《学林》第4期,1941年2月。

着人们对"史料派"和"史观派"的不断阐释而放大。

1947年出版的由方诗铭、童书业分别起草，顾颉刚总改定的《当代中国史学》一书，是第一部全面论述1845年以来的中国史学的专书。全书的结构为上编(近百年中国史学的前期)、中编(新史料的发现和研究)和下编(近百年中国史学的后期)三部分，全书的内容大致叙述的是民国成立以前和民国成立以后两个阶段的史学发展状况。作者认为民国前期的史学界，"学者们依然走着过去的大路，继续前此学者的工作，对历代正史，加以补作或改作，对历代正史的表志，更用心地加以补充或修订，同时那时的史学界，还有三种新的趋势，就是一、金石学的考索，二、《元史》和西北边疆史地的研究，三、经今文学的复兴"；后期的史学取得更多的成绩，原因在于"西洋的科学的治史方法的输入""西洋的新史观的输入""新史料的发现""欧美日本汉学研究的进步"和"新文化运动兴起"。作者认为："中国史学进步最迅速的时期，是五四运动以后到抗战以前的二十年中。这短短的一个时期，使中国的史学，由破坏的进步进展到建设的进步；由笼统的研究进展到分门的精密的研究；新面目层出不穷，或由专门而发展到通俗，或由普通而发展到专门；其门类之多，人材之众，都超出于其他各种学术之上。"①作为首部回顾近代百年史学发展的著作，作者主要用各个阶段的研究成果展现了史学研究各方面的情况，对"前期"的旧史学和史学"新的趋势"、对"后期"的新史料和新的史学研究领域的开拓等方面，都有清晰的介绍，反映了中国史学由旧入新的转型过程。尽管论述内容略显简略，但是就当时而言，已经是一部难得的总结之作，对后世而言，则是研究中国近代史学史的宝贵资料。后人评价该书："为各分支贡献最多的学者排出明确的'座次'：魏晋南北朝与隋唐史以陈寅恪为第一，以周一良、岑仲勉分居第二；宋史以邓广铭为第一，以张荫麟为第二；辽金史举陈述、傅乐焕；明史举吴晗、王崇武；南明史举朱希祖、谢国桢；清史举孟森、萧一山；太平天国史举简又文、罗尔纲；沿革地理及内陆移民史举谭

① 顾颉刚：《当代中国史学·引论》，南京：胜利出版公司，1947年，第2—4页。

其骧。”①这样的处理,倒也是本书一个有趣的特点。

齐思和的《近百年来中国史学的发展》是一篇纵论19世纪后半期和20世纪前半期中国史学发展的长文。作者在文章的开篇即表明所要讨论的问题:“百年来中国史家究竟作了些什么事?改造旧史学的成绩如何?将来应采取什么途径?”文章对清初至乾嘉时期的“治史精神”作了简要总结,然后介绍了道光时期“谈富强、讲经世”的新学风和晚清今古文之争对史学的影响,以及晚清边疆史地学和域外史地学的发展。清季史学的革新运动是“积极介绍西洋史学,并呼吁改造中国史学”的梁启超发起的,他的《新史学》“是新史学的第一声号角,这是对传统史学最严厉的批判”。梁启超之后,介绍西方史学最有影响的是胡适和何炳松,而新史学思想的输入引起的改编国史的运动,有名的是夏曾佑的《中学中国历史教科书》、刘师培的《中国历史教科书》和王桐龄的《中国史》、邓之诚的《中华两千年史》等史著。“到了五四前后,中国的思想界发生了一个大的变动,历史学也受到了深刻的影响,古史辨运动遂应运而生了。”“从五四到北伐,在时间上,虽然只有七八年,但是中国的学术思想,又走到第二个解放时期。这两个时期的中心思想是绝对不同的。五四的中心思想是自由主义,是知识分子对于传统束缚的解放运动。北伐后的中心思想是社会主义,是以唯物史观的观点对于中国过去的文化加以清算。”“到了北伐以后中国社会史的研究,特别是唯物史观的社会史,遂更展开。假如古史辨运动可以象征五四的史学,那么中国社会史论战,便可以象征北伐后的新史学。”“中国社会史的研究到了郭沫若先生才真正的走上了学术的路上。”“中国社会史之唯物辩证法的研究,到了范文澜先生所著编的《中国通史简编》才由初期的创造而开始走进了成熟的时期。”②作者阐述百年中国史学,笔端触及清初和乾嘉时期学术脉络,又对晚清民国史学以梁启超的《新史学》、五四时期的“古史辨运动”和北伐后的中国社会史论战为标

---

① 傅杰:《当代中国史学·本书说明》,沈阳:辽宁教育出版社,1998年。

② 齐思和:《近百年来中国史学的发展》,《燕京社会科学》第2卷,1949年10月。

志作了发展阶段的划分,表现出了作者的见识。尤其是表彰了郭沫若的《中国古代社会研究》,提及了李大钊、吕振羽、范文澜、翦伯赞等民国时期处于主流史学之外的马克思主义史学家的史学成就,这在以往的同类著述中尚不多见,“客观上为唯物史观派正统化确立了学术合法性”①。考虑到此文发表于 1949 年 10 月,作者撰写此文的时间当也在此前不久,其时国内的政治局势已经基本明了,将唯物史观史学纳入现代中国史学发展全局的视野中,重点考察马克思主义史学家的学术建树,也属题中之义。有学者将齐思和在 1931 年发表的《最近二年来之中国史学界》与此文对比后发现二者“截然异趣”,“对社会史派的批判锋芒已经消失”:“一方面可能是受到 1949 年初北平和平解放的时代变局的刺激,唯物史观派政治上的成功抬升了一般学者对其学理价值的估量,另一方面也是齐思和以往认识的一种深化,二战后新史学在西方已经取代传统史学而居于主流,世界史学的趋势日趋明朗化了。”②

还有其他一些对最近史学发展的回顾与研究的著述,如沈兼士《近三十年来中国史学之趋势》、金灿然《中国历史学的简单回顾与展望》、叶蠖生《抗战以来的历史学》、张绍良《近三十年中国史学的发展》等,这些当时人对当时史学状况的评述是今人研究的重要材料。③

(四)日本学者内藤湖南的中国史学史研究

19 世纪末 20 世纪初影响中国史学从古代向近代转型的诸多理念来自于日本,中国学人主要从日本学者译介的西方史学论著中了解到西方史学及其理论与方法。日本学者早于中国学者开始了中国史学史的研究与教学。日本著名学者内藤湖南(本名内藤虎次郎,1866—1934)在京都大学曾先后三次讲授“中国史学史”。第一次是在 1914 至 1915 年间,讲授的具体内容不详;第二次是在 1919 至 1921 年间,

---

① 陈峰、刘婷:《齐思和与现代新史学之建立》,《求是学刊》2014 年第 4 期。

② 同上。

③ 李孝迁编校的《中国现代史学评论》(上海古籍出版社,2016 年)较为全面地收录了 1949 年前发表的有关清末民国时期史学的研究、评论、回顾文章。

“从古代一直通讲到现代”；第三次是在1925年，讲授的题目是“清朝的史学”。[①] 他的讲义被后人整理成书，于1949年5月由日本弘文堂出版。2008年，旅日中国学者马彪将内藤湖南的《中国史学史》译成中文，由上海古籍出版社出版。

日本著名史家谷川道雄认为该书的特点是“对中国史学发展主线的清晰描述，以及对其背后存在之时代思潮所作的深层阐述”。[②] 以先秦时期史学为主要内容的各章中，内藤湖南关注的大抵是史书的起源和史官的发展两个方面，从早期的相关传说到对“史”字的释义，从龟板、彝器、刻石等器物上的记录到对六艺、诸子、诗赋、兵书、术数、方技等“六略”诸书的介绍。内藤湖南曾与当时中国的数位一流学者有着较为频繁的学术交往。他与罗振玉关系密切，并促成了罗振玉和王国维旅居日本之行。他与沈曾植晤面切磋学问，在1902年曾分别与夏曾佑和刘鹗会面，高度评价夏氏的《中国历史教科书》，首次在刘鹗寓所见到了甲骨文。他非常了解使用新材料研究中国古史的最新研究成果，对“史”的阐释和古代史官的建置与地位都提出了自己的见解。对先秦典籍的介绍则明显受到章学诚“六经皆史”说的影响。在先秦时期，“史部”尚未独立，既然“六经皆史”，作者以“六经”为主论述“史书的渊源”当属顺理成章；而关注“史官的发达”和“史官的地位”，则抓住了中国史学得以长期发展的要点。

《史记》在中国史学史上的重要意义不言自明，本书称《史记》代表了“史书的出现”，“司马迁的《史记》实际上正相当于史部的发端之作，就这样当初这样一部难以划分归属的一家言之作，在后世竟成为了将史书发展为史部书籍的奠基之作了”。[③] 作者对《史记》的许多观点是值得重视的，如：“以往的著述并非出于历史目的而成书的，从司马迁

---

① 内藤乾吉：《中国史学史·例言》（马彪译），见内藤湖南《中国史学史》，上海：上海古籍出版社，2008年，第1页。

② 谷川道雄：《中国史学史·中文版序》，内藤湖南著《中国史学史》，上海：上海古籍出版社，2008年，第1、2页。

③ 内藤湖南：《中国史学史》，上海：上海古籍出版社，2008年，第101页。

才开始了以历史为目的,即以逐时代、表盛衰为目的的著述。""《游侠传》是司马迁笔法中最为巧妙的作品,其意义在于承认了在那种政治制度不完善的时期,在民间所运行的某种代替政府而施行事实上社会制裁的职能。""司马迁一面承认个人能力的社会作用,一面又针对大一统时代的天子应当如何进行统治的问题,考察古今制度,并提出了采用最为正确有益于教化的要素,他是意在表达那种不应以君主好恶改变制度,制订礼乐、封禅、平准并非真正意义上治理天下的方法。为此,他参考古今,表达了自己的思想。"[①]作者还用较大篇幅讨论了后人对《史记》的评论。

作者认为《史记》《汉书》之后中国史学变化的特点主要表现在:第一,"史部"在目录学中的变迁,这是史学地位确立的标志。第二,"正史编纂法"的变迁,其后果是,"《史记》那种对当时事情予以表里之正确表达的方法已经丧失,单纯依据官府日常记录进行史书编纂的方法逐渐形成,而且若非特别出色的史家已经很难摆脱这种束缚了"。[②] 第三,不同史书体裁的流行或酝酿。第四,正史之外的史书发展,"在正史发生变化的同时,其他形式的记录也呈现了极大的发展趋势,其著作的数量之多,正可谓汗牛充栋"。[③] 第五,史注的发展,"随着经书注等的兴盛,在史书方面注的种类也逐渐发展起来,这还与六朝人特别喜欢制造谈资的风气有关"。[④] 第六,史评的发达,从《别录》《七略》到《文心雕龙》《史通》,史评在史学繁荣、史书增多的情况下应运而生。综上,作者所指出的这些内容,包括史学地位与正史编纂的确立、多种史体的流行、史注和史评的出现等,大多是中国古代史学发展中的重要问题。

谷川道雄的序中指出,唐代和宋代史学讲的是"唐宋变革时期史学的变化"。内藤湖南认为:"这个时期政治上是贵族制社会的多元权力向君主独裁制的一元集权政治的转型期,此间发生了从类书体例的

---

① 内藤湖南:《中国史学史》,上海:上海古籍出版社,2008 年,第 85、97—98 页。

② 同上书,第 121 页。

③ 同上书,第 124 页。

④ 同上书,第 125 页。

《册府元龟》到一家著述的编年体通史《资治通鉴》的变化,并认为这种变化具有帝王学的性质。"[1]尽管我们未必赞同将《册府元龟》到《资治通鉴》的史学变化直接联系于所谓唐宋变革说,但是,把史学的发展密切联系于时代的转变,这样的研究思路在作者成书之时代是超前的,在今天仍然不可忽略。从学术层面而言,作者认为,《资治通鉴》"逆反于前代学问那种注重多闻多识的学风;新派学问,追求《春秋》之法那样确实具有的规范、鉴戒之类的东西,出现了追求贯通古今沿革的思想"[2]。十分准确地指出了宋代通史撰述的发展特点。宋代史学部分,内藤湖南除了重点提及《新唐书》《旧唐书》和《新五代史》《旧五代史》以及《资治通鉴》的出现所带来的史学新气象之外,还专论宋代史学中的正统论、经学的变化、郑樵的《通志》及金石学的发达。洞悉并提及正统论对中国史学的影响,已属难能可贵。作者认为:"在北宋和南宋之际,伴随着史学的重要发展的同时,有关经学的观点也发生着各种各样的变化。其中尤其那些作为古代史史料的经书即《书经》《诗经》等,更是有着特别重大的观点变化。"[3]这部《中国史学史》还勾勒出了明代史学发展的基本线索,其中的"掌故学之一变"强调明代掌故学之盛,在明中叶以前有"野史风格",明中叶以后的掌故之学"将以往风闻本位的记述一变为力求依据正确史料编纂掌故书籍的做法",此种变化以王世贞、焦竑为代表,"嘉靖、万历以后兴起的将正确记录编纂成书之风,乃是明代史学上的重要现象","此一变化倾向一直延续到了清朝"。[4] 这一论断明确了明清史学的流变与传承。作者专门论述了几位明代学者的史学贡献,如李贽的"旷古未有之过激思想史论"、杨慎的"考证之后经过归纳的思考"、归有光"以学问为根底的主张"[5]、胡

---

① 谷川道雄撰:《中国史学史·中文版序》,见内藤湖南著《中国史学史》,上海古籍出版社,2008年,第3页。

② 内藤湖南:《中国史学史》,第159页。

③ 同上书,第181页。

④ 同上书,第213—215页。

⑤ 同上书,第219、221、222页。

应麟开阔的学术视野及深刻的见解、焦竑对宋以来目录学的复兴等,使明代史学的内容显得充实起来。

清代史学在这部《中国史学史》中有着超过三分之一的篇幅,说明作者对清代史学的重视和熟悉。不仅如此,内藤湖南推崇乾嘉考据学的研究方法,认为“这种方法与欧罗巴近世科学的方法多有一致之处”①。本书对清代史学作了较为系统地阐发,实可以看作是一部清代史学专著。从内容上看,从《明史》的编纂开篇,继而分述黄宗羲、王夫之、顾炎武等三位清初学问大家,以及徐乾学、顾祖禹、阎若璩、胡渭、刘献廷等康熙年间的学者,再专述“修补旧史”“考订旧史”“《汉志》《水经》之学”“古迹的研究”“古史的研究”等乾嘉史学的成就,并以“浙东学派的史学”论及邵廷采、全祖望、邵晋涵、章学诚等人的史学。作者推崇章学诚“既是浙东史学的完成者,又是建设清朝真正史学的有功之人”,“不论浙东史学的特色,还是清朝史学的特色,都是因为此人而愈加鲜明起来”②。在论及清代史学,甚至在论及其他时代的史学内容时,作者也常常以章学诚的看法引出论题、加以评论,可见对章学诚史学的重视程度。作者还论述了清代西北地理学、金石学的研究状况,由此涉及的晚清西北地理学、甲骨文、汉简等的发现与研究,在作者所处之时代来看,已属当代史学的范围了。

三　20 世纪后半期的中国史学史研究

(一)对史学史学科的讨论与中国史学史研究的重新起步(上)——1950 年至 1978 年

20 世纪 50 年代,在中国大陆极少有人问津中国史学史研究。“50

① 参见马彪:《欧洲“历史主义”与中国史学——内藤湖南〈中国史学史〉译后》,内藤湖南著《中国史学史》,第 401—402 页。

② 同上书,第 2883 页。

年代,是中国史学史研究的低潮。除了金毓黻的《中国史学史》由商务印书馆出版了修订本(1957 年)以外,几乎没有新的著作问世。"[①]值得一提的是杨翼骧在这个时期对中国史学史研究和教学的坚持。杨翼骧于 1949 年 9 月在北大开设"中国史学史"课,1955 年在南开大学讲授"中国历史文选"和"中国史学史"课,1958 年在天津师范学院讲授"中国史学史"课[②],他说:"当时各大学历史系开此课的很少,清华、复旦、北师大没开……这门课没人注意,我没有名气,别人不知我教此课,我也不知道别的学校有人教,所以很孤独,没有同道交流经验。"[③]杨翼骧在少有同道交流的情况下,坚持不懈地进行着中国史学史教学及资料的搜集、编纂和考证、研究工作,并且在当时中国史学史"几乎没有新的著作问世"的情况下,在《南开学报》上发表了《三国两晋史学编年》,"这是一篇很有学术份量的长文,是解放后内地最早的中国史学史论文之一"。[④]

其实,远在广州的中山大学里还有一位杨翼骧的"同道"。大约在同一时期,刘节在中山大学历史系开设"史料学和史学史"课程,并在 1956 至 1957 年间撰写完成了史学史讲稿,此后直到 1958 年春夏之际,他对该讲稿不断补充、修改,并于 7 月 20 日将"寄人民出版社"[⑤]。随后开始的"史学革命"运动中,刘节受到冲击与批判,这部史学史讲稿的出版也就无从说起了。1982 年中州古籍出版社出版了由刘节的学生曾庆鉴、林道南、刘继章根据刘节在中大讲授史学史课程的讲稿整理而成的《中国史学史稿》,而此时刘节已经去世五年多了。白寿彝认为"金毓黻的《中国史学史》和刘节的《中国史学史稿》,有较厚的功

① 瞿林东:《近五十年来中国史学史研究的进展》,《史学月刊》2003 年第 10 期。

② 杨翼骧:《学忍堂文集 · 附录:杨翼骧先生学术编年》,北京:中华书局,2002 年,第 464—465 页。

③ 杨翼骧:《中国史学史学科的建立、发展及我的学习经历》,见《杨翼骧中国史学史讲义 · 附录》,天津:天津古籍出版社,2006 年,第 205 页。

④ 乔治忠、姜胜利:《杨翼骧教授的史学成就及其学术特点》,《史学史研究》2003 年第 2 期。

⑤ 刘节:《刘节日记(1933—1977)》(上册),郑州:大象出版社,2009 年,第 486 页。

力”,“刘节注意到讲史学思想,这比起金毓黻来是个进步”。①

1957 年白寿彝参加侯外庐主持的《中国思想通史》第四卷的撰述工作,“白寿彝同志对史学史和史学思想的研究有许多独立自得的成果……《思想通史》第四卷得寿彝著刘知幾、马端临两章,得向奎为道教章奠定基石,全卷为之增色”②。白寿彝为《中国思想通史》第四卷写的刘知幾部分,又以《刘知幾的进步的史学思想》为题发表③。

可以说,无论是在教学方面还是在研究方面,这十多年间的中国史学史研究,正是因为杨翼骧、刘节、白寿彝等人的努力才没有成为空白。

1961 年 4 月,高教部组织的全国文科教材会议召开,史学史作为高校历史学专业的必修课程,其教材被列入编写计划,规定中国史学史的“古代部分”、中国史学史的“近代部分”和外国史学史分别由北京师范大学白寿彝、华东师范大学吴泽和复旦大学耿淡如负责主编,如此便形成了研究史学史的三个学科点,史学史研究重新受到重视。如杨翼骧所言:“自 1961 年起,风云突变,一向不受重视的史学史,竟在全国掀起了学习和研究的热潮,令人欢欣鼓舞,中国史学史课也恢复了。”④以北京师范大学为例,全国文科教材会议后,北京师范大学历史系随即成立了“中国史学史组”,“他们已经把过去有关史学史的论文全部作出索引,把各时代的史学专著做了卡片;把十几本中外史学史的目录分别抄录出来。下一步还计划完成历代历史学家的传记目录和重要史书的评论索引,同时还提出了十个过去没人搞过的史学问题,计划逐一研究,如一向被人忽视的史学家王应麟、李卓吾、黄震、胡应麟等,中国史馆和史官制度、边疆史地研究等,做了不少基本的资料工作”。⑤“此外

---

① 白寿彝:《中国史学史》(第一册),上海:上海人民出版社,1986 年,第 166、167 页。

② 侯外庐:《韧的追求》,北京:生活·读书·新知三联书店,1985 年,第 321 页。

③ 白寿彝:《刘知幾的进步的史学思想》,《北京师范大学学报》1959 年第 5 期。作者在该文文末说明:“本文曾经侯外庐同志修润多处,甚为感谢。”

④ 宁泊:《史学史研究的今与昔——访杨翼骧先生》,《史学史研究》1994 年第 4 期。

⑤《文科编写教材工作简报》1961 年 6 月 6 日,北京师范大学教务处档案《一九六一年教育部有关文科教材选编工作的文件及本校本科四系(教、中、历、政)教材选编计划和统计》,档案号 11。

还邀请了华东师大吴泽同志来京共同讨论提纲。现在,白寿彝同志每周以 4 天时间从事编书工作,以便集中精力按期完成任务。"[①]北师大历史系还创办了《中国史学史参考资料》(后更名为《中国史学史资料》,即《史学史研究》杂志的前身)。中外史学史课程在一些高校重被设置,如复旦大学。"经过多年政治运动的扰攘,到上世纪六十年代初,两门史学史同时讲授,才在复旦历史系变成现实。一九二七年便在清华国学研究院以《明史稿考证》为题的毕业论文而受导师梁启超激赏的陈守实先生,率先更新了中国史学史的通行陈述体系,从史论结合的角度,特别关注史学映现的社会结构和时代思潮,强调从矛盾的历史陈述中间才能清理出真实的史实。"[②]在辽宁大学,陈光崇"于 1961 年以后除开选修课之外,就主讲《中国史学史》这门课"。[③]

缘此契机,北京、上海、广州等地先后召开座谈会,就史学史研究的内容、对象、任务、分期、研究目的、教材撰写原则和方法等作了较为广泛的探讨。如 1961 年 8 月 5 日,陈垣在北京师范大学主持召开了史学史如何编写的座谈会;8 月 11 日,中国科学院历史研究所熊德基副所长主持召开同样性质的座谈会;同年 10 月份,在武汉举办的纪念辛亥革命 50 周年学术讨论会期间进行了三次讨论史学史问题的会中会。[④]许多学者在他们的发言或文章中都提出了具有启发和建设性的意见。这番讨论对史学史研究的影响虽因随后史学史研究的中断而未能得到

---

① 《北京师范大学编写教材工作简报》1961 年 6 月 10 日,北京师范大学教务处档案《一九六一年教育部有关文科教材选编工作的文件及本校本科四系(教、中、历、政)教材选编计划和统计》,档案号 11。

② 朱维铮:《朱维铮史学史论集》,上海:复旦大学出版社,2015 年,第 2 页。

③ 顾奎相、陈涴:《陈光崇教授访谈录》,《史学史研究》2004 年第 2 期。

④ 相关情况可参见:郭澎《关于中国史学史的讨论》,北京师范大学历史系中国史学史编写组编印《中国史学史资料》1961 年第 4 期,1961 年 12 月;《上海史学会讨论史学史对象、任务和编写原则》,《文汇报》1961 年 11 月 28 日;《关于中国史学史的讨论》,《文汇报》1962 年 3 月 14 日;《关于中国史学史的讨论》,《人民日报》1962 年 3 月 23 日;《关于中国史学史的讨论》,《北京师范大学学报》1962 年第 1 期;《关于中国史学史的讨论》,《历史研究》1962 年第 2 期;《广东历史学会关于中国史学史的范畴、内容与分期问题的讨论》,《学术研究》1963 年第 1 期等。

充分的体现,但是其对史学史学科自身的反思与审视的意义和价值仍不可忽视。如白寿彝撰写发表了《谈史学遗产》和《中国史学史研究任务的商榷》[①]两篇文章,前者将史学遗产区别于历史遗产作专门论述,提出对史学基本观点的研究、对史料学和历史编纂学的研究、对历史文学的研究等史学史的主要研究内容;后者通过对规律和成果、理论和资料等史学史研究任务中一些基本概念和范畴的辩证分析,将史学史研究中的主客体关系作了说明。1964 年,他还写出了《中国史学史教本》上册。[②] 耿淡如的《什么是史学史》[③]一文,在分析了一些外国史学家对史学史所下的定义的基础上,结合中国史学史的自身特点,对史学史研究的对象和任务作了较为全面的阐述。

20 世纪 60 年代对史学史的讨论中的一些见解,不免存在当时史学界在理论认识方面的特有印记。但是较之民国时期的史学史研究,还是有一些不同之处的:

第一,对史学史的学科性质和研究范畴的认识进一步深入。在马克思主义史学语境下,更重视史学史研究中所反映的中国史学发展规律、史学发展与其所处时代间的关系、史学与其他学科间的关系等问题;对史学史自身理论问题的讨论也有明显推进,如什么是史学、什么是史学史、史学史的研究目的是什么、史学史应如何分期、分期的标准是什么等。

第二,改变了以往史学史研究主要集中于少数几位学者在有限范围内作研究的状况。全国文科教材会议将史学史正式列入国家教材编写计划中,史学史成为高校历史学科的必修课程,这些举措在客观上让更多史家关注史学史学科。从当时的几次史学史讨论会中可以看到,许多知名学者,如陈垣、熊德基、方壮猷、王毓铨、尹达、白寿彝、刘盼遂、刘节、张德钧、张鸿翔、孙书城、孙毓棠、何兹全、周春元、郑天挺、郑鹤

---

① 白寿彝:《谈史学遗产》,《新建设》1961 年第 4 期;《中国史学史研究任务商榷》,《人民日报》1964 年 2 月 29 日。

② 白寿彝:《中国史学史教本》上册,北京师范大学历史系,油印本,1964 年。

③ 耿淡如:《什么是史学史》,《学术月刊》1961 年第 10 期。

声、胡厚宣、侯外庐、柴德赓、贺昌群、姚薇元、韩儒林、周谷城、耿淡如、周予同、吴泽、金兆梓、李平心、林举岱、王国秀、田汝康、郭圣铭等,都参加了讨论,并发表了自己对史学史研究的见解,史学史学科的影响力随之扩大。①

第三,由于确定了高校文科史学史教材的编写单位分别是北京师范大学、华东师范大学和复旦大学,这就为这三所高校加强史学史学科建设创造了条件。以后的发展也证明,在一段时期内,中国古代史学史、中国近代史学史和外国史学史研究分别是这三所高校处于领先地位的。同时,全国文科教材会议的教材编写计划,也初步形成了史学史的团队研究格局,由领衔主编教材的史家组织若干学者共同进行史学史研究,而不是以前那样的单打独斗式的研究状态。

在同时期的海峡彼岸,也有学者孜孜于中国史学史研究。姚从吾、李宗侗、逯耀东等人在台湾断续从事着中国史学史的教学与研究。台湾地区中国史学史研究成就最突出者是杜维运,他相继出版了《清乾嘉时代之史学与史家》(1962 年初版)、《与西方史家论中国史学》(1966 年初版)、《校证补编廿二史札记》(1974 年初版)、《史学方法论》(1979 年初版)等著作。②

(二)对史学史学科的讨论与中国史学史研究的重新起步(下)——1978 年至 20 世纪末

改革开放后,学术研究逐步回归到正常的轨道上,史学史研究也是如此。先是在 1980 年 1 月,上海人民出版社出版了吴泽主编的《中国史学史论集》一、二两集,这大概是在时隔三十多年后第一次出现的以

① 参见瞿林东:《近五十年来中国史学史研究的进展》,《史学月刊》2003 年第 10 期。

② 20 世纪 80 年代以后,杜维运除了完成三卷本《中国史学史》外,还有《赵翼传》(1983 年初版)、《清代史学与史家》(1984 年初版)、《中西古代史学比较》(1988 年初版)、《忧患与史学》(1993 年初版)、《变动世界中的史学》(2006 年初版)、《中国史学与世界史学》(2008 年初版)等,主编《中国史学史论文选集》(1976 年初版)、《史学方法论文选集》(1979 年初版)等。

"史学史"命名的公开出版物。同年 3 月,河南人民出版社出版了朱杰勤的《中国古代史学史》,"它也无疑是填补空白之作,无论如何是结束史学史教学中除金毓黻、魏应麒二书外别无参考书的历史,因此,就史学史的研究史来说,它有历史意义"。[①] 北京师范大学的内部学术刊物《史学史资料》(原刊名为《中国史学史资料》)更名为《史学史研究》季刊,于 1981 年向国内外公开发行。[②] 随后的二十年间,多种中国史学史专书不断出版,下表是截止于 2000 年的中国史学史专书的出版情况。

书　名	作　者	出版机构	出版时间
《中国古代史学史》	朱杰勤	河南人民出版社	1980 年 3 月
《中国史学史稿》	刘　节	中州古籍出版社	1982 年 12 月
《中国古代史学史简编》	仓修良、魏得良	黑龙江人民出版社	1983 年 6 月
《中国史学史》上册	张孟仑	甘肃人民出版社	1983 年 7 月
《中国史学史》	李宗侗	中国友谊出版公司	1984 年 10 月
《中国史学发展史》	尹　达主编	中州古籍出版社	1985 年 7 月
《中国古代史学概要》	高国抗	广东高等教育出版社	1985 年 8 月
《中国史学史》下册	张孟伦	甘肃人民出版社	1986 年 1 月
《中国史学史》第一册	白寿彝	上海人民出版社	1986 年 8 月
《中国史学简史》	施　丁	中州古籍出版社	1987 年 8 月
《中国古代史学史略》	陶懋炳	湖南人民出版社	1987 年 12 月
《中国史学史》	周春元	贵州师范大学学报编辑部	1989 年 4 月
《中国近代史学史》上下册	吴泽主编袁英光、桂遵义著	江苏古籍出版社	1989 年 5 月

① 朱维铮:《中国史学史讲义稿》,上海:复旦大学出版社,2015 年,第 8 页。

② 《史学史研究》初创于 1961 年 6 月,原名《中国史学史参考资料》,后更名《中国史学史资料》,封面标明"内部参考",北京师范大学历史系中国史学史编写组编印,不定期出刊,至 1964 年 7 月停刊,共出了十一期(包括两期教学专刊)。该刊于 1979 年复刊,刊名为《史学史资料》,仍为"内部参考",至 1980 年底共出了十一期。

续 表

书　名	作　者	出版机构	出版时间
《中国古代史学史纲》	邹贤俊主编	华东师范大学出版社	1989 年 9 月
《中国史学史简明教程》	张家璠等主编	广西师范大学出版社	1992 年 7 月
《中国史学史纲要》	宋衍申主编	东北师范大学出版社	1992 年 12 月
《中国近代史学史概要》	高国抗、杨燕起主编	广东高等教育出版社	1994 年 1 月
《中国近代史学发展叙论》	马金科、洪京陵	中国人民大学出版社	1994 年 5 月
《中国史学近代化进程》	蒋　俊	齐鲁书社	1995 年 9 月
《中国史学史纲要》	王树民	中华书局	1997 年 9 月
《中国史学史纲》	李炳泉、邸富生主编	辽宁师范大学出版社	1997 年 10 月
《中国史学史纲》	瞿林东	北京出版社	1999 年 9 月
《中国史学史教本》	白寿彝主编	北京师范大学出版社	2000 年 10 月

像是在弥补此前三十余年史学史研究基本处于空白状态的遗憾，20 世纪八九十年代出版的史学史专书达二十余部，其中一些书的特点十分明显。如刘节的《中国史学史稿》，是在作者去世后由学生根据讲稿整理而成的，该书十分注重对每个时期史学发展的一般状况作出“概观”，作者因认为“历史哲学的波澜壮阔是可以影响历史编纂学的”①而在书中重视对一定时期“历史哲学”及史学思想的阐述，这在其他著作中尚不多见，所论范围要更为宽泛，对史书和史家的论述也颇见功力。尹达主编的《中国史学发展史》包含了古代史学和近代史学（书中称奴隶社会史学、封建社会史学和半殖民地半封建社会史学），上起

① 刘节：《中国史学史稿》，郑州：中州古籍出版社，1982 年，第 8 页。

远古传说，下及 1949 年新中国建立前，突破了中国史学史研究徘徊于古代史学而少有专门涉及近代史学的局面，成为当时唯一一部贯通中国古代史学、中国近代史学直至 1949 年的中国史学通史著述，这在中国史学史研究领域是一个明显的突破。书中将近代史学分为鸦片战争以后至戊戌变法前后、辛亥革命至新中国建立前两个部分，在前一部分分别阐述了鸦片战争后历史学的重大变化、西方史学的传入、新史学的成长、旧史学的回潮与没落等专题内容，在后一部分分别阐述了近代史学的继续发展和中国马克思主义史学的创立与发展趋势等专题内容，大致勾勒出了近代史学发展变化的基本脉络，为近代史学史研究的展开打下了基础，也为当时的教师和学生学习了解中国近代史学提供了一本不可多得的教材。苏联学者多罗宁在一篇介绍中国史学发展情况的文章中，"特别提到以尹达为首的一批专家撰写的《中国史学发展史》一书，称这项研究成果是现代中国史学中出现的一种新现象，认为目前在史学研究中出现的许多新的趋势都在这部著作中得到了某种程度的反映"。[①] 吴泽主编的《中国近代史学史》（上下册）以大量充实的材料为基础，率先对近代中国史学发展进行了较为全面的阐述。作者强调，应将近代史学"放在当时的社会政治、经济、哲学等广阔的视野上加以透视。因而在本书所定每一时期以及每一章节中注意论述史学思想的社会背景和思想基础"[②]，这是与 20 世纪 80 年代史学史研究的总体趋向相吻合的。几十种中国史学史专书的出版，至少可以说明两个问题：第一，史学史确实是历史学科不可或缺的一门专史，无论是历史专业的学习者还是研究者，史学史都是一门基础性的学科，既需要史学史教材，也需要史学史研究专著；第二，在史学史研究长时期几乎处于空白状态的情况下，在短时期内骤然出现多种史学史专书，其学术水准恐难得到保证，数量的多少并不一定与质量的高下成正比。

---

① 见多罗宁《现阶段中国史学的发展》，《国外社会科学快报》1988 年第 9 期。

② 吴泽主编：《中国近代史学史》（上册），南京：江苏古籍出版社，1989 年，第 10 页。

事实上,这些史学史专书的学术质量的确参差不齐,一些著述还受到较为严厉的批评。以20世纪80年代出版的第一部中国史学史专书——朱杰勤的《中国古代史学史》来说,该书出版后,有学者即撰文提出了批评意见。如葛兆光在1983年发表《谈史学史的编纂——兼评朱杰勤著〈中国古代史学史〉》一文中认为:“搞史学史的人,天天谈史学体例、史料学、编纂学,而自己的史学史著作却不那么科学、合理,未免太说不过去了。”这是对20世纪80年代初期史学史研究整体状况的一个评价。文章写道:“诚然,对一部一部书单独进行孤立的分析要容易得多,而在此基础上更广泛,更深入地进行辨证研究则要费力得多,没有大量的比较、分析、综合,是不容易理清这一头绪繁多的脉络的,然而史学史研究本身就是要理清这一线索……梁启超在他的《中国历史研究法补编》中专立了一项《史学史的做法》,提出:‘中国史学史,最少要对下列各部分特别注意:一史官,二史家,三史学的成立和发展,四最近史学的趋势。’我们的史学史著作,对前两项比较注意,而对后两项则比较忽视。”其实,前两项正是1949年以前中国史学史研究的重点,20世纪80年代的史学史研究在一定程度上是以史家、史书为史学史研究主体内容的继续,对后两项比较忽视也属正常。以朱杰勤的《中国古代史学史》为例,葛文指出:朱书的问题在于“把史著的体例仅仅当作分类依据或编写形式的差异……对历史编纂学上的这些变化发展的描述,便在各书中显得十分零散和突兀,不能与史学思想、史料学以及历史背景联系起来,因而不能给人以立体的感受”,“作者并没有详细发掘材料、分析材料,并从材料入手进行更深入的研究”。[①] 这些问题,不能不说是许多同类史学史专书共同存在的,对此,史学史的研究者也在努力探讨解决办法,寻求新的认识。

20世纪80年代的史学史研究成果,大体是建立在梁启超、金毓黻、魏应麒等人的研究基础上,再辅以60年代对史学史讨论所形成的

① 葛兆光:《谈史学史的编纂——兼评朱杰勤著〈中国古代史学史〉》,《史学史研究》1983年第4期。

基本认识综合而成的。同时,怎样建立健全史学史学科理论,使中国史学史研究在已有基础上继续发展,则是史学史研究者重点思考的问题。对此,白寿彝在以下两个方面作出了重要贡献。

第一,充实和完善了中国史学史的学科理论。1981 年 1 至 4 期的《史学史研究》杂志上,白寿彝连续发表四篇《谈史学遗产答客问》,较为系统地发表了他对中国史学史研究多个问题的想法,同样的观点还反映在两年后出版的、由他主编的《史学概论》中。①

1986 年出版的白寿彝著《中国史学史》第一册,其"叙篇"集中反映了白寿彝自 20 世纪 60 年代到 80 年代对史学史问题的较为成熟的思考成果,篇中以第一章"史学史研究的任务和范围"对这些问题的阐述最具代表性。白寿彝提出了中国史学史的研究任务:"对于中国史学发展的过程及其规律的认识。"中国史学史研究范围包括:"中国史学本身的发展,中国史学在发展中跟其他学科的关系,中国史学在发展中所反映的时代特点,以及中国史学的各种成果在社会上的影响。"②历史理论和历史观、史料学、史书编纂、文字表述,"在不同的历史时期的社会条件深刻影响下,中国史学在这四个方面的发展进程中,以及它们之间的错综关系中,所呈现的成就和时代的局限,就为中国史学的发展带来了阶段性的历史意义。"他进一步认为:"中国史学的发展,跟许多别的历史现象一样,是由低级到高级的发展。随着历史时代的变动,它也有一个发生、发展、衰老和更新的过程,有时也有些重复,甚至有些倒退。"③值得重视的是,在中国史学史研究范围中,白寿彝除了明确中国史学本身的发展、中国史学在发展中跟其他学科的关系这些前人已经反复提及的内容之外,还提出了中国史学在发展中所反映的时代特点以及中国史学的各种成果在社会上的影响;在中国史学史的内容上,他首次规定为历史观、史料学、史书编纂和文字表述这四个方面。

---

① 白寿彝主编:《史学概论》,银川:宁夏人民出版社,1983 年。

② 白寿彝:《中国史学史》第一册,第 29 页。

③ 同上书,第 30 页。

白寿彝对于史学史学科的理论建设是有着明确意识的。他在1994年写的一篇文章中说：史学史“是一门新兴的学科，更确切地说，是一门在树立中的学科。史学史的任务是阐述史学发展的过程及其规律，阐述史学在发展中所反映的时代特点以及史学的各种成果在社会上的影响。对于中国史学史来说，是要我们对本国史学作出系统的自我批评和自我总结。这是一个艰巨的任务，没有长期细致的工作，是做不好的”。① 从梁启超在20世纪20年代提出中国史学“很有独立做史的资格”，到四十年代金毓黻的《中国史学史》“谨依刘、章之义例，纬以梁氏之条目，粗加诠次以为诵说之资”，再到白寿彝所规定的“史学史的任务是阐述史学发展的过程及其规律，阐述史学在发展中所反映的时代特点以及史学的各种成果在社会上的影响”，可以清楚地看到史学史学科的发展轨迹。在梁启超、金毓黻等前辈学者的倡议和努力下，中国史学史研究从无到有；经过白寿彝等学者对史学史学科理论的阐发，中国史学史学科得以真正形成。

第二，从史学与社会之间互动关系的视野中考察中国史学的发展历程。如上所述，白寿彝在史学史研究的任务中不断强调“史学在发展中所反映的时代特点以及史学的各种成果在社会上的影响”，这是对中国史学史研究体系的重要贡献。

还是在1984年，白寿彝在《史学史研究》中以笔名“田孔”发表了一篇文章——《中国史学史上的两个重大问题》②。笔者揣测：以笔名发表这篇文章，或许是觉得想法尚未完全成熟，有待继续完善；而“田孔”二字更可能是“填补空白”之意。这都说明作者对这个问题的重视程度。文章指出的中国史学史上的两个重大问题分别为：“第一，是对于历史本身的认识的发展过程；第二，是史学的社会作用的发展过程。是社会存在决定社会意识，或是社会意识决定社会存在？社会发展是有规律的，还是无规律的？群众是历史的主人，还是杰出人物是历史的

① 白寿彝：《白寿彝史学论集·题记》上册，北京：北京师范大学出版社，1994年，第1页。

② 田孔（白寿彝）：《中国史学史上的两个重大问题》，《史学史研究》1984年第3期。

主人？像这些问题，都是属于第一类的问题。还有，生产状况的升降，地理条件的差异，人口的盛衰，以及历代的治乱兴衰，史学家、思想家和政治家对于这些现象如何认识，这也属于第一个问题的范围。史学的成果是否对社会有影响，史学家是否重视历史观点对社会的影响，以及历史知识的传播对社会的发展是否起作用？这些都属于第二个问题的范围。"①这里的前一个问题，指的是要总结历代学者对客观历史发展的各种认识，即对历史理论的研究应该是史学史研究中的重要问题之一；后一个问题，指的是要重视历史学的社会影响，即历史学在不同时代所展现的社会价值也应该是史学史研究中的重要问题。

这样的认识在史学史研究中还是首次被提出。以往的中国史学史研究，更多的是从史家、史官到史书、修史制度作为研究重点，换句话说，就是从史学到史学的循环。经过从20世纪60年代到80年代的思考，白寿彝提出了史学史研究要重视"史学在发展中所反映的时代特点以及史学的各种成果在社会上的影响"，以及之后不断重复这个论断并结合中国史学史的实际研究加以贯彻使用，确实是拓展了中国史学史研究的学术视野。

对于这两个重要问题，作者本人的认识也在不断深入。其中的第一个问题——"对于历史本身的认识的发展过程"，在后来被他表述为"史学在发展中所反映的时代特点"。因为历史学对客观历史本身的认识过程，往往就是史学所受时代影响所致，要想深入了解一个时代的史学发展走向，就必须考察某个时代及社会方面的因素对该时代史学的各方面的影响。如果说，第一个问题是时代社会为主动，被影响的史学是被动，那么，第二个问题则是史学为主动，时代社会为被动。第二个问题——"史学的社会作用的发展过程"，在后来被他表述为"史学的各种成果在社会上的影响"，着眼于历史学自身功能的体现，即史学研究及其研究成果是怎样发挥其学术（或政治）的影响而反作用于时代与社会的。正是由于史学成果有其社会效应和社会作用，史学功能

---

① 田孔（白寿彝）：《中国史学史上的两个重大问题》，《史学史研究》1984年第3期。

才得以体现,历史学也才能连续不断地发展。

白寿彝在中国史学史研究中还提出并探讨了一系列重要问题,如特别强调中国史学中"通"的史学意识、不断重申历史学中的历史教育问题的重要性、建议研究中国史学中的少数民族史学问题、率先提出要研究中国近代史学和中国马克思主义史学问题等。

如果将上述表述与当时及稍后的中国史学史研究成果联系起来看,20 世纪八九十年代的中国史学史研究更注重从时代特点把握史学发展走向,并关注史学自身功能及其社会作用的体现。这样的变化,可视为中国史学史研究新的发展趋向。从历史发展的时代特点来审视中国史学自身的发展过程,促使史学史研究者能够从史家、史书中将研究视野扩展开来,对中国史学的整体脉络、发展节奏与特点作宏观分析。因此,白寿彝对于中国史学史研究的最大贡献,是充实和完善了中国史学史的学科理论与研究方法,并且开拓了史学史研究中的史学与社会之间互动关系的研究视野。①

瞿林东在 1999 年出版的《中国史学史纲》就是大致以这样的研究旨趣和书写框架撰写的一部中国史学史力作。书中长达 8 万字的"导论"是一篇对当时中国史学史学科理论的总结性论述,内容充实并具有思辨意识,论述了史学史意识的产生和发展、史学史的性质和任务、中国历史上的史官制度和私人著史、中国史书的特点、历史思想和史学思想、史学和社会等六个方面的理论问题,在具体阐述中国史学发展之全貌的基础上,突出了这一过程中的历史理论和史学理论的各种认识。该书从"史学的兴起"讲到清末,不再以当时流行的形成、成长、成熟、极盛、衰落的线性描述作为史学史的书写框架,而是以每个时代史学发展的特征作为相应时代的叙述主题。在历史与史学、史学与社会的关

① 朱维铮也有类似观点。他于 20 世纪七八十年代之交在一份"中国史学史教学改革汇报"中写道:史学史研究应"逐一分析史学如何反映社会存在,现实生活中各种因素的交互作用在史学中的表现,人们头脑中的传统在史学发展中所起的作用,等等"。引自廖梅:《朱维铮教授史学史研究浅介》,见《"中国史学的历史进程"学术研讨会论文集》,2015 年 9 月,第 14 页。

系上，瞿林东总结说："在历史进程与史学发展方面，于横向上力图把握和揭示相关历史时段的社会面貌对史学发展的影响，于纵向上力图把握和揭示在社会历史发展进程中史学自身萌生、发展的过程，及其在各相关时段中所显示出来的主要特点或发展趋势，从而力图历史地和逻辑地来阐明中国史学的面貌。"①作者对中国史学史中的众多具体问题和相关理论问题都有着长期研究和思考的积累，《中国史学史纲》可以视为作者承继白寿彝史学史观念并继续发展的厚积薄发之作，也是20世纪末中国史学史研究的代表性著作。

综上，20世纪40年代到八九十年代，中国史学史研究之课题视野的演变路径是，从中国史学史中的史家与史书，延伸至客观历史进程中的历史学的发展。课题视野发生如此变化，理论层次也就相应提高，诸如史学发展与历史发展的关系、中国史学发展的总体脉络、不同时期中国史学发展的不同特点、中国史学史发展的分期以及分期标准问题等关乎中国史学史学科建设的重要问题受到相应重视。基于对史学史学科理论方面的问题具备了较为明确的认识，辅之以大量具体研究作为基础，20世纪最后十年的中国史学史研究从多方面呈现出了向纵深拓展的态势。

(三)中国史学史研究的多方面拓展

对中国史学与古代史学思想理论的研究。出于对前期史学史研究过分集中在史家的罗列和史籍的解题的不断反省，古代学者对历史的认识、古代史家对撰史的评论等史学观念方面的建树开始在史学史研究中受到重视。另一个原因是，长期以来，中外史学界有一种看法，就是认为中国史学以叙事见长而没有理论。如果真是这样，却又难以解释中国史学何以有着如此悠久的历史、累代层出的史家与浩瀚的史籍的客观现象。于是，系统总结中国古代史学的理论成就、梳理中国古人所阐发的史学思想，被视为中国史学史研究中的学术增长点。瞿林东

① 瞿林东：《中国史学史纲》，北京：北京出版社，1999年，第3页。

从史学批评入手,对中国古代史学理论与历史理论作了专门研究。1992 年,瞿林东发表了《中国古代史学理论发展大势》一文,此后相继出版了《中国古代史学批评纵横》《史学志》《中国史学的理论遗产》等一系列论著[①]。这些研究成果,或分时段,或分专题,或纵向梳理,或横向论述,发掘和梳理了中国古代历史理论(如天人关系、古今关系、民族关系、"成败兴坏之理""英雄"与"时势"等)和史学理论(如史学、史才、史德、史义、书法与信史、史学功能、史学与社会的关系等)两个方面的理论遗产,对中国史学史研究具有开创性意义,也对当代的史学理论研究有重要的借鉴价值。吴怀祺于 1996 年出版了《中国史学思想史》[②]一书,将史学置于中国传统思想文化的整体中,兼收史学家的史学思想和思想家的历史意识,着重于其中的"贯通""联系"和"变化"等要素,汇成中国史学史的思想图景。

两位学者虽同为研究中国史学中的理论和思想,同属于史学观念史研究范畴,但是研究路数有很大差别。瞿林东以史学理论研究为要务,由于"历史"的客观存在和文本性质,必须从概念上区别出"历史理论"即人们对实际发生的历史本身的理论概括和"史学理论"即人们对历史学本身的见解评析,历史理论和史学理论成为瞿林东史学理论研究的两大分野,再分别从二者中总结古代史家和学人的各种观点,提取、归纳有价值的理论认识范畴。这样做的特点是从概念上厘清了不同性质的理论认识,在研究方法上更为规范,表述形式上更为清晰;这样做的难处是,对中国古代史学理论范畴调理、总结之后,如何综合不同的认识范畴而系统阐发其理论体系和相互之间的逻辑关系,换句话说,接下来的问题将很可能面临着使用西方的逻辑论证模式总结中国的历史理论和史学理论。吴怀祺刻意发掘中国思想史脉络中的史学思想,更关注那些发表有史学思想和观点的思想家、史学家以及经学家、

---

① 《中国古代史学理论发展大势》,《历史研究》1992 年第 2 期;《中国古代史学批评纵横》,北京:中华书局,1994 年;《史学志》,上海:上海人民出版社,1998 年;《中国史学的理论遗产》,北京:北京师范大学出版社,2005 年。

② 吴怀祺:《中国史学思想史》,合肥:安徽人民出版社,1996 年。

文学家等各领域学者,凡与历史、史学有关系的议论均视为史学思想而加以阐发。这样做的特点是利于展示传统文化渊源中的众多史学观念,在中国史学、哲学、文学等不同领域的思想互动中勾勒其中的史学思想走向,突出了儒学、经学、理学以及佛道之学等中国思想史上不同时期学术主潮中的史学意蕴;这样做的难点是,掺杂了各方面思想背景的"史学思想"显得概念不清晰,究竟何为"史学思想"、"思想史"与"史学思想史"的区别在哪里等问题无法明确界定,在阐述史学思想的时候,所谓"历史理论"和"史学理论"的范畴多有混淆,这对于研究中国史学史中的史学思想体系亦存在很大困扰。无论如何,上述两种研究模式,都是对中国史学史研究新领域的拓展,具有重要学术意义。进入 21 世纪后,两方面的研究均取得了更为全面深入的研究成果。

汪荣祖的《史传通说》①以《文心雕龙·史传》为基础,分立 24 专题,均以古今中西史学观念"提要钩玄、折衷求是",通论中西史学。"其彰善瘅恶、百氏千载、銓评、贯通、史任诸目,尤为功力所萃。凡举中西史学之大脉络、大关节,皆经指陈分析,而精见亦随之而出,中西史学之异同亦现"。②

陈其泰的《清代公羊学》③梳理了清代公羊学复兴、发展以至于成为晚清知识界重点提倡的传统思想资源的过程,分析了传统儒家经典成为近代维新派变法维新理论依据的原因,讨论了清代公羊学与近代中国史学间的各种关系及对中国近代史学发展所产生的潜在影响。经史关系原本就是中国史学史研究中的重要问题,而在中国古代史学和近代史学的新旧史学转换之际,清代公羊学在中国史学中的深层影响又是认识近代中国史学变化的关键性问题,该书的学术价值也在于此。

这一时期的中国古代史学史研究的重要成果还有瞿林东的《唐代

---

① 汪荣祖:《史传通说》,台北:联经出版事业公司,1988 年;《史传通说——中西史学之比较》,北京:中华书局,1989 年。

② 杜维运:《史传通说·杜序》,北京:中华书局,1989 年,第 5 页。

③ 陈其泰:《清代公羊学》,北京:东方出版社,1997 年。

史学论稿》[①]、陈其泰的《史学与中国文化传统》和《再建丰碑——班固和〈汉书〉》[②]、乔治忠的《清朝官方史学研究》[③]、姜胜利的《清人明史学探研》[④]等。台湾学者雷家骥的《中古史学观念史》[⑤]，论及司马迁、班固、刘知幾以前的史学思想观念与史学发展，作者所谓之"史观"含精神意识、思想观念等"心灵活动者"，此为广义的史观或史学思想。

中国近现代史学的研究。19 世纪中叶以后，随着社会历史的变迁，中国史学在 20 世纪初开始发生了显著变化，中国近代史学固然是承续古代史学而来，但是近代以来中国史学受到西学的强烈影响，逐渐发生了深刻的转变，近现代史学史的研究对当下史学的发展及未来史学的展望更有意义。

19 世纪末 20 世纪初以后的中国史学在学术与政治、历史与现实的纠结中踯躅前行，在新旧中西间的复杂因素影响下呈多途发展趋势，表现出的是持不同理论观点和研究方法的各种史学思潮和流派并存的面相，而较早的中国近现代史学史研究即是以史学思潮和流派为基本研究模式。1986—1988 年，香港中文大学的许冠三出版了《新史学九十年》[⑥]上下册，成为最早的系统研究自 20 世纪初"新史学"之后九十年中国史学发展的著作。作者自陈其撰述宗旨："以历史门径叙各派新学术的发生、流变与兴衰；以比较手段显各家意旨的异同、深浅；以世界设准评各类义例的得失、长短；以客观态度考察新史学的大同，并测其未来走势。核心关注则在：透过各学派所持理论、所用方法与所采原

---

① 瞿林东：《唐代史学论稿》，北京：北京师范大学出版社，1989 年。

② 陈其泰：《史学与中国文化传统》，北京：书目文献出版社，1992 年；陈其泰：《再建丰碑——班固和〈汉书〉》，北京：生活·读书·新知三联书店，1996 年。

③ 乔治忠：《清朝官方史学研究》，台北：文津出版社，1994 年。二十余年后，作者出版《增编清朝官方史学之研究》，天津：天津古籍出版社，2018 年。

④ 姜胜利：《清人明史学探研》，天津：南开大学出版社，1997 年。

⑤ 雷家骥：《中古史学观念史》，台北：学生书局，1990 年。作者在该书基础上扩写为《中国古代史学观念史》，北京：北京师范大学出版社，2018 年。

⑥ 许冠三：《新史学九十年》上册，香港：中文大学出版社，1986 年，下册，香港：中文大学出版社，1988 年。2003 年岳麓书社出版此书，全一卷，"出版说明"中谓"此次出版对原书中个别不适宜的文字作了删改，但不致于影响作者的整体论述与观点阐发。"

料的比勘对照，以明辨其所立轨范的大小精粗，俾便后之来者领会学术进化之曲折艰难，并得从而通其同，会其异；取其精，用其宏，但择其最具普遍意义者加以继承、发扬。”[①]本书以丰富的材料、深入的分析论证，将近代中国史学分为“考证学派”“方法学派”“史料学派”“史观学派”“史建学派”等史学流派，将梁启超、张荫麟、王国维、陈垣、胡适、顾颉刚、陈寅恪、傅斯年、李大钊、朱谦之、常乃惠、雷海宗、郭沫若、翦伯赞、范文澜以及殷海光和作者本人分别置于相应学派中，稽索钩沉诸家的史学渊源和学术短长，分析评述各派的史学特点和学术建树。作者对部分史家的点评多能一语中的，如王国维“以通人之资成专家之学”、陈垣的“土法为本洋法为鉴”、顾颉刚的“始于疑终于信”、范文澜的“不能削中国之足适西欧之履”等；对“考证学派”“方法学派”“史料学派”“史观学派”等史学流派的划分也大体能够自圆其说。然而，将某些史家对号入座于相应学派的处理显得颇为勉强，如将陈寅恪视为史料学派中人而未及考证学派、顾颉刚被置于方法学派中则未必贴切，李大钊作为史观派人物未曾与郭沫若、翦伯赞、范文澜在同一系列而与朱谦之、雷海宗等一并叙述也值得商榷，另如对郭沫若等史家的评价多有偏颇之处，而被作者视为最理想的“史建学派”以殷海光和作者本人为代表性人物，则颇令人疑惑。

胡逢祥、张文建的《中国近代史学思潮与流派》[②]是颇具影响的著作之一。该书依历史进程与时代特点论述了自1840年鸦片战争至20世纪20年代的中国近代史学思潮与流派，作者认为：“考察中国近代的史学思潮与流派，切忌简单化，更不可直接套用政治史或思想史的概念，而应从其学科的特点出发，对各种现象进行具体分析”，“人们常将中国近代的史学流派按阶级、阶层划为地主阶级改良派史学、洋务派史学、资产阶级改良派史学、革命派史学等。诚然，各史学家和史学流派的思想，从本质上看，都反映了一定阶级、阶层的利益和要求，各阶级、

① 许冠三：《新史学九十年》上册，香港：中文大学出版社，1986年，第Ⅴ页。
② 胡逢祥、张文建：《中国近代史学思潮与流派》，上海：华东师范大学出版社，1991年。

阶层的人也可以有他们的史学,但却不成其为严格意义上的学派。因为学派的划分虽应注意揭示其阶级实质,但却并不是直接以世界观和阶级地位为根据的。"[①]这一认识在今天看来已属常识之论,但是在该书的撰写和成书时代却并不明确,尤其是与吴泽主编的《中国近代史学史》中归纳的史学流派相比较,就可以看出作者见解的独到之处。作者本着"从史学发展本身的特点看"的原则,将近代史学划分为经世致用史学思潮、新史学思潮、国粹主义史学思潮、疑古史学思潮、马克思主义史学思潮等,是中国近代史学思潮与流派研究的佳作。

同样值得特别重视的还有另外两本近代史学史著作。一本是俞旦初的《爱国主义与中国近代史学》[②]。本书由作者发表于20世纪80年代的若干篇论文汇集而成,以论述20世纪初年的中国史学为主要内容,丰富充实的材料是其近代史学史研究的最大特色之一。"他不辞辛苦,'上穷碧落下黄泉',从大量的报章杂志和各种书籍中,把许多一向不被学者注意又极其分散的材料挖掘出来。例如在《二十世纪初年中国反帝爱国史学初考》一文中,他所介绍的反帝爱国史学译著37种,包括翻译的20种,编写的17种,这些材料都不是随处可见而是经旦初同志细心搜集的。"[③]就史料而言,中国近代史学史研究的史料与古代史学史研究的史料在类别和性质方面有很大不同,与近代史研究一样,近代史学史研究水准的高低,史料方面的因素越来越重要。俞旦初的中国近代史学史研究,在其取得的研究成果之外,史料的搜集和使用方面,同样为其后的中国近代史学史研究起到了示范作用。

另一本是张岂之主编的《中国近代史学学术史》[④]。这部著作有两

① 胡逢祥、张文建:《中国近代史学思潮与流派》,上海:华东师范大学出版社,1991年,第15—16页。

② 俞旦初:《爱国主义与中国近代史学》,北京:中国社会科学出版社,1996年。

③ 林甘泉:《一个勤勤恳恳和勇于探索的数学家——代序言》,见俞旦初:《爱国主义与中国近代史学》,第3页。

④ 张岂之主编:《中国近代史学学术史》(王宇信、方光华、李健超撰述),北京:中国社会科学出版社,1996年。

个特点,一是首次提出了“史学学术史”的概念,一是在书中对近代中国考古学的发展过程作了较为详尽的阐述。就前者而言,本书其实是提出了一个关键性问题,作者认为:历史学“在学术史上有多种情况,比如,有些史学成果和一定的政治有紧密的联系;有些成果和政治的联系较少,甚至有些和政治并无直接联系。对于史学家来说,情况也是复杂多样的,不可一概而论……似乎不必在每一成果的分析上都和政治挂起钩来,但是需要从学术史的总体上阐明一定的政治和史学学术的联系,在具体的解剖和分析上又必须实事求是”。[①] 在史学史研究更强调史学与社会的关系的趋向中,作者却指出史学成果与时代和社会间的关系尚存在着不一致的现象,这大概是本书的书名特意在“史学史”中加上“学术”二字的缘由。从概念上进一步廓清史学与学术的含义、史学与政治的关系、“史学学术史”的特定意义,从而充实史学史研究的内容、明确史学史研究的走向。本书提出的问题,有着很大的启发性意义。这部著作首次把考古学作为中国近代史学史的重要组成部分而对考古学史作系统阐述。中国考古学在近代时期的发展过程,也是中国史学近代化的一部分。多数史学史著述将考古学排除在外,考古学自身的学科专业化特征造成的历史学与考古学之间的隔膜是一个原因,狭义的历史学学者对考古学知识了解有限,也使得他们即使想要在史学史著述中很专业地述及考古学史也显得力不从心。该书的考古学史部分是由专业考古学家撰写的,将此融于近代史学史撰述中,是本书的一个创举。[②]

陈其泰的《中国近代史学的历程》[③]分别对 19 世纪后期和 20 世纪的中国近代史学作了专题研究,蒋俊的《中国史学近代化进程》[④]对近

---

① 张岂之主编:《中国近代史学学术史》(王宇信、方光华、李健超撰述),北京:中国社会科学出版社,1996 年,第 3 页。

② 参见张越:《史学与学术刍议——张岂之先生主编〈中国近代史学学术史〉读后》,《西北大学学报》1997 年第 4 期。

③ 陈其泰:《中国近代史学的历程》,郑州:河南人民出版社,1994 年。

④ 蒋俊:《中国史学近代化进程》,济南:齐鲁书社,1995 年。

代史学发展进程中的重要事件、主要流派、不同史观、理论问题都有独到的述评,张书学的《中国现代史学思潮研究》[①]将20世纪20至40年代的史学分为实证主义史学、相对主义史学和马克思主义史学等三种思潮进行分析。这些著述都对中国近代史学史研究作出了贡献。

重新关注关于顾颉刚及其疑古学说、"古史辨派"的研究和讨论,是学界重视民国时期史学的标志之一。1986年顾颉刚弟子刘起釪的《顾颉刚先生学述》由中华书局出版,该书不仅阐述了顾颉刚创立疑古学说的前后经过与影响,明确了"古史辨派"在近代中国学术史、思想史、史学史上的重要意义,而且也使销声匿迹几十年的"古史辨派"重新回到人们的视野中。在此前后,施耐德著、梅寅生译《顾颉刚与中国新史学》[②]和王汎森《古史辨运动的兴起》[③]相继出版,香港学者许冠三的《新史学九十年》一书中以"顾颉刚:始于疑终于信"一章论述其疑古学说,两岸顾颉刚研究同时形成热潮。顾潮编著《顾颉刚年谱》[④]、陈志明的《顾颉刚的疑古史学——及其在中国现代思想史上的意义》[⑤]、顾潮、顾洪合著的《顾颉刚评传》[⑥]、顾潮著的《历劫终教志不灰——我的父亲顾颉刚》[⑦]、刘俐娜的《顾颉刚学术思想评传》[⑧]等书的出版,进一步推进了顾颉刚疑古思想的研究。1992年李学勤提出"走出疑古时代"的观点,引发了对顾颉刚疑古学说的新一轮争论。

1949年以后中国史学史研究也在此时开始起步。1989年6月和9月,周朝民、庄辉明、李向平编著的《中国史学四十年(1949—1989)》和肖黎主编的《中国历史学四十年》两本书分别由广西人民出版社和

---

① 张书学:《中国现代史学思潮研究》,长沙:湖南教育出版社,1998年。

② 施耐德著,梅寅生译:《顾颉刚与中国新史学》,台北:华世出版社,1984年。

③ 王汎森:《古史辨运动的兴起》,台北:允晨文化出版公司,1987年。

④ 顾潮:《顾颉刚年谱》,北京:中国社会科学出版社,1993年。该书修订版于2011年由中华书局出版。

⑤ 陈志明:《顾颉刚的疑古史学——及其在中国现代思想史上的意义》,台北:商鼎文化出版社,1993年。

⑥ 顾潮、顾洪:《顾颉刚评传》,南昌:百花洲文艺出版社,1993年。

⑦ 顾潮:《历劫终教志不灰——我的父亲顾颉刚》,上海:华东师范大学出版社,1997年。

⑧ 刘俐娜:《顾颉刚学术思想评传》,北京:国家图书馆出版社,1999年。

书目文献出版社出版。后书分理论和方法、中国史中的断代史和专史、外国史中的国别史和地区史等类别，由该研究领域的专门学者分别撰写本研究领域中四十年的研究概况，汇集成书，“不失为对四十年来中国历史学做一初步总结的一种尝试”①。由于各研究领域学者都会在当时和以后撰写多种更为详尽的研究回顾与研究综述，故本书的意义主要在于为了解中国史学四十年的研究情况提供了方便。相比之下，周朝民等编著的《中国史学四十年(1949—1989)》似更值得重视。全书对1949年至1989年间中国史学上的重要现象、重要事件少有回避，“五朵金花”问题的讨论、中国近代史研究中的争议、马克思主义史学研究中各种著述的出版、文献古籍整理工作的展开、世界史研究的发展、考古学研究的成就、文化史研究的新热潮等都在书中有专题综述，而评武训、批胡适、史学界反右、“拔白旗、插红旗”闹剧、批尚钺，以及“文革”中从《评新编历史剧〈海瑞罢官〉》开始到“四人帮”影射史学等与历史学有着千丝万缕联系的运动、事件都详略不一地作了介绍和评析。虽不可能更深入地加以论述，却没有较大遗漏地勾勒出了这四十年中国史学的基本发展线索；虽属当代人写当代史学史，但是书中的材料十分丰富，作者以陈述事实为主，没有对记载对象作更多地定性议论。作者说得很清楚：“正确地处理好历史与现实的内在联系，应该是中国史学正常地、健康地发展的唯一基础；同时也就是我们反思、描述、批判1949年至1989年中国史学四十年发展历程的思想立足点。我们既不愿意脱离历史，更不乐意回避现实，而是在超越历史、现实的希望之上，做出自己的努力，期望能够对中国史学四十年的发展历程有一个客观的介绍，有一个中肯的评论，有一个文化学方面的反思。”②日后虽有许多同类著述出现，然而本书的学术地位仍难以取代。

---

① 肖黎：《中国历史学四十年·序》，肖黎主编《中国历史学四十年》，北京：书目文献出版社，1989年，第6页。

② 周朝民、庄辉明、李向平编著：《中国史学四十年(1949—1989)》，南宁：广西人民出版社，1989年，第3页。

王学典的《历史主义思潮的历史命运》[①]和《二十世纪后半期中国史学主潮》[②]两书，分别对20世纪后半期中国史学作了专门研究。前书对1949年后“十七年”时期(1949—1966年)中国史学的重点争议问题之一——历史主义与阶级观点问题进行了深入研究与反思，后书论述了1949年后四十多年间中国史坛的若干史学思潮以及这些史学思潮间的逻辑关系，这两部著作是研究1949年以后中国大陆史学发展的早期尝试，有着开拓性意义。

从整个20世纪的时段看待百年中国史学，是20世纪末、21世纪初流行的研究视角，这期间出版了许多关于20世纪中国史学的研究成果，林甘泉的《二十世纪的中国历史学》[③]是一篇具有代表性意义的重要论文。论文分“传统史学的危机与‘新史学’的酝酿”“近代实证史学的创立及其重要建树”“马克思主义史学的崛起与西方近代史学理论的传入”“史学在战争的艰难环境中茁壮成长”“马克思主义史学主导地位的确立及其经验教训”“充满生机的新时期历史学”等部分，言简意赅、高度凝练地阐述了百年中国史学的发展过程，对“新史学”“近代实证史学”“马克思主义史学”等史学思潮的特点、建树、不足等方面，都作了精辟的学术评述。该文当与前文提及的周予同《五十年来中国之新史学》、齐思和《近百年来中国史学的发展》等文一同并列为中国近现代史学史研究的经典性论文。

1992年江西百花洲文艺出版社推出的“国学大师丛书”，包括梁启超、罗振玉、王国维、陈寅恪、郭沫若、顾颉刚、柳诒徵、钱穆等近现代史学家的评传；2000年北京图书馆出版社推出的“二十世纪中国著名学者传记丛书”，包括梁启超、王国维、陈垣、郭沫若、范文澜、顾颉刚、冯友兰、傅斯年、翦伯赞、吕振羽等近现代史学家的学术评传。这些著作均充实、丰富了中国近现代史学史的研究内容。

---

① 王学典：《历史主义思潮的历史命运》，天津：天津人民出版社，1994年。

② 王学典：《二十世纪后半期中国史学主潮》，济南：山东大学出版社，1996年。

③ 林甘泉：《二十世纪的中国历史学》，《历史研究》1996年第2期。

此外,杨翼骧编的《中国史学史资料编年》[①],从八十年代后期到九十年代已经陆续出版了三册。这是以传统史学中长编的方式编纂的史学史资料长编,作者倾几十年的精力搜集、抄录、爬梳史料,凡涉及中国史学上的人物、著作、事件、制度诸项皆以时间先后依次编订,编者时对相关问题加以考证,疑者存疑。这样的"记注"之作,其学术价值及学术生命力并不亚于某些所谓"撰述"之作。此种体裁的史学通史,对史学史学科建设的意义是不言而喻的,也是实实在在的。杨翼骧审定、乔治忠和姜胜利编著的《中国史学史研究述要》[②],介绍、分析了 1987 年以前的中国史学史研究状况,是一本融学术性、资料性和工具性为一体的著述。

当年梁启超提出的"最近史学的趋势"随着时间的推移已经形成了中国近现代史学史研究的专门领域。

四　21 世纪以来的中国史学史研究

(一)多卷本中国史学史撰述与中国史学史教材编写

21 世纪以来,中国史学史研究领域比较突出的现象是出版了几部多卷本中国史学史。一部多卷本的中国史学通史,通常是著者在多年研究的基础上系统全面地阐述其研究中国史学发展过程的集大成之作,亦可以看作是此前几十年中国史学史研究的积累,而研究成果本身,往往也是反映了当前中国史学史研究的整体趋向。

---

① 杨翼骧编:《中国史学史资料编年》,天津:南开大学出版社,1987 年(第一册"先秦至五代")、1994 年(第二册"两宋时期")、1999 年(第三册"元、明")。全书后经乔治忠、朱洪斌补订,更名为《增订中国史学史资料编年》,从先秦至清代共分四卷,于 2013 年由商务印书馆出版。

② 杨翼骧审定,乔治忠、姜胜利编著:《中国史学史研究述要》,天津:天津教育出版社,1996 年。

杜维运1993年开始出版、2004年出齐的三卷本《中国史学史》[①]，是作者三十余年来从事史学史研究的汇集与总结。[②] 全书第一卷先秦和两汉史学，第二卷魏晋至唐代史学，第三卷宋至19世纪初史学。以一人之力撰述多卷本的中国史学通史，作者的勇气与勤奋令人钦佩。这样做的优势，至少最大限度地避免了众手成书造成的内容重复、水平不一、观点矛盾等问题。全书在结构设计、内容安排、研究面向、观点和结论等方面都有独到之处，综括了各个时代史学发展的总体面貌，又详述了古代著名史家与史著的成就，对修史制度沿革、史书体裁的特点、史学流派的影响、史学与社会的关系、中西史学的比较等方面均有论及。值得重视的是，作者首次把中西史学比较研究的内容置于中国史学通史的逻辑结构中阐述，在叙述中国史学发展的过程中，既注重以横向眼光比较中西史学观念，又注重以纵向眼光比较中西史学这两大不同史学发展系统的各自特征，目的是通过撰述中国史学史以及进行中西史学比较研究，达到深入认识中国史学的目的。作者认为：研究中国史学史"一定要把中国史学放在世界史学里，用比较史学的角度和观点来写，不是针锋相对的比较，而是要通过中西比较获得更为广阔的眼光，阐述中国史学的出现、成立与发展，比较异同，衡量得失，中国史学的优点与缺失可以清楚地反映出来，中国史学的真实地位得以明确展现。西方史学家以另一文化背景看待、品评中国史学，对中国史学是极富启发意义的。西方正统史学家指出中国史学没有达到西方综合的境界，没有发展历史解释的艺术，是有一定道理的。他山之石，可以攻错。但是许多西方史学家对中国史学的了解是极为间接的，仅凭阅读翻译

---

① 杜维运：《中国史学史》第一册、第二册、第三册，台北：三民书局股份有限公司，1993年、1998年、2004年。

② 杜维运从20世纪50年代末开始致力于史学史研究，先后出版了《清代史学与史家》(1984年)、《与西方史家论中国史学》(1966年)、《史学方法论》(1979年)、《赵翼传》(1983年)、《听涛集》(1984年)、《中西古代史学比较》(1988年)、《中国通史》(上下册，2000年)、《翰墨生涯》(2010年)等。汪荣祖说："台湾搞史学史研究的比较少。据我所知，终生研究史学理论、史学史、史学方法的就一个杜维运。"见林华、晓涛：《汪荣祖教授访谈录》，《史学史研究》2004年第1期。

作品及一般印象,又出于旧有的成见,对中国史学得出了许多不正确的认识。”[①]在该书第一卷末,有“中国古代史学的世界地位”专章,在第二卷末,有中国中古史学的世界地位,在第三卷末,有“19 世纪以后西方史学的进入黄金时期与中国史学的由极盛转入衰微”专章,是中国史学史研究在中西比较研究方面的突破。

杜维运认为:“摆脱史书与史学家的羁绊,将重心放在史学思想、史学理论与史学方法的诠释及发明上,将是一部中国史学史能否写成功的最大关键。”“将史学史放在历史的发展中,是成功的史学史另一重要的条件。史学的兴起与发展,有文化的郁积,有学术的涵育,受社会环境的激荡,随历史潮流以沉浮,凡此,都是历史的因素。……中国的统一,拜春秋大一统之义所赐,人类文明的维持,褒贬史学厥司其功,又说明史学影响了历史发展。”[②]由此观之,台湾史学史学者与大陆史学史学者此前虽尚少有沟通,但是对中国史学史研究的认识颇为一致。仅从一级标题“章”的设立来看,杜著仍以先秦、秦汉、魏晋南北朝、隋唐、宋、元、明、清等王朝系统为基本框架,同时照顾到了史学发展自身进程(秦汉为“成熟时期”、魏晋南北朝为“史学的极盛”、宋代为“蓬勃发展”、明代为“发展的受阻”等)和史学发展的不同特点(秦汉为“经学极盛下的史学发展”、魏晋南北朝为“史学方法的创新与史学范围的扩大”“正统的史学思想出现与正史观念的形成”“盛唐史学的特色与成就”、清代“乾嘉时代历史考据学的极盛”等)。重要的史著固然是全书起支撑作用的部分,作者“遍读载籍”“不管经史子集哪方面的书,皆不放过”,将其列入二级或三级标题中,而关键性的史学大家更为作者所重视,刘知幾、欧阳修、司马光、郑樵、全祖望、邵晋涵、章学诚、崔述、赵翼等还被列入一级标题(司马迁、班固等未列其中似显不妥)。作者强调时代因素(如“魏晋南北朝的衰乱”“唐代丧乱”“明代政治的严酷”等)对史学的影响,亦看重学术思潮对史学产生的作用,如两汉经

① 张越、方宏:《杜维运教授访谈录》,《史学史研究》2005 年第 4 期。

② 杜维运:《中国史学史》第一册,台北:三民书局股份有限公司,1993 年,第 24、25 页。

学、魏晋南北朝的正统思想、清代乾嘉考据学等。从该书的基本框架可以看出作者在史学通史结构上的取向,是以分期与专题有机结合的框架体系,交叉与重叠于历史上王朝系统的时代特征与史学的自身发展、不同时期的史学特点与学术思潮走向、具有重要地位的史家与史著、中西史学的总体比较与分阶段比较等类型的主题阐述。这样的框架安排,便于突出史学发展的多样性和丰富性、史学发展所受各种因素影响制约的复杂性、中西史学间的差异性。进一步说,是从更为广阔的学术视野多层面地考察史学发展过程,进而深化对各时代史学本身的认识,所谓“史学之义”或可随之显现。不过,视野既宽泛,在线索上便比较不能够有清晰之感,并且,时代、主潮、特征、史家置于同一层框架内,也难免表现得不够均衡。全书以三册之篇幅阐述中国史学史,却止于19世纪而未及中国近现代史学,严格说来应该是一部中国古代史学通史。

白寿彝主编的六卷本《中国史学史》①,是迄今篇帙最长、分量最重的中国史学史著作。主编白寿彝撰写的第一册(卷)出版于1986年,其中的“叙篇”详细论述了中国史学史的研究对象、任务、范围和意义、分期等中国史学史研究的基本问题。2006年六卷本《中国史学史》全部出版,尽管全书主编白寿彝于2000年去世,但是书中其他各卷的著者均为他的弟子或再传弟子且全部来自于北京师范大学史学研究所,大致说来,这部《中国史学史》是二十年中对白寿彝史学史研究观念和中国史学史研究计划的具体化和文本化,即以贯通的史学意识,结合中国史学发展中历史时代和史学自身特点,分阶段对中国史学发展详加阐述,力图在对中国史学各时期的史学理论、历史文献学、历史编纂学等中国史学遗产诸方面的论述中展现中国史学的产生、成长、发展、继续发展、嬗变以及近代史学的阶段性发展特征。全书分先秦时期——中国古代史学的产生、秦汉时期——中国古代史学的成长、魏晋南北朝

① 白寿彝主编:《中国史学史》,上海,上海人民出版社,2006年。第一卷白寿彝著,第二卷许殿才著,第三卷瞿林东著,第四卷吴怀祺著,第五卷向燕南、张越、罗炳良著,第六卷陈其泰著。

隋唐时期——中国古代史学的发展、五代辽宋金元时期——中国古代史学的继续发展、明清时期(1840 年前)——中国古代史学的嬗变、近代时期(1840—1919 年)——中国近代史学。有评论者指出:“白寿彝主编六卷本《中国史学史》,是一部内容丰富的宏伟专著。本书白寿彝亲自作出全面规划,并且撰写第一卷,又经其一传、再传弟子继之撰写,共三代学者协力完成,凝聚多人智慧与造诣,在中国史学史的学术发展中意义重大。本书的特点与优胜之处,是学术上开拓新境,精义充盈,不仅富于创见,而且提出不少史学史研究的新视角。全书注重理论分析,贯穿通识精神,因而评析透彻,博大而且精深。作为第一部篇幅宏大的中国史学史系统著作,本书乃是史学史学科的一名学术旗帜,可作为初学者入门阶梯和研究者的参照体系与定位目标,并且在研究方向上启发新进,起到铺展专业通途,推动史学史学科建设的作用。”①这部中国史学史著作所展示的史学与时代相结合的宏阔研究视野,也受到广泛注意。“多卷本《中国史学史》对于中国古代史学发展的分期以及对每一时期史学发展的总体把握,得自于史学史与社会史相贯通的视角,故而能准确把握中国古代史学发展的内在逻辑。”“多卷本《中国史学史》尤其重视阐发历代史学与政治的密切关系,使我们得以具体理解中国古代史学“资治”“经世”之性质,并由此可见史学在中国文化中所具有的重要地位与功能,以及中国文化强烈的历史意识与历史精神。”“视野的宏阔,是能把一个时代的史学放在与社会、政治的有机联系里来看的结果。而能令人感到思想丰富,则说明只要深入挖掘下去,中国传统史学将呈现给我们一个丰富多彩的思想世界。这两个突出的特点,也正是我们应该继续深入的路径。多卷本《中国史学史》对史学史研究的材料范围和问题意识,进行了很大程度的开拓,历代思想家对历史的考察与运用、历代学者的史学批评与见解、历史启蒙读物、讲史、

---

① 乔治忠:《继之成之,三代学人协力;开焉拓焉,铺展专业通途——读白寿彝先生主编六卷本〈中国史学史〉》,《史学理论与史学史学刊》2008 年卷,北京:社会科学文献出版社,2008 年。

咏史、图象与地图……举凡社会生活中存在的历史意识与历史记忆,通通可以纳入史学史的研究之中,只要我们能沿途走下去,不知有多少胜境等待着我们的探幽。"[①]还应该看到,一部230余万字的多卷本著作,各卷的撰述水平难免参差不齐;成书时间过长,个别观点或有前后脱节之处;众手成书,重复、缺漏、矛盾等问题亦时有出现。不过,这部史学史撰述是中国史学史研究中的一项标志性著作,当无疑义。

吴怀祺主编十卷本《中国史学思想通史》[②],论述了中国史学思想的发展历程。本书具有三个特点,第一,从民族文化特点研究总结中国的史学思想,是中国史学思想研究领域的拓荒之作;第二,注意研究中国古代的经学、子学,以及后来的玄学、理学和史学思想的变化与发展关系,在研究中不断地扩大视野,展示出我国各个民族对史学发展所作出的贡献;第三,在研究中以"通识"的理念追求学术原创,寓论断于叙事之中,历史的研究与逻辑的研究相结合,提出许多独到的见解。

2016年10月商务印书馆出版了谢保成著四卷本《增订中国史学史》,这是继杜维运著三卷本《中国史学史》、白寿彝主编的六卷本《中国史学史》之后的又一部多卷本《中国史学史》。作为迄今最新撰述的多卷本中国史学史著作,值得重点分析评述。

谢保成曾在2006年主编出版了三卷本《中国史学史》[③],后经著者对三卷本的重写、改写、增补、修订,终成独立著述的四卷本《增订中国史学史》,前后已逾十年时间。在这期间,中国史学史研究不断深入,许多新的问题随之出现,最突出的仍然是史学史研究的学科理论问题。谢著《增订中国史学史》的"导言"对这些问题进行了讨论。"导言"分"历史·史学·史学史"和"如何认识中国史学"两个部分,前者阐述了史学史的学科属性、学科研究范围等问题。作者指出,以往对史学史学

① 江湄:《史学、思想与时代——试论白寿彝主编六卷本〈中国史学史〉(古代部分)的研究视角》,《史学理论与史学史学刊》2008年卷,北京:社会科学文献出版社,2008年。

② 吴怀祺主编:《中国史学思想通史》,合肥:黄山书社,2002年。

③ 谢保成主编:《中国史学史》,北京:商务印书馆,2006年。该书撰稿人有谢保成、赖长扬、胡宝国、杨艳秋、廉敏、曾贻芬、崔文印、张艳玲。

科属性的认识主要"是在专门史层面上认识这一学科,忽略了其更本质的一面——学科史"。史学史并非仅仅是一门专门史,更是一门学科史,属学术史性质。如果不明确这个关系,难免会造成"史学史研究就是史学理论的介绍和检讨""差不多以史学思想研究为基本内容"、史学史研究成为解读子部书中并无实际影响却被理想化了的历史认识而忽视了史部书中影响整个中国史学和史书编纂的历史认识、史学史研究仅有思辨而无史实、史学史与历史文献学相混淆等不足或误解。①

具体而言,由于多年来史学史被视为"专门史",人们便更关注从"专门史"研究中延伸出的、对史学自身各领域的"更专门"的细化研究,如历史理论、历史教育、史学思想、历史编纂学、历史文献学等。就一部中国史学史而言,这样的后果是,一定程度地造成了史学史研究对象的模糊化,即弱化了史家、史书、史学、史法、趋势等原本属于史学本身最基本的内容。作者重提史学史作为一门学科史的学术史性质,于多达四卷篇幅的《增订中国史学史》中"采取按时间跨度和史书系列相结合的框架,叙史家、史书、史学、史法演进、修史制度等基本内容,分析发展演变趋势,贯通前后,直至 20 世纪中期"。② 作者认为中国史学史最应重视的内容应该是史家、史书、史学、史法、趋势以及制度。对史学史学科属性和研究内容的这种认知,表面上似乎又回到了 20 世纪 20 年代的史学史研究最初阶段,即梁启超提出的"史学史的做法"(梁启超在《中国历史研究法补编》中认为史学史应包括史官、史家、史学的成立与发展、最近史学的趋势)的老路上,实际上则是作者在继承此前不同阶段中国史学史研究的基础上,对史学史研究状况的深刻反思后所作的更进一步的归纳与总结。正如作者所言,这里的"史家"指的是"可见其所处时代意识、普遍关注的史学问题、互相间的吸收借鉴或批驳责难,据以探知此时代史学与社会的关系"的史家群体;"史书"指的

---

① 谢保成:《增订中国史学史 · 导言》,北京:商务印书馆,2016 年,第 4—6 页。

② 同上书,第 7 页。

是“综合了史家活动、思想意识、所记史事、取材范围、编纂体例、研究方法、传布影响以及个人才识与‘心术’”的史学成就；“史学”指的是“‘史’之成学的历程”；“史法”指的是“史学得以形成、发展的方法，包括历史编纂法和历史研究法”；“趋势”“既包括各发展阶段史学演进趋势，又包括梁启超所说‘最近史学的趋势’或时下所云‘史学前沿’，更包括某些具体史学现象或问题的趋势”；“制度”指的是“修史制度，这是中国史学的独特处，确保中国历史资料积累、史书编纂的经久不衰、前后衔接”。在此基础上，作者总结中国传统史学的基本特征为：功用趋于政治化、思想日益伦理化、史料积累制度化、皇家修史程式化、史书形式多样化。[①] 凡此中国史学的五项主要内容和五大基本特征，均可见经过此前奠定本学科基础的要籍解题式的中国史学史研究和社会视野下的中国史学史研究之后重新回归史学自身探寻其发展过程的新认识。

《增订中国史学史》把中国史学的发展历程分为秦以前、汉初至唐前期、中唐至清中期、清中期以来至 1949 年共四个发展阶段，由“先秦至唐前期”卷、“中唐至清中期”上下卷和“晚清至民国”卷组成四卷本。全书基本是以具有划时代意义的史书即《史记》与《汉书》《史通》《文史通义》分别作为中国史学的确立、发展和变革诸阶段的分期标志，不再以皇朝兴亡为单元，不写成断代史学，而是以时间跨度和史书系列相结合为全书的总体框架。每个阶段以构成史学的两大基本要素——史家活动和史学著作为主要叙述内容，即“以史家为主体、史书为主干，详开创、重划时代者”。史家和史书重新成为史学史中的主角，不同时代的史学因具有划时代意义的史著衔接前后，从而使史学发展过程显得更为从容流畅。另如关注史家与史学相关的经历、思想、著述等而不写成史家传记，注重将在史书编纂上成系列的史书作为中国史学的基本脉络之一，将史书考察区别于历史文献研究和书目提要，不专门叙述有历史观点却不涉史事的子部书，追踪那些反映社会风貌的史书以及

① 谢保成：《增订中国史学史 · 导言》，北京：商务印书馆，2016 年，第 6—7、12—24 页。

少数民族史学、通俗史学、佛教史学等。这样的著述方法与编写原则，均是作者将史学史作为学术史性质的学科史的思路在本书中的具体表现。此外，历史理论与史学史间的关系一直很难说清，作者同样从作为学科史的史学史研究这一思路出发，认为历史理论是史学的重要组成部分，需要高度重视，但是历史理论属于哲学、史学两大学科研究的范围，而史学史仅是史学下面的二级学科，本书作为一部中国史学史著作，“关注每个时代的主流意识、非主流意识如何影响和干预当时的史学，包括史家的个人意识、取材的倾向、史书编纂的旨趣、史书中反映的思想等，但不把历史理论当作研究对象，混淆与哲学、史学两大学科的界限”。① 这样处理二者的关系，至少从学科分类的角度来看显得更加符合逻辑。

翻开本书的各卷、各编，作者对中国史学史的阐发多有新意。以“先秦至唐前期”卷为例，该卷包括“秦以前”“汉初至唐前期”两个史学发展阶段的内容。秦以前是中国史学的起源期，作者“借用甲骨文、金文对于‘史’的研究成果，结合古代官制的研究，对‘史’的出现、‘史’向‘史官’‘史书’的演变，作了较为系统的梳理”。② 作者还梳理了史学产生时期不可忽视的从神话传说中的历史意识、口述传说中的历史价值到成文记事的基本过程。对于最早的史书，作者不再沿用《春秋》是第一部私人撰述的史书的旧说，指出“《春秋》被奉为儒家经典受到历代推崇，看重的是所谓的‘《春秋》大义’。为维系着‘大义’，往往歪曲某些历史事实掩盖某些历史真相。其在中国史学中的地位，绝不可以用其在经学史上的地位来渲染”。③ 作者转而强调《左传》是中国第一部完备的编年史，“成为集‘诸侯史记’大成的历史编纂，将编年史推向成熟，标志着中国史学的形成”。④ 春秋战国时期的历史认识是任何中国史学史著作不可缺少的内容，本书在这里并未过多纠缠于

---

① 谢保成：《增订中国史学史 · 导言》，北京：商务印书馆，2016 年，第 9 页。

② 谢保成：《增订中国史学史 · 先秦至唐前期》卷，北京：商务印书馆，2016 年，第 19 页。

③ 同上书，第 84 页。

④ 同上书，第 95 页。

诸子百家的历史思想,而是专就“关于历史与未来的认识”“对过往社会的阶段划分”“几种颇具影响的历史编造”三方面主题予以论述,其中后两个方面显然是有意与在近代史学占有重要地位的历史阶段划分和疑古学说等学术趋向相呼应。

“中唐至清中期”是本书叙述的史学史阶段时间跨度最大的部分。作者按照本书的研究理念,仍然抓住史书史家的基本线索,联系到因不同时代特征与学术语境而生发的各种新的史学现象、方法和成就,论纂修日趋程式化的“正史”纪传体史书、以《通典》发其端的典志体史书(包括会要、会典)和以《资治通鉴》为代表的编年史及改编类(包括纪事本末体、纲目体)史书等三大史书系列;又论因少数民族入主中原所带来的中国少数民族史学发展;再论三大史书系列之外的各类史书编纂,旁及金石学和辨伪学等史学分支的兴盛、文史关系的变迁、史学通俗化的走势、佛教史学的发展等;最后论述“全面总结古典史学的清前中期史学”。详尽展示了古代史学几种重要发展趋向的走势及其不同特点与长短得失,将千余年的中国史学发展归纳于更符合学术逻辑的文本框架中。

近代史学是近年来研究较为充分的领域,作为一部贯通的中国史学史的重要组成部分,近代史学的论述在本书中也有特点。作者把晚清至民国即清中后期以来的史学称为是中国史学的“变革期”,书中描述的近代中国史学的图景与谱系别具一格:与多数史学史教科书将鸦片战争后的中国史学断然视为近代史学发展阶段不太一样的是,作者将 19 世纪后半期的中国史学更客观地解释为“增其新而不变旧”;与较为流行的将 20 世纪以后的中国史学视为史料派、史观派或历史考证学派、唯物史观派史学略不相同的是,作者认为以王国维为代表的、结合新材料的历史实证研究路向和以梁启超为代表的、以史学与现实紧密结合为特征的研究路向,均源于 20 世纪初的“新史学”。前者的发展,是以历史语言研究所为体现的;后者的发展,是以中国马克思主义史学为体现的。论述中所涉及的考古学对近代史学发展的影响和促进、“国故”之争、各种史学概论和史学方法论、旧体史书的编纂与新体史书的涌现、几种“历史哲学”与历史观等研究主题，在研究视角、课题意识等方面都有新意。作者指出：“20 年间（指 20 世纪三四十年代）的史书编著层出，既有作为某‘潮’某‘派’的代表作，更有数量可观而不属于某‘潮’某‘派’的撰著在学术领域有着无可比拟、无可替代的重要价值。”①显然，这样的概括更为全面。

该书所呈现的许多有特色的观点尚待今后研究的进一步检验，若干见解也有再做充实的空间。另如本书“导言”部分在各卷之首重复出现、“先秦至唐前期”卷的编排不能明确反映秦以前、汉初至唐前期两个时段史学阶段性发展特点等，相关问题的处理也有不尽合理之处。然而《增订中国史学史》是作者在对史学史学科属性与学科体系、中国史学史研究特点与研究范式等学科理论与方法方面的问题有了十分成熟的思考，并且对中国古代史学和中国近代史学有了相当扎实的研究的基础上完成的，这便决定了本书对中国史学史的学科体系与研究内容都明显地向前迈进了一步。

新世纪以来，陆续有各种单册的中国史学史著述（以中国史学史教材为主）问世，如汤勤福主编《中国史学史》（山西教育出版社，2001 年）、瞿林东《中国简明史学史》（上海人民出版社，2005 年）、姜胜利整理《杨翼骧中国史学史讲义》（天津古籍出版社，2006 年）、傅玉璋《中国古代史学史》（安徽大学出版社，2008 年）、仓修良《中国古代史学史》（人民出版社，2009 年）、瞿林东《中国史学史教程》（高等教育出版社，2011 年）、乔治忠《中国史学史》（中国人民大学出版社，2011 年）、谢贵安《中国史学史》（武汉大学出版社，2012 年）、朱维铮《中国史学史讲义稿》（廖梅、姜鹏整理，复旦大学出版社，2015 年）等，在种类数量上已不及前一个时期，但是总体学术水准有明显提高。

乔治忠《中国史学史》的特色十分明显。作者长期潜心于史学史研究，该书从史学的起源述至 20 世纪 40 年代，内容贯通古代史学和近现代史学，详人之所略，略人之所详，对中国史学史的学科理论、整体面

---

① 谢保成：《增订中国史学史 · 晚清至民国》卷，北京：商务印书馆，2016 年，第 2 页。

貌及具体问题多有新见发表，对若干流行的所谓不刊之论时有批评或辨正。作者对其所陈述之见解绝不含糊其辞，观点鲜明，直抒胸臆，“决不能不加考核地接受以往史家的现成说法”，“有考有论，特见颇多”①。“绪论”中对中国史学史研究的学术任务与研究内容、中国史学史学术体系的特征、中外史学比较中的史学发展机制等理论问题的论述观点独到；传统史学对民族融合的作用、官私史学的互动、明代史学的普及性潮流、中国史学的域外传播、“革命史学”体系的构建等专题讨论均颇具创新意义；另有许多具体问题，如对甲骨文和金文与史学起源有直接关系说法的否定、对司马迁《史记》是否具有“以史为鉴”意识的质疑、对刘知幾《史通》一书性质的讨论、对魏源《海国图志》所产生影响的辨析、对王国维“二重证据法”的批评、对“古史辨”运动的全盘肯定等，作者的某些观点虽不无商榷之处，却多能给人以深刻启发。

朱维铮的《中国史学史讲义稿》也是一部值得特别重视的中国史学史著述。作者从 1978 年到 20 世纪 90 年代下半叶一直在复旦大学历史系主讲中国史学史课程，累积有数份讲稿的章节；2004 年作者给历史系博士生开设“中国史学导论”课程，留下课程讲义。作者去世后，相关遗稿经其学生廖梅和姜鹏悉心整理，前者成《中国史学史讲义稿》，后者成《中国史学导论讲义稿》，另增若干附录，合编为《中国史学史讲义稿》一书，于 2015 年由复旦大学出版社出版。作为著名的经学史、思想史、文化史专家，朱维铮中国史学史研究的突出特点是“从经学史、思想史和文化史的角度来关照中国史学史，着重揭示意识形态对史学编纂形式和历史观念的影响”。② 在《中国史学史讲义稿》中，第三章“先秦诸子的历史观”是从思想史的研究角度讨论先秦诸子思想对后代史学的影响；第四章以后诸章论两汉以后的中世纪史学，则从经学

① 乔治忠：《中国史学史》，北京：中国人民大学出版社，2011 年，第 410 页。

② 廖梅、姜鹏：《中国史学史讲义稿 · 整理说明》，见朱维铮《中国史学史讲义稿》，上海：复旦大学出版社，2015 年，第 6 页。

史的角度阐述“正统论”代替“三统说”、经今古文学与史学的关系、史注新例的出现、从“七略”到“四部”的典籍分类、经传为史的概念转变等问题；论及“三通”“九通”和“十通”，称之为“社会结构历史的百科全书”，又可看到文化史的思路。对于中国史学史的研究内容，朱维铮在20世纪80年代初认为应“把史学的发展过程分解成历史记录的演变和历史认识的发展两个侧面”①，即历史编纂学史和历史观念史两个部分。到了2004年他为博士生开设“中国史学导论”而撰写的讲义中，这个观点已经发展成为“传统的历史编纂学”“历史著作与历史观念”和“史学与内外文化”三个部分②；同年发表的《史学史三题》一文中则明确了对“史学史结构”的认识：“史学史的结构，可以析作交叉重叠的三个系统”，“第一个系统便是历史编纂学史”，“第二个系统当为历史观念史”，“第三个系统就是中外史学的交流和比较”。③ 从《中国史学导论讲义稿》到《史学史三题》，反映出作者所确定的“史学史结构”已经十分成熟，惜未能以此结构撰成一部完整的中国史学史专著。

教育部马克思主义理论研究和建设工程重点教材《中国史学史》经过数年的编写和修订，经国家教材委员会审查通过，全书57万字，于2019年1月由高等教育出版社出版。该书主编瞿林东，撰写者有陈其泰、汪受宽、许殿才、向燕南、张越、李勇、江湄。这部《中国史学史》从上古时期写至2015年，各章依次为：绪论，先秦时期史学，秦汉时期史学，魏晋南北朝时期史学，隋唐时期史学，五代两宋时期史学，辽夏金三朝和元时期史学，明至清中期史学，晚清时期史学，民国时期史学，中国马克思主义史学的建立与发展，新中国时期史学的变革、成就和当前发展趋势。该书著者认为：“本书在吸收学术界有关成果的基础上，与同

---

① 朱维铮：《关于更新中国史学史教学大纲的想法》，见《中国史学史讲义稿》附录一，上海：复旦大学出版社，2015年，第208页。

② 朱维铮：《中国史学导论讲义稿・引言》，见《中国史学史讲义稿》，上海：复旦大学出版社，2015年，第339页。

③ 朱维铮：《史学史三题》，《复旦学报》2004年第3期。

类著作相比较,有几个鲜明的特点:一是贯通古今,上起先秦,下迄当代,以体现专史主通的撰述原则。二是反映多民族史学发展的历史,突出中华文化是统一的多民族国家中各民族共同创造的特点。三是重视中外史学交流的进程及其影响,为推进当今中外史学交流提供借鉴。"①

(二)中国古代史学史研究的平稳发展

上述几部多卷本中国史学史著述和各类中国史学史教材,多以叙述中国古代史学发展过程为主,基本反映了21世纪以来中国古代史学史的研究状况。另有一批断代研究或专题研究的中国古代史学史著作也相继出版,主要有:周少川《元代史学思想研究》(社会科学文献出版社,2001年)、白云《中国古代史书体裁研究》(中国文史出版社,2002年)、丘敏《六朝史学》(南京出版社,2003年)、岳纯之《唐代官方史学研究》(天津人民出版社,2003年)、范立舟《宋代理学与中国传统历史观念》(陕西人民出版社,2003年)、钱茂伟《明代史学的历程》(社会科学文献出版社,2003年)、傅玉璋和傅正《明清史学史》(安徽大学出版社,2003年)、许凌云《儒家伦理与中国史学》(齐鲁书社,2004年)、彭忠德《秦前史学史研究》(湖北人民出版社,2004年)、李传印《魏晋南北朝时期史学与政治的关系》(华中科技大学出版社,2004年)、王记录《钱大昕的史学思想》(社科文献出版社,2004年)、杨艳秋《明代史学探研》(人民出版社,2005年)、白兴华《赵翼史学新探》(中华书局,2005年)、曹刚华《宋代佛教史籍研究》(华东师范大学出版社,2006年)、孙卫国《王世贞史学研究》(人民文学出版社,2006年)、王俊才《17世纪学术思潮与史学》(陕西人民教育出版社,2006年)、谢贵安《中国实录体史书研究》(武汉大学出版社,2007年)、李良玉《中国古代历史教育研究》(合肥工业大学出版社,2007年)、李小树主编《秦汉

① 马克思主义理论研究和建设工程重点教材《中国史学史》,北京:高等教育出版社,2019年,第16页。

魏晋南北朝史学史稿》(中国人民大学出版社,2007年)、谢保成《隋唐五代史学》(商务印书馆,2007年)、燕永成《南宋史学研究》(甘肃人民出版社,2007年)、王盛恩《宋代官方史学研究》(人民出版社,2008年)、罗炳良《南宋史学史》(人民出版社,2008年)、阚红柳《清初私家修史研究——以史家群体为研究对象》(人民出版社,2008年)、陈晓华《"四库总目学"史研究》(人民出版社,2008年)、吴凤霞《辽金元史学研究》(社会科学文献出版社,2009年)、蔡克骄和夏诗荷《浙东史学研究》(知识产权出版社,2009年)、王记录《清代史馆与清代政治》(人民出版社,2009年)、白云《中国古代史学批评史论纲》(人民出版社,2010年)、施建雄《十至十三世纪中国史学发展史》(人民出版社,2010年)、廉敏《明代历史理论研究》(中国社会科学出版社,2012年)、王嘉川《清前〈史通〉学研究》(社会科学文献出版社,2013年)、李峰《北宋史学思想流变研究》(人民出版社,2013年)、谢贵安《宋实录研究》和《明实录研究》(上海古籍出版社,2013年)、吴德义《政局变迁与历史叙事:明代建文史编撰研究》(中国社会科学出版社,2013年)、唐燮军《史家行迹与史书构造——以魏晋南北朝佚史为中心》(浙江大学出版社,2014年)、金仁义《东晋史学与社会》(黄山书社,2016年)、汪高鑫《中国经史关系史》(黄山书社,2017年)、马艳辉《魏晋南北朝史论研究》(人民出版社,2017年)、刘开军《晚清史学批评研究》(上海古籍出版社,2017年)、李德锋《明代理学与史学关系研究》(人民出版社,2018年)等。这些著述在多方面拓展了中国古代史学史研究领域,使中国古代史学史研究不断深入。21世纪以来中国古代史学史研究总体上处于平稳发展的态势,一些研究成果成为其中的亮点。

胡宝国《汉唐间史学的发展》(商务印书馆,2003年)分专题对汉唐间一些史学问题作了深入探讨,如作者所言:"跟着问题走,也有利于揭示出那些隐藏在现象背后的史学发展线索。"①其中如"经史之学""文史之学""《三国志》裴注""史论""杂传与人物品评""南北史学异

① 胡宝国:《汉唐间史学的发展·自序》,北京:商务印书馆,2003年,第1页。

同"等问题，无不是汉魏六朝时期史学中的关键性问题，本书的特点正是在问题意识的驱使下，追索"隐藏在现象背后的史学发展线索"。史学史研究者常说要结合学术思潮、社会思潮研究史学思潮，但是真正做起来并非易事。该书讨论的魏晋以后经学与史学间的分离和联系、文史关系以及文重于史的现象、裴注所反映的史学风气的变化、对史论的重视、南北史学异同及原因等专题，是"把史学史的问题置于学术史、社会史的背景下来加以考察"①的十分典型的研究范例，对汉唐间史学乃至中国史学史的研究具有重要的启发意义。②

罗炳良有多部研究清代史学的著作，如《18 世纪中国史学的理论成就》(北京师范大学出版社，2000 年)、《清代乾嘉史学的理论与方法论》(兰州大学出版社，2004 年)、《清代乾嘉历史考证学研究》(北京图书馆出版社，2007 年)，集中探讨了清乾嘉时期的史学理论与历史考证两方面的史学发展趋向，对于清代史学和中国古代史学研究具有填补空白的意义。清代学术以乾嘉考据为盛，乾嘉考据以经学考据为大端，往者研究乾嘉考据多以经学考据为主，罗炳良系统研究了乾嘉历史考证学的成绩，使乾嘉考据学的面貌更全面地得以体现。因乾嘉时期考据之风盛行，乾嘉史学即被等同于历史考证而被书写于史学史中，虽有章学诚的史学理论建树在 20 世纪"被发现"，然论者因章学诚及其学术不被清人容于乾嘉"学术圈"而对章及其《文史通义》的解读往往也单独论之。乾嘉时期出现了如此重要的史学理论大家却依然不能改变人们对乾嘉史学仅为考证的固有认知，更遑论大约同时代的赵翼、崔述、王鸣盛、钱大昕等人在史学理论方面的认识。罗炳良首次把乾嘉史学的理论和方法论作为研究对象，在《清代乾嘉史学的理论与方法论》一书中，分历史理论、史学理论、历史编纂学理论、史学批评方法论、历史考证方法论等部分，全面总结了乾嘉史学的理论和方法论成就，展示

① 同上书，第 2 页。

② 该书于 2014 年由北京大学出版社出版修订本，作者增加了大量注释，对原书的不足进行订正，并补充若干新的章节。

了乾嘉史学的丰富面相。罗炳良撰写的另两部著作:《传统史学理论的终结与嬗变——章学诚史学的理论价值》(泰山出版社,2005 年)和《章实斋与邵二云》(商务印书馆,2013 年),更丰富、充实了作者对清代史学的总体认识。

乔治忠著《中国官方史学与私家史学》(北京图书馆出版社,2008 年)分设六个专题,包括史学理论研讨、官方史学独见、史籍文献析微、清前史学述评、中日关联综论、章氏学术探赜,从官方史学和私家修史两大线索及其互动中深入探讨了中国古代史学中的若干重要问题。作者认为,中国传统史学的主要特点,是形成了官方史学与私家史学两条相互联系的发展轨道。中国史学的萌芽,源自官方的记事制度;中国传统史学思想的主流,起自西周之初官方的殷鉴观念、春秋时期官方的君举必书等意识;中国传统史书的义例规范,萌芽于春秋时期官方记事所遵循的书法。只有充分重视官方史学的研究,才能深入认识中国传统史学的发展机制、繁荣原因等深层理论性问题。

中国古代史学究竟有无理论？中外学者对这个问题见仁见智。瞿林东主编的三卷本《中国古代历史理论》①于 2011 年出版,可以看作是对这个问题的回应。这部著作系统论述了中国古代历史理论形成的过程与标志,认为在先秦史学中,历史理论方面提出天人关系、民族与文化关系、兴亡之辩与历史鉴戒的关系;在两汉史学中,上述关系从理论上进一步提升,出现了完整的历史著作,司马迁、班固和荀悦的著作就是其中的代表;当中国历史发展到魏晋南北朝和隋唐时期,古代历史理论有了更大的发展,除天人关系、古今关系外,又增加了关于国家职能、民族与民族关系等大问题的探讨,在政治史范畴内的君主论、正朔论、兴亡论等也有了深入的研究;唐时期"海内一统"的历史理念以及中国历史地理学的形成等,都为历史理论增添了新的成果;五代辽宋西夏金元明清时期,中国历史理论有新的进展,两宋时期史学家的忧患意识十

① 瞿林东主编:《中国古代历史理论》(上中下三卷),合肥:安徽人民出版社,2011 年。本书撰稿者有瞿林东、罗炳良、张子侠、江湄、徐国利、刘治立、李珍等。

分突出,多民族史学进一步发展,在社会经济领域,历史理论有所建树,而对于域外史地研究的增多,反映了中国古代历史理论的视野有所拓宽。该书从历史理论的认知方面对古代史学中的天人关系、古今关系、民族关系、国家兴衰治乱及历史人物的总结研究更加深化。该书还认为,清代史学家章学诚关于"知人论世"之评价历史人物的理念和方法,是中国古代史学关于评价历史人物之理论的最高成就,至今仍有方法论上的重要参考价值。①《中国古代历史理论》是第一次对中国古代历史理论作了系统而深入的揭示与梳理,阐发了中国古代历史理论的基本范畴和走向,也在此基础上回答了中国古代史学有无理论的问题。

伍安祖、王晴佳合著的 *Mirroring the Past: The Writing and Use of History in Imperial China* 于 2005 年在夏威夷大学出版社出版。2014 年,该书中译本以《世鉴:中国传统史学》为书名由中国人民大学出版社出版,译者孙卫国、秦丽。该书作者坦言:"英语世界对中国史学的研究从未真正繁荣过,关注者甚少,持之以恒地研究中国史学的学者更少之又少。""至今尚缺乏一本独立的、全面系统反映中国传统史学最新成果的英文评述性专著。""对中国传统史学研究的相对贫乏,不仅暴露出西方中国研究领域的学术空白,同时不利于我们对中华文明全面而深入的理解。"②"对中国史学传统研究的缺失,不仅是西方中国学研究领域的一个缺陷,而且是对中华文明了解的缺陷。"③西方史学界对中国传统史学了解不深,"他们对中国历史和文化的传统缺乏深入的了解,他们从自身的传统出发来审视和总结中国史学,因此就有偏颇和片面之处",故此,作者撰著此书的目的之一,"就是对西方史家对于

---

① 参见《瞿林东教授主编〈中国古代历史理论〉学者座谈会会议纪要》中张岂之发言,《史学理论与史学史学刊》2012 年卷。

② 伍安祖、王晴佳:《世鉴:中国传统史学·导言》,北京:中国人民大学出版社,2014 年,第 1—2 页。

③ 孙卫国:《当代西方视野下的中国传统史学——读〈世鉴:中国传统史学〉》,《史学理论研究》2008 年第 3 期。

中国史学的这些成见，做出一些新的抑或不同的回应”。[①] 作为具有如此明确撰述目的并且是第一部系统全面阐述中国传统史学的英文著作，本书具有非常重大的学术意义。如作者所言，本书意在提供“有关中国传统史学适时而可靠的知识陈述”，目的在于“寻求的是一种中国史学的宏观视野，它能够揭示贯穿于不同历史时期史学的连续性”。[②] 作者有针对性地试图勾勒出中国传统史学的连续性和思想性特征，连续性展现了中国史学传统的源远流长和内容丰富，思想性则表现于在连续性的基础上阐发中国传统史学观念的发生、转承和创获，同时兼顾到中国传统的官、私史学的特点，更以中国传统史学所强调的重要功能之一——以史为鉴作为全书的核心理念，这也是本书以“世鉴”命名的用意所在。[③]

（三）中国近现代（20 世纪）史学史研究的热潮

21 世纪初期，出现了一批以 20 世纪的中国史学为研究主题的史学史研究成果，主要著作如下：

书　名	编、著者	出版机构	出版时间
《二十世纪中国著名学者传记丛书》[④]	戴逸主编	北京图书馆出版社	1998—2000 年
《顿挫中嬗变——20 世纪的中国历史学》	曹家齐	西苑出版社	2000 年 3 月

① 伍安祖、王晴佳：《世鉴：中国传统史学 · 中文版序言》，第 2 页。

② 伍安祖、王晴佳：《世鉴：中国传统史学 · 导言》，第 4 页。

③ 此书英文版出版后，位列 2006 年美国亚洲研究书籍畅销书榜第九名，并被全美图书馆杂志《选择》（*Choice*）评为杰出学术著作。

④ 该丛书收入了数位 20 世纪史学家的学术思想评传，分别为汪学群著《钱穆学术思想评传》（1998 年 8 月）、牛润珍著《陈垣学术思想评传》（1999 年 5 月）、谢保成著《郭沫若学术思想评传》（1999 年 7 月）、刘俐娜著《顾颉刚学术思想评传》（1999 年 9 月）、朱正惠著《吕振羽学术思想评传》（2000 年 1 月）、李泉著《傅斯年学术思想评传》（2000 年 1 月）、王学典著《翦伯赞学术思想评传》（2000 年 2 月）、陈其泰著《范文澜学术思想评传》（2000 年 12 月）等。

续 表

书　名	编、著者	出版机构	出版时间
《百年中国史话·史学史话》	李洪岩	社会科学文献出版社	2000年9月
《20世纪的中国:学术与社会·史学卷》(上下册)	罗志田主编	山东人民出版社	2001年1月
《20世纪中国史学评论》	王学典	山东人民出版社	2002年3月
《20世纪百年学案·历史学卷》	黄敏兰	陕西人民教育出版社	2002年5月
《二十世纪中国学术论辩书系·历史卷》①	李文海、龚书铎主编	百花洲文艺出版社	2004年12月
《20世纪中国历史考证学研究》	陈其泰主编	北京师范大学出版社	2005年1月
《二十世纪中国社会科学·历史学卷》	姜义华、武克全主编	上海人民出版社	2005年9月
《20世纪中国史学思潮与变革》	侯云灏	北京师范大学出版社	2007年1月
《二十世纪中国通史编纂研究》	赵梅春	中国社会科学出版社	2007年3月
《20世纪中国史学重大问题论争》	肖黎主编	北京师范大学出版社	2007年7月
《20世纪中外史学交流》	张广智主编	北京师范大学出版社	2007年11月
《20世纪中国史学散论》	瞿林东	安徽人民出版社	2009年1月
《20世纪二十四史研究综论》(共10卷)	瞿林东主编	中国大百科全书出版社	2009年5月
《20世纪中国史学发展分析》	瞿林东主编	北京师范大学出版社	2009年6月
《二十世纪中国历史学》	王学典、陈峰	北京大学出版社	2009年7月

① 包括牛润珍著《关于历史学理论的学术论辩》、张越著《五四时期中国史坛的学术论辩》、郭双林著《80年以来的文化论争》、方敏著《中国历史人物研究论辩》、宋小庆著《关于中国本位文化问题的讨论》、梁景和著《中国近代史基本线索的论辩》、王东平著《中华文明起源和民族问题的论辩》、温乐群和黄冬娅著《二三十年代中国社会性质和社会史论辩》、赵晓华著《中国资本主义萌芽的学术研究与论争》、岑大利和刘悦斌著《中国农民战争史论辩》、罗新慧著《20世纪中国古史分期问题论辩》。

续　表

书　名	编、著者	出版机构	出版时间
《新中国学案丛书》①	李振宏主编	河南大学出版社	2010 年 3 月
《20 世纪中国历史教育研究》	尤学工	中国社会科学出版社	2014 年 9 月
《20 世纪中国史学编年(1900—1949)》(上下册)	王学典主编,陈峰、姜萌编撰	商务印书馆	2014 年 11 月
《20 世纪中国史学编年(1950—2000)》(上下册)	王学典主编,郭震旦编撰	商务印书馆	2014 年 11 月
《20 世纪后半期中国史学史》(上下册)	周一平主编	上海书店出版社	2017 年 6 月

“20 世纪”只是公元纪年中的一个一百年,其本身既非时代转折的标志,也非政权更迭的起讫,于历史变化内容并无太多实际意义,然而中国历史和中国史学在这一百年间的发展却经历了翻天覆地的变化。在新旧世纪交替前后,多少有些“20 世纪情节”的学术界热衷于回顾过去百年的学术发展,20 世纪中国史学同样成为中国史学史研究的热门选题。此外,20 世纪五六十年代对世纪前半期的清末民国时期史学研究基本处于空白状态,受到各种政治运动的影响,当时对相关史家及其史学建树的评价亦难言与学术有直接关系;而时值 20 世纪末,世纪后半期的史学发展也已渐入学者的课题视野中。因此,“20 世纪中国史学”研究热潮客观上带动、促进了中国近现代史学史的研究,百年来中国史学的发展趋向、思潮、流派被反复讨论,近现代中国史家的各种观

① 已出版的有王彦辉和薛洪波著《古史体系的建构与重塑——古史分期与社会形态理论》、王学典和牛方玉著《唯物史观与伦理史观的冲突——阶级观点问题研究》、臧知非著《生存与抗争的诠释——中国农民战争史研究》、李振宏和刘克辉著《民族历史与现代观念——中国古代民族关系史研究》、何晓明著《世界眼光与本土特色——中国资本主义萌芽研究》、郭世佑和邱巍著《突破重围——中国早期现代化研究》、王先明著《走向社会的历史学——社会史理论问题研究》、周祥森著《反映与建构——历史认识论问题研究》、范毓周著《探索千古之谜——中国文明起源与形成问题研究》、蒋大椿著《趋近历史之路的探寻——历史主义问题研究》。

点被深度解读,近现代中国史学谱系渐趋清晰,中国近现代史学史研究的水准在此机遇中得到了明显提升。

21世纪以来的中国近现代史学史研究取得了多方面的成果。

谢保成的《民国史学述论稿(1912—1949)》(上海人民出版社,2011年)分专题将民国时期史学的重要现象、史著、史家作了较为全面地叙述,张越的《新旧中西之间——五四时期的中国史学》(北京图书馆出版社,2006年)、田亮的《抗战时期史学研究》(人民出版社,2005年)、符静的《上海沦陷时期的史学研究》(社会科学文献出版社,2010年)、张剑平的《新中国史学五十年》(西苑出版社,2003年)等著作则分时段对不同特定时期的史学发展作了更全面、更细化的研究。

中国近代史学的专题性研究成果更为丰富,如:刘俐娜的《由传统走向现代——论中国史学的转型》(社会科学文献出版社,2006年)考察了20世纪开始的三十余年中国史学转型的曲折过程,路新生的《经学的蜕变与史学的"转轨"》(上海古籍出版社,2006年)深入讨论了转型时期中国史学的经史关系问题,王汎森的《近代中国的史家与史学》(三联书店(香港)有限公司,2008年;复旦大学出版社,2010年)结合近代史家对"新史学"、社会进化论、经学与史学、史料观等问题作了深入探析,李孝迁的《西方史学在中国的传播:1882—1949》(华东师范大学出版社,2007年)和李春雷《传承与更新:留美生与民国时期的史学》(中国社会科学出版社,2007年)分别就近代中国史学引进与接受西方史学和留美学生对中国近代史学发展的影响等中西史学关系问题作了阐述,李孝迁的《域外汉学与中国现代史学》(上海古籍出版社,2014年)专以"域外汉学"为切入点考察中外史学交流问题,吴原元的《走进他者的汉学世界——美国的中国研究及其学术史探研》(上海人民出版社,2016年)分美国学者的中国史学研究和民国学人与美国汉学的发展两部分论述了美国中国学的相关问题,叶建的《中国近代史学理论的形成与演进(1902—1949)》(中国社会科学出版社,2012年)梳理了近代中国史学在史学理论方面的发展和变化过程,台湾学者刘龙心的《学术与制度——学科体制与现代中国史学的建立》(台湾远流出版公司,2002年;北京新星出版社,2007年)和陈以爱的《中国现代学术研究机构的兴起——以北大研究所国学门为中心的探讨》(台湾政治大学历史系史学丛书,2001年;江西教育出版社,2007年)分别从不同角度探讨了近代中国史学学科体制的建立情况。刘龙心的《知识生产与传播——近代中国史学的转型》(台北三民书局,2019年)从现代“民族国家”观念的产生和“国族认同”意识的出现讨论中国传统史学向现代史学转化的深层原因,从历史知识生产和传播的角度考察那些因民族国家而起的“历史书写和客观建制”,由此试图回答传统史学与现代中国史学究竟有何不同以及传统史学是如何转型为现代史学的核心问题。作者结合中外学术理念和跨学科研究方法,对“中国上古史”的建构、形塑“中国近代史”、中国社会经济史研究、通俗读物与战时历史书写等专题作了深入研究,不仅大大深化了对中国史学转型的认识,而且也展示了一种“不一样的史学史”。朱发建的《中国近代史学“科学化”进程研究(1902—1949)》(湖南师范大学出版社,2005年)从史学“科学化”的视角认识中国史学近代转型的过程,刘兰肖的《晚清报刊与近代史学》(中国人民大学出版社,2007年)以晚清报刊为中心论述了其对中国史学的多方影响,姜萌的《族群意识与历史书写——中国现代历史叙述模式的形成及其在清末的实践》(商务印书馆,2015年)从“族群意识”的角度分析了清末历史书写存在的困境与发展特点,朱慈恩的《二十世纪中国通俗史学研究》对近现代中国通俗史学的状况作了全面梳理,王学典等的《顾颉刚和他的弟子们》(增订本)(中华书局,2010年;山东画报出版社,2000年初版)、吴忠良的《传统与现代之间——南高史地学派研究》(华龄出版社,2006年)、陈宝云的《学术与国家:〈史地学报〉及其学人群研究》(安徽教育出版社,2010年)等著作则对相应近代史学群体作了具体、生动的叙述,王晴佳的《台湾史学史:从战后到当代》(上海古籍出版社,2017年)描述了20世纪下半叶台湾地区史学发展渊源、变化与原因。

另如桑兵的《晚清民国的国学研究》(上海古籍出版社,2001年)、《晚清民国的学人与学术》(中华书局,2008年)、罗志田的《国家与学术:清季民初关于"国学"的思想论争》(生活·读书·新知三联书店,2003年)、王汎森的《中国近代思想与学术的谱系》(河北教育出版社,2001年)、江湄的《创造"传统"——梁启超、章太炎、胡适与中国学术思想史典范的确立》(社会科学文献出版社,2013年)等著作,虽多从国学、思想史、学术史等方面着眼,所论实皆不离史学左右,其收获或为史学史视角观察所不及者,同样值得重视。

对近代史家的专门研究、从不同角度解读他们的学术与人生,一直对研究者有着持续的吸引力。如关于梁启超的研究,主要有石莹丽的《梁启超与中国现代史学——以跨学科为中心的分析》(中国社会科学出版社,2010年)和宋学勤的《梁启超新史学的当代解读》(中国社会科学出版社,2013年)等著作;关于顾颉刚的研究,主要有美籍学者余英时的《未尽的才情——从〈顾颉刚日记〉看顾颉刚的内心世界》(台湾联经出版事业公司,2007年)、顾潮的《我的父亲顾颉刚》(人民文学出版社,2010年)、黄海烈的《顾颉刚"层累说"与20世纪中国古史学》(中华书局,2016年)等;关于傅斯年、陈寅恪的研究,主要有汪荣祖的《史家陈寅恪传》(北京大学出版社,2005年,据台湾联经新版重印)、施耐德的《真理与历史——傅斯年、陈寅恪的史学思想与民族认同》(关山、李貌华译,社会科学文献出版社,2008年)、岳南的《陈寅恪与傅斯年》(陕西师范大学出版社,2008年)、王震邦的《独立与自由——陈寅恪论学》(台湾联经出版事业公司,2011年)、苏同炳的《手植桢楠已成荫——傅斯年与中研院史学所》(台湾学生书局,2012年)等;关于钱穆的研究,主要有徐国利的《钱穆史学思想研究》(台湾商务印书馆,2004年)、陈勇的《钱穆与二十世纪中国史学》(九州出版社,2017年)、周佳荣的《钱穆史学导论——两岸三地传承》(香港中华书局,2017年)等。其他近代史家如夏曾佑、孟森、王国维、陈垣、柳诒徵、吕思勉、邓之诚、金毓黻、胡适、洪业、姚从吾、蒋廷黻、李济、刘咸炘、朱谦之、缪凤林、郑天挺、向达、萧一山、雷海宗、姚名达、张荫麟、杨联陞、严耕望等,都有近代史学史研究方面的论文或专著予以研究。

2019年,胡逢祥等著《中国近现代史学思潮与流派(1840—

1949)》由商务印书馆出版。该书的前身是胡逢祥、张文建于1991年出版的《中国近代史学思潮与流派》一书,《中国近现代史学思潮与流派(1840—1949)》在篇幅上由原来的一册30万字扩充为上中下三册约120万字,在内容上由原来的时间下限写至1919年五四运动前后延伸到1949年新中国建立前。著作体量数倍于前,既是作者在原书出版后继续于该课题的研究所获成果甚丰的实际表现,也是这二十多年间中国近现代史学研究在总体上有突出进展的客观反映。《中国近现代史学思潮与流派(1840—1949)》在延续了之前史学思潮与流派研究模式的基础上,对史学思潮的阐述大大充实于前,对史学流派的划分和评价更为客观合理。作者认为五四新文化运动以后的中国史学大体有"现代科学实证思潮""新人文主义思潮""唯物史观思潮""民族主义史学思潮"和"中国马克思主义史学的发展壮大"等主要史学发展潮流。其中,以胡适、傅斯年、李济为代表的"科学方法派",以顾颉刚为代表的"'古史辨'派"和以王国维、陈垣、陈寅恪等为代表的"新考证派"构成了"现代科学实证思潮";以柳诒徵、汤用彤等为代表的学衡派构成了"新人文主义思潮";以社会史论战各派和食货派为主构成了"唯物史观思潮";以禹贡派、战国策派和民族本位派等史学流派构成了"民族主义史学思潮";抗战以后中国马克思主义史学阵营的确定,使中国马克思主义史学得以迅速发展、壮大起来。从20世纪三四十年代开始,人们就不断尝试用史学流派的研究方式概括、定位呈多途发展的近代中国史学发展图景,诸多观点各有特色却也不乏争议,该书对中国近代史学思潮与流派的论述有着整体的通盘布局和局部的周详考虑,成功地展现了近代中国历史学学术版图上的流派分布及变化走向,是在该研究领域上的集大成之作。

中国马克思主义史学作为中国近现代史学史研究的重要组成部分,在21世纪以来重新受到重视。这种情况在最近十年来表现得尤为明显,而随着对中国马克思主义史学研究的渐趋深入,1949年以后以中国马克思主义史学居主导地位为特征的当代中国史学史研究也随之进入了人们的研究视野。此前,桂遵义的《马克思主义史学在中国》

(山东人民出版社,1992年)是一部专门阐述中国马克思主义史学发展史的著作,吴泽是该书早期的策划者,周朝民、朱政惠、王东、周一平等人也参与了该书的撰稿工作。该书将中国马克思主义史学分为四个阶段(1919—1927,1927—1937,1937—1949,1949—1956),对中国马克思主义史学从形成到发展的基本过程、重大事件、研究成果作了梳理和评述,初步展现了中国马克思主义史学的发展面貌,反映了著者及华东师范大学中国近代史学史研究团队在马克思主义史学研究领域的收获。此外,台湾学者逯耀东的《中共史学的发展与演变》(台北时报文化出版事业有限公司,1979年)和《史学危机的呼声》(台湾联经出版事业公司,1987年)对1949年至1979年间的大陆史学发展过程作了简要梳理,对一些重点问题作了专门讨论。吴安家的《中共史学新探》(台北幼狮文化事业公司,1983年)主要对1979年以后大陆史学的变化情况作了研究。不过,在20世纪八九十年代,与民国时期非马克思主义史学史研究形成热潮的状况相比,对中国马克思主义史学史的研究在总体上处于低潮。

2001年,罗志田主编的《20世纪的中国:学术与社会·史学卷》(上)由山东人民出版社出版,其中的第三编"20世纪中国马克思主义史学"由蒋大椿执笔,篇幅达25万字,这是继桂遵义的《马克思主义史学在中国》之后的又一部系统阐述中国马克思主义史学发展史的著述。[①] 蒋大椿把马克思主义史学的发展过程分为三个阶段:第一个阶段从1919年到1949年,马克思主义史学从奠基、形成、壮大到初步定型;第二个阶段从1949年到1976年,马克思主义史学在大陆确立了主导地位,取得了许多成就,又发生了重大曲折;第三个阶段是"文革"以后特别是1978年的新时期以来至今,马克思主义史学不断发展,又面临着一系列有待进一步思考的问题。[②] 蒋大椿将中国马克思主义史学

---

① 蒋大椿将此长文删削后以《八十年来的中国马克思主义史学》为题,在《历史教学》2000年第6、7、8、9期分四期连载。

② 蒋大椿:《20世纪中国马克思主义史学》,见罗志田主编:《20世纪的中国:学术与社会·史学卷》(上),济南:山东人民出版社,2001年,第131页。

发展史研究的下限延续到了20世纪末,其间重点涉及1949年至1965年的“十七年时期”中国马克思主义史学“历史研究的拓展、局部深入及其经验教训”和1978年以后中国马克思主义史学的研究情况。由于1949年以后中国马克思主义史学居主导地位,这两部分内容大致可以看作是中华人民共和国史学史,所论及的史学理论研究的拓展、中国古代通史和断代史研究的繁荣、中国近现代史研究的蓬勃发展、中国专门史研究的深入、中外关系史研究的进展、世界史研究的成就等,均以大量具有代表性的史家及其论著、观点为材料依据,较为完整地勾勒出1949年以前和之后中国马克思主义史学的发展面貌,奠定了继续深入研究中国马克思主义史学史的基础。章群的《中共早期的历史研究工作》(台北学海出版社,2000年)记述了20世纪50年代中国大陆史学研究的主要问题、研究与教学机构的设置情况,高希中的《反省与重建:新中国成立后历史人物评价问题的理论考察》(中国社会科学出版社,2017年)叙述了1949年以后的中国史坛在历史人物评价问题的讨论所得到的收获。此外,上文提及的李洪岩的《百年中国史话·史学史话》、黄敏兰的《20世纪百年学案·历史学卷》、侯云灏的《20世纪中国史学思潮与变革》、瞿林东主编的《20世纪中国史学发展分析》、王学典和陈峰的《二十世纪中国历史学》等多种20世纪中国史学研究著作或丛书系列,都以相当篇幅讨论了中国马克思主义史学的发展过程,而1997年山东教育出版社出版的德国学者罗梅君著《政治与科学之间的历史编纂》(孙立新译)和2005年江苏人民出版社出版的美国学者阿里夫·德里克著《革命与历史——中国马克思主义历史学的起源,1919—1937》(翁贺凯译)两部由外国学者撰写的中国马克思主义史学的研究著作,为中国马克思主义史学研究提供了新的视角和启发。

分专题、分时段的马克思主义史学史研究成果不断涌现。陈峰的《民国史学的转折——中国社会史论战研究(1927—1937)》(山东大学出版社,2010年)以唯物史观史学形成的标志性事件——中国社会史论战为中心,讨论了蕴含于其中的学术关怀意识形态的特质、中国经济史研究特色的塑造、跨学科史学研究方法的交汇等问题,总结了社会史论战的成就，阐明了唯物史观史学就此确立的意义。洪认清《抗战时期的延安史学》（安徽大学出版社，2006 年）、于文善《抗战时期重庆马克思主义史学研究》（中国社会科学出版社，2013 年）分别对中国马克思主义史学形成和发展过程中的重要时期——抗战时期、重要区域——延安和重庆两地的马克思主义史学作了专门研究，进一步丰富了马克思主义史学的研究内容。李怀印的《重构近代中国——中国历史写作中的想象与真实》（岁有生、王传奇译，中华书局，2013 年）深入分析了 1949 年前后在政治与学术的张力之间中国史学历史书写的不同特征。陈其泰主编的《中国马克思主义史学的理论成就》（国家图书馆出版社，2008 年）是一部从理论方面总结中国马克思主义史学的著作，书中的“传统思想的精华何以通向唯物史观”“创造性运用唯物史观原理的重大成就”“唯物史观与新历史考证学”“新时期马克思主义史学理论的探讨和发展前景”等专题，都具有十分重要的学术意义，书中讨论的“古史分期问题的讨论及相关理论问题”“对中国历史发展规律的探索”“关于民族问题的理论”“苏联史学的若干特点及其对中国的影响”等部分，均从更深的层面探讨了中国马克思主义史学的理论问题。瞿林东等著的《唯物史观与中国历史学》（上海人民出版社，2013 年）对中国马克思主义史学中的若干重要问题进行了分析和总结。蒋海升《“西方话语”与“中国历史”之间的张力：以“五朵金花”为重心的探讨》（山东大学出版社，2009 年）重点分析了中国马克思主义史学中号称“五朵金花”的五个重大历史理论问题——古史分期问题、资本主义萌芽问题、封建土地所有制问题、农民战争问题和汉民族形成问题的生成语境、讨论过程，以及“根植”西方的理论预设等问题。张剑平先后撰写了《中国马克思主义史学研究》（人民出版社，2009 年）、《新中国历史学发展路径研究》（人民出版社，2012 年）等数部著作，研究内容涉及马克思主义史学的许多问题和对马克思主义史学及史学家的评价。杜学霞的《史殇：二十世纪五六十年代的史学研究》（国家行政学院出版社，2013 年）触及的是“十七年时期”史学中历次政治运动所导致的“史学批判”现象，这无疑是中国马克思主义史学发展史上的一个敏感问题，作者试图透过学术与政治间的种种复杂关系探析马克思主义史学和史学家曾经的“史殇”般的曲折经历，“深刻总结其中的经验教训，为新时期史学的发展提供借鉴和指导”。[①] 此外，对马克思主义史家的研究更注重钩稽其生平事迹、著述原委、学术交往，尽量将历史人物还原至当时的历史语境中重加认识。如林甘泉、蔡震主编的五卷本《郭沫若年谱长编(1892—1978)》(中国社会科学出版社，2017年)，杜云辉的《侯外庐先生学谱》(中国社会科学出版社，2013 年)。李斌的《女神之光：郭沫若传》(作家出版社，2018 年)用档案、报纸、杂志、书信、日记、访谈等一手资料，力求以平实、客观的笔调记述郭沫若一生的政治活动、学术成绩及生平事迹，同样提供了郭沫若在历史学研究方面的许多史实。

2015 年底，于沛主编的六卷本《马克思主义史学思想史》[②]出版，这是一部系统阐述中外马克思主义史学思想的学术史专著，其中专门论述中国马克思主义史学思想的是第 3 卷“中国马克思主义史学思想的形成和发展(1949 年前)”和第 4 卷 “新中国马克思主义史学思想”。把中国马克思主义史学思想史置于中外马克思主义史学思想史的总体发展中考察，本书是第一次，而以两卷共约 90 万字的篇幅系统阐述中国马克思主义史学，也是首次。在第 3 卷和第 4 卷中，作者深入论述了唯物史观传入中国后中国马克思主义史学的成长发展以及新中国成立后直到 21 世纪初以来中国马克思主义史学成为中国史学主流形态后的不同历史阶段的发展过程。重视从史实而不是从概念上总结中国马克思主义史学思想的特点，重视从差异性而不是共同性研究中国马克

---

① 杜学霞：《史殇：二十世纪五六十年代的史学研究》，北京：国家行政学院出版社，2013 年，第 11 页。

② 于沛主编：《马克思主义史学思想史》，北京：中国社会科学出版社，2015 年。该书第一卷“唯物史观和马克思主义史学的产生”，陈立新、于沛、隽鸿飞著；第二卷“早期马克思主义史学思想研究”，李杰著；第三卷“中国马克思主义史学的形成和发展(1949 年前)”，彭卫、杨艳秋著；第四卷“新中国马克思主义史学思想”，李红岩著；第五卷“外国马克思主义史学(上)”，姜芃、沈坚、陈新、孙立新著；第六卷“外国马克思主义史学(下)”，王加丰、王立端、于沛、梁民愫、张经纬著。

思主义史学家的建树,重视从发展的眼光而不是停滞的眼光看待中国马克思主义史学的影响,是本书的主要特色。

近两年来,对中国马克思主义史学的研究屡有佳作呈现。“社会发展史”对中国马克思主义史学发展走向产生了重要影响,但是相关研究在以往并不多见。胡一峰的《中国“社会发展史”话语生成考论》(台湾花木兰文化事业有限公司,2018 年)对作为中国马克思主义史学重要组成部分的“社会发展史”作了专门研究。作者在悉心搜集、考订 1924 至 1950 年间的四十余种“社会发展史”文本的基础上,梳理了“社会发展史”在中国的起源、在大革命时期形成高潮、在 20 世纪 30 年代陷入低谷,以及在 20 世纪四五十年代重新形成高潮的过程,厘定了“社会发展史”在中国的“学理流派”,为深入认识中国马克思主义史学发展史提供了更为充实的学理资源和史实依据,有着填补空白的学术价值。与该书“以文本与语境分析”为基本研究方法相近的是赵庆云的两部著作——《创榛辟莽:近代史研究所与史学发展》(社会科学文献出版社,2019 年)和《20 世纪中国马克思主义史家与史学》(北京师范大学出版社,2019 年)。前书论述了中国马克思主义史学最具历史渊源也是最有影响力的研究机构——近代史研究所的筹备组建、成员架构、研究理念与取径、对中国近代史研究的促进等问题,后书分史家个案、理论探讨、学术组织与活动三个篇章,对范文澜、刘大年、荣孟源等史家以及马克思主义史学的中国近代史研究的一些理论问题和几次重要的学术活动,进行了专题探讨。赵庆云两本著作的共同特点是运用档案、日记、书信、回忆、口述等一手资料,力图重返当时的时空语境,还原史家及史学研究活动的实际情形,展现学人在政治与学术间的实际作为,恢复“十七年”时期中国马克思主义史学的复杂、丰富的具体形态,提示了中国马克思主义史学史研究的新路向。

以上的各项成果说明,对中国马克思主义史学的研究已经经过了回顾性和一般性总结的阶段,随之而来的将是在扩大史料范围的基础上对那些尚未涉及的问题或已经触及但尚不清晰的问题的进一步研究,在解放思想的前提下用学术研究而不是政治标签或口号式的方式方法去阐明中国马克思主义史学的学术价值和政治影响。只有这样，中国马克思主义史学的历史地位才会真正明确，对中国马克思主义史学的评价才会趋于客观，在新的历史条件下使中国马克思主义史学健康发展才不是一句空话。

第四章　重点问题

较为全面地归纳出中国史学史研究中的重点问题并不容易,况且,一些以往曾经被公认的重点问题随着整体研究的进展在后来可能变得不再那么“重点”,一些问题是否能被视为“重点”也会因为研究者的研究兴趣与关注程度的不同而见仁见智。就本章而言,限于本人的学识,一些笔者研究有限或超出笔者所能把握范围的重要问题,可能并未提及或仅点到为止。因此,这里提及的重点问题既非面面俱到,也难说都是“重点”,只是提出若干在笔者看来于现阶段中国史学史研究中有一定代表性、关键性、趋向性或争议性的问题,使读者,特别是接触史学史专业时间不久的读者,获得一些启发,得到一点帮助。

例如,一般中国史学史著述都要论及的中国史学史研究任务、内容、对象等问题,这里没有专门提到,一是这类问题前人多有论述,总体上看大同小异,二是这类问题是随着研究本身而不断加深认识的,在没有比较明显的新见解的情况下,再重复一遍意义不大,三是本书在“导言”“中国史学史概述”“研究史概述”等部分对这类问题也有部分涉及。再如,对中国史学史研究趋向的分析与展望,是近年来中国史学史研究领域的热门话题,也有不少文章、笔谈就此展开讨论,其中不乏具有建设性的意见或独到深入的分析,却也有一些不切实际的空谈,对于这类问题,与其众说纷纭,不如静下心来做好眼前的研究,因此这里也不再过多讨论。

事实上,近年来中国史学史研究确实出现了很多新的学术增长点,如中国古代史学中的文史关系问题、中国古代文明起源与史学产生问题、统一多民族国家历史文化认同与民族史观问题、中国少数民族史学问题、历史教育与史学大众化问题、近现代中国史学中世界史研究的发展问题、中国近代史学的海外中国学研究问题、后现代历史叙事学对当代中国史学的影响问题、全球史与中国史学走向问题、建设中国史学话语体系问题等。这其中有的是史学史研究中的问题,有的是与史学史有直接关系的问题,就本书而言,有些问题笔者难以有效把握,有些问题则不在笔者的研究范围内,感兴趣的读者可参考相关研究来了解。

一 中国史学史学科的兴起

中国史学史学科是中国近代史学发展的产物。那么,谁是中国史学史学科的首倡者?这个问题一直以来有着比较明确的回答。1921年,梁启超在南开大学讲授中国文化史,部分讲稿连载于同年《改造》杂志第4卷第3、4号,1922年由商务印书馆初版,书名为《中国历史研究法》,副题为"中国文化史稿第一编"。该书第二章"过去之中国史学界",叙述从史学的产生到清代史学间"二千年来史学经过"[①],是一篇简要的中国史学史,说明在逐渐明确了史学成为一门近代学科的基础上,"史学史"已经开始初步具备了学科史的概念。1926年10月至次年5月,梁启超在清华国学院讲授"文化史",讲稿经整理成《中国历史研究法补编》(商务印书馆,1930年)一书,书中专有一部分"史学史的做法",梁启超写道:中国史学"很有独立做史的资格,中国史学史最简单也要有一二十万字才能说明个大概,所以很可以独立著作了"。[②] 这段话被多数人认定是中国史学史(或者说是史学史)学科建立的标志。

① 梁启超:《中国历史研究法》,《饮冰室合集·专集之七十三》,北京:中华书局,1989年,第27页。

② 梁启超:《中国历史研究法补编》,《饮冰室合集·专集之九十九》,北京:中华书局,1989年,第151页。

然而，对于史学史学科首倡者的问题，也还有着其他一些观点。1924 年 2 月，胡适对顾颉刚、钱玄同与刘掞藜、胡堇人就“层累地造成的中国古史”说展开的论战写了一篇《古史讨论的读后感》，发表在《努力周报》增刊《读书杂志》上，文中提到古史论战“这一件事可算是中国学术界的一件极可喜的事，他在中国史学史上的重要一定不亚于丁在君先生们发起的科学与人生观的讨论在中国思想史上的重要”。① 这是“中国史学史”之说较早出现的一例，但是胡适并未就此作专门论说。朱维铮在他的《史学史三题》一文中曾这样说过：“依时序，李大钊于 1920 年在北大所编《史学思想史讲义》，较诸梁启超于 1922 年在南开讲授《中国历史研究法》，早一年。”②朱维铮并未纠缠谁先谁后的“首倡权”，但是这毕竟提示我们，在梁启超的《中国历史研究法》及“补编”中分别述及中国史学史和提到中国史学“很有独立做史的资格”之前，李大钊也写出了“史学思想史”，具有明确的“史学史”概念。此外，另有学者撰文指出：“朱希祖自 1919 年起在北大史学系主讲本国史学概论，后更名为中国史学史，讲述中国史学之起源、中国史学之派别以及历史哲学。”③“朱希祖已有了明确的史学史意识，并且认为史学史完全可以成为一门独立的学科。由此，我们可以将‘史学史’概念提出的时间追溯到 1919 年。朱希祖是目前我们所知的最早提出‘史学史’的史家，他的《中国史学通论》应该是最早的中国史学史讲义。”④

李大钊的《史学思想史讲义》简要介绍了欧洲文艺复兴以来数位重要史家的史观和史学思想，虽然其“史学思想史”较早提示了史学史在历史研究中的必要性，但是讲义并未论及中国史学史，与中国史学史学科建设并不直接相关。朱希祖在他主持北大史学系的时候已经将史

① 胡适：《古史讨论的读后感》，《读书杂志》第 18 期，1924 年 2 月 22 日。

② 朱维铮：《史学史三题》，《复旦学报》2004 年第 3 期。

③ 王应宪：《20 世纪上半叶中国史学史学科建设再探讨》，《华东师范大学学报》2012 年第 5 期。

④ 王爱卫：《朱希祖的史学史研究及其〈中国史学通论〉》，《德州学院学报》2016 年第 5 期。

学史列为教学科目,“首先在大学课堂上讲授中国史学史的,应推北京大学史学系主任朱希祖先生”。[①] 只是,一门课程的设立尚不能标志着一门学科的建立,就像民国时期的大学课堂上设有西洋史、中国近世史等课程,却不能说中国的世界史、中国近代史学科就已经建立起来一样,“由于处于学科初创阶段,他没有像梁氏那样从理论上加以阐发,也没有给史学史提出清晰的研究轮廓”[②],他主讲的课程讲义后经补充修订于1943年方以《中国史学通论》为题出版,那时候已有数部中国史学史专著问世,朱书无论从时间上还是内容上,在中国史学史研究领域的影响力比较有限。[③]

如果再向前追溯,梁启超提出“新史学”,后来又提出史学史“有独立做史的资格”,他的一系列史学新见解大都受到他在日本了解到的西学的影响。李大钊和朱希祖都曾在东京早稻田大学学习。他们不约而同地重视史学史,应该与他们在日本的经历有关系,而日本学者内藤湖南从1914年到1925年间在京都大学曾三次讲授“中国史学史”。第一次是在1914年至1915年间,讲授的具体内容不详;第二次是在1919年至1921年间,“从古代一直通讲到现代”;第三次是在1925年,讲授的题目是“清朝的史学”。[④] 由于内藤湖南授课时不带讲稿,也没有讲义,所以并未留下他本人亲自撰写的关于中国史学史的文字著述。当他有意将所讲内容编纂成书的时候,便将听讲学生的听课笔记进行整理与订正,时间大约在1923年。到1925年他讲授“清朝的史学”时,又在此前经他整理的讲义上增补了许多内容。内藤湖南去世后,内藤乾

---

① 宁泊:《史学史研究的今与昔——访杨翼骧先生》,《史学史研究》1994年第4期。

② 王爱卫:《朱希祖的史学史研究及其〈中国史学通论〉》,《德州学院学报》2016年第5期。

③ 有学者认为:“朱氏(希祖——引者)的讲义延续了传统史家的路数,基本不含‘以社会科学治史’的因子。而且,朱氏的课程也并不成功,所以当时北大的学生才会造他的反。朱氏的贡献已经成为史学史上津津乐道的事例,不过,他这一小册讲义确实不足称。”见李红岩:《中国近代史学史论》,北京:中国社会科学出版社,2011年,第374—375页。

④ 内藤乾吉:《中国史学史·例言》,见内藤湖南:《中国史学史》(马彪译),上海:上海古籍出版社,2008年,第1页。

吉(内藤湖南长子)和神田喜一郎二人以内藤湖南曾经整理过的书稿和搜集到的几种当时学生的听课笔记为蓝本,互相核对补充,终于完成了对这部《中国史学史》的整理工作,并于1949年5月由弘文堂出版,后又被收入《内藤湖南全集》第十一卷。1953年,杨联陞曾经撰文评论内藤湖南的《中国史学史》,认为金毓黻的《中国史学史》属于经典性著作,嘉德纳《中国传统史学》是唯一的英文本中国史学史,内藤湖南的《中国史学史》则是"近代学者撰写的部头最大的一部"。杨联陞还介绍内藤湖南对中国史学史的分期,称对其评论和内容印象深刻。① 尽管如此,从现有材料上看,内藤湖南的这部史学史著作对中国国内的史学史学科建设的影响也不明显。

如果不过分在意于"史学史"称谓的最早提出、"史学史"课程的建立等方面内容的孰先孰后,相比之下,梁启超在《中国历史研究法》及"补编"中对史学史学科的论述、对中国史学史研究内容的设想、对中国史学史基本线索的梳理等,对于中国史学史学科发展有着更广泛、更深入的影响。因此,我们依然可以认为,梁启超提出的关于"史学史"的观点,是中国史学史学科建立的标志,梁启超是中国史学史研究的最有影响力的首倡者。

20世纪20年代史学史的学科概念被提出后,中国史学史研究在二三十年代的发展主要表现在两个方面:一是中国史学史的学术研究论文的不断发表,二是越来越多的高校开设了中国史学史课程。

具有中国史学史研究意识的学术论文的发表,为草创时期的中国史学史研究奠定了基础。除了对史家史书的考证性论文外,论文大致以研究史家和某个时代的史学面貌为主要内容。以近代史学的视角重新撰述与解读中国古代史家的生平、史学成就、学术思想,是当时研究古代史家的主要特点,如郑鹤声的《班孟坚年谱》(《史学杂志》第1卷第1期,1929年3月)、顾颉刚的《郑樵著述考》和《郑樵传》(《国学季刊》第1卷第1—3期,1923年3—8月)、胡适的《科学的古史家崔述》

① 朱政惠:《海外学者对中国史学的研究及其思考》,《史林》2006年第4期。

(《国学季刊》第1卷第2期,1923年4月)等。对不同时期、不同阶段史学发展的叙述,是中国古代史学史研究的阶段性工作,这方面的论文也有不少,如朱希祖的《中国史学之起源》(《北大社会科学季刊》第1卷第1期,1922年5月)、陈竞的《周秦史学》(《中国大学季刊》第1卷第4期,1927年11月)、万福曾的《魏晋之史学》(《大公报·史地周刊》第115期,1936年12月)、郑鹤声《汉隋间之史学》(《史地学报》第3卷第7—8期,1925年6—10月)等。[①] 这些论文的问题意识、研究方法多有近代学术意识或时代感,如何炳松说,“吾人既述章氏著书之宗本,兹乃进而述其史学观念之一斑”[②],史学观念是他研究章学诚的主要意图;顾颉刚说,“郑樵的学问、郑樵的著作,综括一句话,是富于科学的精神”[③],科学精神是顾颉刚研究郑樵的出发点。这些研究宗旨都成为史学史研究的重要因子。

在西学涌入、学习西方史学成为潮流的20世纪二三十年代,中国古代史学史上最重要的两部史学理论名著——刘知幾的《史通》和章学诚的《文史通义》重新得到研究者的重视,既说明中国古代史学所具有的持久价值使时人在初步了解西方史学后再回归于中国传统史学所获得的认同感,也不能不说是中国史学史学科意识的逐渐明确所造成的中国古代史学理论“双璧”的价值再现。而对于《史通》和《文史通义》的深度解读,又反过来促进了中国史学史研究的进一步发展,正如梁启超在《中国历史研究法·过去之中国史学界》中称,“自有刘知幾、郑樵、章学诚,然后中国始有史学矣”,“刘氏事理缜密,识力锐敏,其勇于怀疑,勤于综合,王充以来,一人而已”,章学诚“自有一种融会贯通之特别见地,故所论与近代西方之史家言多有冥契”。[④] 对《史通》作整

① 参见胡逢祥:《历史学的自省:从经验到理性的转折——略评20世纪上半叶我国的史学史研究》,《华东师范大学学报》2004年第1期。

② 何炳松:《章学诚史学管窥》,《民铎杂志》第6卷第2期,1925年2月。

③ 顾颉刚:《郑樵著述考》,《国学季刊》第1卷第1期,1923年1月。

④ 梁启超:《中国历史研究法》,《饮冰室合集·专集之七十三》,北京:中华书局,1989年,第24—25页。

理、校勘、续写的成果不断出现，刘知幾年谱就有数种。① 专论《史通》的著作有刘咸炘的《史通驳议》（推十书局，1929 年）、傅振伦的《刘知幾之史学》（景山书社，1931 年）、吕思勉《史通评》（商务印书馆，1934 年）等。梁绳筠在 1922 年发表《读史通劄记》，文中一一列出《史通》的“史学批评”观点，最后得出结论：“《史通》价值不在他商榷史例的当否，而在他能用一种‘归纳的分类法’来研究一种学问，是有科学方法的精神”，“《史通》的价值，不在他怀疑的古书古事是否如此，而在他有‘众善之必察焉’的精神，换言之，不肯盲信古人，必要寻出一个‘自我’来，这是中国思想界最缺少的一个要素——怀疑的要素。”②这里的“史学批评”“归纳方法”“科学精神”“怀疑要素”等关键词的使用和论证，在此前的《史通》评价中很少见到，而在距该文发表九十多年后的今天来看，也并不显得陈旧过时。张其昀在《学衡》杂志上发表《刘知幾与章实斋之史学》，作者断言：“中国评论史学之专书，自刘君始”，“章君之书，盖吾国史学评论第二部名著也”。作者进而将刘、章二书与西方史学作出比较：“余近读西洋史家朗格（Langlois）、辛诺波（Seignobos）、文森（Vincent）、鲁宾孙（Robinson）、法林（Fling）诸氏之书，觉西人所研究之史学问题，二君多已道其精微，其不逮之处，则在近世西洋史家能吸收科学发明之精华，故于人类起源、演进及未来诸观念，皆有实证以张其新理，二君则为时地所限，故阙而不详，无足怪也。”③且不论与西方史家所论史学理论问题相比，刘、章是否早已道出“精微”，重要的是这种中西比较的研究意识是近代史学眼光所独有的，刘、章二人的史学见解重获关注实非偶然。刘咸炘在 1918 年前后即已研读《文史通义》，写出的《文史通义识语》刊印于 1925 年，两年后由成都志古堂刊印，在时间上早于胡适那篇在近代学术史上引起对章学诚的重视的

---

① 如朱希祖的《刘子玄年谱稿》（1922 年）、刘汉的《刘子玄年谱》（《努力学报》创刊号，1929 年 9 月）、周品瑛的《刘知幾年谱》（《东方杂志》第 31 卷第 19 期，1934 年 10 月）、傅振伦的《刘知幾年谱》（商务印书馆，1934 年）等，其中以傅振伦所作年谱最为详尽。

② 梁绳筠：《读史通劄记（续）》，《史地丛刊》第 2 卷第 2—3 期，1922 年 4 月。

③ 张其昀：《刘知幾与章实斋之史学》，《学衡》第 5 期，1922 年 5 月。

《章实斋先生年谱》(商务印书馆,1922 年)。[①] 后经姚名达修订补充,这部《章实斋先生年谱》(商务印书馆,1929 年)对章学诚研究起到重要作用。一批史学史学术论文的发表成为中国史学史研究的基础,其中用近代史学理念研究刘知幾和章学诚其书其人的成果则是中国史学史研究的机括,而中国史学史教学在许多高校中的都有设置,是中国史学史学科建设的必要条件。

研究显示,在 20 世纪 20 年代,北京大学、清华大学、辅仁大学、北京师范大学、北平大学、广东高等师范学校、广东大学、中山大学、云南高等师范学校、东陆大学、中央大学、光华大学、东北大学等校都把中国史学史列为基本教学科目;到了 30 年代,还有成都师范大学、中国公学、大厦大学、持志书院、暨南大学、安徽大学、复旦大学、四川大学、武汉大学、南开大学、厦门大学、山西大学、台湾大学、西北大学、云南大学、西南联合大学、湖北师范学院等数十所高校的历史学系开设或设置了中国史学史课程,近 30 位学者曾经执史学史教席。这个数字有些令人意外,如果统计一下当时所有高校中开设史学史课程的比率,也许不会比现在低。这些情况表明中国史学史在当时的确受到重视。朱希祖(北京大学)、陈功甫(广东大学)、卫聚贤(持志书院)、陆懋德(北平师范大学)、容肇祖(中山大学)、萧鸣籁(中山大学)、方壮猷(武汉大学)等人在讲授中国史学史课程时都有讲义油印或出版。从课程内容上看,史学起源、史家生平、史著价值、史官建置、史体优劣、史料类别、史观变化、史学方法、史学功用、史家修养、最近史学趋势等,在高校中国史学史课程提纲中间或出现,客观上起到了充实完善中国史学史研究框架内容的重要作用。有些学生的毕业论文也以史学史为题,如燕京大学的学士论文中有余协中的《刘知幾之史评》、陈懋恒的《史记引左传国语考》、杨实的《李卓吾之史学》、郑祯的《清高宗之史观》、王锺翰

---

① 见刘开军:《西史东渐中的坚守:刘咸炘的中国本位史学理论》注释③,《四川师范大学学报》2012 年第 5 期。

的《清三通之研究》等。[①] 中国史学史在高校教学中已有一定规模的事实表明,尽管存在着一些不同意见,但史学史存在于新的历史学学科架构中已部分地得以承认,很显然,高校史学史教学对于中国史学史学科建设的促进作用在以往可能被低估了。

从今天可见的材料看,当时已有多种用于高校教学的讲义写出,只是这些讲义既非公开出版物,而且在完整性和整体水平上也未及出版水准,这在客观上就更需要具有相当学术水准的、较为系统的中国史学史著作。

1938 年,金毓黻开始撰写的《中国史学史》,也是作为大学教材编撰的。[②] 大约在 1939 年 9 月,《中国史学史》初稿完成,"经前中央大学校长罗家伦先生校订,送由商务印书馆印行,列入大学丛书,并于三十年八月出版,嗣以上海香港相继沦陷,未能输送于后方"。即该书最早于 1941 年出版,却因时局原因未能及时发行,我们所看到的较早版本,是"经教育部史地教育委员会列入大学用书重行付印,并经中央大学教授缪凤林先生重加校订"的 1944 年商务版《中国史学史》。[③] 金毓黻在日记中说,1938 年 2 月 23 日"始撰《中国史学史》,无可依傍,以意为之。梁任公于其《历史研究法续编》中有'中国史学史作法'一节尚可取资,惟语焉不详。闻卫聚贤撰有是书,由《大公报》出版,亦为见之"[④]。在其《中国史学史・导言》中又说其书"今辑是稿,前无所承"[⑤],说明该书的结构、内容、主旨主要是金毓黻本人创定的;然而他也明言,该书"谨依刘章之义例,纬以梁氏之条目,粗加诠次,以为诵说之资"[⑥],又说

---

① 参见王应宪:《20 世纪上半叶中国史学史学科建设再探讨》,《华东师范大学学报》2012 年第 5 期。

② 1957 年,金毓黻在其《中国史学史》"重版说明"中说:"本书创稿于 1938 年,系大学授课讲义,1944 年始在重庆出版。"见《中国史学史・重版说明》,上海,商务印书馆,1957 年,第 3 页。

③ 金毓黻:《中国史学史・略例》,重庆:商务印书馆,1944 年。

④ 金毓黻:《静晤室日记》第 6 册,沈阳:辽沈书社,1993 年,第 4103 页。

⑤ 金毓黻:《静晤室日记》第 2 册,第 1000 页。

⑥ 金毓黻:《中国史学史・导言》,重庆:商务印书馆,1944 年,第 1 页。

明他还是参考了梁启超的一些观点，尽管“语焉不详”，却也“尚可取资”。[①] 金著《中国史学史》出版后，产生很大影响，其学术价值与在此前后出现的各种史学史讲义和著述相比均高出一筹，1957 年该书由商务印书馆再版，1962 年由中华书局重印。[②]

后人评价初创时期的中国史学史学科，认为以梁启超的史学史框架写就的中国史学史著述，很有些史部目录的味道，那些继承了梁启超的“史学史的做法”的中国史学史撰述更像是要籍解题。其实梁启超在《中国历史研究法补编》所写的那部分简要的中国史学史，至少在立意上并非全然如此。梁启超提出中国史学史最少要在下列四个部分特别注意：“一、史官，二、史家，三、史学的成立及发展，四、最近史学的趋势。”[③]在这里，只有第二部分“史家”看上去更像是要籍解题，其他三个部分的史学史特点更明显。“史官”现象是中国史学所独具的特点。今人已经越来越清楚地认识到，史官和设馆修史制度是影响中国古代史学走向的关键内容之一，也是中国古代史学史亟待全面深入研究的领域。梁启超在当时很敏锐地提出“史官”是中国史学史研究的重点内容，并且将“史官”置于中国史学史研究内容的首要位置，就清楚地说明了梁启超对“史官”的重视程度，而他强调的“史官的地位、信史精神和国史馆”也同样是史官研究中不可忽视的组成部分。“史学的成立及发展”以刘知幾、郑樵和章学诚三人为中国史学不同时期的代表，叙述中国史学发展过程，反映了研究者对中国史学史阶段性发展的不同认识。以刘、郑、章三人为重点，至今仍为许多人所重视，既不陈旧也

---

① 有人以金毓黻曾经是朱希祖的学生便认为金书与朱希祖讲授的史学史有承继关系，恐有误，金毓黻在日记中提到，1923 年他阅读朱希祖的《史学概论》(即朱希祖《中国史学通论》的早期讲义本)时认为“颇多武断之处，亦多抵牾之处，此不得谓为名著也”。见《静晤室日记》第 2 册，第 1000 页。

② 1999 年河北教育出版社出版“二十世纪中国史学名著”，共收入 33 位 20 世纪著名史家的著作，金毓黻著《中国史学史》位列其中，可证明后人对其书学术价值的认可程度。

③ 梁启超：《中国历史研究法补编》，《饮冰室合集 · 专集之九十九》，北京：中华书局，1989 年，第 153 页。

未过时。[1] 梁启超在这个部分还提出了“史与道”和“史与文”等中国史学史中具有普遍性的问题，这都是“要籍解题”所无法涵盖的。“最近史学的趋势”是彰显史学史研究价值的组成部分。史学史本是一门以评价、综述和反思为主的学科，对以往史学发展的分析评述，很大程度上是为当前史学发展提示经验教训，而对最近史学发展作及时的、有效的总结，还可以为历史学的发展走向与发展趋势提供总结与评估的资源。由此观之，梁启超的“史学史做法”不乏精辟之见，所谓要籍解题式的史学史特征并不明显。或许是此后的中国史学史著作在“细化”梁启超“做法”的过程中，并非能够全然领会梁启超“做法”的全部要义，同时，在早期的中国史学史研究撰述过程因研究基础薄弱而不能够均衡表现梁启超的构想，表现出来的便与史部目录学更为相近了。即使如此，也应当看到，受西式学术分类体系的影响而出现的中国史学史学科，承载的是中国史学自身两千余年历史的厚重内容，因而，就史学史的学科建设而言，在早期的中国史学史研究著述中表现出要籍解题式的研究特征，这在中国史学史研究的最初阶段也有其必然性。金毓黻承认刘知幾、章学诚讨论过的问题和梁启超规定的内容都是撰写这部中国史学史的主要依据，作为早期的中国史学史书写文本，金毓黻的《中国史学史》有许多独到之处。

金毓黻在书中将魏晋至唐宋以来的史籍分私家修史和设馆修史两大部类来叙述，后者是全书的精彩部分之一。梁启超强调“史官的精神与史官地位的尊严”[2]，金著更在意对历代史官制度兴废沿革的考证与阐述。金毓黻《中国史学史》有“古代之史官”（第一章）和“汉以后之史官”（第五章）两部分，以其深厚的考证功力，把中国史官和史官制度作为古代官僚体系的一部分进行了较为系统地梳理，与梁启超不同的是，金毓黻认为古代史官“职司记事，位非甚崇”[3]，地位并不高，而不

---

① 如谢保成著四卷本《增订中国史学史》，仍然重提刘知幾、章学诚等在中国史学史上的划时代意义。见谢保成著《增订中国史学史》，北京：商务印书馆，2016年。

② 梁启超：《中国历史研究法补编》，第155页。

③ 金毓黻：《中国史学史》，第3页。

是如梁启超说的那样"史官在法律上有独立的资格,地位又极尊严"[①]。梁启超的"做法"中对于官修史书几乎没有提及,金书则在第六章"唐宋以来设馆修史之始末"中专门论述官修史书。梁启超非常看重郑樵在史学史上的地位,金毓黻却认为,"近人或推郑樵,以为可与刘、章二氏鼎足而三,愚谓非其伦也",此处作者特为注释"见梁任公过去之中国史学界"。[②] 在金书中,郑樵及其《通志》也只是作为第七章"唐宋以来之私修诸史"中"纪传体之正史别史"类的"总辑之史"中的代表。金毓黻指出,郑樵的《通志》只是仿梁武帝的《通史》而作,郑樵强调的"会通",也只是形式上的会通诸史而已。至于备受好评的《通志·二十略》,金毓黻的看法是:"郑氏之初意,本欲镕铸群言,自成一家,而载笔之时,力不副心,不仅纪、传、世家、载记,全钞诸史,无所剪裁,即其所极意经营之'二十略',亦不免直录旧典,而惮于改作。今读其序文所云云,徒见其好为大言,而有名不副实之疑。"[③]

以上择取梁、金的不同观点,虽多属见仁见智之说,却可见后者并非简单地因袭前者。金毓黻在其书的"结论"中明言:"本编著录之史籍,非以详其部次,论次之史家,非以概其平生。本编就历代史家史籍所示之法式义例,及其原理,而为系统之记述,以明其变迁之因果为职志者也。"[④]总的来看,就"史官"而言,金书大大扩充和丰富了梁启超"做法"的框架与内容,所成之书具有中国史官制度史的雏形,构成金书最有学术价值的部分。就"史家"而言,金毓黻更重视"史家"对于中国史学发展所作出的贡献,而不是仅仅刻意突出刘知幾和章学诚。金书虽对于刘知幾和章学诚的史学理论着墨甚多,却不认为郑樵的学术地位达到了梁启超所说的高度。金书末章"最近史学之趋势",对当时史学状况的认识见解独到、评价犀利,充分反映了金毓黻的眼光和见

---

① 梁启超:《中国历史研究法补编》,第155页。

② 金毓黻:《中国史学史》,第252、254页。

③ 同上书,第168页。《图书季刊》新5卷第2、3期合刊(1944年6月)有书评认为金毓黻《中国史学史》"论郑樵未可与刘知幾、章学诚鼎足而三之故皆具卓见"。

④ 金毓黻:《中国史学史》,重庆:商务印书馆,1944年,第329页。

识。此外,金毓黻十分善于用“表”,他说:“不悟表之为用,便于记载琐细,凡本纪、列传所不能尽载,而又不忍遗弃者,惟有佐之以表,乃足以宏其用。唐宋以下诸史,大抵有表。”并说明表的应用“有裨研史”①。金书列表22个,对史学史的记述起到了重要作用。金毓黻在实践梁启超中国史学史“很可以独立著作”的设想的同时,也充分表达了他本人对中国史学史的认识。

与金毓黻《中国史学史》一书在大致相同时间出版的魏应麒的《中国史学史》(商务印书馆,1941年)和王玉璋的《中国史学史概论》(重庆商务印书馆,1942年)二书,也是这个时期中国史学史研究的重要著作。不同于前述有关史学史的论文和讲义,这几部真正意义上的中国史学史研究著作的完成出版,标志着作为一门新的学科的中国史学史研究基本成型。

值得一提的是蒙文通的《中国史学史》。1935年9月7日蒙文通致柳诒徵信中说:“秋初学年开始定课,遂不揣浅妄,拟授中国史学史一门。”②可知蒙文通在此时已经着手于中国史学史的课程讲授和讲义编写。蒙文通的中国史学史讲义稿完成后,部分篇章在杂志上分别发表,他对中国史学史的看法初为学界了解。蒙文通在给柳诒徵的书信中陈述:“窃以中国史学惟春秋、六朝、两宋为盛,余皆逊之。于此三段欲稍详,余则较略。每种学术代有升降,而史学又恒由哲学以策动,亦以哲学而变异。哲学衰而史学亦衰,《国风》熄而《国语》兴,由《左》《国》观之,实由多数畸形之史体编辑而成,六代精于史体,勤于作史;宋人深于史识,不在作史而在论。六朝人往往不能作志,为之者亦勤于缀拾而短于推论。宋人则长于观变而求其升降隆污之几。若代修官书,及文人偶作小记,固未足以言史也。间有能者,而未蔚成风气,偶焉特出之才,不能据以言一代之学。子长、子玄、永叔、君实、渔仲,誉者或

① 金毓黻:《中国史学史》,重庆:商务印书馆,1944年,第317页。

② 蒙文通:《致柳翼谋(诒徵)先生书》,见《蒙文通文集》第三卷《经史抉原》,成都:巴蜀书社,1995年,第416页。

嫌稍过，此又妄意所欲勤求一代之业而观其先后消息之故，不乐为一二人作注脚也。"[①]这番议论，说出了蒙文通对中国史学整体发展的个人看法，其关键点在于"史学又恒由哲学以策动"，即把史学发展的基本原因归于哲学的影响，由此得出"中国史学惟春秋、六朝、两宋为盛，余皆逊之"的对中国史学史基本脉络的认识，表达了他对时人以史家史著为主撰写史学史的异议。蒙文通在给友人著作写的跋中说："经学莫盛于汉，史学莫精于宋，此涉学者所能知也。汉代经术以西京为宏深，宋代史学以南渡为卓绝，则今之言者于此未尽同也。近三百年来，宗汉学为多，虽专主西京其事稍晚，然榛途既启，义亦渐明。惟三百年间治史者鲜，今兹言史者虽稍众，然能恪宗两宋以为轨范者，殆不可数数观，而况于南宋之统绪哉！""始一一发南渡诸家书读之，寻其旨趣，迹其途辙，余之研史，至是始稍知归宿，亦以是与人异趣。深恨往时为说言无统宗，虽曰习史，而实不免清人考订獭祭之余习，以言搜讨史料或可，以言史学则相间犹云泥也。于是始撰《中国史学史》，取舍之际，大与世殊。以史料、史学二者诚不可混并于一途也。"[②]更明确地表示他的史学史观点"与人异趣""大与世殊"。

"哲学发达之际，则史著日精，哲学亡而史迹亦废"[③]是蒙文通考察史学史的出发点，这便有了他对中国史学史的独到见解。在《中国史学史・绪言》中蒙文通写道："先秦诸子，不可及也，故于时国史、家史、众制并作，灿烂足观。至汉仅经术章句之儒耳。魏晋名、法、道、墨，杂起朋兴，高谈名理，弃汉学若粪土。而干、孙之作，号五百年史例中兴，此史学之再盛也。至唐则宗教大盛，士惟知笃信谨守，于是令狐、姚、李，尚不得为记注之良。更何于论撰述，而史又衰。其在北宋，一排

① 蒙文通：《致柳翼谋(诒徵)先生书》，见《蒙文通文集》第三卷《经史抉原》，成都：巴蜀书社，1995年，第416页。

② 蒙文通：《跋华阳张君〈叶水心研究〉》，见《蒙文通文集》第三卷《经史抉原》，成都：巴蜀书社，1995年，第470页。

③ 蒙文通：《中国史学史・绪言》，见《蒙文通文集》第三卷《经史抉原》，成都：巴蜀书社，1995年，第222页。

唐人博综之学,研精义理,超绝古今。于是司马、欧阳,前驱拥彗,逮于南宋,胜义纷陈,此史学之又一盛也。晚宋至明,而史几乎以熄。舍此三时,虽有纂述,才记注耳……爰依此旨,谨述三时,汉、唐、元、明,备之而已。清世以师资既昵,亦举大要,俾明流变。”①把春秋、魏晋、两宋三个时期视为中国古代史学的兴盛期,而产生有《史记》《汉书》的两汉、完成了八部正史纂修并出现了《史通》的唐代均被排除在外,确与金毓黻等的中国史学史大异其趣了。

1940 年下半年蒙文通赴东北大学任教,与金毓黻成为同事,此时后者已完成《中国史学史》,看到蒙文通的中国史学史讲义后,金毓黻在日记中写下了他的看法:“蒙君治史盖由经学入,其治经学,更以《公》《穀》为本柢,故所重者为研史之义理,而非治史之方法。晚周、六朝、两宋皆为吾国学术思想隆盛之期,然晚周诸子,不见有自撰之史。六朝时撰史之风极盛,而亡佚其十九。两宋时期史著具在,然多不属谈理之彦。蒙君所著,盖取先秦诸子、六朝群彦之谈言微中有涉于史学者,一一摭而取之。其于两宋则以金华、永嘉诸派之学说采摭最备。然诸派中惟东莱能撰史,诸人不过论说之而已。至刘知幾最为能通史法者,而蒙君则不之及,盖其意之所重不在此也。愚谓能自撰一史者,乃得谓之通史学,否则高语撰合,鄙视记注,则成家之作必少。还以质之蒙君,以为然乎,否乎?”②

蒙文通言“史学又恒由哲学以策动,亦以哲学而变异”,“哲学发达之际,则史著日精,哲学亡而史迹亦废”,其缘由正如金毓黻所说“蒙君治史盖由经学入”“所重者为研史之义理,而非治史之方法”。据蒙文通史学史之旨趣,让金毓黻不能认同的是:“晚周诸子,不见有自撰之史。六朝时撰史之风极盛,而亡佚其十九。两宋时期史著具在,然多不属谈理之彦。”这还是史学史吗?金毓黻的基本看法是,“能自撰一史

① 蒙文通:《中国史学史·绪言》,见《蒙文通文集》第三卷《经史抉原》,成都:巴蜀书社,1995 年,第 222—223 页。

② 金毓黻:《静晤室日记》第 6 册,沈阳:辽沈书社,1993 年,第 4591 页。

者，乃得谓之通史学，否则高语撰合，鄙视记注，则成家之作必少”。问题表现得十分明确：史学史究竟是史学编纂（或治史方法）之史，还是史学观念之史？

“整理国故”运动之后，现代史学分类体系下的历史学学科意识在中国史学中逐渐清晰，梁启超、金毓黻等学者即是在视史学为现代学科的“科学”门类之一的前提下回顾中国史学的发展进程，意识到史学“很有独立做史的资格”，并撰写中国史学史的。他们属意于从传统学术中撷取作为现代学科意识中的“史学”内容条分缕析，从经史子集中区别出史的部分编纂成章，史家、史书、史官自然是中国史学史的主干，史学的成立与发展、最近史学的发展趋势是中国史学史的脉络，司马迁、刘知幾、欧阳修、司马光、郑樵、章学诚等著名史家以及二十四史、三通（九通、十通）是中国史学史的重点。基于相同的出发点，蒙文通则更在意“研史之义理”，在他眼中，哲学（经学）、先秦诸子、“名理”“义理”、史识等才是影响史学发展的内在原因，撰写中国史学史，应该重点关注的也正是史家史书背后的思想脉络，史学观念史才是中国史学史的主线。因此，春秋、六朝、两宋是蒙文通眼中的史学兴盛期，无论是“子长、子玄、永叔、君实、渔仲”，还是梁启超的“史学史的做法”，蒙文通都不愿为其“作注脚”，即使“与人异趣”“大与世殊”也不在意。只是蒙文通的《中国史学史》一直未能完整成书刊行于世，以致影响有限，然蒙文通携其史学史讲义在一二十年间任教于多所高校，受其业者当不在少数，其潜在影响亦难预料。

事实上，金毓黻的史学史著述在稍后也受到其他学者的质询。1947年，白寿彝和齐思和分别写有对金毓黻《中国史学史》的评论文章。白寿彝认为：“本书作者实是有意地或无意地用一个考据家的立场来写的。所谓‘用一个考据家的立场来写’，并不是说，书内有许多考据，而是说他用一个考据家的眼光或兴趣来处理史实。”“书中说史或史家的地方，很少是说到法式和义例的，说原理的更难见到。”“我们固然不当要求作者具备某种史学观念，但我们必须要求作者有‘一个’史学观念。如果写史学史而没有自己的史学观念，这本书如何能使读者看得清楚呢?"[①]齐思和说:"抑吾人犹觉美中不足者,书名史学,自宜论其体裁之得失,编次之良否,态度之偏正,考订之精粗,俾读者了然于二千年来史学演进之大势,及今后改良之途径,作者过重故实,而忽略史学,仅言纂修经过,鲜及体例得失,史学之义,似犹未尽也。"[②]另有陈定闳也评论金著说:"历史哲学虽不能视为史学的正宗,但既谈史学史,似乎对于这一方面也不应该或缺的。"[③]无论是"史学观念""历史哲学"的缺失,还是"史学之义"的未尽,评论者其实是不约而同地看到了金著对于史学观念以及史学史自身概念及理论范畴方面认识程度的有限和论述分量的不足,指出了梁、金的中国史学史模式存在的问题。蒙文通的史学史著述意识,某种程度上是对梁、金史学史模式中所存缺失的完善,然而蒙文通过分看重中国古代史学中的经学、义理、名教等理念对史学发展走向产生的作用,以致多少影响到了对现代史学"学科"性质的新认知,忽略了史学的载体仍旧是史家、史书本身这一基本事实,难免会被金毓黻诘问"高语撰合""成家之作必少"者如何能成为一代史学的担当?无论如何,蒙文通的史学史理念是对作为近代意义的史学史撰述的一种有效补充。有学者指出:"金毓黻以史代经,会通中西,主张新史学当超越门户之见,整理旧史以兹编修新通史;蒙文通以经御史,视孔孟'仁义之说'为中华文明的准则,试图开辟一种义理化的经史之学。以此为切入点,探讨近代学术的渊源流变,或为突破分科治学的有效途径;避免以现代分科体系格义学人本意,方能呈现近代学术转型的多元路径。"[④]在中国史学史研究的早期阶段,在梁启超、金毓黻等的中国史学史书写得到更多认同的情况下,尚有蒙文通式的史学史研究意识与之并存,这不能不说是对中国史学史研究具有极为重

---

① 白寿彝:《图书评介·〈中国史学史〉》,《文讯》第7卷第1期,1947年6月。

② 齐思和:《金毓黻著〈中国史学史〉》,《燕京学报》第32期,1947年6月。

③ 陈定闳:《评金毓黻著〈中国史学史〉》,《中央周刊》第8卷第43期,1946年11月。

④ 张凯:《经史分合:民国时期〈中国史学史〉的两种写法》,《社会科学战线》2012年第8期。

要意义的学术现象。[①] 金毓黻和蒙文通对中国史学史写法的不同认识,反映出的是中国传统史学在形式上接受西式学科分类后却在更深层面所面临的"沟壑",史学史书写究竟是"史学考"[②]还是"史学观念史","史学考"怎样才能写成纵向连贯的史学史,"史学观念史"又怎样融入史学最基本的载体——史家史著,时至今日,这些问题依然没有得到很好地解决。

在民国时期中国史学学科化的进程中,许多高校开设了中国史学史课程,出现或发表了多种史学史讲义和学术论文,有体系的、完整的中国史学史研究专著相继出版,中国史学史研究内容不断丰富并渐趋深入,中国史学史的学科建设也逐渐起步,中国史学史研究兴起并发展起来。

二　中国古代史学史分期问题

历史学研究最基本的目的之一,是将以往的历史发展过程撰写成史,分阶段分时期阐述历史发展过程;史学史研究最基本的目的之一,是将以往的史学发展过程撰写成史,分阶段分时期阐述史学发展过程。与历史分期问题一样,史学史分期问题体现了研究者对史学史的总体认识和基本观点,同时影响着史学史书写的框架结构、叙述模式。中国史学史分期问题几乎是与中国史学史的研究同时产生的,作为研究史学史必不可少的在观点上的支持和表述上的要求,分期问题是不可回避的。

---

① 1939年暑期,王玉璋获金毓黻"中国史学史讲演大纲相授",又得蒙文通"多有所指教",两年后完成其《中国史学史概论》,其书除有史官、史著、史学之新趋势等章外,还有"历史哲学"一章,颇有综合金毓黻、蒙文通二人治史学史之特点之意,只是做法显得较为简单化了。见王玉璋著:《中国史学史概论·自序》,重庆:商务印书馆,1942年,第2—3页。

② 从《静晤室日记》中可以看到,金毓黻在日记中断续记述其撰写《中国史学史》经过时,时而称其书为"史学考",时而称为"史学史"。

在中国史学史研究兴起的民国时期,史学史分期更多地是反映于已经写成的史学史著作或讲义中。由于梁启超提出史学史应包括史官、史家、史学的成立及发展和最近史学的趋势四方面内容,一些史学史著作或讲义便把这四方面作为带有分期性质的结构模式使用于对史学史的叙述中。如王玉璋在其《中国史学史概论》中把中国史学史分为五个部分:一、史官;二、史籍名著述评;三、史体;四、历史哲学;五、史学之新趋势。[①] 卫聚贤的《中国史学史讲义》分历史的起源及演进、史学的分类及目录、正史及史目、历代的史官、历代的史学家等部分。[②] 另有一些史学史著述则较为简单地按朝代分期,如魏应麒的《中国史学史》下编,把中国史学史分为古代之史学、两汉之史学、三国两晋南北朝之史学、隋唐之史学、五代宋之史学、元明清之史学、民国以来之史学等七个时期,其中有专章论述刘知幾、郑樵、章学诚之史学。[③] 陈功甫的《中国史学史》分唐虞三代之史学、两汉时代之史学、两晋之史学、南北朝之史学、唐之史学、五代之史学、宋之史学、元之史学、明之史学、清之史学等部分。[④] 这类单以王朝更迭为史学史分期的方法,在当时已有人提出批评:"就依王朝的更替来做史学史的分期,但结果却忽视了史学自身发展各阶段的特殊性……也没有说出一个所以然的理由来。"[⑤]另有书评肯定金毓黻《中国史学史》"没有像编中学教科书那样的再一朝一代的零零星星的叙述史学的发展","能把史料作连贯的综合,使我们不致有零碎片段的感觉"。[⑥]

随着史学史研究的不断加强,分期问题便显得相对突出。已有学

---

① 王玉璋:《中国史学史概论》,重庆:商务印书馆,1942 年。

② 卫聚贤:《中国史学史讲义》,见王传编校《中国史学史未刊讲义四种》,上海:上海古籍出版社,2016 年。

③ 魏应麒:《中国史学史》,重庆:商务印书馆,1941 年。

④ 陈功甫:《中国史学史》,见王传编校《中国史学史未刊讲义四种》,上海:上海古籍出版社,2016 年。

⑤ 周光岐:《由魏编〈中国史学史〉论及史学史的分期问题》,《文汇报 · 史地周刊》第 2 期,1946 年 6 月 4 日。

⑥ 陈定闳:《评金毓黻著〈中国史学史〉》,《中央周刊》第 8 卷第 43 期,1946 年 11 月。

者专从史学发展不同阶段的特殊性考察中国史学史分期问题。何炳松在他的《通史新义》《中国史学之发展》等著述中提出“吾国史学之发展大抵可分为三个时期”：第一期自孔子作《春秋》到荀悦述《汉纪》，第二期自荀悦后至北宋末，第三期自南宋至今。在何炳松看来，这三期发展各有特征，第一期是中国史学两种主要史书体裁编年体与纪传体的发展和成熟期，第二期是通史发挥的时代，第三期是儒学演化为浙东史学的时期。① 金毓黻不赞同这种分期方法，认为何炳松所说的第二期“不仅通史一体为然，又有断代、国别、典礼、方志之史，举其一而遗其八九，究嫌偏而不全”，何炳松所说第三期之清代浙东史学“与南宋浙东史家无与”，又“清代之浙东史学，能否代表此期之全部，又为疑问”。② 何炳松的分期观点为金毓黻所质疑，但是何炳松毕竟说出了其观点“所以然的理由”，较之那些仅以不同朝代为时段作史学史分期者来说，是一个不小的进步，也只有这样，分期问题才有讨论的基础，通过讨论，对问题的思考才能深入，故何炳松的观点有其学术意义，而金毓黻据此提出不同意见，则使得双方的观点更显学术价值。

朱谦之在《中国史学之阶段的发展》一文中表示：“将中国史学的发展，当作一种人类文化的进化现象看，换言之，即将关于人类文化发达的阶段法则，完全应用来研究中国史学的历史。即将中国史学的演进，当做一个发展一个极有规律极有条理的阶段进程，而且这个阶段进程，是和西洋史学的发展相一致的。”③他把中国史学分为故事的历史、教训的历史和发展的历史三大部分，所对应的时代大致是，故事的历史是先秦时期，教训的历史从汉代的《史记》到宋代的《资治通鉴》，发展的历史自宋至今，又可称为“科学研究的时代”。可能是为了使自己的观点“别开生面”，朱谦之说中国史学的发展阶段“是和西洋史学的发展相一致的”，他列出了一个西方史学发展阶段表，说“中国史学的发

---

① 何炳松：《中国史学之发展》，《出版周刊》新 102 期，1934 年 11 月。

② 金毓黻：《中国史学史》，第 328 页。

③ 朱谦之：《中国史学之阶段的发展》，《现代史学》第 2 卷第 1—2 期，1934 年 5 月。

展,由我细心研究的结果,也是和上面西洋史学的发展表一样”,在论证中极力把中国史学与西方史学的发展阶段联系到一起。这样的看法不能不让人觉得十分勉强,但是朱谦之在文末还是强调“只要我们能以历史进化的观念来考察中国史学之史的发展,我们便很容易看出来了这新兴史学运动之历史的使命”。①

在史学史著作中有针对性地论述了史学史分期问题的是金毓黻。他的《中国史学史》从章节上看分期并不清晰,主要是结合史官、史家、修史制度分古代史学、魏晋南北朝迄唐初史学、唐宋以来史学、近代史学等部分,但是在书末的“结论”部分,作者却专门讨论了史学史分期问题:“愚谓吾国史学,可分五期论之,第一,自上古讫汉初,是为史学创造期”,“第二,则两汉之世,是为史学成立期”,“第三,则魏晋南北朝以讫唐初,是为史学发展期”,“第四,则自唐迄清末,是为史学蜕变期”,“第五,则清季民国以来,是为史学革新期”。金毓黻不仅有着明确的中国史学史分期观点,而且分期依据也很清楚,如他所言,把史学史分为创造期、成立期、发展期、蜕变期和革新期,“譬有人焉,由童子而成年,驯至壮盛,中因身体之发育,而渐至心理之变化,而尚未届于老大之境,吾国史学之进展,殆与此同一理乎。虽然史学之分期,与通史异,不得略得其似,藉以窥见变迁进化之迹,非有明确之界画可数也”。② 奇怪的是,金著的章节中却没有以其分期方法设定,作者只是说“愚所述之各章,亦略与之相当”③。笔者揣测原因可能有二,一是作者以为在全书章节结构上按照此“进化之迹”设立,则难以突出古代官、私修史和著名史家、史体在中国史学史上的重要地位,二是作者在开始撰写此书某章立目时,尚未完全意识到分期问题的重要性,在撰写本书的过程中逐渐明确了分期的意义和他的分期观点,于是在书末“结论”部分一并集中论述。尽管这样,金毓黻把中国史学史按照这样

---

① 同上。

② 金毓黻:《中国史学史》,重庆:商务印书馆,1944 年,第 327—328 页。

③ 同上书,第 328 页。

的分期划分是基于进化史观而为之,在当时具有一定的代表性。结合上述何炳松、朱谦之等人的分期观点看,他们的共同之处是都将进化观念运用于史学史分期中,说明当时史学界所受进化论影响之深。

周光岐(周予同之子)在1946年连续发表《由魏编〈中国史学史〉论及史学史的分期问题》和《读金著〈中国史学史〉》两篇评论史学史的文章,都重点提到了史学史分期问题。周光岐强调了史学史分期的重要性:"我们看一部中国史学史,第一步就先看他对史学史分期问题的见解。"①他认为:"史学史的分期应该在人类实际生活中去找根本的原因,同时还要配合当时的意识形态。如果单从王朝的盛衰来做史学史的准绳,那是会变成记载的叙述的旧史学,而不能成为说明的新史学的。"②作者又进一步解释了这个观点:"史学之分期,不能将史学的发展与整个人类现实生活的历史脱节,换句话说,我们不能把史学的发展视为超现实的,应该与中国整个社会经济文化的发展发生密切的关联。超越现实而来观察史学,是很容易被表面现象所蒙盖,对整个史学之发展不能有所正确的认识。"③由史学史分期问题延伸到应该怎样研究史学史、影响史学发展的内在原因是什么等一系列重要问题。而作者在这里提出的史学史"应该与中国整个社会经济文化的发展发生密切的关联"的观点,直到40余年后的20世纪八九十年代才被重视起来并被真正实施于中国史学史的研究中。作者当时便有此论,的确是一个卓识。

20世纪60年代初期,在全国文科教材会议上,史学史被列入高校历史学专业的必修课,计划组织编写中外史学史教材,史学史研究重被重视起来。1961年,在北京、武汉、上海等地先后召开了如何进一步建设中国史学史这门学科的讨论会,史学史分期问题引起了大家的热烈讨论。古代史学史的分期问题,"大家同意基本上跟整个中国社会阶

---

① 周光岐:《读金著〈中国史学史〉》,《文汇报・史地周刊》第19期,1946年10月8日。

② 周光岐:《由魏编〈中国史学史〉论及史学史的分期问题》,《文汇报・史地周刊》第2期,1946年6月4日。

③ 周光岐:《读金著〈中国史学史〉》,《文汇报・史地周刊》第19期,1946年10月8日。

段的发展相照应,但社会变化在意识形态上的反映,一般总要晚些”。[①]白寿彝认为,史学史分期标准“按现在的研究基础说,还很难提出一个可信服的分期的主张,但也不妨一面考虑这个问题,一面随着研究工作的开展而逐渐明确起来”。他提出了三个可供考虑的分期标志:一、司马迁;二、刘知幾或杜佑,三、明清之际的黄宗羲、王夫之和顾炎武。司马迁之前是史学的酝酿时期,以后开始有了系统的历史著作,史学被确立了。刘知幾的《史通》总结了以前纪传体的历史,此后官修史书占了很重要的比重,通史、编年史、制度史也有发展。黄宗羲、王夫之、顾炎武三人都讲求经世致用,但路没有走通,转而兴起了乾嘉考据之学,龚自珍是古代部分的殿军。贺昌群提出了另一种划分办法:一、司马迁以前为一段;二、司马迁至杜佑;三、郑樵、马端临至明末,特点是重视史论;四、清代考据学。另外,在一些更具体的同题上也作了讨论,如中国史学史应该从什么时候写起、中国史学史的下限应断在何处等。通过讨论,人们已经注意到史学史的分期既要反映出史学本身的发展过程,又要兼顾其他方面的种种影响,至少要与社会经济的发展、专制主义的发展、阶级斗争和民族斗争的发展等方面联系起来。[②] 分期问题此时成为研究史学史的基本问题之一,直接缘于中国史学史教材的编写,又与当时中国马克思主义史学为主导的学术与政治语境相关。这个时期对史学史分期问题的讨论思路与观点,虽然带有时代影响的明显印记,但是从整体上看,还是为日后史学史研究的开展以及更好地认识史学史分期问题打下了基础。

20 世纪 80 年代以后,史学史的研究重新受到重视,大约已经出版了几十种中国史学史著作,多种分期观点并存,各家自成一说,不同分期观点所依据的各种分期标准也相对明确。这些都说明随着对史学史研究的进一步深入,对中国史学史分期问题的探讨也进入了

---

① 郭澎:《关于史学史的讨论》,北京师范大学历史系中国史学史编写组编印《中国史学史资料》第 4 期,1961 年 12 月。

② 郭澎:《关于史学史的讨论》,北京师范大学历史系中国史学史编写组编印《中国史学史资料》第 4 期,1961 年 12 月。

一个新的阶段。

撰写一本贯通性的中国史学史，首先遇到的就是关于中国史学起源的问题，这个问题也属于中国史学史分期问题。中国史学是从什么时候开始形成的？中国史学起源的标志是什么？一般认为，自从出现了文字，才能有历史的文字记录，所以史学应起源于文字的产生。杨翼骧说："探究我国史学的起源，应当从文字出现的时候谈起。因为有了文字才能有历史记裁，有历史记载才能编纂成史书，在记录史实和编纂史书的过程中才产生了史学。"[①]考虑到中国史学独具的特征，另一种观点认为史学的起源是史官。金毓黻这样写道："史学寓乎史籍，史籍撰自史家。语其发生之序，则史家最先，史籍次之，史学居末。而吾国最古之史家，即为史官。……故考古代之史学，应当史官始。"[②]李宗侗认为，"史之初义为史官而非指史书"，"在中国，史书是后起之义，由史官而引申成史官所写之史书"。[③]"史由史官而兼指史书，盖始于秦汉之际。"[④]据此认识，他在《中国史学史》中对上古及两汉只标"史书"，魏晋南北朝以后才标"史学"，意即两汉以前还是只有个别史家著作的史书，他们的著作虽对中国史学有贡献，而史学的形成则是魏晋以后的事。刘节对这个问题比较谨慎，他指出，"不采用中国史学的起源一语，是表示我们的解释还只是限于制度方面，还没有以整个社会为出发点去研究这个问题。同时要说明中国的历史编纂学是从某一种具体事实上开始的，而这种事实从很早的文字上便已经看出来了"。[⑤]所以他用"释史"一词解释中国史学的开端。白寿彝主张："中国史学的历史，可以从远古的传说说起。"[⑥]他这样解释道："传说不是历史学，但它有历史故事的内容，反映了一定的历史观点，也有自己的表述形式。从史

① 杨翼骧：《我国史学的起源及奴隶社会的史学》，《天津日报》1961年12月6日。

② 金毓黻：《中国史学史》，重庆：商务印书馆，1944年版，第3页。

③ 李宗侗：《中国史学史》，北京：中国友谊出版公司，1984年，第1页。

④ 同上书，第10页。

⑤ 刘节：《中国史学史稿》，郑州：中州书画社，1982年，第10页。

⑥ 白寿彝：《中国史学史》第一册，上海：上海人民出版社，1986年，第197页。

学产生的渊源上说,传说是传播历史知识的最原始的形式。”[①]“在这时期,虽还不可能有史学,但追本求源,还是要从这里说起。”[②]尹达主编的《中国史学发展史》一书,也肯定了传说在中国史学最初阶段的地位,书中提到:“远古的传说,在一定程度上反映了当时的社会面貌,透露了一些原始的历史意识,是历史记述赖以发生的前提。”[③]陶懋炳在其《中国古代史学史略》一书中同样认为,“史学史从神开始,远古神话是人类远古史影,中外一例”。[④] 仓修良同意传说在中国史学发生阶段的重要性,他说,“研究这些神话、故事传说,对于研究我国史学的起源是有意义的”,[⑤]不过他仍然认为“史学的正式产生,必须具备文字、历法这两个基本条件”。[⑥] 瞿林东更全面地论述了白寿彝的观点:“神话和传说反映了人类在跨入文明门槛以前的最早的历史记忆和原始的历史意识”,“传说是从原始的意义上为文明时代史学的产生准备了一定的条件”,“甲骨文和金文的记载虽只是当时人对当时事的记录,而无对于以往历史的追寻和叙述,但从中国史学的产生来看,却不失为最早的历史记载而具有重要的意义”。[⑦] 乔治忠强调史学起源问题应联系到“史学原发性产生的几项社会条件”,包括比较完备的文字和历法、社会运行机制上产生了对于准确历史记忆的客观需要,以及自觉记史意识和记事求真理念,这几项条件如果不完全具备,则并非每个上古民族都会独立形成自己的历史学。[⑧] 杜维运认为:“亚洲文化中的中国文化,寓有强烈的历史意识,(亦即历史观念)”,“中国民族像希腊、罗马一样,是属于写历史的民族,中国文化是滋生历史的文化”。[⑨] 可以看

---

① 白寿彝:《中国史学史》第一册,上海:上海人民出版社,1986 年,第 45 页。
② 同上书,第 197 页。
③ 尹达主编:《中国史学发展史》,郑州:中州古籍出版社,1985 年,第 9 页。
④ 陶懋炳:《中国古代史学史略》,长沙:湖南人民出版社 1987 年,第 13 页。
⑤ 仓修良、魏得良:《中古代史学简编》,哈尔滨:黑龙江人民出版社,1983 年,第 3 页。
⑥ 仓修良:《谈谈中国古代史学史分期问题》,《史学史研究》1983 年第 2 期。
⑦ 瞿林东:《中国史学史纲》,北京:北京出版社,1999 年,第 116、120、122 页。
⑧ 乔治忠:《中国史学史》,北京:中国人民大学出版社,2011 年,第 24—25 页。
⑨ 杜维运:《中国史学史》第一册,台北:三民书局股份有限公司,1993 年,第 33 页。

到,对于史学起源问题,从开始讨论史学起源的标志到联系于史学起源所需的社会条件,再到辨明中国文化传统和历史意识,问题的外延逐渐扩展,对于史学起源的认识也在不断深入。

什么时候为中国古代史学史的下限？在20世纪后半期,对这个问题的观点较为一致,即将中国古代史学的发展叙述至1840年鸦片战争前,近代史学始于鸦片战争后。21世纪以来,有些学者认为近代史学应该开始于20世纪初,本章下一部分将对此作进一步讨论,这里仅就中国古代史学史分期观点作一陈述。

在中国古代史学从产生到发展的漫长时期里,应该如何划分阶段,分歧较大,这里不可能对各家的分期观点全都加以介绍,只选择较有代表性的或标准较明确的分期观点,用划分的段数为区别,简要介绍如下。

(一)两段分期。施丁主张以《史记》为标志,分先秦史学史、两汉至明清的史学史两段。其中先秦史学史,指中国奴隶社会时期的史学,自两汉至明清的史学史约相当于中国封建社会时期的史学。他还进一步把封建制时代的史学(即两汉至明清一段)又分为两汉、汉唐之际、中唐至明中叶、明代至清代乾嘉等四个时期。[①]

(二)三段分期。谢保成在其四卷本《中国史学史》中的分期方案是:秦以前为史学形成期、汉初至唐前期为史学确立期、中唐至清中期为史学发展期、清中期以来为史学变革期。作者虽没有使用古代史学、近代史学的表述,但是这种分期的前三个时期可视为是中国古代史学发展时期。[②]

(三)四段分期。仓修良把古代史学史分为四个时期:一、中国史学的起源和战国秦汉间的史学,二、以人物传记为中心的汉魏六朝史学,三、主通明变的唐宋元史学,四、具有启蒙色彩的明清史学。[③] 尹达

---

① 见施丁著:《中国史学简史》,郑州:中州古籍出版社,1987年。

② 见谢保成:《增订中国史学史》,北京:商务印书馆,2016年。

③ 见仓修良、魏得良:《中国古代史学史简编》,哈尔滨:黑龙江人民出版社,1983年;仓修良:《中国古代史学史》,北京:人民出版社,2009年。

主编的《中国史学发展史》,把古代史学史的分期概括为奴隶和封建社会的史学上、中、下共计四段,具体的断限是:一、史学的最初萌芽至春秋时期,二、战国时期至唐代刘知幾,三、唐代杜佑至明代中叶,四、明清之际黄、王、顾至鸦片战争前。[①] 高国抗在他的《中国古代史学史简编》一书中,也划分了四个阶段:一、商至战国,二、秦至南北朝,三、隋至元,四、明清。[②] 谢贵安的《中国史学史》也将中国古代史学分为四个阶段:中国史学的起源(先秦)、中国史学的成立(秦汉魏晋南北朝)、中国史学的发展(隋唐五代宋辽金元)、中国史学的鼎盛(明至清中期)。[③]

(四)五段分期。白寿彝主编六卷本《中国史学史》把古代史学史分为五个时期:一、先秦时期,二、秦汉时期,三、魏晋南北朝隋唐时期,四、五代辽宋金元时期,五、明清时期(1840 年前)。这个分期方法和标准在他所著《中国史学史》第一册的"叙篇"中作了详尽的阐述。[④] 陶懋炳的古代史学史分期也是五段:一、中国古代史学的童年期——先秦,二、中国古代史学的成长期——秦汉,三、中国古代史学的发展期——魏晋至唐前期,四、中国古代史学的繁荣期——唐后期迄于宋元,五、中国古代史学的迟滞(或衰落)期——明和清前期(鸦片战争前)。[⑤]

(五)六段分期。乔治忠的《中国史学史》把古代史学分为六个阶段:史学的起源与先秦时期史学的初步发展、中国古代传统史学基础的奠定(秦汉)、多方探索的三国两晋南北朝史学、传统史学的发展与成熟(隋唐至两宋)、元明两代史学的调整与开新、清代对传统史学的清理和总结。[⑥]

(六)七段分期。刘节把中国古代史学分古代史官与史学、两汉史学、魏晋南北朝史学、隋唐五代史学、两宋史学、辽金元明史学、清代史

---

① 见尹达主编:《中国史学发展史》,郑州:中州古籍出版社,1985 年。

② 见高国抗:《中国古代史学史概要》,广州:广东高等教育出版社,1985 年。

③ 见谢贵安:《中国史学史》,武汉:武汉大学出版社,2012 年。

④ 见白寿彝主编:《中国史学史》,上海:上海人民出版社,2006 年。

⑤ 见陶懋炳:《中国古代史学史略》,长沙:湖南人民出版社,1987 年。

⑥ 见乔治忠:《中国史学史》,北京:中国人民大学出版社,2011 年。

学等七个阶段。[①] 张孟伦按朝代把史学史分为七个时期：一、先秦史学，二、秦汉史学，三、魏晋南北朝史学，四、隋唐五代史学，五、宋代史学，六、元明史学，七、清代史学。[②] 汤勤福的《中国史学史》将古代史学分为：夏商周春秋时期的史学、战国时期的史学、秦汉时期的史学、魏晋南北朝时期的史学、隋唐五代时期的史学、宋辽金元时期的史学、明清时期的史学七个阶段。[③]

（七）八段分期。伍安祖、王晴佳在《世鉴：中国传统史学》中，把中国古代史学分为八个阶段叙述，依次为：孔子时代——史学的起源、从战国到两汉时期的史学——史学的形成与成熟、魏晋南北朝时期的史学——史学的繁荣与多样化、唐代史学——史馆与史学批评、宋代史学——文化繁荣与史学的蓬勃发展、金元史学——征服王朝的史学与正统观、明代史学——私家史学的繁荣与创新、清代史学——史学与经学。[④]

（八）九段分期。瞿林东在《中国史学史纲》对古代中国史学分九个时段叙述：史学的兴起——先秦史学、正史的创立——秦汉史学、史学的多途发展——魏晋南北朝史学、史学在发展中的转折与创新——隋唐五代史学、历史意识与史学意识的深化——宋辽金史学、多民族史学的进一步发展——元代史学、史学走向社会深层——明代史学、史学的总结与嬗变——清代前期史学。[⑤]

由上可知，中国古代史学史分期方法确实多种多样，颇有令人眼花缭乱之感，故过多讨论中国古代史学史究竟被分为了几个时期、究竟有几种分法意义不大，因为各种分期方法只是在史学史书写中表面上反映出的形式，而每种分期都是研究者根据自己对史学发展的理解、按照

---

① 见刘节：《中国史学史稿》，郑州：中州古籍出版社，1982 年。

② 见张孟伦：《中国史学史》上册，兰州：甘肃人民出版社，1983 年；《中国史学史》下册，兰州：甘肃人民出版社，1986 年。

③ 见汤勤福：《中国史学史》，太原：山西教育出版社，2001 年。

④ 见伍安祖、王晴佳：《世鉴：中国传统史学》，北京：中国人民大学出版社，2014 年。

⑤ 见瞿林东：《中国史学史纲》，北京：北京出版社，1999 年。

自己对史学史的认识思路进行的,换句话说,造成上述多种史学史分期方法的基本原因,是每种分期方法所依据的分期标准各自不同。没有一个统一的标准能够概括出这些分期观点,单一地运用某一种分期标准也很难把问题表述清楚。举例而言,多数人认为史学的发展应与社会历史的发展相关联,同时史学作为一门独立的学科,也有自己的发展脉络,既要联系于时代的脉动和历史的背景,又要突出史学本身的发展特征,二者结合不免发生矛盾,众所周知,史学是对已经发生了的历史的认识,这之间的时间差如何处理?在考虑史学史的分期方法时,对于时代趋向、社会思潮、思想文化主流等方面应当如何侧重?怎样处理它们之间的关系?对诸如此类问题认识的不同,直接影响到史学史的分期观。因此,史学史分期标准才是史学史分期问题中的关键所在。在这里根据笔者个人的看法,结合民国时期和20世纪后半期以来史学史著作中的分期情况,把在不同的史学史分期观点中表现出的某种占主导地位的分期标准略作归纳。

(一)以朝代更替作为划分史学发展不同阶段的标准,这是比较简单的分期标准,较多地使用于早期的史学史研究著述或讲义中,为史学史研究的进一步展开打下一定基础,但其中反映的对史学发展的认识与见解并不十分明确。

(二)以重要史书、史家或某种史学现象为分期标准,再结合不同朝代的兴替划分阶段。采用这种分期标准的史学史著作,由于更看重史学发展中某些较为明确的现象特征或产生长远影响的史著、史家的重要意义,其分期标准虽不十分突出,并且可能会表现出要籍解题式的特点,但是对史学史的叙述更集中于史学自身的发展脉络与变化中,较之仅以朝代变化分期而言,显然有明显进步,如金毓黻主张的分期标准主要着眼于私修史书和官修史的区别和《史记》《资治通鉴》、刘知幾与章学诚。事实上,在经过之后的多种史学史分期方法的尝试与实践,这种分期标准或许会重新引起人们的重视。如谢保成批评当前史学史研究更注重史学思想而相对忽视了史著史家等史学本身的因素时说:“以现有的认识进行的史学史研究,又差不多以史学思想研究为基本内容,且有网罗‘全部历史思想、社会思想之势’。这种研究,往往以相当篇幅论述、解读子部书中某些并无实际影响、但被理想化了的历史认识或历史观。仅有思辨而无史实,既没有客观历史实际,也没有史学演进实际,不是史学,也不是史学史的研究对象。”①史学史的核心毕竟是史学,史学最重要的载体就是史书史家和史学本身的各种现象,以重要史书、史家或某种史学现象为分期标准应该是史学史分期的基本标准。

(三)以史学自身从产生到发展的不同阶段作为分期标准。该分期标准受到进化史观的影响,试图用进化的眼光看待历史学的发展过程。中国史学史使用这种分期标准,历史学的发展多被依次描述为萌芽、成长、发展、繁荣、迟滞、转变或终结的不同阶段。其他一些分期方法在侧重各自的分期标准之余,对史学发展进程也都将此标准作为基本因素考虑在内。这样的分期标准是用发展、进化的眼光来看待史学史,更多地考虑了史学自身发展过程的完整性,被较为普遍地用于史学史分期标准中,在各种史学史著述中大都有程度不同地体现,对中国史学史研究有着非常重要的影响,其积极意义不言自明。然而这种分期标准的目的性过于明显,作为人文学科之一的历史学,其研究主体对客体的认识程度并不一定绝对地表现为先低后高,后期史家撰写出的史著的学术价值无论在个体还是在总体上也不一定普遍性地优于前代史家,线性历史观对于思想史、学术史、史学史中的问题很难处理,如果过分使用这样的史学史分期标准,对史学史的解读难免有简单化和程式化的倾向。

(四)以社会形态的演变作为分期标准。尹达主编的《中国史学发展史》一书中的观点就是主张把史学史分为奴隶社会的史学、封建社会的史学和半殖民地半封建社会的史学。其用意是“叙述史学本身由低级向高级演进的具体过程,并揭示其发展规律的历史”。② 用历史唯物主义的社会发展形态说概括中国史学发展的总特征,主要是因中国

① 谢保成:《增订中国史学史·导言》,北京:商务印书馆,2016年,第5页。

② 尹达主编:《中国史学发展史》,郑州:中州古籍出版社,1985年,第3页。

马克思主义史学历史分期语境的影响而来,这种分期标准在目前已经少有使用。社会史的分期问题是至今仍有争论、悬而未决的问题,如果用社会形态进一步划分史学史的期限,在具体的时间界限上,特别是奴隶社会与封建社会史学以及封建社会内部史学的分期观点上,可能会产生更大的歧义。此外,仅以奴隶社会、封建社会和半殖民地半封建社会三大部分说明古代和近代史学史分期,未免过于笼统。

(五)以史学本身在其发展过程中所形成的特点或趋向作为分期标准。即史学在其自身的发展过程中由于受到各种因素的影响而在不同时期表现出了不同特征和发展趋势,以这种特征和发展趋势为标准划分史学史。如仓修良主张的分期法在总的方面就是以此为标准:除开始阶段为“中国史学的起源和战国秦汉间的史学”外,后三个时期分别为“以人物传记为中心的汉魏六朝史学”“主通明变的唐宋元史学”,及“具有启蒙色彩的明清史学”。瞿林东在《中国史学史纲》中以“史学的兴起”为先秦史学,秦汉史学和魏晋南北朝史学分别以“正史的创立”和“史学的多途发展”为特征,隋唐五代史学和宋辽金史学分别以“史学在发展中的转折与创新”和“历史意识与史学意识的深化”为线索,元代史学以“多民族史学的进一步发展”为标志,明代史学以“史学走向社会深层”为特点,清代前期史学以“史学的总结与嬗变”为主题。以这种分期标准考虑史学史的分期问题,必然要关注并总结一个时期史学发展的主要特点,同时还要考虑到史学与社会文化思潮间的相互关系,并可用社会历史发展的状况来解释史学发展的种种迹象,史学本身的发展特点在这一过程中得到体现,史学发展在横向和纵向上的部分与整体间的关系能得到有序反映。采用这种标准分期,需要合理地把握史学发展的阶段性特征,对研究者的见识和能力要求较高。然而史学发展的特点和趋势往往表现得丰富多彩,史学在其相应历史阶段受到的社会状况和文学、哲学思潮,以及史学传统等方面的影响也使其特征表现得错综复杂,从不同的角度观察史学的主要特征,其结果也不尽相同,因此这种分期标准多反映出研究者个人所侧重的着眼点,却也会引起更多的不同意见。

（六）杜维运的中国史学史分期标准。杜维运在他的三卷本《中国史学史》中对中国史学史的分期大体上结合中外时代、史学趋向、关键史家等因素，他陈述其分期标准有三个方面："首先应置中国史学于世界史学之林，以浩瀚广阔的眼光，用比较史学（comparative historiography）的观点，阐述中国史学的出现、成立与发展。世界其他地区同时期发展的史学，皆须涉及，比较其异同，衡量其得失"；"将重心放在史学思想、史学理论与史学方法论的诠释及发明上"；"将史学史放在历史的发展中"，"史学的兴起与发展，有文化的郁积、有学术的涵育、受社会环境的激荡，随历史潮流以沉浮"。[①] 据此可知，杜维运主要以中西史学比较、史学理论和史学与时代社会的关系三方面因素作为分期标准，特色十分鲜明。

（七）白寿彝的中国史学史分期标准。白寿彝于1986年出版的《中国史学史》第一册的"叙篇"部分，有近二分之一的篇幅集中阐述了他的史学史分期观点。首先，他强调"史学在发展中所受时代影响最突出，反映时代特点最集中的，是在阶级关系和政治形势方面"。[②] 这两个方面既是研究史学史的重要因素，也是考虑分期问题的不可缺少的条件。如秦汉时期史学的三个发展阶段，就是史学与封建政治从初步结合到完全结合的发展过程。著者用辩证的观点阐述史学与社会的关系，社会发展不仅是史学史分期的重要依据，史学史也应当表明史学所反映的时代特点及产生的社会影响。其次，以历史观点、史学思想的发展变化作为分期依据。在史学理论上认识水平的高低往往决定了一个时期史学发展水平的高低。在某个具体时期，史学思想的发展也可以体现出阶段性标志。如宋元时期，著者认为"从史书的撰写情况看，或从历史文献学的发展情况看，都不容易看出这个时期的发展阶段，如从思想史上看，阶段性的发展还大致可以看出来"。[③] 把该时期划分成

---

① 杜维运：《中国史学史》第一册，台北：三民书局股份有限公司，1993年，第24—25页。

② 白寿彝：《中国史学史》第一册，上海：上海人民出版社，1986年，第41页。

③ 同上书，第76页。

北宋、南宋和元代三个阶段,依据就是史学思想在这个时期内的变化和发展。近代后期,以马克思主义史学的传播过程为依据划分了四个阶段,也是采用了同样的分期标准。第三,以史学本身的发展过程,特别是史书编撰、文献学的发展作为分期标准。魏晋南北朝隋唐时期,私人修史、设馆修史、对典制史和通史的重视等三个特征,分别代表了该时期的三个发展阶段。第四,努力发掘某个时期新的史学现象,并以此作为影响史学发展的因素而视之为分期的依据。秦汉时期的石渠阁奏议、白虎观奏议,魏晋南北朝隋唐时期有关民族史和中外交通史的撰述,宋元时期的王霸义利之辩等现象均被著者提出并在研究及分期过程中加以重视。白寿彝的分期方法和分期标准,实际上是在综合研究与贯穿古今的基础上提出的一种综合性的分期方法,这样的认识被贯彻使用于他主编的六卷本《中国史学史》中。

近年来,中国史学史研究更趋专精化、专题化,最能反映史学史分期的中国史学通史类著述成果出现的数量远较 20 世纪末 21 世纪初期的一二十年间为少,史学史分期问题也就显得没有以往那么突出。然而对于中国史学发展的总体看法仍离不开分期问题,况且在专精化、专题化研究的基础上,也酝酿着对分期问题再认识的可能。如何对中国古代史学史分期,对于考察中国传统史学的发展进程仍然具有重要意义。

三　中国近代史学的开端、转变与发展趋向

中国古代史学和中国近代史学是两种不一样的史学形态,新旧史学的转换,既是一个渐变的过程,也应该有一个较为明显的转折点。中国近代史学开始于何时?

按照以往的观点,在多种中国史学史论著中,大多将中国近代史学的开始与中国近代史的开端相同步,即以 1840 年鸦片战争为标志(现在也有新的中国近代史开始的分期观点,这里暂且不论),开始了中国

近代史学的发展历程。[①] 还有许多以整个 20 世纪为时段阐述中国史学的史学史论著,则自然将中国近代史学从 20 世纪初开始说起。

我们已经认识到,一门学术史的分期不一定与社会历史发展的分期完全一致。一个时代的学术思想固然更多的是这个时代的时代精神的直接反映,然而学术思想本身具备的引领、总结、反思的特质,其对于所处时代的反映往往会超前或滞后。因此,作为一门学术史的中国史学史的分期,中国近代史学的开端并不一定必须要同步于中国近代史的开端,也不宜简单同步于某种社会思潮或文化思潮的潮起潮落。回到本文所讨论的问题,已有学者指出:"中国近代史学的发展,不与社会变动完全同步,如果以 1840 年的鸦片战争作为中国社会进入近代的标志,这还不能说是中国近代史学的开始。"[②]

鸦片战争前后中国史学的主流仍然是传统史学的延续。如延续乾嘉时期的元史、蒙古史的史书撰述和考证的魏源《元史新编》、洪钧《元史译文补证》、屠寄《蒙兀儿史记》等,另外如编年撰述前朝史的夏燮《明通鉴》,纪事本末体撰述前代历史的李铭汉《续资治通鉴纪事本末》,以及李有棠《辽史纪事本末》《金史纪事本末》等,历史人物传记方面的著述有钱仪吉《碑传集》、缪荃孙《续碑传集》等。更多的研究成果是属乾嘉考据范畴的对史料史籍的考证、整理、辑佚等,如王先谦《汉书补注》《后汉书集解》《合校水经注》,李文田《元朝秘史注》,沈曾植《元秘史补注》,汤球的辑佚之作等。顾颉刚在《当代中国史学》一书中将晚清史学状况总结为:"学者们依然走着过去的大路,继续前此学者的工作,对历代正史,加以补作或改作,对历代正史的表志,更用心地加以补充或修订。"[③]这是符合当时的史学发展情况的。

---

① 如胡逢祥、张文建《中国近代史学思潮与流派》就从"鸦片战争时期的经世致用史学思潮"开始论述中国近代史学,上海:华东师范大学出版社,1991 年;白寿彝主编:《中国史学史》第六卷 "近代时期"的"中国近代史学"(陈其泰著)从 1840 年开始,上海:上海人民出版社,2006 年。

② 乔治忠:《中国史学史》,北京:中国人民大学出版社,2011 年,第 312 页。

③ 顾颉刚:《当代中国史学 · 引论》,《顾颉刚全集》12《顾颉刚古史论文集》卷十二,北京:中华书局,2010 年,第 322 页。

流行的中国史学史教科书和中国史学史论著将1840年视为中国近代史学的开始的主要依据是,在鸦片战争前后,学术研究领域受到时局影响相应有了一些变化,在史学方面具体表现在:因边疆受到列强蚕食而引发的边疆危机,激起了西北边疆史地研究的热潮(如张穆《蒙古游牧记》、何秋涛《朔方备乘》、姚莹的《康辅纪行》等);因“开眼看世界”,中国人开始涉足于外国史地研究领域(从魏源的《海国图志》到王韬的《法国志略》,再到黄遵宪的《日本国志》等);因不断出现的社会危机,当代史撰述受到重视(包括数种记述清廷武装平定各地起义的“方略”之书和对两次鸦片战争的记述等)。这些变化可以表明中国史学已经走出传统史学模式而具有近代意义了吗?回答应该是否定的。即如上述几个所谓变化而言,对外国史地尚处于编译各种材料作介绍的层面,能够像王韬、黄遵宪那样具有海外经历并撰述外国历史著述的人毕竟是极少数,不具普遍性;关注当代史的撰述,其“方略”之书属朝廷宣扬“文治武功”的官方撰述,对鸦片战争的记述是有识之士的忧患意识使然。即使是被认为与欧洲的东方学、日本的东洋学有一定关系的晚清西北史地之学,无论是在嘉庆中期以祁韵士、徐松等为代表的酝酿阶段,还是在道光、咸丰年间以张穆、何秋涛等为代表的形成阶段,其出发点在于面对西北边疆危机而重拾传统史学经世致用之主旨,难言与西学有任何关联,总体上仍属传统历史地理学研究范畴。上述诸多变化最多只可视为时代在史学领域的某种反映,尚难构成对历史学整体面貌的改观。王国维总结清代学术的特点是:“国初之学大,乾嘉之学精,道咸以降之学新。”道光、咸丰时跨鸦片战争前后,尽管王国维概括其时之学术为“新”,不过他的解释是:“道咸以降,涂辙稍变。言经者及今文,考史者兼辽、金、元,治地理者逮四裔,务为前人所不为,虽承乾嘉专门之学,然亦逆睹世变,有国初诸老经世之志。”①“道咸以降”之学术虽受到时代影响而“涂辙稍变”,然而在史学意识和史学方法上,

① 王国维:《沈乙庵先生七十寿序》,《观堂别集》卷二十三,《王国维遗书》第4册,上海:上海书店出版社,1983年,第26页。

其总体表现仍是“承乾嘉专门之学”，即使“逆睹世变”而具有“务为前人所不为”的新意，这种新意也仍然是相近于“国初诸老经世之志”，并不具有近代意义之历史学的内涵。顾颉刚在《当代中国史学》中也认为：晚清史学“还有三种新的趋势，就是一、金石学的考索，二、元史和西北边疆史地的研究，三、经今文学的复兴”。对这些“新趋势”，著者解释说，“金石学的考索”要么是“继承宋人的余绪”，要么是“乾嘉汉学的支流”；元史研究是“继承前此的成绩”，西北边疆史地的研究既是受到“元史研究的影响”，也是缘于“西北边事的紧急”；经今文学的复兴则“是乾嘉汉学迷信汉人的一大反动”。[①] 作者指出当时学界三种新趋势，几乎全是传统史学的“余绪”“支流”，少有近代史学的学术因素。

总之，鸦片战争后至19世纪末，中国史学的变化程度与影响力度，总体上并不超出乾嘉史学及以往中国古代史学的其他时代。晚清史学的变化或囿于传统史学的范畴，或是在时代影响下史学领域出现的一些新特点，后者又更多地表现为被动地受到现实影响所致。我们不能无视或否定这些新特点对于中国近代史学开始之前所具有的某些趋势性量变的意义，但是从总体上看，这个时期传统史学主体并无根本性变化，难言具有近代史学意义的转变。上述几种变化既未能真正触动人们对历史学的学科体系和学科地位的基本认知，也没有对当时史学发展的总体格局产生过多的直接影响。人们之所以在较长时期内将近代史学的开端同步于近代历史的开始，与既定的半封建半殖民地社会的中国近代史开始于鸦片战争以及过分重视史学与社会的相互影响的惯性思维有直接关系。将鸦片战争后的一些史学变化看作是中国近代史学开始的标志，理由尚不充分，中国近代史学恐怕并非开始于19世纪中后期。对近现代中国史学的研究在近十几年来不断深入，特别是关于晚清民国时期史学的研究成果显著，许多问题逐渐明晰起来，而明确中国近代史学应开始于何时，对于中国近代史学史研究而言也是一个十分关键的问题。

---

① 均见顾颉刚：《当代中国史学·引论》，第322—323页。

早有前辈学者从多个方面指出了梁启超首倡“新史学”的创新意义。周予同从经史转换和接受进化论的角度看待梁启超及“新史学”，他说：“直接受康有为经今文学的启示，而使中国史学开始转变、开始脱离经学羁绊的是梁启超。”“梁氏虽由经师弟子转变而为新史学家，但他的史学思想显然地受了今文学的刺激而接收进化论的史观。”“梁氏由经今文学而接受进化论，由进化论而使中国史学发生转变，梁氏在现代史学史上确已有其不可磨灭的功绩。”[①]1938年金毓黼在其撰写的《中国史学史》中强调20世纪初期史学新旧转换和中西史学结合的特征：“清季民国以来，是为史学‘革新期’，亦即现代三四十年间之史学矣”，“所谓新史学及新史，即用近代最新之方法，以改造旧史之谓也”。[②] 他解释说：“本期学者，如章太炎先生，论史之旨，已异于前期，而梁启超氏，更以新史学相号召，而王国维氏，尤尽瘁于文字器物以考证古史，其他以西哲之史学，灌输于吾国者，亦大有人在，其势若不可遏，有中西合流之势，物穷则变，理有固然，名以‘革新’，未为不当。”[③]齐思和则突出了“新史学”的批判意识，他认为：“第一位积极介绍西洋史学，并呼吁改造中国史学的是梁启超先生”，梁启超的《新史学》“对我国传统的史学作猛烈的抨击”，“这是新史学的第一声号角，这是对传统史学最严厉的批判”。[④] 经史转换、接受西学、提倡进化论、弃旧趋新、批判旧史学，这些“新史学”的特点很早就已经被注意到。在“新史学”观念提出后中国史学已经走过的一个多世纪历程，已经可以证明，近代中国史学的诸多发展趋向多含有“新史学”的直接或潜在影响，这里仍有必要从“新史学”对中国近代史学的开创性意义的角度再作考察。

一般来说，从学科意义上形成一个新的史学发展阶段，其标志应该是史学自身包括历史观、研究理念、研究视角、课题意识、研究方法、史料观念等方面都有程度不同的转变，这种转变当然不可避免地会受到

---

① 周予同：《周予同经学史论著选集》，上海：上海人民出版社，1983年，第537—540页。

② 金毓黼：《中国史学史》，重庆：商务印书馆，1944年，第327、295页。

③ 同上书，第327—328页。

④ 齐思和：《近百年来中国史学的发展》，《燕京社会科学》第2期，1949年10月。

许多外部因素的影响，然而真正起到关键性作用的，还是史学自身内部诸学术器官的触动与蜕变。个人认为，20 世纪初期由梁启超发表的《中国史叙论》和《新史学》而形成的“新史学”思潮，应视为中国近代史学的开端。①

1901 年梁启超在《清议报》上发表的《中国史叙论》的开篇即表明了“近世史家”与“前者史家”的区别，其基本立意就是以“近世史家”的眼光对历史学作新的规划与建设，明确了作为“近世史家”的自觉意识。② 梁启超在其《三十自述》(1902 年)中称：“一年以来，颇竭棉薄，欲草一《中国通史》以助爱国思想之发达，然荏苒日月，至今犹未能成十之二。”③《中国史叙论》撰写起因，是梁启超要以“近世史家”的眼光写出一部“助爱国思想之发达”的新式中国通史。从《中国史叙论》可以推测，此即他计划撰写的这部《中国通史》的“叙论”部分。④ 梁启超撰写中国通史进展缓慢，遇到的最大困难是，旧史学无法达到“近世史家”著史“必说明其事实之关系与其原因结果”“必探察人间全体之运动进步即国民全部之经历及其相互之关系”的要求，“今者欲著中国史，非惟无成书之可沿袭，即搜求材料于古籍之中，亦复片麟残甲，大不易易”。⑤ 旧史学无法满足梁启超等人在新的现实条件下发挥史学功

---

① 已有学者明确指出 20 世纪初的“新史学”思潮对于中国史学的新旧转型意义。如王汎森说：“近代中国史学经历过三次革命，第一次史学革命是以梁启超(1873—1929)的《新史学》为主，它的重心是重新厘定‘什么是历史’。”“梁启超在 1902 年所写的《中国史叙论》与《新史学》两篇文章，可以说是近代新史学的里程碑。”见王汎森：《近代中国的史家与史学》，香港：三联书店(香港)有限公司，2008 年，第 6、7 页。乔治忠认为：“20 世纪初‘新史学’思潮的兴起，是中国史学在主流意识上的巨大转变，可以视为史学近代化转型的开始。”见乔治忠：《中国史学史》，北京：中国人民大学出版社，2011 年，第 313 页。谢保成也认为：“20 世纪初，中国史学第一次发生前所未有的重大变革，不断涌现新思潮，引发‘史界革命’，宣告具有划时代意义的‘新史学’的兴起。”见谢保成：《增订中国史学史 · 晚清至民国》，北京：商务印书馆，2016 年，第 67 页。

② 梁启超：《中国史叙论》，《饮冰室合集》文集之六，北京：中华书局，1989 年，第 1 页。

③ 梁启超：《三十自述》，《饮冰室合集》文集之十一，第 19 页。

④ 如在“纪年”一节之末，谓“故本书纪年，以孔子为正文”等，可见此文即为其撰述“中国史”的“叙论”。

⑤ 梁启超：《中国史叙论》，《饮冰室合集》文集之六，第 1—2 页。

能的期许。次年,梁启超署名“新史氏”在《新民丛报》上发表《新史学》,在文中疾呼:“史界革命不起,则吾国遂不可救!悠悠万事,惟此为大。新史学之著,吾岂好异哉,吾不得已也。”[①]在此前后,他还撰写了《历史上中国民族之观察》(1901年)、《论中国学术思想变迁之大势》(1902年)、《中国专制体进化史》(1902年)等文,集中反映了建立中国“新史学”的迫切愿望。

事实上,救亡图强的现实目的是梁启超由今文经学而接受进化论提出“新史学”的基本意图,撰写新式中国通史是“新史学”的直接起因,将近代“国家”“民族”等观念运用于中国历史的研究和编撰中所必须对旧史学进行的各种变革措施,则使中国史学真正开始具备了近代特征。梁启超引用德国学者伯伦知理(Bluntschli Johann Caspar)的《国家论》的观点认为:“自伯氏出,然后定国家之界说,知国家之性质、精神、作用为何物,于是国家主义乃大兴于世……使国民皆以爱国为第一之义务,而盛强之国乃立。”[②]须知在中国传统观念中,尚没有这样的“国家”意识,如陈独秀曾回忆说,庚子年(1900年)八国联军打败中国,“此时我才晓得,世界上的人,原来是分做一国一国的,此疆彼界,各不相下。我们中国,也是世界万国中之一国,我也是中国之一人。一国的盛衰荣辱,全国的人都是一样消受,我一个人如何能逃脱的出呢……我生长二十多岁,才知道有个国家,才知道国家乃是全国人的大家,才知道人人有应当尽力于这大家的大力”。[③]论及国家则必然联系到民族,梁启超从中国的历史实际出发,更强调民族国家其实是分有多种类型的,多民族的国家就是其中一种,“合多数之民族为一国家,其弊虽多,其利亦不少”。[④]“大民族主义者何?合国内本部属部之诸族以对于国外之诸族是也。”[⑤]用近代“国家”“民族”观念审视传统史学,

---

① 梁启超:《新史学》,《饮冰室合集》文集之九,第7页。

② 梁启超:《论学术之势力左右世界》,《饮冰室合集》文集之六,第114页。

③ 唐宝林、林茂生:《陈独秀年谱》,上海:上海人民出版社,1988年,第17页。

④ 梁启超:《政治学大家伯伦知理之学说》,《饮冰室合集》文集之十三,第73页。

⑤ 同上书,第75页。

梁启超等人发现,旧史学不仅全无“国家”视角下的世界意识、发挥不了救亡图强的现实功能,就是传统史学中的历史研究方法和历史撰述形式都与近代史学格格不入。不首先解决这些问题,撰写新式中国通史就无从下笔。《中国史叙论》和《新史学》大部分篇幅讨论的是撰写近代“国家”意义下的中国通史中的历史观和史书体例。

“新史学”讨论、规范了传统史学范畴内所不曾涉及的在史书体例、研究内容等方面的一系列问题,引发中国通史(教科书)的编纂实践,给中国史学带来了全新的研究理念(世界视野)、历史观(进化论)和研究方法,初步形成了人们对历史学科的近代认知。《中国史叙论》依次论述的内容包括:“中国史之范围”(中国史的研究范围应包括“中国史与世界史”和“中国史与泰东史”两个方面,将历史研究的范围扩及到了中国与亚洲、中国与世界的范围,一改传统史学以中国为主的格局)、“中国史之命名”(不可以朝代命名,“以一姓之朝代而污我国民,不可也;以外人之假定而污我国民,不可也”,“民族之各自尊其国,今世界之通义耳”)、中国历史上的地理环境即“地势”(“地理与人民二者常相待,然后文明以起,历史以成,若二者相离,则无文明,无历史”)、中国历史上的各个民族即“人种”(“民族为历史之主脑,势不可以其难于分析而置之不论”)、撰述中国历史所应使用的“纪年”(“定以孔子生年为纪”)、史前时代(“中国有史以前,即经绝远之年代”)、历史发展的阶段划分(“就其事变之著大而有影响于社会者,各以己意约举而分之”)。①《新史学》是《中国史叙论》的“升级版”,除属意抨击旧史学和阐述“公理公例”外,又一次论及“历史与人种之关系”和“纪年”问题。《新史学》还有“论正统”和“论书法”两部分,前者是以民权学说和今文经学三统说批判传统史学中正统之争的弊端,后者则是依据“群学”说和“春秋之义”抨击旧史学重任情褒贬而忽视了“民族全体”。在近代语境下集中讨论如何处理这些具体问题,梁启超是第一位,“新史学”是首先做到的。上述梁启超讨论的“中国史之范围”“中

① 引文均见梁启超:《中国史叙论》,《饮冰室合集》文集之六,第2—12页。

国史命名”“地势”“人种”“纪年”“有史以前之时代”等问题,无不融入了20世纪以来至今中国历史研究的各个层面。经过自20世纪初直到今天的一百多年来的发展,中国史学中的“世界史”概念无论从研究视野还是在学科分类、研究建置、研究人员、教学体系诸方面均已成为研究与教学中的重要组成部分。“中国”二字已为各种通史、断代史、专门史研究成果中的当然命名,民族史和历史地理学不仅早已成为中国史学中的专门之学而且其在中国史学中的重要性愈显突出,对史前时代的考察引发的“疑古”论争及中国考古学的发展都成为近代中国史学区别于古代史学的明显特征,历史阶段划分与运用历史理论对中国历史的宏观阐释则是20世纪中国史学的核心议题。诸如此类的中国近代史学的基本元素,“新史学”是首先予以集中提出并讨论的。

《中国史叙论》和《新史学》分别有“史之界说”和“史学之界说”,学术研究必先定义研究对象的概念、规定其范畴、明确其意义的做法,也是近代式的。“史之界说”表述了中国“无史”的观点,论述了如何变传统史学的“无史”为近代史学的“有史”。王汎森说:“中国过去究竟‘有史’还是‘无史’,梁启超的文章像是开动了一个机括,提醒人们思考‘什么是历史’这一个根本的问题。”①“史学之界说”则根据社会进化学说提出了他对“历史”所下的定义:“历史者,叙述进化之现象也”;“历史者,叙述人类进化之现象也”;“历史者,叙述人类进化之现象而求得其公理公例者也”。② “新史学”贯彻进化论对于中国史学的意义已经被很多学者注意到,“公理公例”说在当时也更多地承载的是救亡图强的现实意图并且后来也被梁启超自己所怀疑和摒弃,但是专门论证并回答这样一个抽象的史学理论问题,反映了“新史学”所开启的“什么是历史”“怎样解释历史”的思维模式③,初步具有了近代历史学的学科意识。中国史学从此或主动或被动地与西方历史理论、观念、学

---

① 王汎森:《晚清的政治概念与“新史学”》,见《近代中国的史家与史学》,香港:三联书店(香港)有限公司,2008年,第37页。

② 梁启超:《新史学》,《饮冰室合集》文集之九,第7—11页。

③ 王汎森:《晚清的政治概念与“新史学”》,见《近代中国的史家与史学》,第6页。

说、话语体系碰撞、结合、融通，形成了中国近代史学发展的主线之一。

"新史学"还提出用社会科学研究方法治史，结合多学科（地理学、人类学、语言学、政治学、宗教学、心理学等）运用于史学研究中，这其中所蕴含的近代学科意识、在史学研究中的多学科交叉研究的主张，都具有明显的近代史学特征。

还应当看到，"新史学"思潮前后，中国史学在其他方面的各种变化继续充实着中国近代史学的整体内容。在历史教育教学方面，1901年，清朝政府谕令改科举、废八股，科举考试中较大幅度地增加了史学的内容。次年，清政府颁行《钦定大学堂章程》，史学作为应修课程被列入其中。1904 年，清政府颁布《奏定学堂章程》，对新学制下的历史教育作出规定。到了 1913 年，民国教育部公布《大学规则》，历史学被分为"中国史及东洋史学类"和"西洋史学类"，并列出了具体的历史课程科目。这期间，为适应各级学校历史教学使用的历史教科书大量出版。这些举措与"新史学"思潮一同推进了近代史学的学科化进程，并且随着中国近代教育体制的不断发展继续得以系统和完善。

毋庸置疑，"新史学"的另一个特征是刻意强化史学的现实功能，把史学作为救亡图强的工具，是史学与现实密切结合的产物。《新史学》开篇即言："于今日泰西通行诸学科中，为中国所固有者，惟史学。史学者，学问之最博大而最切要者也，国民之明镜也，爱国心之源泉也。"梁启超直言史学要为救亡图强的现实有所担当："今日欧洲民族主义所以发达，列国所以日进文明，史学之功居其半焉"，"今日欲提倡民族主义，使我四万万同胞强立于此优胜劣败之世界乎？则本国史学一科，实为无老、无幼、无男、无女、无智、无愚、无贤、无不肖所皆当从事，视之如渴饮饥食，一刻不容缓也"。[①] 正是因为传统史学无法胜任这样的现实功能，才有"史界革命"的呼吁和"近世史家"建立"新史学"的举措，而否定传统史学一时成为涵盖了许多不同政治和学术取向、却都看重史学的社会功能、要求改变旧史学面貌的"有识之士"的

---

① 梁启超：《新史学》，《饮冰室合集》文集之九，第 1、7 页。

一致主张。1902年邓实在《史学通论》中说:"悲夫,中国史界革命之风潮不起,则中国永无史矣,无史则无国矣。"①汪荣宝指出:"其所谓历史者,不过撮录自国数千年之故实,以之应用于劝善惩恶之教育,务使幼稚者读之,而得模拟先哲之真似而已,是与今日世界之学术思潮立于正反对之位置者也。"②刘师培认为"所存之史,则并其所谓一家一姓之事者,亦且文过饰非,隐恶扬善,而逢君之恶"。③ 不论是政治上的改良派还是革命派,也无论是经学上的今文学派还是古文学派,批判旧史学、接受社会进化论、建立"新史学",很大程度上甚至超越了政见和学术之分而获得了更多人的认同。他们对"新史学"的倡议、宣传、讨论、著述,尽管因各种原因存在着观点上的歧义,在"新史学"总的目标上是基本一致的。

与19世纪后半期中国史学的若干新趋向主要是被动地受到时代影响不同,20世纪初的"新史学"思潮表现为史学是主动地迎接时代潮流。而"新史学"之"新",除了其现实诉求之外,还始终不离通史撰述的学术实践,即使在当时,"新史学"也涌现出多种贯穿着"新史学"理念的历史撰述成果。④《中国史叙论》和《新史学》之外,章太炎《中国通史略例》(1900年)、陈黻宸《独史》(1902年)讨论了中国通史的撰写计划,刘师培的《中国历史教科书》(1905—1906年)、曾鲲化的《中国历史》(1903年)等著述都可视为是"新史学"思潮的产物。最具代表性的是夏曾佑在1904—1906年间撰写的《最新中学中国历史教科书》,该书旨在"总以发明今日社会之原为主"⑤,以上古史、中古史分期考察社会的发展演变而不以某朝某代为标准,重视历史发展的总体变化,关注多民族的历史发展过程,诸如此类的撰史旨趣均为"新史学"

---

① 邓实:《史学通论》,《政艺通报》第1年第12号,1902年12月。

② 汪荣宝:《史学概论》,《译书汇编》第2年第9期,1902年12月。

③ 刘师培:《新史篇》,《刘师培辛亥前文选》,北京:生活·读书·新知三联书店,1998年,第199页。

④ 参见张越:《"新史学"思潮的产生及其学术建树》,《史学月刊》2007年第9期。

⑤ 夏曾佑:《中国古代史》第二篇"凡例",石家庄:河北教育出版社,2000年,第6页。

思潮所提倡,被誉为"第一部有名的新式通史"。[①] 阐释近代意义的历史学的学科性质、学科特点,是中国史学从古代转化为近代的必要环节,邓实的《史学通论》(1902 年)、马叙伦的《史学总论》(1902 年)、汪荣宝的《史学概论》(1902 年)、陈黻宸的《读史总论》(1904 年)、陆绍明的《史学稗论》(1905 年)、蛤笑的《史学刍议》(1908 年)、曹佐熙的《史学通论》(1910 年)等,都是属于这类著述,其中很多内容抄译自日人著作,对人们了解近代历史学学科属性起到了普及和宣传的作用。

这些论著从诸多方面都表现出区别于传统史学的新的历史撰述意识。中国近代史学的步履,开始于"新史学"思潮,20 世纪初的"新史学"思潮成为中国史学从古代史学到近代史学的"拐点"。

"新史学"的潜在影响一直持续于其后一百多年的中国史学中,但是"新史学"思潮本身掀起的否定旧史学、全面接受进化论的"飓风"在表面上持续的时间并不长,大约在几年后便归于沉寂。激烈抨击并完全否定传统史学,是"新史学"现实诉求的最直接反映,也是"新史学"最明显的"短板"[②]。1905 年严复的评价颇有代表性:"人或笑左氏为相斫之书,或谓中国之史,不过数帝王之家谱,此其说似也。然使知历史专为政治之学而有作,将见前人之所详略,故为适宜。且中国既为专制矣,则一家之所为,自系一民之休戚,古人之所为,殊未可以轻訾也。"[③]欧游归来的梁启超对此有所反思:"其论学术,则自荀卿以下汉唐宋明清学者,掊击无完肤","启超之在思想界,其破坏力确不小,而建设则未有闻,晚清思想界之粗率浅薄,启超与有罪焉"。对于传统学术文化,他也改变了看法,"我辈虽当一面尽量吸收外来之新文化,一面仍万不可妄自菲薄,蔑弃其遗产"。[④] 然而以现实左右史学、以学术

① 齐思和:《近百年来中国史学的发展》,《燕京社会科学》第 2 期,1949 年 10 月。

② 参见路新生:《梁启超"史界革命"再审视——对〈新史学〉线性进化论与"四弊二病"说的批判》,《河北学刊》2013 年第 5 期。

③ 严复:《政治讲义》,《严复集》第 5 册,北京:中华书局,1986 年,第 1249 页。

④ 梁启超:《清代学术概论》,《饮冰室合集·专集之三十四》,第 62、65、78 页。

结合于政治,"'新史学'开此先例,长期影响近代以来的史学"①。

"新史学"把政治与学术完全结合在一起,既给中国近代史学打下了深深的烙印,也凸显了其在现代学术独立意识方面的严重缺失,而真正具备学术独立、将各种现实的或功利性的非学术因素与史学脱离开来的"学科化"认知,亦为近代史学得以形成的基本条件之一,我们看到,很快就有人开始强调学术的独立性。1905 年王国维在《论近年之学术界》一文中说:"欲学术之发达,必视学术为目的,而不视为手段而后可","学术之所争,只有是非真伪之别耳,于是非真伪之别外,而以国家、人种 、宗教之见杂之,则以学术为一手段,而非以为一目的也。未有不视学术为一目的而能发达者。学术之发达存于其独立而已。""吾国今日之学术界,一面当破中外之见,一面毋以为政论之手段。"②近代中国史学的学术独立、史学求真的理念在"新史学"之后渐趋明显,尤其为在新文化运动中成长起来的新一代学者如傅斯年、顾颉刚、陈寅恪等人所重视,因提倡"科学"而以史学求真为鹄的的新旧史料考证、对中国古史体系的怀疑、"史学便是史料学"的观念等,成为民国时期史学的重要理念和研究方法。不过"新史学"联系于现实政治的经世特征仍然契合于 20 世纪后救亡图强、社会革命的现实主题。"中国近现代史学政治化背后一个可能的原因,跟 20 世纪早期中国知识分子全神贯注于民族生存、从而失去对中国启蒙运动的原有热情有关。"③社会史大论战中对中国社会性质的讨论、唯物史观史学兴起于中国史坛的过程,都可以看到"新史学"思潮的潜在影响,李红岩说:"'新史学'实为中国马克思主义史学的孕育阶段,是学术传承过程中不可或缺的一环,为马克思主义史学的诞生清扫了道路,作了逻辑的、思想的

① 谢保成:《增订中国史学史》"晚清至民国"卷,北京:商务印书馆,2016 年,第 104 页。

② 王国维:《静安文集 · 论近年之学术界》,《王国维遗书》第 5 册,上海:上海书店出版社,1983 年,第 96、97 页。

③ 〔美〕李怀印:《重构近代中国——中国历史写作中的想象与真实》,岁有生、王传奇译,北京:中华书局,2013 年,第 7 页。

以及学术资料上的准备。”[①]中国近现代史学在学术与现实的张力之间踯躅前行。

“新史学”思潮开启了中国近代史学的序幕，它也留下了许多尚需继续探索的问题，就中国近代史学的发展方向而言，“新史学”思潮之后最为突出的两个问题是：第一、“新史学”思潮激烈抨击旧史学的做法很快受到包括梁启超本人在内的绝大多数学人的否定，中国近代史学的发展应该如何认识与对待传统史学，应该怎样实现从古代史学到近代史学的学术转变？第二、“新史学”思潮提出了建立中国新的历史学的号召和初步规划，在具体的研究层面，中国近代史学的研究路径与研究方法应该是怎样的？

关于第一个问题，20 世纪初对“国粹”“国故”“国学”的讨论，其核心问题就是面对“西学”大潮涌入的局面如何看待中国传统文化。1902 年 12 月 30 日，黄节在《政艺通报》上发表《国粹保存主义》一文，首次强调“国粹者，国家特别之精神也”。[②] 邓实、黄节等人于 1905 年初在上海成立国学保存会，发行《国粹学报》，《国学保存会简章》称其宗旨是“研究国学，保存国粹”[③]。以章太炎、刘师培、邓实、黄节等人为代表，形成了所谓晚清国粹派。国粹派对中国固有文化在新的历史条件下如何“突围”的讨论，是近代知识界首次集中考察传统文化何去何从的尝试，况且，“清末学人虽然以‘国学’（或‘国粹’）与西方学术系统做鲜明的对比，却并没有抗拒‘西学’的意思。相反的，他们基本上承认了‘西学’的价值，兼肯定‘西学’有助于‘国学’研究”[④]。国粹派提出“保存国粹”“复兴古学”的方案，已经含有推动中国传统学术向近代学术转型的意图。今天看来，其中颇具可操作性的努力，是将中国传统学问体系引向西方现代学术体系的学科分类意识。如刘师培的《周末学术史序》中分述心理学史、伦理学史、社会学史、宗教学史、兵学

① 李红岩：《中国近代史学史论》，北京：中国社会科学出版社，2011 年，第 4 页。

② 见《壬寅政艺丛书》，政学编，卷五。

③ 《国学保存会简章》，《国粹学报》第 2 年第 1 期。

④ 余英时：《“国学”与中国人文研究》，《国学学刊》2011 年第 2 期。

史、教育学史、哲理学史、文字学史、法律学史等 16 种学科在中国古代形成发展的大致情形①,间或论及相关学科的中西发展差异,"这明明是要将中国原有的'四部'系统转化为西方学术分类"②。然而,过分保守的"国学"情结,仍难掩其在强势的西方文化面前缺乏自信的矛盾心态,局限于颂古常谈中的"古学复兴"的努力和经学的学术藩篱,加之其排满革命的政治诉求,都使国粹派的多数人在其后的新文化运动中落伍。同时,"国粹"一词的使用率已经大大降低,代之以"国故"一词的使用,胡适曾说:"'国故'二字为章太炎先生创出来的,比国粹、国华……等名词要好得多,因为它没有含得有褒贬的意义。"③《国故论衡》1910 年由国学讲习会出版,很快风行一时,此后"国故"一词逐渐流行起来。

引发"整理国故"运动的起因,是新文化运动的发源地北京大学内的两本杂志——《新潮》和《国故》关于"国故和科学的精神"的争论。由于有着新文化运动和"科学"观念日渐深入人心的背景,有着新一代青年学子(毛子水、傅斯年等)和受到过西方学术训练留洋归来胡适等人的积极参与,对"国故"的讨论较之以往"研究之方法更为精密,研究之结论更为正确"④。新文化运动对待传统学术的态度是"整理",而不是简单的全盘否定,这与"新史学"思潮形成了鲜明对照。

经过对国学、国故的深入讨论,"整理国故"逐渐发展成为有广泛影响的"运动",在这个过程中,"国粹"及其与守旧、保守相关的因素被排斥,认为国学在西学的冲击下行将消亡的悲观论调被指责,全盘否定中国传统文化价值的观点也未被认同,将"国故"视为可以解决一切问题甚或可以担当复兴中华文化"大业"的盲目情绪同样被否定,人们更愿意把"国故"或"国学"限定在学术研究范围内,将"科学方法"与"整

① 参见《刘申叔先生遗书》第 14 册《周末学术史序》,宁武南氏校印,1934 年。

② 余英时:《"国学"与中国人文研究》,《国学学刊》2011 年第 2 期。

③ 胡适:《再谈谈整理国故》,《胡适文集》第 3 册,北京:人民文学出版社,1998 年版,第 406 页。

④ 钱玄同:《刘申叔先生遗书·序》,《刘申叔先生遗书》第 1 册,宁武南氏校印,1934 年。

理国故”联系起来,即如胡适所说的,将历史的观念、疑古的态度、系统的研究作为“整理国故”的主要方法。① 由胡适执笔、代表了北京大学研究所国学门学人集体意见的《国学季刊发刊宣言》②阐明“整理国故”的目标:“国学的使命是要使大家懂得中国过去的文化史;国学的方法是要用历史的眼光来整理一切过去文化的历史;国学的目的是要做成中国文化史。国学的系统的研究,要以此为归宿。一切国学的研究,无论时代古今,无论问题大小,都要朝着这一个大方向走。只有这个目的可以整统一切材料;只有这个任务可以容纳一切努力;只有这种眼光可以破除一切门户畛域。” ③胡适在这里虽然讲的是“整理国故”的目的,但是他却提出了“中国文化史”的概念,他所说的“文化史”包括有民族史、语言文字史、经济史、政治史、国际交通史、思想学术史、宗教史、文艺史、风俗史、制度史等十个方面,是一种广义的历史学范畴,实际上包含了对传统学术分类的摒弃,代之以要求用一种全新的观念即“文化史”来统整“国学”。换言之,“用历史的眼光来整理一切过去文化的历史”,在很大程度上是对历史研究的范畴与内容作了新的界定,希求以各种现代意义的专史研究充实于历史学的各个研究领域,通过“整理国故”逐渐用现代学术体系来取代“国故”,构建中国史学的新体系。

实际情况是,1905 年正式废除科举制度后,新式学堂的出现及新式历史教材的编写和使用,已经迫使旧式学问系统在“体制”上失去其生存空间,而《国学季刊发刊宣言》毋宁说是从观念上论证并宣告现代学科分类体系取代旧式学问系统的一份“宣言”。在五四时期及以后的史学发展中,现代学术分类体系在历史教学和历史研究领域均逐渐

---

① 胡适:《研究国故的方法》,《胡适文集》第 3 册,北京:人民文学出版社,1998 年,第 356—359 页。

② 胡适在 1922 年 11 月 15 日的日记中写道:“作《〈国学季刊〉序言》,约一万多字,颇费周折;这是代表全体的,不由我自由说话。故笔下颇费商量,我做的文章之中,要算这篇最慢了。”见《胡适的日记》(下册),北京:中华书局,1985 年,第 517 页。

③ 胡适:《国学季刊发刊宣言》,《国学季刊》第 1 卷第 1 号,1923 年 1 月。

取代了传统的学术分类体系。“国故”一词的使用愈来愈少。一些高校相继建立的“国学院”也基本上是有“国学”之名而行新式研究之实，“历史语言研究所”这样的招牌显然更加名实相符。胡适提出的民族史、语言文字史、经济史、政治史等，渐成新的史学体系中的研究领域。近现代中国史学怎样继承传统史学是一个需要长久研究和思考的大问题，不可能通过一次“整理国故”运动就能够得到完美解决，胡适提出的“文化史”系统及各种专史分类也需要在实际研究中逐渐完善。但是，经过“新史学”对旧史学的批判和否定、国粹派“保存国粹”的呼吁和沟通中西学术的尝试，再到“整理国故”运动对传统学术的“整理”态度，直到明确提出“做成中国文化史”的学术目标，实际上是在学术体系方面有效打通了新旧史学的界限，从学科分类的角度指明了从古代史学到近代史学的转变方式。这是新文化运动时期的“整理国故”运动的最重要收获，也是“新史学”后对传统史学的更为理性的处理方式，中国近代史学在“新史学”之后的这次变化也勾勒出中国史学“学科化”的新面貌。

新文化运动中，胡适提倡的“科学方法”诠释了中西史学结合的可能性和必要性；顾颉刚提出的疑古学说是史学“求真”和“斩除思想上的荆棘”①的产物，由此引发的古史论战则是新旧史学观念在史学功能上不同认知的交锋；梁启超欧游归来后以中国传统史学为资源撰写出版的《清代学术概论》《中国历史研究法》及其“补编”等论著，标志着他对传统史学的重新认识以及融汇中外史学的尝试；“南高派”标榜“昌明国粹、融化新知”的理念则反映了对待传统文化的又一种态度。五四时期史学的多途发展成为“新史学”之后中国近代史学发展的又一个重要时期。

关于第二个问题，影响中国近代史学的研究路径与方法最直接、最主要的因素当然就是西方史学（包括早期来自日本的西方史学）。道

① 顾颉刚：《致叶圣陶（1926年11月9日）》，《顾颉刚全集》39《顾颉刚书信集》卷一，第85页。

咸年间的西北边疆史地之学发展到19世纪末20世纪初,应该是中国史学最早呼应欧洲东方学、日本东洋学的研究领域。"我国'西北舆地之学'的兴盛为东西学术沟通与西方'东方学'的扩展提供了对话平台。"[①]被王国维高度评价的沈曾植[②],"与东西方汉学家内藤湖南、藤田丰八、伯希和等相交往,对该领域的前沿渐有所把握,以致很早就产生了欲在蒙古史和西北史地研究中'汇欧学之精英,罗诸几席',并'参证吾国史书',以研究成果'贡诸世界'愿望,并为此搜罗了不少俄、日文书籍"。[③] 非汉文史料、历史比较语言学引起中国学者的重视。同一时期,甲骨卜辞等新史料进入到学者的研究视野中。1910年至1911年罗振玉的《殷商贞卜文字考》和《殷虚书契前编》刊行。1914年罗振玉、王国维的《流沙坠简》出版。1915年罗振玉撰成《殷虚书契考释》。在此前后,王国维不仅推出了《殷卜辞中所见先公先王考》《殷卜辞中所见先公先王续考》《殷周制度论》(1917年)等一系列重要研究成果,而且提出了在新的研究语境下具有方法论意义的"二重证据法"。因史料匮乏而长期无解的商周历史豁然打开了研究局面,晚清以来渐为显学的西北史地研究因历史比较语言学方法的使用和域外文献的参证而更现生机。王国维等人所开创的中国近代史学的研究路径,受到几乎众口一词的肯定。如傅斯年说:"近年能利用新材料兼能通用细密的综合和分析者,有王国维先生的著作,其中甚多可为从事研究者之模范。"[④]流亡日本的郭沫若在潜心研究了甲骨卜辞和金文后认为:"大抵在目前欲论中国的古学,欲清算中国的古代社会,我们是不能不以罗、王二家之业绩为其出发点了。"[⑤]"谓中国之旧学自甲骨之出而另辟一

---

① 刘进宝:《东方学视野下的西北史地学》,《社会科学战线》2017年第4期。

② 王国维评价沈曾植:"国初诸老用以治经世之学,乾嘉诸老用以治经史之学,先生复广之以治一切诸学……学者得其片言,具其一体,犹足以名一家,立一说。"王国维:《沈乙庵先生七十寿序》,《王国维全集》卷八《观堂集林》,第619—620页。

③ 胡逢祥:《沈曾植与晚清西北史地学》,《史学史研究》2014年第1期。

④ 傅斯年:《中国古代文学史讲义》,上海:上海古籍出版社,2012年,第57页。

⑤ 郭沫若:《中国古代社会研究·自序》,石家庄:河北教育出版社,2000年,第8页。

新纪元,自有罗、王二氏考释甲骨之业而另辟一新纪元,决非过论。”①

“新史料”成为20世纪前二三十年中国史学的“关键词”,甲骨卜辞与汉晋木简、敦煌写卷、明清内阁大库档案等被称为四大新发现的史料。1925年7月,王国维为清华学校暑期补习学校作了题为《最近二三十年中中国新发见之学问》的演讲,介绍了殷墟甲骨文字、敦煌塞上及西域各地之简牍、敦煌千佛洞之六朝唐人所书卷轴、内阁大库之书籍档案以及中国境内之古外族遗文等5项新发现的史料及研究情况。这篇演讲稿先刊载于同年出版的《清华周刊》第350期上,不久在《学衡》杂志第45期再次发表,1926年的《科学》杂志第11卷第6期“中国科学史料专号”上又一次发表了这篇文章,可见新史料在当时学术界所受到的重视程度。沉睡千百年的“新史料”在19世纪末20世纪初“扎堆儿”般地被发现,并非仅仅是“机缘巧合”,具有新的史料观念是决定了那些在以往不一定被重视的史料变为被极端重视的史料的主观原因,斯坦因、伯希和等西方和日本的探险家和考古学者盗掠敦煌文物、汉晋木简的行为是刺激中国学者关注这些史料的客观原因。1909年夏,伯希和“复至京师,得识直隶总督端方,相与研讨考古问题,且与罗振玉、王国维诸先生商榷敦煌写本之研究计划”。② 沈曾植、叶昌炽、缪荃孙、陈垣、胡适、陈寅恪、傅斯年等人均先后与伯氏有过交往。桑兵认为:“通过伯氏,他们不仅获悉敦煌秘籍的存佚消息,开始设法收集和保存有关文献,发轫了中国的敦煌学研究,预此国际化学术领域之胜流,而且得以直接与西方主流汉学家接触,相互砥砺。”③新史料还充当了中外学术交流的媒介,让中国史家更直观地了解了西方的汉学研究以及西方史学研究的基本特点,而由此激发中国学者提出“把汉学中心夺回中国”的志向,实际上更加明确了新文化运动前后中国近代史学的研究路向。陈寅恪说:“一时代之学术,必有其新材料与新问题。

① 郭沫若:《中国古代社会研究·卜辞中的古代社会·序说》,第185—186页。

② 翁独健:《伯希和教授》,《燕京学报》第30期,1946年6月。

③ 桑兵:《伯希和与近代中国学术界》,《历史研究》1997年第5期。

取用此材料,以研求问题,则为此时代学术之新潮流,治学之士,得预于此潮流者,谓之预流。”[①]“新史学”之后,中国近代史学很快以新材料、新方法、新问题为中心而形成迥异于传统史学的中国史学“新潮流”。

如何总结清末民初以来直到1949年中国近代史学的“新潮流”或总体发展趋向?从已有的研究来看,影响比较大、被更多的人所接受的观点大概是:20世纪前半期的中国史学可以分为史料派和史观派。如果是粗线条地、趋向性地、概括式地把20世纪前半期中国史学的发展做这样的描述,应当说不无道理,因为近代中国的史学中重视史料和重视史观所形成的张力确实存在于20世纪上半期中国史学中,毕竟近代中国史学存在将史学中的“史料”与“史观”分别“演绎”至极致的表现。譬如,言及“史料”,如傅斯年著名的“史学便是史料学”口号,论及“史观”,也有郭沫若自己所反思的那种“差不多死死地把唯物史观的公式,往古代的公式上套”[②]的极端现象。按照“史料派”和“史观派”的观点来分析晚清民国以后的中国史学,我们确也能够关注到诸如王国维、陈垣、傅斯年、顾颉刚、陈寅恪等这些以史料考证见长的著名史家,我们也能注意到诸如历史语言研究所、北大研究所国学门、清华国学院这样以史料考证为主要研究特点的研究机构,我们还能在诸如北大的《国学季刊》、燕京大学的《燕京学报》、史语所的《历史语言研究所集刊》等当时一流的学术杂志中读到大量的以史料考证为主的学术论文和专著,而这一切都构成清末民国时期的史学主流趋势。同时,我们还可以看到从李大钊的《史学要论》和郭沫若的《中国古代社会研究》的出现带给中国史坛的唯物史观史学研究的典范性著作,也看到在20世纪20年代末北伐失败后在中国知识界发生的中国社会史大论战中各派均以唯物史观为指导讨论中国历史发展阶段和社会性质的景象,还可以看到在抗战时期以延安地区和重庆地区的马克思主义史学迅速

---

① 陈寅恪:《陈垣敦煌劫余录序》,《金明馆丛稿二编》,上海:上海古籍出版社,1980年,第236页。

② 郭沫若:《沫若文集》第8册,北京:人民文学出版社,1958年,第339页。

崛起,范文澜的《中国通史简编》和郭沫若、吕振羽、翦伯赞、侯外庐等为代表的马克思主义史学家的研究成果在中国史坛产生的广泛影响的历史事实。因此,中国近现代史学发展中"史料派"和"史观派"的不同研究特征的确给近代中国史学带来深刻影响,而在"史观—史料派"的研究格局中,中国近现代史学的发展也大致被勾勒出一条较为清楚的线索了。

用某种较为固定的研究理念或研究框架看待学术史固然必要,如上面所言,事实证明用史观—史料派框架粗线条地勾勒 20 世纪前半期的中国近代史学的主要趋向也大致符合实际情况,这并不意味着史观与史料两派就能够涵盖全部中国近代史学的面貌,也不意味着舍史观派和史料派之外便再无客观解释中国近现代史学发展的其他模式,更不宜把近代中国史学的发展仅仅看作是"史料派"和"史观派"非此即彼、此消彼长、相互排斥的过程。因为近一百多年来的中国史学,一直是在新旧史学、中西学术间寻找着自己的发展出路,历史与现实、学术与政治等各种因素交织在一起,呈现出不断变化的史学面貌和错综复杂的学术谱系。如果仅局限于使用"史观—史料派"框架解读 20 世纪以来的中国史学未免显得有些单调;如果过分使用这种方法,则难免有以偏概全之感。

首先,清末民国史坛可以称作"派"的实在是不少,有国粹派、学衡派、古史辨派、史语所派、禹贡派、食货派、战国策派等。虽然其中一些是以刊名称之,但是能够成为"派",说明其代表人物及聚拢在代表人物周围的学术群体,均有着较为一致的治学理念和治学方法,而不是仅仅单以史料考证为目的。这些史学派别的主要代表人物,如顾颉刚、陶希圣、柳诒徵、傅斯年等,虽都以史料考证研究得心应手,但是他们又都具有自己在理论观点上的创新或依托。顾颉刚创立的疑古学说、陶希圣为代表的食货派所持的社会经济形态理论、柳诒徵的"文化保守主义"史观、傅斯年"史学便是史料学"背后的史学理念等,无不有着明确的理论或史观诉求,若将他们仅视为"史料派"恐并不全面。

其次,20 世纪初梁启超提出"新史学"倡议的动因之一是要撰述新型中国通史，梁启超、章太炎虽未能完成出版他们自己的通史著作，通史撰述却成为中国近代史学里的学术基因，撰述中国通史成为诸多近代史家的研究目标。著通史者，当或多或少地具有对中国历史发展的基本看法和赖以解释历史的理论观点。民国史坛不乏通史撰述，而且蔚为大观，其中如夏曾佑《最新中学中国历史教科书》（1904—1906年）、吕思勉《白话本国史》（1923年）、萧一山《清代通史》（1923年）、邓之诚《中华二千年史》（1934年）、张荫麟《中国史纲》（1940年）、钱穆《国史大纲》（1940年）等通史著作至今仍有影响，而著者吕思勉、张荫麟、钱穆等人，他们大都曾在史料考据领域里卓然成家（钱穆的《刘向歆父子年谱》《先秦诸子系年》，张荫麟的《老子生后孔子百余年之说质疑》《明清之际西学输入中国考略》等），而他们所致力的中国通史撰述，也必然对宏观的中国历史发展过程有着自己基本成型的认识体系，若贸然将他们归入"史料派"也并不十分妥当。

最后，即使如我们引为典范的王国维、陈垣、陈寅恪这样的史料派大家，他们的研究特点似乎也不能仅仅以狭义的史料考证视之。陈寅恪说"一时代之学术，必有其新材料与新问题。取用此材料，以研求问题，则为此时代学术之新潮流。治学之士，得预于此潮流者，谓之预流"①，王国维率先以甲骨金文入手探究殷周古史，即属陈寅恪所说的"预流"，王国维《殷卜辞中所见先公先王考》和《续考》是史料考证的杰出成果，他的《殷周制度论》的研究意识已经扩展到了制度变化与时代转换的大问题、大视野上，这恐怕也不仅是"史料派"的限定所能涵盖得了的，而王国维在《古史新证》中总结的"二重证据法"至今为人们所重视。陈垣以"古教四考""宗教三书"、《元西域人华化考》等成果奠定了他在历史考证学上的地位，他在《元典章校补释例》中总结传统校勘方法的"校勘四例"、在《史讳举例》中对避讳方法的总结，都将历史考证上升到了方法论层面的概括。

---

① 陈寅恪：《陈垣敦煌劫余录序》，《金明馆丛稿二编》，上海：上海古籍出版社，1980年，第236页。

唯物史观史学是用一种新的历史观解读研究中国历史的全新尝试,将其视为"史观派"却也不意味着他们不重视史料考证。郭沫若的《中国古代社会研究》被张荫麟评价为"例示研究古史的一条大道"[①]。顾颉刚说,对于"中国古代社会的真相,自有此书后,我们才摸着一些边际"[②]。郭沫若在该书"自序"中明确肯定罗振玉、王国维等人用新史料研究中国古史的成绩,坦言"大抵在目前欲论中国的古学,欲清算中国的古代社会,我们是不能不以罗、王二家之业绩为其出发点了",[③]他认为以胡适《中国哲学史大纲》为代表的研究路数"社会的来源既未认清,思想的发生自无从说起",批评胡适的书"对于中国古代的实际情形,几曾摸着了一些儿边际?"[④]郭沫若肯定罗、王的史料考证之学并明言以之为"出发点",这里看不出史料派与史观派的明显区别,看到的是在学术传承与联系基础上的学术创新。而被视为"史观派"最重要史家之一的郭沫若本人则又以其卓越的古文字研究成就而位列著名的"甲骨四堂"之一,并以此"史料"方面的成就被傅斯年等人在 1948 年极力推荐为中研院院士。

中国近代史学经过"新史学"思潮和五四新文化运动,终于开始从"中国古代史学"走向了"中国近代史学"。在中国近代史学的发展历程中,涌现出了一大批成就卓著的史学家,取得了一系列丰硕的史学成就,也经历了太多的曲折甚至磨难。时至今日,应当怎样评价中国近代史学对中国历史的各种解释,应当怎样看待中国近代史学所受西方史学的强势影响,近代史学与古代史学的特点和关系究竟是什么,未来中国史学的出路在哪里等问题,仍然是中国近代史学史研究中的重要问题。

---

① 素痴(张荫麟):《评郭沫若〈中国古代社会研究〉》,《大公报》1932 年 1 月 4 日。

② 顾颉刚:《当代中国史学》,见《顾颉刚全集·顾颉刚古史论文集》卷十二,北京:中华书局,2010 年,第 407 页。

③ 郭沫若:《中国古代社会研究·自序》,石家庄:河北教育出版社,2000 年,第 8 页。

④ 同上书,第 7 页。

四　中国马克思主义史学与中国现当代史学史研究

1949 年以后,中国史学进入了一个新的发展时期。1949 年 7 月 1 日,中国新史学研究会筹备委员会在北平成立,研究会的宗旨是:"学习并运用历史唯物主义的观点和方法,批判各种旧历史观,并养成史学工作者实事求是的作风,以从事新史学的建设工作。"[①]1951 年 7 月 28 日,中国史学会在北京成立,郭沫若在中国史学会成立大会上的致辞中说,中国史学"在历史研究的方法、作风、目的和对象各方面,都有了很大的转变,中国的历史学已创造了一个新纪元",具体表现为从唯心史观转向唯物史观、从个人研究转向注重集体研究、从名山事业转向为人民服务、从贵古贱今转向注重近代史研究、从大民族主义转向注重少数民族史研究、从欧美中心主义转向注重亚洲及其他地区历史的研究。[②]中国史学的发展自此开始了以中国马克思主义史学为主导的局面。一般认为,1949 年之后,中国史学开始了现代或当代史学的新阶段。[③]

如果把郭沫若《中国古代社会研究》的出版(1930 年)作为中国马克思主义史学开始建立的标志,那么中国马克思主义史学的发展至今已有近 90 年的时间了。但是较之对 20 世纪前半期中国史学史的研究,马克思主义史学在研究力度和成果数量方面都明显偏弱,对马克思主义史学的认识和评价也各不相同,是一个亟待加强的研究领域。

---

① 《中国新史学研究会筹备会昨在平成立》,见《人民日报》1949 年 7 月 2 日;又见《中国新史学研究会暂行简章》,载中国史学会秘书处编《中国史学会五十年》,郑州:海燕出版社,2004 年,第 4 页。

② 郭沫若:《中国历史学上的新纪元》,《进步日报》1951 年 9 月 29 日。

③ 王学典、陈峰著《二十世纪中国历史学》,以 20 世纪为一个完整时段看待中国史学,认为 1900—1929 年是"早期阶段:'新史学'与'新汉学'的交替",1929—1989 年是"中期阶段:唯物史观派的主流化",1989—2000 年是"从'新汉学'复兴到'新史学'归来",并未以 1949 年作为近现代史学发展的一个"拐点",可备一家之说。王学典、陈峰:《二十世纪中国历史学》,北京:北京大学出版社,2009 年。

中国马克思主义史学在1949年后居主导地位,是新政权建立后的必然之势,而唯物史观史学在此前二十多年的发展和积累也是重要的客观原因。梳理和研究1949年之后的中国现当代史学发展,需要对民国时期唯物史观史学发展作深入探讨。

中国马克思主义史学是基于探索中国历史上不同社会形态的特征以明确中国革命方向的现实目的而形成和发展起来的,尝试贯彻唯物史观与中国历史相结合的研究模式以构建中国史学宏大叙事是马克思主义史学的学术追求。毋庸讳言,研究中国马克思主义史学需要同时关照学术与现实两个层面的互动关系,研究中国马克思主义史学家,同样也不能仅突出其现实诉求而弱化其学术建树或仅注重其学术成绩而忽视其现实指归。然而,对中国马克思主义史学的研究,必须具有在扎实的材料支持的基础上的实事求是的学术研究态度,否则便谈不上研究的深化,也不足以阐明民国时期中国马克思主义史学的发展路径和民国时期中国马克思主义史学家的真实样态。

在史学流派众多的民国时期,"马克思主义史学"这一称谓很少有人使用,而"中国马克思主义史学"的称谓在民国时期也基本不见使用。已经有学者注意到,在民国时期,"时人似不怎么用'马克思主义史学'这种提法"①。那时对运用唯物史观研究中国历史的一派,有不同的表述。20世纪30年代,如冯友兰、周予同所说的"释古派",主要指的是用唯物史观研究历史的学者,如冯友兰说"释古派"是"颇可因之以窥见古代社会一部分之真相"②,周予同提到的"释古派的社会决定的争论"。③ 夏鼐在1933年底与同学王栻言及"今日中国史学界状况",王说道:"一以新起之左派,以新输入之唯物史观为基础,大刀阔

---

① 李孝迁:《域外汉学与中国现代史学》,上海:上海古籍出版社,2014年,第183页。

② 冯友兰:《中国近年研究史学之新趋势》,《中国哲学史补》,上海:商务印书馆,1936年,第93页。

③ 周予同:《纬谶中的"皇"与"帝"》,《周予同经学史论著选集》,上海:上海古籍出版社,1983年,第422页。

斧地构成中国社会进化史。”[①]20 世纪 40 年代,唯物史观史学在研究者和研究成果上都已经在中国史学界占有一席之地,有着不可忽视的影响,相关史学史的描述便更为明确。顾颉刚等在 1945 年至 1946 年间著《当代中国史学》,书中介绍当时的“社会经济史研究”状况:“研究社会经济史最早的大师,是郭沫若和陶希圣两位先生,事实上也只有他们两位最有成绩。”[②]齐思和在 1949 年发表的《近百年来中国史学的发展》一文中说:“到了北伐以后中国社会史研究,特别是唯物史观的社会史,遂更展开。”[③]《夏鼐日记》还在 1947 年 3 月 30 日记下贺昌群的谈话:“左派历史学以唯物史观而整理,虽肤浅,亦大受欢迎。”[④]方豪在 20 世纪 50 年代写就的《民国以来的历史学》一文中称:“对日抗战时期,政府与共党曾发表联合宣言,共赴国难,左派史学家遂大肆活跃”。[⑤]据此可知,“左派史学”“左派史学家”也是当时对使用唯物史观研究历史的学派和史家的称谓。

上面列举的周予同、顾颉刚、齐思和的论著,当为民国时期写就的阐述近代史学史的权威论著,都将郭沫若、陶希圣等一干人视为社会经济史或社会史研究中的一员,然而都没有使用马克思主义史学的称谓。值得注意的是,《当代中国史学》提到的“社会经济史研究”是有“郭陶两派”之说[⑥],齐思和除了指出到了郭沫若才使中国社会史研究走上了学术之路,还强调“中国社会史之唯物辩证法的研究,到了范文澜先生所著编的《中国通史简编》才由初期的创造而开始走进了成熟的时期”[⑦]。可见顾、齐都已感到分别以郭和陶为代表的社会史研究并非完

---

① 《夏鼐日记》卷一,上海:华东师范大学出版社,2011 年,第 205 页。

② 顾颉刚:《当代中国史学》,南京:胜利出版公司,1947 年,第 100 页。

③ 齐思和:《近百年来中国史学的发展》,《燕京社会科学》第 2 期,1949 年 10 月。

④ 《夏鼐日记》卷四,上海:华东师范大学出版社,2011 年,第 113 页。

⑤ 方豪:《民国以来的历史学》,转引自王学典、陈峰编《20 世纪中国史学史论》,北京:北京大学出版社,2010 年,第 49 页。直到今天,如台湾学者王汎森使用的是“左翼史学”,大陆学者李孝迁使用的是“左派史学”。

⑥ 顾颉刚:《当代中国史学》,第 409 页;齐思和:《近百年来中国史学的发展》,《燕京社会科学》第 2 卷,1949 年 10 月。

⑦ 齐思和:《近百年来中国史学的发展》,《燕京社会科学》第 2 卷,1949 年 10 月。

全相同。

众所周知,用唯物史观与中国历史相结合讨论中国历史发展阶段和各发展阶段的社会性质,始于20世纪20年代末至30年代初的中国社会史大论战。由于论战是以探讨中国的现实问题、回答中国向何处去的问题、解决中国革命的出路问题为出发点的,论战表现为以现实政治问题为主旨、以学术讨论和学术研究的方式展开,这就使得不同政治背景、不同政治身份以及不同职业身份(政治家、思想家、学者等)的人都被吸引到论战中来,论战因此而表现得交锋激烈、波澜起伏、影响广泛,参加论战的人员则十分复杂,那些声称自己才是真正坚持马克思主义的论战参与者,有的是中共人士,有的是国民党人士,有的是托派人士,有的是自由主义者,还有共产国际在背后的策划和推动。论战之后,各派人士因其政治立场、学术追求等的不同而各行其是。1934年12月陶希圣创办《食货》半月刊以"中国社会史的专攻刊物"相标明,宗旨是"集合正在研究中国经济社会史尤其是正在搜集这种史料的人,把他们的心得、见解、方法,以及随手所得的问题、材料,披露出来……并不像过去所谓'中国社会史论战'那样的激昂,那样的趋时"。[①] 因《食货》杂志而形成的"食货派",同样直接产生于社会史论战,并且"在组织和推动中国经济史学科的发展方面做出了不可磨灭的贡献"[②]。但是陶希圣声明"食货学会会员不是都用唯物史观研究历史的","这个方法又与什么主义不是一件事情"[③],显然是在撇清与中共一系的唯物史观史学论者的关系,而他们在政治立场上与中共则完全不一致。

在社会史论战期间,郭沫若本人不在国内,他的《中国古代社会研究》也不一定是专门为国内的论战而作,只是在出版后时值国内的社会史论战正在高潮阶段,郭书又是第一部运用唯物史观考察中国历史

① 《食货》半月刊创刊号"编辑的话",1934年12月。

② 李根蟠:《二十世纪的中国古代经济史研究》,《历史研究》1999年第3期。

③ 《食货》半月刊第2卷第4期"编辑的话",1935年7月。

的系统之作，在论战中产生了重要影响。吕振羽是在论战中后期参加论战的，他的《中国经济之史的发展阶段》《史前期中国社会研究》等论著，理论和史料并重，并把中国历史的叙述上推到远古时期，是最早主张西周封建论的学者。尽管在学术观点上吕与郭并不完全一致，但是前者正面肯定了郭沫若《中国古代社会研究》的研究方向。翦伯赞在论战高潮时期，发声并不太多，论战进入尾声阶段，发表了一系列文章，对论战中的各种中国史观点进行了总结，提出了自己的见解。范文澜时在北大任教，从事经学、诸子等方面的学术研究，侯外庐在埋头翻译《资本论》，他们几乎没有介入论战。

综上，从社会史论战到 1937 年国共第二次合作的近十年间，无论是在称谓上，还是在研究阵营和研究内容上，后来所说的"中国马克思主义史学"的概念和指代并不明确。当年参加社会史论战的许多人在社会史论战之中或之后，因为种种原因远离或放弃了用唯物史观观察中国历史的研究路向和研究方法。这期间使用唯物史观研究中国历史的虽不乏其人，却不宜将他们统称为"中国马克思主义史学家"。

全面抗战爆发后，郭沫若于 1937 年回国，在重庆继续致力于马克思主义史学研究，写出了《青铜时代》《十批判书》等论著。吕振羽在 1936 年和 1937 年分别出版了《殷周时代的中国社会》和《中国政治思想史》，在重庆出版了《中国社会史诸问题》《简明中国通史》(上)等论著。1938 年翦伯赞的《历史哲学教程》出版，他赴重庆后又撰写出版了《中国史纲》前两卷和《中国史论集》《史料与史学》等论著。1937 年侯外庐中止了《资本论》的翻译，在重庆期间完成了《中国古典社会史论》《中国古代思想学说史》和《中国近世思想学说史》等。此外，重庆还聚集了杜国庠、华岗、胡绳、嵇文甫、吴泽、赵纪彬、陈家康等马克思主义史家。在毛泽东、张闻天、吴玉章等中共高级领导人参与下，范文澜、陈伯达、杨松、何干之、叶蠖生、尹达、谢华、佟冬、金灿然等人则成为延安史学研究队伍中的主要成员，最突出的是范文澜在 1940 年初抵达延安后随即开始了《中国通史简编》的撰写，并于 1941 年底完成了该书的上册和中册。至此，以延安和重庆两地为主，形成了中国马克思主义史学的专业研究队伍,中国马克思主义史学阵营及其研究特点至此基本成型。基于上述分析,民国时期的中国马克思主义史学家应当指的是,从社会史论战时期的郭沫若、吕振羽及中共“新思潮派”一系直到抗战时期延安地区范文澜等和重庆地区郭沫若等为代表的马克思主义史学史家群体,包括那些在政治立场上信仰共产主义、在学术上为适应中国革命需要而运用唯物史观研究中国历史的中共党员或进步人士。

民国时期中国马克思主义史学家的代表性人物,当属在后来被称为“五老”的郭沫若、范文澜、吕振羽、翦伯赞和侯外庐,他们在中国马克思主义史学上的作为和建树确实是最突出的。对于“五老”的研究一直为学术界所重视,研究“五老”学术思想的评传类专著都分别出版了不止一种,论文更是不计其数,“五老”中每人的全集、文集、专集、选集等也都陆续整理出版。可以说,对“五老”中每个人的研究均较为充分,欠缺的是将“五老”共同置于中国马克思主义史学整体中的系统研究。从个体角度而言,“五老”中的每个人都在中国马克思主义史学中作出了具有自己鲜明特点的贡献:郭沫若的《中国古代社会研究》是“中国马克思主义史学的奠基之作”①,标志着中国马克思主义史学的建立;范文澜的《中国通史简编》“是第一部运用马克思主义观点系统地叙述中国历史的著作”②,是“20 世纪马克思主义中国通史最著名的代表作”③;吕振羽是中国马克思主义史学在原始社会史、中国通史、中国政治思想史、中国民族史等方面的拓荒者;翦伯赞的《历史哲学教程》、多种断代史撰述分别开辟了历史理论和断代史研究领域;侯外庐的《中国思想通史》在思想史研究领域成绩卓著。但是,在民国时期的中国马克思主义史学阵营中,以“五老”为代表的中国马克思主义史学家们各自所作出的史学成就,如何组合成了民国时期中国马克思主义史学的学术板块?民国时期中国马克思主义史学发展成为中国史坛一

---

① 林甘泉:《20 世纪的中国历史学》,《历史研究》1996 年第 2 期。

② 刘大年:《范文澜与历史研究工作》,《近代史研究》1979 年第 1 期。

③ 蒋大椿:《20 世纪中国马克思主义史学》,见罗志田主编《20 世纪的中国:学术与社会·史学卷(上)》,济南:山东人民出版社,第 170 页。

个重要的史学流派,“五老”及其他史家是怎样从个体研究走向团队模式的？至少从现有的研究来看,许多问题并不清晰。如从社会史论战到 1937 年间,中国马克思主义史学家处于一个什么状态？他们的学术研究是完全自发的,还是有一定的组织性或规划性？郭沫若的《中国古代社会研究》与社会史大论战有没有关系？《中国古代社会研究》对稍后的吕振羽、翦伯赞等人究竟有什么样的影响？范文澜的《中国通史简编》(延安版)从内容上似乎并未与之前如郭沫若、吕振羽、翦伯赞等人的马克思主义史学论著有过多关联,书中也未见引用之前马克思主义史学的研究成果,而大约同时在重庆地区的郭沫若、吕振羽、翦伯赞、侯外庐、杜国庠、华岗、胡绳、嵇文甫、吴泽、赵纪彬、陈家康等史家和学者纷纷在马克思主义史学研究中发表了大量成果,如郭沫若所说:“同处在一个环境里面,大概是不能不感受同一风气的影响,历史研究的兴趣不仅在我一个人重新抬起了头来,同一倾向近年来显然地又形成了风气,以新史学的立场所写出的古代史或古代学说思想史之类,不断地有鸿篇巨制出现。”①那么,以范文澜为代表的延安地区史家和以郭沫若等为代表的重庆地区史家在学术研究上有何异同？他们之间有没有沟通、交流和相互间的影响？他们是怎样共同促使中国马克思主义史学迅速崛起的？

以往对民国时期中国马克思主义史学家的研究,更多的是强调他们的共性,即他们都是中共党内的著名马克思主义史学家,都以唯物史观作为理论依据研究中国历史,都对中国马克思主义史学的建立与发展作出了具有开创性意义的贡献。即使是专门论述其中某位马克思主义史学家的学术建树的论著,也大多着眼于这几个方面。随着近年来对民国史学研究的不断深入,结合档案、日记、书信等各类材料对多数非马克思主义史学家的研究逐渐细化,对他们的成长经历、人际交往、成果背景、治学特点、各方评价、深层影响等的研究都有长足进展。相比之下,对中国马克思主义史学家的研究还显得较为表面化和脸谱化,

---

① 郭沫若:《十批判书·后记》,北京:人民出版社,1954 年,第 464 页。

这在很大程度上影响到了对中国马克思主义史学的深入研究,也不利于对中国马克思主义史学家的客观评价。

譬如,马克思主义史学"五老",他们的专业背景都不一样,郭沫若以发表新诗集《女神》和作为文学社团"创造社"的主要发起人出名,范文澜在北大随黄侃、陈汉章、刘师培研读经学和《文心雕龙》,吕振羽毕业于湖南大学工科电机系,翦伯赞曾在武昌商业专门学校和美国加州大学学习经济学,侯外庐在留学期间学习的是马克思主义哲学和政治经济学,但是他们都走上了马克思主义史学的研究道路,都成为著名的中国马克思主义史学家。非历史学专业出身的学术背景分别对"五老"的马克思主义史学研究是否存在着积极或消极的影响?这些影响在他们所从事的中国马克思主义史学的相关研究领域起到了什么作用?

又如,民国时期的中国马克思主义史家在马克思主义史学的学术研究层面存在的不同观点以及不同观点的争论情况与交锋形式,目前的研究都不十分充分。郭沫若的《中国古代社会研究》出版后,吕振羽、嵇文甫等人对书中的一些观点持有不同意见。[①] 范文澜在《中国通史简编》中评价墨子为"革命家"[②],郭沫若则评价墨子的思想"带有反动性"[③],华岗在1945年写就的《中国历史的翻案》一书认为,郭沫若对墨家的评价"其论据既甚牵强,而历史意义也多被颠倒。郭先生是中国数一数二的历史家,又是我所景仰的革命战士,但是他在历史翻案工作中,常常以出奇制胜,而不以正确致胜,我却期期以为不可"。[④] 侯外庐则认为:"最近几年来学者对于墨子或偏爱为革命者,或偏恶为反革

---

① 参见林甘泉:《吕振羽与中国社会经济形态研究》,《史学史研究》2000年第4期;谢保成:《吕振羽在中国马克思主义历史学创建过程中所做的贡献》,《中国史研究》2000年第3期;何刚:《嵇文甫与郭沫若的三次学术交缘》,《中州学刊》2013年第2期。

② 范文澜:《中国通史简编》(上),华北新华书店,1948年,第161页。

③ 郭沫若:《青铜时代·墨子的思想》,见《中国古代社会研究》上,石家庄:河北教育出版社,2000年,第444页。

④ 华岗:《中国历史的翻案》,北京:人民出版社,1981年,第29页。

命者,著者认为此皆应行改正之研究态度。”[①]抗战时期延安地区和重庆地区的马克思主义史学研究迅速发展起来,两地的马克思主义史家在研究领域、学术观点等方面存在差异。延安方面对重庆地区马克思主义史学研究的一些指令性意见恐并不能完全被重庆史家所理解和接受,“与重庆史家相比,延安史家显然更多地受到苏联史学的影响”。[②]重庆地区马克思主义史学家阵营中,不同的学术观点同样存在。即如一些在当时和后来产生有很大影响的马克思主义史学论著,史家在其著述之初的动机也未必与发表后产生的效应相一致,如郭沫若撰写《甲申三百年祭》,作者“通过李岩之死,忧虑的不仅仅是这个群体的命运,更是他个人未来的命运”。[③] 但是从《甲申三百年祭》日后被毛泽东列为延安整风的文件以及在国统区产生的巨大影响上来看,郭沫若撰写此文时的“隐微心曲”似乎反倒被人们遗忘了。此外,除“五老”之外的其他马克思主义史家(包括在中国马克思主义史学建立前致力于宣传唯物史观和阐述社会发展史的中共学者)如吴玉章、邓初民、杜国庠、潘梓年、邓中夏、蔡和森、嵇文甫、杨匏安、魏野畴、李达、瞿秋白、张闻天、华岗、赵纪彬、何干之、尹达、李平心、邓拓、陈家康、吴泽(以出生年为先后)等人,对他们的研究也有待加强。

对马克思主义史学的评价与对马克思主义史学家的评价直接相关,对马克思主义史学家的评价又与对其研究力度有一定关系。一段时期以来,对中国马克思主义史学的评价出现了各种观点,否定、贬低、漠视或无视中国马克思主义史学的学术价值的言论并不少见,即使是肯定马克思主义史学的各种观点,也存在着大而化之或一厢情愿的倾向,一些研究者或多或少地存在着情绪化或绝对化的态度。时代语境既对大众舆情有着不可忽视的导向作用,也影响着学术研究者的某种走向。对此,我们可以看看中国马克思主义史学家的两位代表人物郭

① 侯外庐、杜守素、纪玄冰:《中国思想通史》卷一,上海:新知书店,1947 年,第 198 页。

② 洪认清:《抗战时期延安与重庆马克思主义史学的区域特色》,《三明学院学报》2006 年第 1 期。

③ 李斌:《〈甲申三百年祭〉与郭沫若的隐微心曲》,《首都师范大学学报》2016 年第 1 期。

沫若和范文澜是怎样评价自己的著作的。郭沫若在其《十批判书·古代研究的自我批判》中说《中国古代社会研究》写得“实在是草率,太性急了。其中有好些未成熟的或甚至错误的判断,一直到现在还留下相当深刻的影响”。在《中国古代社会研究》一书的“1954 年新版引言”中又说:“轻率地提出了好些错误的结论。”[①]范文澜曾对《中国通史简编》多次“自我检讨”,强调由于理论修养不够、材料不足、撰写时间仓促而使该书“写的不好”,对书中的“片面的‘反封建’和‘借古说今’所造成的非历史(主义)观点的错误”“因‘借古说今’而损害了实事求是的历史观点”以及“缺乏分析”“头绪紊乱”的叙述方法等不足作了专门讨论,他甚至措辞严厉地直言这部通史“不久就可以丢掉”。[②] 同样的态度,今人在深入研究和客观评价民国时期中国马克思主义史学和史学家的时候不妨借鉴与反思。

民国时期已颇具规模的中国马克思主义史学在 1949 年后顺理成章地成为中国大陆史学的主流。1949 年后至今的中国史学发展,大致可以分为 1949—1966 年的“十七年”时期史学、1966—1978 年的“文革”时期史学和 1978 年至今的改革开放时期史学三个阶段。

中国马克思主义史学的学科建设成为新政权建立后的当务之急。在“十七年”时期,中国史学会成立后,1951 年 8 月中国史学会河南分会成立(嵇文甫为负责人),同年 10 月,中国史学会天津史学分会成立(吴廷璆为总干事),次年 1 月,中国史学会上海史学分会成立(李亚农为会长)。一些中国马克思主义史学家成为相关研究机构、高校的领导人,如郭沫若任中国史学会主席、中国科学院院长、历史研究所第一所所长,范文澜任中国史学会副主席、中国科学院近代史研究所所长,吕振羽任大连大学、东北大学校长,吴玉章任中国人民大学校长,华岗任山东大学校长,翦伯赞任北京大学史学系主任,侯外庐任北京师范大

① 见郭沫若:《中国古代社会研究》(上下),石家庄:河北教育出版社,2000 年,第 599、3 页。

② 范文澜:《关于〈中国通史简编〉》,《新建设》1951 年第 4 卷第 2 期。

学历史系主任、西北大学校长，尹达任中国科学院历史研究所第一所副所长、《历史研究》主编，刘大年任《历史研究》副主编。创办了《历史研究》《新史学通讯》（《史学月刊》）、《文史哲》等专业刊物。建立健全了中国近代史、考古学、世界史等学科专业。这一系列举措，构成了现当代中国史学的基本格局。

20世纪五六十年代，围绕许多重大历史理论问题形成热烈讨论，主要有古史分期、封建土地所有制、资本主义萌芽、农民战争、汉民族形成、亚细亚生产方式、中国封建社会长期延续、爱国主义与民族英雄、历史人物评价等。[①] 其中的前五个问题，通常被合称为“五朵金花”。“十七年”时期的中国史学，中国史坛对“五朵金花”问题的讨论是中国马克思主义史学居主导地位后最具影响力的学术现象之一，其论辩规模之大，参与人数之多，涉及问题之广，持续时间之长，讨论程度之深入，在中国近现代史学史上都是空前的。翦伯赞说：“解放以来我们是着重地讨论了这五个问题，讨论这五个问题并没有错，因为它们是历史上带有关键性的问题。”“只有马克思主义历史学才能开出这五朵花来。”[②]作为“十七年”时期“占据史坛主流地位的巨大历史存在”[③]，不论从当时还是从今天来看，“五朵金花”实为中国马克思主义史学中的关键性问题，是在运用唯物史观研究中国历史过程中出现的、具有学术与现实双重意义的，也是绕不过去的历史理论问题。“五朵金花”的绽放，是在中国马克思主义史学居主导地位的条件下，建设与充实中国马克思主义史学学术体系的集中反映。

“五朵金花”的花中之冠当属古史分期问题。19世纪末进化论传入后，中国近代史学最重要的变化之一，是宏观地看待历史发展进程时

---

① 参见《历史研究》编辑部编：《建国以来史学理论问题讨论举要》，济南：齐鲁书社，1983年。

② 翦伯赞：《右派在历史学方面的反社会主义活动》，《人民日报》1957年10月4日第7版。

③ 蒋海升：《“西方话语”与“中国历史”之间的张力——以“五朵金花”为重心的探讨》，济南：山东大学出版社，2009年，第4页。

不再简单地以朝代更迭为标准，而是以某种历史观为基本理论贯彻于对历史发展进程的认知与撰述，最直接的反映就是在对历史阶段的划分上，即古史分期并非简单地是对历史阶段划分，而是某种历史观的反映，是新的研究范式和话语体系的展现。唯物史观史学一开始在中国出现，遇到的就是古史分期问题，而唯物史观史学之所以在中国出现，背后的原因是要解决中国向何处去、中国革命发展的道路等现实问题。历史与现实、学术与政治等因素都以各种各样的方式纠结于其中。到了“十七年”时期，古史分期问题的现实诉求，已经从20世纪三四十年代希望从社会史性质的讨论中寻求现实政治出路，转化为从理论上论证马克思主义唯物史观如何适用于中国历史研究，中国马克思主义史学中学术与政治的权重发生变化，在全国范围内学习马克思主义理论、在史学领域中建设与充实中国马克思主义史学体系成为首要任务。1950年开始的古史分期问题讨论，即始于对殷周人殉问题判别其时代性质，到通过对“众”“庶人”身份的识别来证明其时代属性，再发展到以生产工具、土地制度、生产关系等因素确定分期标准，总体上是在学术研究和学术讨论范围内进行的。讨论对所涉及的马克思主义基本原理与中国历史具体特点相结合、古代社会生产力状况、古代社会商品经济的发展等重大问题，都作出了在以往中国史学中从未有过的深度考察。

由古史分期问题延伸出的封建土地所有制形式和中国资本主义萌芽问题，也是在运用马克思主义理论研究中国历史中更须从中国历史发展特征出发、结合翔实的材料做兼具史料与理论综合考察的重要问题。“十七年”时期参加讨论的学者很清楚地意识到：“封建土地所有制是封建制度的基础。土地是封建社会的主要的生产资料，而生产资料的所有制形式则是生产关系的首要环节；因此，弄清楚我国封建社会的土地所有制形式，将使我们更深刻地理解我国封建社会的生产关系。”①对“‘井田制’‘初税亩’‘均田制’‘地主制’‘庄园制’‘农村

---

① 杨志玖：《关于中国封建社会土地所有制问题的讨论情况简介》，《历史教学》1961年第10期。

公社'等经济史上一系列关键史实的发覆,不能不归功于唯物史观所强调的'经济因素'的指引"①。随着对资本主义萌芽问题讨论的深入,除了在理论方面提出了多种"萌芽说"、中国资本主义萌芽与近代社会性质的关系等问题之外,在具体研究中涉及了商业、手工业(丝织业、制瓷业、造纸业等)、农业、"市民运动"等方面,形成了中国社会经济史研究领域内实证研究收获甚丰的局面。

从中国历史发展特征出发看待历史问题的另一个典型,是汉民族形成问题。中国历史上民族问题的复杂性和敏感性,都决定了对待汉民族形成问题不仅必须要实事求是地看待中国统一多民族国家的形成过程,而且不可能不考虑这个问题背后所包含的重大现实影响,从这个意义上说,对民族问题的历史解释受控于现实政治的诉求乃理所当然。当沿用斯大林对民族的定义得出"中国民族"是在"十九世纪与二十世纪之间形成"的结论而与中国的历史实际、与中国现实的民族认同理念和民族政策发生抵牾的时候,中国的历史学家需要发出自己的声音。在当时的语境下,尚不可能正面驳斥斯大林的民族理论以及苏联学者对中国民族问题所下的结论,范文澜《试论中国自秦汉时成为统一国家的原因》阐述自己观点的时候所用的关键词就是中国历史的"独特"二字:汉族自秦汉以下"是在独特的社会条件下形成的独特的民族","中国古代史证明汉族在独特的条件下早就形成为民族","这样巨大的民族之所以存在并发展,当然不能是偶然的,主要原因之一就是它在独特的条件下很早就形成为民族"。② 范文澜对批评他的文章并未回应,汉民族形成问题也没有得以充分讨论,但是,不论从哪个角度说,这篇《试论中国自秦汉时成为统一国家的原因》都可以看做是"五朵金花"问题讨论中、"十七年"时期史学中乃至中国马克思主义史学中的一篇经典性文献。

---

① 王学典、陈峰:《二十世纪中国历史学》,北京:北京大学出版社,2009 年,第 154—155 页。

② 范文澜:《试论中国自秦汉时成为统一国家的原因》,《历史研究》1954 年第 3 期。

需要指出的是，史学界用中国历史套用五种生产方式的理论前提、政治运动的不断干扰（如对持“魏晋封建说”观点的学者的批判、对“无奴论”者的批判、对尚钺资本主义萌芽观点的批判等）、对史料的不同理解等，是“十七年”时期“五朵金花”问题的学术讨论受到各种掣肘、依然具有浓厚的意识形态色彩的主要因素。其中反映最明显的当为农民战争问题。对农民战争问题的讨论和研究热潮在“十七年”时期高涨，与新政权建立后意识形态方面的影响、毛泽东对农民战争的论断、阶级斗争观点和阶级分析方法的备受重视等都有直接关系。就问题本身而言，从对史料的整理到对历史上农民战争领袖的评价，再到对“中国农民战争的性质、特点、思想武器、发展阶段、起因、历史作用、失败原因、农民政权的性质、农民战争与宗教的关系、农民的阶级斗争与民族斗争的关系”[①]等一系列具体和理论问题的讨论，全面颠覆传统史学对农民战争问题的负面评价使得这一研究领域呈现出广阔的研究空间。然而用阶级斗争的眼光把农民战争作为历史发展的“真正动力”来看待，使其学术指数明显降低，连在讨论中出现的对农民战争后果稍显客观的“让步政策”之说，也使翦伯赞等人受到了严厉批判。农战史研究中的重要学者赵俪生，因农战史研究受到非学术因素的干预过强而“只好忍痛割舍了”农战史研究，“这一辈子再也没有勇气把它重提起来”。[②]

“五朵金花”在“十七年”时期绽放，中国马克思主义史学家“五老”所起到的引领作用不可低估。五个问题中，古史分期问题、封建土地所有制问题、汉民族形成问题分别由郭沫若、侯外庐、范文澜发其端，引发资本主义萌芽问题讨论的邓拓，同为资深马克思主义史家。尚钺、翦伯赞等史家也对讨论产生了重大影响。另如刘大年、尹达、黎澍等马克思主义史家都在讨论中发表了自己的观点。一大批在民国时期已经卓有建树的史学家如郑天挺、贺昌群、谷霁光、童书业、白寿彝、杨向奎、唐长儒、傅衣凌、张政烺、王仲荦、杨志玖等，努力参与“五朵金花”的讨

① 周朝民等编著：《中国史学四十年》，第 38 页。

② 赵俪生：《关于两门专史研究的回忆》，《文史知识》2000 年第 7 期。

论,融入马克思主义史学,他们的学术研究产生了可以辨识的变化。[①]赵俪生、孙祚民、漆侠、胡如雷、高敏、蔡美彪、宁可、王思治等在当时更为年轻的学者也是在“五朵金花”问题的讨论中,逐渐成为中国史学的中坚力量。“五朵金花”讨论对于中国史学版图学术谱系的重新排列同样有着重要影响。

1978 年以后,渐回正常轨道上的史学界在“五朵金花”等问题上重新开始了讨论,然而当年“五朵金花”的生存土壤在此时已经有了很大变化,1983 年出版的《建国以来史学理论问题讨论举要》[②],对“十七年”时期热议的、包括“五朵金花”在内的十余个历史理论问题的各种观点一一进行了梳理和“举要”,实际上已经具有总结的意味。此后,“五朵金花”问题的讨论逐渐冷却下来,惟曾经与“五朵金花”受到不相上下关注的中国封建社会长期性(或长期停滞)问题,“却仿佛显示了它异常之长久的生命力,它所引起人们的兴趣和探讨至今不衰”[③]。对此,何兆武在 1989 年发表了《历史研究中的一个假问题——从所谓中国封建社会的长期停滞论说起》,认为:“所有参加这个热门问题的讨论的学者们,似乎都毫无保留地而且不假思索地接受了这样一条前提假设,即中国封建社会的历史表现出特殊的长期性、或停滞性、或长期停滞性。”“对于一个假问题而要努力去寻找答案,那种努力将是徒劳无功的,那种答案将是没有意义的。”[④]文章针对该问题所提出的质疑,论证视角独到,思路别辟蹊径,得出的结论前所未见,而同样的质疑大概也可以落实到那些“金花”上面。

经过一段时期的沉寂, 21 世纪以来,反思、研究史学界“五朵金花”现象的文章开始出现。较早从整体上对“五朵金花”作专门考察的

---

① 参见张越:《新中国建立后十七年“中生代”史家群体与马克思主义史学》,《史学理论研究》2012 年第 2 期。

② 《历史研究》编辑部编,济南:齐鲁书社 1983 年出版,庞朴为该书作“序言”。

③ 何兆武:《历史研究中的一个假问题——从所谓中国封建社会的长期停滞论说起》,见何兆武《历史理性批判散论》,长沙:湖南教育出版社,1994 年,第 232 页。

④ 同上书,第 232—233 页。

是王学典在2002年发表的《"五朵金花":意识形态领域中的学术论战》。该文将"五朵金花"的性质定位为"假问题""真学术",认为它们是"战时史学"体系的产物,是"欧洲中心论"的影响所致。尽管作者刻意强调"五朵金花"中"蕴含着不可抹煞和轻忽的学术意义",并且试图从多个角度阐发其"学术内核",但是,文中用于解读"五朵金花"的诸如"战时史学""假问题"等观点,仍然引起极大争议,如林甘泉认为:"既然承认社会经济形态的讨论推动了一些断代史和专门史研究的深入,并且有许多收获,是'真学问',这些问题又怎么能说是'假问题'呢?胡适提倡'大胆假设,小心求证',假设的问题尚且不能说是'假问题',把没有得出结论、但讨论不断在深入并且有不少收获的问题说成是'假问题',在逻辑上也是很难说得通的。"①无论如何,在基本处于被冷落状态的这段时期里,王学典的文章高调重提"五朵金花",将目光重又聚焦于曾经争奇斗艳的"五朵金花"问题上。

20世纪80年代以后,古史分期问题从热议西周封建说、战国封建说、魏晋封建说等不同分期观点渐渐发展为对如下问题的思考:人类社会是否只能按照一种单线的发展模式行进?马克思、恩格斯当年揭示的社会发展规律,是否能作为世界各地区社会发展过程的通用模式?更具体的讨论首先表现为,对奴隶社会是不是人类发展的必经阶段、中国历史上是否经历过奴隶社会的问题形成明确的不同意见。主张奴隶社会并非是人类历史发展必经阶段的学者认为,马克思、恩格斯关于奴隶制的理论主要是以分析古希腊、罗马社会为基础总结出来的,只是人类社会发展的典型或特殊情况,这样的发展模式并不能代表所有人类社会的普遍发展规律。从中国历史发展实际来看,他们大都认为中国没有经过奴隶社会发展阶段,因为中国古代社会有着不同于古希腊、罗马的发展途径。② 另有部分学者坚持认为不能轻易否定奴隶制在历史

① 林甘泉:《世纪之交中国古代史研究的几个热点问题》,《云南大学学报》2002年第2期。

② 参见张广志:《中国古史分期讨论的回顾与反思》,西安:陕西师范大学出版社,2003年。

上的存在,尽管不能绝对地理解为一切国家民族都必经这个阶段,但是作为人类历史发展的共同规律,奴隶社会的存在还是具有普遍意义的。他们也不认同“无奴论”者宣称的中国无奴隶社会已“深入人心”并成为“定论”的说法。①

对中国历史上有无奴隶制的争议尘埃未定,“封建”问题硝烟又起。问题始于对“封建”一词的循名责实,即古代中国先秦时期的封邦建国、封建制等的“封建”与马克思主义史学话语里的封建社会中的“封建”并非同义,近代中日学者以中国固有的“封建”概念对译西欧中世纪社会制度的 feudalism 一词,并将秦至清的中国社会称为封建社会,使得“封建”的概念的古今转换、中西对接过程中,含义发生了“泛封建化”的“偏误”。② 一些学者据此对于中国秦汉以后至明清时期的历史是不是类似西欧中世纪的社会形态、中国究竟有无封建社会提出质疑,或提出中国的这段历史应该有自己的特殊表达。另有学者认为,“封建”概念是历史地变化着的,不应该用凝固化的老概念去“匡正”人们鲜活的历史认识。中国马克思主义史学家提出“封建地主制”理论,被中国革命的胜利所证实是正确的,是对马克思主义封建观的继承和发展。把它贬为“泛封建观”,指责它“与马克思封建社会的原论相悖”,是站不住脚的。更多的学者主张应该对秦以后至清朝的历史阶段做出更加符合中国社会特征的理论分析和概括。③

马克垚指出:“社会形态学说是一种认识社会历史发展的正确理论和有效方法。”④李振宏则认为,凡是涉足于这些重大历史理论问题的史学家,不论持何种分期观点,“马克思思想方法的精髓,则已深植

---

① 参见李根蟠、张剑平:《社会经济形态理论与古史分期讨论——李根蟠先生访谈录》,《史学理论研究》2001 年第 4 期;陈其泰主编:《中国马克思主义史学的理论成就》,北京:国家图书馆出版社,2008 年,第 116—132 页。

② 参见冯天瑜:《“封建”考论》,武汉:武汉大学出版社,2006 年。

③ 参见中国社会科学院历史研究所编:《“封建”名实问题讨论文集》,南京:江苏人民出版社,2010 年。

④ 马克垚:《说封建社会形态》,《历史研究》2000 年第 2 期。

于他们的思维理性之中”。[①] 中国古史分期问题从20世纪30年代社会史论战中的核心问题之一到新中国成立后成为“五朵金花”之首并形成众多分期观点，从努力结合五种生产方式解释中国历史发展阶段到着力依据中国历史发展特点“重构”中国古史体系的尝试，尽管其研究与讨论过程潮起潮落、跌宕起伏，却无处不见马克思主义社会形态学说的深刻影响。

对中国古史分期不同阶段社会性质的追问与回应，从根本上看，反映的还是对用社会形态学说解释中国历史所持的不同态度，而“封建”名实之争却已隐然触及长期以来成为定论的革命史话语体系，更对中国近代社会性质问题构成直接影响。对问题的讨论目前虽暂时处于停滞状态，但是从宏观视野探索中国古代历史发展进程仍然对学者有着巨大的吸引力。[②] 与具体的实证研究不同的是，对中国历史发展进程作宏观的发展阶段式的阐释，时常会受到特定时期历史观的理论侵染，而其历史解释模式也会含有强烈的现实诉求。回顾这段学术史，如果着力以今人对当时历史理论的理解程度去质疑当时的学术观点，或刻意将当时的现实诉求作为批评当时学术行为的依据，也需在一定的限度之内。阎步克认为：“应该承认，中国的‘五种生产方式’、日人的‘三段论’依然留下了丰厚的学术遗产。各种不同论点，宛若从不同角度投向黑暗的历史客体的一束探照灯光，它们各自照亮了不同景象，同时必定各有所见不及之处，‘深刻’与‘片面’时常是伴生的。”[③]“十七年”时期的古史分期讨论，其起因、语境、问题意识及观点结论与大革命失败后社会史论战时期有很大不同；今天讨论这个问题，与“十七年”时期又有差异。当前中国史学界已经注意到存在有历史研究“碎片”化

---

① 李振宏：《六十年中国古代史研究的思想进程》，《历史学评论》第1卷，北京：社会科学文献出版社，2013年，第106页。

② 从20世纪末至21世纪初的十几年间，已有不少学者试图对中国古史分期和中国古代社会性质问题提出自己的新见解，如以“上古”“中古”的进化时段分期，以洪荒、邦族、封建帝制分期，以氏族、宗法、地主封建分期，以酋邦、王国、帝国分期等，各种观点之间还存在着较大分歧，是否较为合理地解释了中国古代社会的演进特征尚需时间的检验。

③ 阎步克：《一般与个别：论中外历史的会通》，《文史哲》2015年第1期。

的趋势,而以往结合社会形态学说探讨古史分期问题所形成的诸说并起、互相辩论的局面,实际是对中国近现代史学以整体、宏观看待历史为特征的研究范式的全面实践。彭卫认为:“关于中国古代社会性质和发展阶段的讨论初始于20世纪20年代末,在随后的研究中几经起伏,经历了从将中国历史道路服从于世界历史的‘共性’,转变为注重中国历史的特殊性的过程。其间走过了一些学术弯路,现仍然面临着如何使理论概括符合中国历史实际、揭示中国历史发展道路的本质这一难题。”[①]那么,深入反思前人在这些问题的讨论中一路走过的经历和获得的经验,就显得更有意义。当年张荫麟评论郭沫若的《中国古代社会研究》说:“它的贡献不仅在若干重要的发现和有力量的假说……尤在它例示研究古史的一条大道。”[②]在今天我们又看到类似的评价:“郭沫若等马克思主义史学家,把唯物史观引入中国学界,从而使中国人知道了‘母系氏族’‘父系氏族’‘奴隶社会’‘封建社会’等概念,它们都是清以前的史家梦想不及的。又如以铜器论述夏国家起源,以铁器论述战国剧变(‘奴隶制与封建制的更替之发生在春秋、战国之交,铁的使用更是一个铁的证据。’),均令人耳目一新,学术创新度相当之高。”[③]众所周知,近现代中国史学的发展也是一个中外史学碰撞、结合的过程,阎步克指出:“‘五种生产方式’的概念,成为了中西比较、中外会通的理论平台之一。”可以肯定地说,无论从哪个方面来看,这个概念也是中西比较、中外会通的最大理论平台。

现在来看,资本主义萌芽问题和封建土地所有制问题以其充实的社会经济史研究和土地制度史研究成果而成就了相关专门史研究的繁荣局面。其中资本主义萌芽问题引发学者的特别重视,在发掘了大量丰富的资料对该问题加以论证的基础上,在中国古代经济史,特别是明清时期的经济发展史方面获得了极其显著的进展,在学术成就方面可

① 彭卫:《21世纪初的中国古代史研究》,《浙江大学学报》2014年第1期。

② 素痴(张荫麟):《评郭沫若〈中国古代社会研究〉》,《大公报》1932年1月4日第2版。

③ 阎步克:《一般与个别:论中外历史的会通》,《文史哲》2015年第1期。

能是当今学术界获得肯定最多的“金花”之一。该问题与古史分期、亚细亚生产方式、中国封建社会长期延续等问题关系密切,后又与近代社会转型、现代化问题、摆脱“欧洲中心论”等互有关联,究其原因,扣住了中国历史发展进程中的关键环节当是不争的事实。从多个角度探讨资本主义萌芽问题的深层意义,不失为考量“五朵金花”之得失的有效途径。

时至今日,曾经花开繁茂的农民战争问题却成为“五朵金花”中最受冷落的一朵,“十七年”时期的农战史研究过分政治化是造成今天无人问津农战史研究的根本原因。但是,农民战争在中国历史发展过程中不断发生且对不同时期的社会局面产生包括改朝换代的重要影响,是中国历史的客观事实。某国外史家认为,由于强调了农民战争的革命性以及对促进社会变革的推动作用,“这个问题为中国历史学增添了一个新领域,却是毫无争议的”。① 马克思主义史学对农战史的研究,无论是在对相关史料的发掘与整理上,还是在对农民战争本身及其对中国历史的各个方面的影响上,都是前所未有的。

汉民族形成问题在“十七年”时期的“五朵金花”的讨论中,与其他问题相比,在规模和成果数量上并不突出,现在来看,这个问题却显得最具可持续的发展潜力。中国古代民族和国家起源、中华民族多元一体、中华民族的历史文化认同等有关统一多民族国家的重大问题均成为当下受到各方持续关注的热点问题,可证明昔日“五朵金花”中的汉民族形成问题的启发意义和学术价值。

“五朵金花”在今天的境遇虽各不相同,然而其具有的思考宏观问题和理论问题的特点,对今后中国史学的发展不无借鉴意义,其获得的具体研究成果也使中国史学受益甚丰。对于这样一个集结若干重大历史理论问题、持续了长达十余年的时间并伴随着超大量的具体研究和争论、裹挟了几乎所有知名史家积极参与其中的学术现象,怎样评价其

---

① 〔英〕杰弗里·巴勒克拉夫:《当代史学主要趋势》,杨豫译,上海:上海译文出版社,1987年,第220页。

来龙去脉,怎样看待其学术影响,并非轻易就能完全说得清楚。当年"五朵金花"讨论中的参与者赵俪生在接受一次访谈时说:"我认为'五朵金花'是马克思主义和中国历史结合的刚刚开始,所以它不免带有幼稚的性质,有相当的幼稚病……今天回过头来看'五朵金花',全部否定我是不赞成的;全部肯定我也不赞成。应该批判地保留,而且保留的部分应当偏多一点,甚至基本上应予肯定。""我认为将来写学术史,对'五朵金花'不应当采取否定态度,它的五个内容都有相当的成绩。"①在笔者看来,经过一段时期对"五朵金花"的较多批评和各种评价之后,随着"五朵金花"蕴含的深层学术价值的渐次显现,其或许会带给我们更多的思考和启示。

以上从对"五朵金花"问题讨论前后过程的观察,可以一窥 1949 年以后中国史学发展的一个侧面,当然近五六十年间中国马克思主义史学发展的情况远不仅是"五朵金花"问题,而是包括中国古代史、中国近代史、中国现代史、世界史、考古学、各时期的断代史、各种专史研究等各个领域。其间超大量的研究成果、各种各样的学术观点、新领域新问题新方法的不断涌现等,都使中国现当代史学研究呈现异常复杂的局面。

陈峰在 2015 年撰文认为:"长期以来,马克思主义史学理论及史学史笼罩在意识形态的叙事体系之中。90 年代以后特别是新世纪以来的十余年间,这种状况大为改观,学者普遍运用学术性概念、范畴来考察分析马克思主义史学,政治宣教与学理研究不再混为一谈。""未来一段时期内,中国马克思主义史学理论及史学史研究的主要成果仍属于专精一路。"②这个分析和展望在最近数年的研究中得以切实体现。譬如,李孝迁梳理中共史家在 20 世纪 40 年代撰写出版的大量中国史读物时,重在"追问左派历史作品是在什么语境下制作的,分析左派史

---

① 王学典、蒋海升:《从"战士"到"学者"——访老辈史学家赵俪生先生》,《山东社会科学》2006 年第 3 期。

② 陈峰:《新世纪以来中国马克思主义史学理论与史学史研究述评》,《中共党史研究》2015 年第 4 期。

家是以怎样的书写原则和叙事策略以达到吸引广大青年、改造青年意识之目的”。[①] 胡一峰探讨中国“社会发展史”时强调“所关注的重点不是社会发展的历史本身,而是人们对社会发展历程的认识过程及其成果,当然还包括这一认识过程及成果所反映的政治文化生态。或者说,把‘社会发展史’作为一种‘话语’来处理”。[②] 赵庆云在对近代史研究所的研究中指出:“我们对‘十七年’史学之研究,实有必要超越批判或者捍卫的价值立场,充分发掘史料,重返特定的时空语境,厘清‘十七年’间以‘革命’为基调的时代背景之下学人在政治与学术之间不无纠结困扰的实际作为。”[③]总的看,对中国马克思主义史学史的研究,包括对 1949 年以后的中国史学史的研究,正在从过去的“要籍解题”转向对文本背后的事实探析,从“政治宣教”转向学术范畴的语境追踪,从“批判或者捍卫的价值立场”转向在充分发掘史料基础上的平实叙事。

唯物史观为主导的史学多元化是当前中国史学发展的基本趋向,中国现当代史学史研究任重道远。

五 中国史学史视域下的中西史学比较研究

比较研究一直是历史研究中使用较为普遍的研究方法之一。在中外史学发展史上,历史研究中比较方法的使用屡见不鲜。刘家和指出:“‘比较’这个词虽然产生于同时并列的事物之间,但是它一旦作为一种方法用于历史的研究上,就在原有的共时比较之外,又加上了历时性比较的方面。比较研究的基本功能不外乎明同异。横向的共时性

① 李孝迁:《革命与历史:中国左派历史读物》,《中共党史研究》2017 年第 5 期。

② 胡一峰:《中国“社会发展史”话语生成考论(1924—1950)》,台北:花木兰文化事业有限公司,2018 年,第 41 页。

③ 赵庆云:《创榛辟莽:近代史研究所与史学发展》,北京:社会科学文献出版社,2019 年,第 11 页。

(synchronic)的比较说明不同的国家、民族、社会集团等等之间在同一历史时期中的同异,纵向的历时性(diachronic)的比较说明同一个国家、民族、社会集团等等在不同历史时期中的同异。前者说明历史的时代特点,后者说明历史的发展趋势。"①这是缘于历史发展的基本属性而指出了历史研究中比较方法的使用所具备的两项特征。无论是共时性比较,还是历时性比较,从比较研究的对象上看,都包含有历史比较和史学比较这两个方面的内容。所谓历史比较是对客观历史进程中的不同事件、人物、现象、制度等作比较研究,所谓史学比较是就历史学自身进程中对其理论、著作、研究方法、发展途径与特征等进行比较研究。或言,史学比较亦应纳入历史比较的总体范畴之中,然而从专业研究的角度来看,所谓史学比较,对于深入认识史学发展的作用,进而扩及历史研究的总体研究中的意义,都是非常重要的。从实际情况看,随着比较方法在历史研究中运用得愈来愈普遍,其史学比较的意义也更为突出。中国史学史研究视域下的中西史学比较研究随着近现代中国史学的不断发展,愈来愈成为认识中国史学不可或缺的重要环节。

真正将比较研究涉及于中外历史,是在具备了较为严格意义上的中国史和世界史的概念之后。鸦片战争的失败,强烈震动了朝野上下,打破了长期以来的"天朝大国"的优越心理。有识之士深感不能再无视天下之大、清朝没落的现实,必须要"开眼看世界",了解世界大势,了解列强的情况,从中求得御敌之策。这种"开眼看世界"的思想,终于突破了长期以来闭关锁国的政策,至19世纪末20世纪初,各种介绍外国史地的书籍明显增多,近代中国人逐渐开始了解西方文明和西方历史,逐渐明确了中国和外国、中国和世界等概念。这是在历史学研究领域了解并研究外国历史、进而进行中外或中西历史比较的前提条件。尽管比较研究作为一种方法几乎和历史学一样古老,但是中外历史比较这一在当今普遍受到重视的研究取向,却仅有百余年的历史,中西史学比较的开展也同样如此。

---

① 刘家和:《史学、经学与思想》,北京:北京师范大学出版社,2005年,第2页。

1898年戊戌变法前后,维新派积极编写出版介绍外国史的论著,并且大力提倡学习外国历史,作为中国变法图强的借鉴。他们为了救亡图存、变法改革,非常注意把史学作为一种有力的工具。他们认识到,“鉴于远古,不若鉴于近今”。[①] 借鉴世界近代史中的变革实例,方有助于变法图强。对外国史地的介绍,使人们不仅开始初步了解外国的历史情况,也逐渐意识到外国史研究的重要性和必要性,对于突破单一的中国史研究具有积极意义,也使得外国史研究逐渐成为中国史学的组成部分。

对外国史地的介绍,也包括了西方的史学理论和方法。如梁启超等人对法国政治家、史学家基佐的《欧洲文明史》作了介绍。英国人巴克尔的《英国文明史》在当时有数种译本流传。此外,从日本介绍日本学者引入的西方史学理论与方法,也是一个主要途径。1902年,留日学生汪荣宝编译日本学者坪井九马三的《史学研究法》,以《史学概论》为题在中国发表。日本史家浮田和民集众多西方史家学说著成的《史学原论》一书,引起中国学术界的极大兴趣,一些留日学生竞相翻译此书,1902—1903年间中译本多达6种。外国史学理论的输入,促使中国史学界的进步人士对中国传统史学进行全面的反省。这些西方的史学理论强调史学的概念和本质、历史哲学、史学的范围、史学的价值、史学与其他学科的关系、史学发展史、历史研究法、历史发展与地理环境的关系、史学与国家政治、史学与史料学等内容,向人们展示了迥异于传统史学的全新视角,开启了人们的视野。

在如饥似渴地接受西方史学的同时,以西方史学为参照,比较中国史学的落后和封闭状况,梁启超对中国旧史学进行了猛烈抨击,并提出“史界革命”的口号,要求建立“新史学”。梁启超在1902年撰写的《新史学》,开篇即言:“于今日泰西通行诸学科中,为中国所固有者,惟史学。史学者学问之最博大而最切要者也,国民之明镜也,爱国心之源泉

① 康有为:《进呈突厥削弱记序》,见汤志钧编《康有为政论集》(上),北京:中华书局,1981年,第298页。

也。今日欧洲民族主义所以发达，列国所以日进文明，史学之功居其半焉，然则但患其国之无兹学耳，苟其有之，则国民安有不团结，群治安有不进化者。虽然，我国兹学之盛如彼，而其现象如此，则又何也？”[①]他在这里以史学分别为中西之显学为前提，比较史学功用于两者之间的不同表现，批评中国传统史学的种种弊端。可见梁启超在当时对旧史学所采取的激烈批评态度的出发点，即含有建立在比较中西史学的基础之上的因素。

尽管当时西方史学的传入，还是以从日本转译西方史学著作为主要渠道，但对于中国史学转型具有非常重要的意义。同时，当时输入西方史学还处于最初阶段，也存在着很多不如人意的地方，如梁启超指出的，“无组织、无选择、本末不具、派别不明”，“则畴昔之西洋留学生，深有负于国家也”。[②]

五四新文化运动使中国的思想文化领域进入了一个空前开放、活跃的时期。民主与科学的提倡，使人们开始对中国传统文化重新估定，建立真实的、科学的历史学成为五四时期史学的最新趋势。五四学人对西方史学的态度也发生了变化，不再局限于介绍和引进，也不仅仅要求做到有选择、具本末，更重要的是他们已经意识到了中西史学的结合对建立科学的历史学、对中国史学的新的发展的重要性。在新文化运动的直接刺激和影响下，五四前后出现了引入西方史学和中西史学交融的新热潮。与以往不同的是，五四时期介绍和引入西方史学，内容多由西文原著直接翻译过来，从事西方史学输入的人员群体素质发生了根本的变化，主要是由在欧美留学的留学生从西方直接输入，他们“多为直接受过欧美现代史学或科学方法正规训练的专业史学家，如何炳松、陈衡哲、徐则陵、李济、李思纯、陈翰笙、胡适等”。[③] 在五四时期，西方史学较之以往更为有系统地被翻译介绍到中国、被宣讲于大学讲坛，

---

① 梁启超：《新史学》，《饮冰室合集》文集之九，北京：中华书局，1989 年，第 1 页。

② 梁启超：《清代学术概论》，《饮冰室合集》专集之三十四，第 71—72 页。

③ 参见胡逢祥《“五四”时期的中国史坛与西方现代史学》，《学术月刊》1996 年第 12 期。

其规模和内容,与十余年前相比已不可同日而语。在大力译介西方史学理论与史学方法的同时,一些学者开始探讨中西史学结合之途径、尝试比较中西史学之异同。

李大钊在《史学要论》(1924 年)中讨论"什么是历史学"的问题,他指出:"汉文的'史'其初义即指秉持典册,职掌记事者而言,再转而有记录的意义。'历史'在英语为 History,在法语为 Histoire,在意大利语为 Storia,三者同出于希腊语及腊丁语的 Historia,其初义本为'问而知之';由是而指把问而知之的结果写录出来的东西亦云,遂有记录的意义了。历史在德语为 Geschichte,在荷兰语为 Geschiedenis,有'发生的事件'的意义。综起来看,'历史'一语的初义,因国而异;而行用既久,滋义甚多,则中国与欧洲诸国同然。"①很显然,李大钊是以中西各国在"历史"一词不同的原本含义的比较中来探讨什么是历史学的问题,这就是中西史学比较方法的典型运用。

曾经对引入西方学术的状况不甚满意的梁启超,在欧洲游历期间积极地学习了解西方的史学理论和史学方法,其主要目的是试图借鉴西方史学,以建立中国的新史学体系。他的《中国历史研究法》及《中国历史研究法补编》在很大程度上也可以看做是中西史学结合的尝试之作。《中国历史研究法》重点陈述"客观的资料之整理""主观的观念之革新",并声言"欧美近百数十年之史学界,全向于此两种方向以行"。②《中国历史研究法补编》意在补前者之不足,"注重理论的说明"和"专史的研究"③,探讨史学与其他学科的关系。两书从形式到内容均令人耳目一新,风行一时。尽管书中并未言明借鉴西方史学中的何家何派,但德国史家伯伦汉(Ernst Bernheim)、法国史家朗格诺瓦(Charles V. Langlois)和瑟诺博司(Charles Seignobos)的史学理论及方法论是梁启超的重要参考对象,当是不争的事实。杜维运推测"梁氏

① 李大钊:《史学要论》,石家庄:河北教育出版社,2000 年,第 11 页。
② 梁启超:《中国历史研究法·自序》,《饮冰室合集》专集之七十三,第 1 页。
③ 梁启超:《中国历史研究法补编·绪论》,《饮冰室合集》专集之九十九,第 1 页。

以中国史学家于一九一九年左右至其地，著《史学原论》的朗、瑟二氏尚在，他不可能丝毫不受朗、瑟二氏作品的影响。他请法国教授或中国留学生讲述西方学问，似必有朗、瑟二氏的《史学原论》在内"[①]。杜维运并选出梁启超《中国历史研究法》中的数段文字与《史学原论》原文相对照，结果可以证实其推断。以梁启超《中国历史研究法》所产生的影响来看，朗格诺瓦和瑟诺博司的史学方法论在中国史坛通过《中国历史研究法》所起的作用，可能比李思纯的译本还要大[②]。当时依据西方史学专论史学方法的人有许多家，他们多有留洋经历，外文水平也高于梁氏，但大都远不及梁著的影响大，究其原因，除梁氏在学术界的名气无人能比之外，更重要的，正如后人所论，"梁氏文史涵养博洽融通，高人一等，能令中外学问水乳交融，丝毫未见窒碍之处。这项移植工作看似平常，实则绝难；以至后来的学者固然在理论层面能够推陈出新，惟在事理圆融一方，犹瞠乎其后。换言之，《中国历史研究法》之普受瞩目，历久未衰，便是能将西方史学与国史知识溶铸一炉，这项成就迄今仍罕与伦比"。[③] 从《中国历史研究法》中可以看到，梁启超常用中西史学比较的方法论述一些具体问题。譬如，言及使用各种不同的方法搜集出的史料，即称："在欧洲诸国史，经彼中先辈搜出者已什而七八，故今之史家，贵能善因其成而运独到之史识以批判之耳，中国则未曾经过此阶级，尚无正当充实之资料，何所凭借以行批判？"[④]言及史家之"思想"应建立在"实事"之上，则称："须知近百年来欧美史学之进步，则彼辈能用科学的方法以审查史料，实其发轫也，而吾国宋明以降学术之日流于诞渺，皆由其思想与批评非根据于实事，故言愈辩而误学者亦愈甚也。"[⑤]言及治史内容应注重"民族心理"或"社会心理"，则强调：

---

① 杜维运. :《梁著〈中国历史研究法〉探原》，《与西方史家论中国史学 · 附录三》，台北：东大图书有限公司，1981 年。

② 李思纯译朗格诺瓦与瑟诺博斯之《史学原论》于 1926 年由商务印书馆出版。

③ 黄进兴：《中国近代史学的双重危机》，《中国文化研究所学报》1993 年第 6 期。

④ 梁启超：《中国历史研究法》，《饮冰室合集》专集之七十三，第 70 页。

⑤ 同上书，第 99 页。

"欧美自近世以来,民众意识亢进,故社会心理之表现于史学者甚鲜明,而史家之觑出之也较易。虽然,亦由彼中史学革新之结果,治史者能专注重此点,其间接促起民众意识之自觉力,抑非细也。中国过去之史,无论政治界思想界,皆为独裁式,所谓积极的民众意识者甚缺乏,无庸讳言。"①尽管梁启超所使用的中西史学比较方法还局限于个别问题,但是通过比较来说明建设中国"新史学"的重要性,并由此认识中国史学存在的不足与缺陷,其作用显然是十分明显的。

胡适一生不断地宣传倡导"科学方法",他所提倡的中西学术的结合是从所谓"科学方法"入手的。他多次提到这样的观点:"我的唯一的目的,是要提倡一种新的思想方法,要提倡一种注重事实,服从验证的思想方法。"②胡适的"科学方法"是以杜威的实验主义为理论基础。他对于中西史学的结合所作出的主要贡献,是根据中国传统治学方法与西方现代科学法则加以贯通,阐发清代乾嘉考据学已经具有了"科学"的精神,"他们用的方法无形之中都暗合科学的方法",强调应当"把'汉学家'所用的'不自觉的'方法变为'自觉的'"。③ 径直取中西学术的方法相结合,并且贯之以"科学方法",这在崇尚科学的五四时期,效果十分明显。从这个角度而言,胡适所谓"科学方法"正是转型中的中国学术所需要的东西,适应了当时的学术发展的内在要求。还在美国留学的时候,胡适就对清代学者的治学方法感兴趣,并试图比较中西考据学方法的不同思路。在康奈尔大学特意选修了包括语言学、校勘学、考古学等课程在内的"历史的辅助学科",翻阅《大英百科全书》中关于"版本学"的条目。他说,"杜威对有系统思想的分析帮助了我对一般科学研究的基本步骤的了解。他也帮助了我对我国近千年来——尤其是近三百年来——古典学术和史学家治学的方法,诸如'考据学''考证学'等等(的了解)。……在那个时候,很少人(甚至根

---

① 梁启超:《中国历史研究法》,《饮冰室合集》专集之七十三,第115页。

② 胡适:《我的歧路》,《胡适文存》二集卷三,上海:亚东图书馆,1924年。

③ 胡适:《论国故学——答毛子水》,《胡适文存》一集卷二,上海:亚东图书馆,1921年。

本没有人)曾想到现代的科学法则和我国古代的考据学、考证学,在方法上有其相同之处。我是第一个说这句话的人;我之所以能说出这话来,实得之于杜威有关思想的理论”。① 陈垣的《元典章校补释例》以“土法”总结了考据学中校勘一门的方法,胡适在为该书作的序中讲道,书中所论“是中国与西洋校勘学者共同遵守的方法”②,他认为,“纵观中国古来的校勘学所以不如西洋,甚至于不如日本,其原因我已说过,都因为刻书太早,古写本保存太少,又因为藏书不公开,又多经劫火,连古刻本都不容易保存”,称赞陈书是使中国校勘学“第一次走上科学的路”。③

胡适曾经大力提倡整理国故,并指出整理国故的方法之一是“用比较的研究来帮助国学的材料的整理与解释”④。他特别强调:“我们现在治国学,必须要打破闭关孤立的态度,要存比较研究的虚心。第一,方法上,西洋学者研究古学的方法早已影响日本的学术界了,而我们还在冥行索途的时期。我们此时应该虚心采用他们的科学的方法,补救我们没有条理系统的习惯。第二,材料上,欧美日本学术界有无数的成绩可以供我们的参考比较,可以给我们开无数新法门,可以给我们添无数借鉴的镜子。学术的大仇敌是孤陋寡闻,孤陋寡闻的唯一良药是博采参考比较的材料。”⑤尽管在这里主要指的是应该加强比较和借鉴欧美日本学术界的研究方法和研究成果,但是对于推进中西史学比较不无裨益。

引入西方史学,何炳松做了大量介绍、转译、编译的工作。1921 年翻译的鲁滨逊的《新史学》,是中国史学界完整翻译过来的第一部西方史学理论和方法的著作。他还译著了许多西方史学论著。在当时,对

① 唐德刚译注:《胡适口述自传》,上海:华东师范大学出版社,1993 年,第 97 页。

② 胡适:《〈元典章校补释例〉序》,见陈垣《校勘学释例》,上海:上海书店出版社,1997 年,第 6 页。

③ 同上书,第 7、8 页。

④ 胡适:《国学季刊发刊宣言》,《国学季刊》第 1 卷第 1 号,1923 年 1 月。

⑤ 同上。

于西方史学的认识和理解,何炳松是十分突出的一位。他撰写的《历史研究法》"虽然简短,然而对于西洋现代史学的认识却远胜于梁氏的《中国历史研究法》"。"何氏无疑地是当代介绍西洋史学最努力的一位学者,他在中国现代史学有不可磨灭的贡献。"①在《历史研究法》一书中,何炳松以介绍西方史学研究方法为主,但是其中也包含有比较中西史学之意,他说:"遇有与吾国史家不约而同之言论,则引用吾国固有之成文……一以便吾国读者之了解,一以明中西史家见解之大体相同。"②何炳松强调鲁滨逊的《新史学》"虽然统是属于欧洲史方面,但是很可以做我们中国研究历史的人的针砭"。③ 何炳松努力引入西方史学理论和方法,目的也是比较中西史学的异同,借鉴西方史学,更新中国史学。在1928年完成的《通史新义》的自序中写道,西方史学"因其依据各种最新人文科学研究而来,较吾国固有者为切实而适用,足备国内史家之采择,初不敢因其来自西洋,遂奉之为金科玉律也"。④ 中国古代有刘知幾、章学诚等人论及史学理论和方法,较之西方史家的观点,自然有所差异,何炳松认为刘知幾、章学诚"其议论之宏通及其见解之精审,决不在西洋新史学家之下。唯吾国史学界中,自有特殊之情况。刘、章诸人之眼界及主张,当然不能不受固有环境之限制,若或因其间有不合西洋新说而少之,是犹讥西洋古人之不识中国情形,或讥吾辈先人之不识飞机与电话也,又岂持平之论哉?"强调比较中西史学的异同应当视客观情况的不同,具体问题具体分析,不可简单比附。不过他也认为,中国传统史学理论,"今日之能以新法综合而整齐之者,尚未有其人耳"。⑤

---

① 齐思和:《近百年来中国史学的发展》,《燕京社会科学》第2期,1949年10月。

② 何炳松:《历史研究法·序》,《何炳松文集》第4卷,北京:商务印书馆,1997年,第6页。

③ 何炳松:《新史学·译者导言》,《何炳松文集》第3卷,北京:商务印书馆,1996年,第21页。

④ 何炳松:《通史新义·自序》,《何炳松文集》第4卷,北京:商务印书馆,1997年,第89页。

⑤ 何炳松:《历史研究法·序》,《何炳松文集》第4卷,北京:商务印书馆,1997年,第5—6页。

梁启超、胡适、何炳松以各自不同的方式，在比较中西史学的基础上，对中西史学的结合做了积极有益的探索。梁启超借鉴西方史学的理论观点，将中国传统史学从理论到方法重新整齐阐释，其视野之广阔、见解之新颖、思路之清晰，都值得称道。胡适将传统的乾嘉考据方法联系于西学中的科学方法，从而突出了中西学术间的相通之处，为中西史学的结合起到了具体的示范作用，有力推动了中国史学的科学化进程。何炳松做了大量的介绍引进西方史学的实际工作，给了当时的中国史学界以很好的启发，他在比较中西史学和中西史学的结合方面亦功不可没。

20 世纪 30 年代至 40 年代，随着对西方史学了解的增多，以比较中西史学的方法阐述史学发展过程及相应的史学理论问题，为更多的人所重视，这主要反映在当时出现的那些通论、概论历史学的著述中，还反映在一些相关的论文中。如朱希祖在《中国史学通论》中讲到史学起源问题的时候，引用德国史家的观点说："德国历史家郎泊雷希脱 Lamprecht 著近代历史学以为'历史之发端，有两元之倾向，皆由个人之记忆，而对于祖先尤为关切。两元者何？即所谓自然主义与理想主义是也。取自然主义形式者，最初为谱系，取理想主义形式者，最初为英雄诗。'推究吾国历史之发端，亦不外此例。然则小史所掌奠系世辨昭穆之谱牒，及春秋以前颂美祖先之诗，皆吾国历史之萌芽也。""郎泊雷希脱又云：'谱系进而为年代纪（吾国称为编年史）；英雄诗进而为纪传。'此两元之进化，其说固是；然以吾国史迹观之，则四者发生之次叙，诗最先，纪传次之，谱系又次之，年代纪最后。"①这里，朱希祖所说的"历史"实为"史学"，所谓之历史记录形式的发生次序也不一定准确，但是，他以西方史家的论断，比较说明中国史学的发展情况，中西史学比较之意可见其中。罗元鲲《史学概要》一书的下编为"中西史学演进之大概及教学方法"，分别陈述"中国史学演进之大概"和"西洋史学

① 朱希祖：《中国史学通论》，重庆：独立出版社，1943 年，第 18—19、21 页。

之概要”,可见其对比中西史学发展的意图。[①] 周容的《史学通论》一书中的“史学史”部分讲到了“中国之部”和“欧洲之部”,在论述“史观”等部分中,也引述了中西史观加以说明和对比,指出:“中国古代的史家以为历史的兴衰是随人的道德的得失而变迁的;欧洲中世纪的教会史学以为人类历史是上帝安排好了的决定的程序。前者的史观是根据人生观作出发点的,后者的史观是根据创世纪所载的宇宙观作出发点的。”[②]杨鸿烈在他的《史学通论》中,对中西史家就史学中“史”之本意、史学的“目的”“功用”“分类”等项的不同见解以对比、比较的方式作了介绍,所论述的问题多有中西史学比较的意向,如“中外学者将‘历史’与‘史学’混为一谈的实例”“中外学者‘历史定义’的分别批评”“中外学者‘史学定义’的批评”“中外学者否认‘史学’能成为科学的实例”“欧洲历史的垂训主义不如中国流行之广”“阐扬宗教的史籍在数量上中国远不及欧洲之多”“吾国史家有过于推崇历史功用的弊病”“欧洲人士有根本否认历史的价值的言论”“中西史籍‘体裁’优劣的比较”等[③]。杨鸿烈是当时非常重视中西史学比较并在这方面作出了很大贡献的一位学者。张其昀写的《刘知幾与章实斋之史学》一文,也时常对比西方史学,论及刘、章的史学观点:“余近读西洋史家朗各(Langlois)、辛诺波(Seignobos)、文森(Vincent)、鲁宾孙(Robinson)、法林(Fling)诸氏之书,觉西人所研究之史学问题,二君多已道其精微。其不逮之处,则在近世西洋史家能吸收科学发明之精华,故于人类起源、演进、及未来诸观念,皆有实证以张其新理;二君则为时地所限,故阙不详,无足怪也。”“平心言之,近今西洋史学之发展,实食五十年来科学之赐。人类学、经济学、心理学、社会学之发明,使史家对于人类源始、演进及未来诸观念骤放异彩,证据具备,义理周详,是皆吸取科学之精华,初非一二史家所能冥造。刘君之生,远在千载之前。即章君之

---

① 见罗元鲲:《史学概要》,武昌:新亚地学社,1931 年。

② 周容:《史学通论》,上海:开明书局,1933 年,第 124—125 页。

③ 见杨鸿烈:《史学通论》,长沙:商务印书馆,1939 年。

时,西洋史学,亦尚迟迟为文学之一支。而二君独能昌言文之与史较然异辙,以明述作之则,排时论而倡新学,士生今日,不得不悲其遇而赞其俊识已。"①

总的看来,在20世纪前半期,一些学者在讨论史学问题的时候常引西方史学与中国史学作对比,虽尚未过多涉入中西史学比较的研究层面,比较中西史学还是初步的、被动的、不明确的,但是已经开始具有中西比较的视角。他们更多的是注重学习和借鉴西方的史学理论与方法,从引入史学研究方法入手,对比中西史学间的差异,其着眼点主要还是吸收、借鉴西方史学去建立中国的新史学,目的是使中国史学走出旧史学的窠臼,尽快走上现代史学的发展途径。正是在这样的努力过程中,自然会逐渐走向中西史学比较之路。

20世纪60年代,新的历史教学体制和学科建设逐渐健全,史学史学科被教育部要求列入大学历史系的必修课,引发对史学史问题的讨论。在讨论中,从世界史学发展的角度观察中国史学、在史学通论中重视中西史学比较研究被许多人提及。耿淡如指出:"史学史也和历史一样可分为国别史学史和断代史学史,也可综合地去研究,作为世界史学通史。由于各国史学的发展很不平衡,它可采用比较方法,在和社会发展状态联系下,来阐明各国或各时代史学发展的异同点以及它们之间的相互影响。"②齐思和说:"中国是世界上历史学最发达的国家,除中国外,欧洲作为一个集体来讲,它的历史学也有很久的传统和相当丰富的内容。""中国和欧洲的史学传统,是世界上两个主要的历史学传统,我们正可以加以比较研究。"③白寿彝认为:"首先,是要注意外国史学史的研究工作,取其所长,弃其所短,以提高我们研究工作的水平。其次,我国近百余年的史学受到外国不少影响,不探本溯源,不易进行深入的分析。再次,中外史学的发展应有共同的规律,也必有各不相同

---

① 张其昀:《刘知幾与章实斋之史学》,《学衡》第5期1922年5月。

② 耿淡如:《什么是史学史?》,《学术月刊》1961年第10期。

③ 齐思和:《欧洲历史学的发展过程》,《江汉学报》1963年第6期。

的民族特点。不研究外国史学史,就没有一个综合比较的研究,也就不能认识各国史学发展的共同规律和我国史学的民族特点。”[①]可见,中西史学比较的学术意义已经得到了明确的认识,区别于历史比较(comparative history)的史学比较(comparative historiography)的概念也逐渐清晰。加强比较史学研究,不仅能够深化对西方史学的认识,而且能够更加全面深入地认识中国史学,因为只有把中国史学放到世界史学中进行比较研究,才能更加清楚地看出中国史学的发展特点。此后不久,正当展开的中西史学比较研究被随后而来的政治运动所打断。

20 世纪六七十年代,杜维运两度赴英国剑桥大学学习,其间读了很多西方史学的著作,发现很多西方史家对中国史学的认识比较有限,从正统的到非正统的汉学家,他们的一些评论中国史学的观点有的很精辟,也有很多论点很荒谬。他把所阅读到的西方史家论及中国史学的观点都记录下来,更觉得他们的观点有些非常精当,有些则不仅失实而且充满偏见。杜维运认为:“学术乃天下公器,西方史家以另一背景讨论中国史学,不惟是中国史学之幸,也是世界史学之幸;中国学者论中国史学,必有所蔽,其所蔽者,西方学者开启之;西方学者又新有所蔽,中国学者应与之讨论商榷之。”[②]1966 年,杜维运撰写出版了《与西方史家论中国史学》一书,1981 年出版该书修订本,作者强调西方史家论中国史学“有极精当足发国人深省者,有荒诞不经不能不据实以辩者”[③],“通论中国史学者,则每浮泛粗略,偏颇之论,丛出不穷”[④]。书中摘录罗列了西方学者对中国史学的各种议论,对其中确有启发并足以发人深省者予以强调,对其中明显错误或不全面的观点予以辨正。这是第一本系统讨论中西史学的专著,为日后中西史学比较研究之滥觞。杜维运的中西史学比较研究的出发点与他人相比有所不同。

很长一段时期以来,中西史学比较研究更多地表现为中国学者充

---

① 白寿彝:《中国史学史研究任务的商榷》,《人民日报》1964 年 2 月 29 日。

② 见张越、方宏:《杜维运教授访谈录》,《史学史研究》2005 年第 4 期。

③ 杜维运:《与西方史家论中国史学 · 原序》,台北:东大图书公司,1980 年。

④ 杜维运:《与西方史家论中国史学 · 新写本自序》,台北:东大图书公司,1980 年。

分的重视，而西方学者鲜有提及。这至少说明，近代以来的中国史家在中国史学的知识背景下是承认并且重视西方史学所取得的成就及其所产生的影响的。对比之下，西方学者对中国史学的了解、判断却不无片面和偏颇。杜维运的中西史学比较意识是出于了解到西方史家对中国史学缺乏全面了解、中国史家对中国史学缺乏必要自信、需要阐明中国史学固有价值等认知而来的，这个出发点值得重视。汪荣祖也撰有《西方史家对中国传统史学的理解与误读》一文，认为："中国传统史学以现代眼光观之，自有不少缺点，西方史家基本上正以现代西方史学的标准来评论中国的旧史学。此一不适当的比较观与西方史家对西方史学的强烈自信，以及对中国传统史学认识的肤浅，很容易作出未经细察的综述和结论。"[①]在这种情形下，中西史学比较研究中即出现两种倾向：其一，西方史家因对中国史学了解的"肤浅"以及"误读"，并不重视中西史学的比较，在他们看来，中国史学可能尚不足以与西方史学进行比较，故此，"至目前为止，比较史学并未在西方出现"[②]。其二，中国学者在史学比较中并未把中国史学与西方史学置于平等位置，而是有意无意地以西方史学作为某种衡量"标准"，用中国史学去与之比附，而非做出真正意义上的比较。前文所述之20世纪前半期比较中西史学的许多观点表现得就十分明显，八九十年代的中西史学比较研究中，这种倾向亦时隐时现。汪荣祖所说的"在西风吹袭和革命浪潮冲击下，轻易诋毁甚至扬弃中国传统史学"[③]，应该是造成这种倾向出现的原因之一。无论是西方史家对中西史学比较研究的轻视，还是中国史家在中西史学比较中的"轻中重西"，近代以来西方史学的话语霸权意识的影响是显而易见的。存在于中西史学比较研究中的问题，在近年有扭

---

① 汪荣祖：《西方史家对中国传统史学的理解与误读》，《史学九章》，台北：麦田出版，2002年，第161页。

② 杜维运：《比较史学的困境》，台湾中兴大学历史系主编《第三届史学史国际研讨会论文集》，台北：青峰出版社，1991，第2页。

③ 汪荣祖：《西方史家对中国传统史学的理解与误读》，《史学九章》，麦田出版，2002年，第161页。

转之势。当代一些西方史家已经注意到比较历史与比较史学的重要性,并且开始探讨这种比较研究的可行性及其理论。德国史家吕森(Joern Ruesen)指出:“比较研究甚为少见,这有许多原因,在此,我只想提两个:针对不同的历史文化使用特殊的专业研究技艺有困难,再就是西方历史思维在历史研究中,甚至在非西方国家的历史研究中占据主导。这种主导地位把学术兴趣引向了历史思维的特定现代方式的起源和发展。”“我们必须避免把有关历史思维的西方文化传统当作比较的基础。”①想要改变在中西史学比较中出现的以中附西的不平衡现象,不仅需要人们对中国史学作更深入全面的研究,而且还有待于对中西史学比较本身的理论与方法作进一步的充实与完善。

1988 年,杜维运的《中西古代史学比较》一书出版。该书从中西史学的起源、史学原理的创获、史学著述的成绩等方面进行了比较研究,认为中国史学很早便创获了纪实、阙疑、求真、怀疑等重要的史学原理,在史学著述的材料、史学著述的范围与内容、史学著述的精神境界等方面多有独到之处。作者指出:“比较方法在历史研究上所发生的重大作用,不容否认。中西史学分途发展两千余年,有其绝相殊异处,亦有其遥相吻合处。其绝相殊异处,可以互相切磋,互相弥补,史学的内容,由此得以丰富。其遥相吻合处,不能单纯地解释为一种偶合,而是人类智能的共同创获,这种共同创获,往往是史学上颠扑不破的真理所在。所以比较中西史学,能治两者于一炉,而创出超乎两者以上的世界性新史学。”②

大约在同一时期,中国大陆史学界的中西史学比较研究也重新受到重视,这既得益于改革开放以来对西方史学的引进与中外史学交流的扩大,还在于人们更加明确地意识到,中外史学的比较研究,将大大拓宽我们的学术视野,在了解外国史学传统的深层意蕴的同时,也获得

---

① 参见〔德〕吕森:《跨文化比较历史学的若干理论分析》,陈新译,载《史学理论与史学史学刊》2004—2005 年卷,社会科学文献出版社,2005 年。

② 杜维运:《中西古代史学比较》,台北:东大图书公司,1988 年,第 6—7 页。

一个观察中国史学的参照系，这对于中国史学自身的各个方面都具有十分积极的推动作用。因此，中西历史与史学比较研究已经成为一个较为专门的研究领域而为研究者所认同，研究成果日渐增多，研究规模日益扩大，研究程度逐渐深入。① 朱本源于1992年发表的论文《"〈诗〉亡然后〈春秋〉作"论》，针对西方学者对中国史学的偏见——认为在中国古代和中世纪的文明中，即使在自然科学和历史编纂学方面取得了卓越的成就，但是却缺乏近代西方科学中的理论思维——作出论证："用现代西方史学的理解和概念，重新解读中国历史学资料，从而显示出自孔子到乾嘉时代（即19世纪前期以前）的某些历史思维中的重大的理论思维。"论文先阐述西方历史哲学奠基者维科的历史（作为一种知识的形式）起源论，以这位第一次在西方阐明"诗"先于"史"的原理的历史哲学家的史学起源论作为参照系，论述孟子的中国史学起源论，即"《诗》亡然后《春秋》作"，证明中国传统史学在不同时代的各种理论思维与"现代西方的'历史的思维'可以具有不同的形式和内容，但同样'历史地思维着'"。② 在此之后，作者又发表了《孔子史学观念的现代诠释》和《孔子历史哲学发微》③两篇长文，进一步阐述了孔子的历史编纂学理论与历史哲学的微言大义。这一组论文，通过中西古代史学比较研究，展现中国传统史学的理论价值，也批驳了某些西方学者的一些武断之论。作者认为："在我们看来，中国传统史学（指西方史学传入中国以前的史学）不仅在历史编纂学方面为任何民族所不及，而且在历史理论方面也有可以媲美西方近代历史思维之处并非如巴特费尔德所武断的那样。"④胡逢祥的《试论中西古代史学演变的不同途径

① 相关研究成果包括：王晴佳：《中国和欧洲古代史学的比较试析》，《社会科学》1984年第8期；陈剩勇：《论中西古代史学的差异及其特征》，《学习与探索》1987年第6期；胡逢祥：《中西史学源起比较论》，《史学理论研究》1992年第4期；王东：《中国史传的编修理论与实践：兼论中西史学精神的差异》，《史学理论研究》1993年第1期；马雪萍：《中西古代史学发展途径的异同》，《史学理论研究》1993年第3、4期；等等。

② 朱本源：《"〈诗〉亡然后〈春秋〉作"论》，《史学理论研究》1992年第2期。

③ 前文见《史学理论研究》1994年第3、4期，后文见《史学理论研究》1996年第1、2期。

④ 朱本源：《"〈诗〉亡然后〈春秋〉作"论》，《史学理论研究》1992年第2期。

与特点》一文,力求透过两者的不同文化和宗教的背景,从史学运行的机制、观念、功能、方法等多视角的剖析入手,对演进的不同模式和历史影响作出合理的解释。文章指出:"中西古代史学的传统……对其史学所起的实际影响,是一个十分复杂的文化现象,有时很难用'优''劣'这样的定性字眼来概括,因为其间往往利弊相伏,精芜并生。"①

此外,汪荣祖的《史传通说——中西史学之比较》一书,以《文心雕龙·史传》为基础,分列 24 题,对中西史学发展过程中的相关问题及史学理论问题做了比较分析,著者亦言:"夫中西史学,渊源俱长而流变殊途,诚不可横施甲乙;惟宜平心索解,窥其底蕴,观赏异趣耳。至于殊语壹义,貌异心同者,并非偶然。盖文化有异,情理可通,若直笔信史,史之悬鹄,东海西海固无异辞也。"②此书于中国古代史学观念的细微处结合古今中外相关论述钩沉稽索,深入阐释,开辟了中西史学比较研究的新路径。

由此可见,中西史学比较研究无论在课题意识还是在研究成果上显然有了全方位的深化:从中西史学间的个案比较发展到对中西史学发展过程的总体性比较;从中西史学间诸问题的谁先谁后、谁有谁无、谁优谁劣的简单对比,发展到从双方史学在观念、编纂、文化背景、内在价值、影响等多重角度进行综合性比较。全方位认识中西史学比较研究之课题观念,深入探讨中西史学比较研究之理论与方法则成为关键。

就研究主体而言,足以担当中西史学比较的研究者,必须具备兼通中西史学的学识素养,如朱维铮所说:"中外史学比较,首要的前提就是研究者需要对古今中外史学的基本进程有整体的了解,这岂是个别史家所能胜任的?"③很显然,此前从事中西史学比较研究的,主要是以研究中国史学或西方史学的中国学者为主,研究中国史学的人一般缺乏对西方史学的深入了解,研究西方史学的人又不一定有更多的精力

① 胡逢祥:《中西史学源起比较论》,《史学理论研究》1992 年第 4 期。

② 汪荣祖:《史传通说——中西史学之比较·凡例》(新 1 版),北京:中华书局,2003 年。

③ 朱维铮:《史学史三题》,《复旦学报》2004 年第 3 期。

兼及中国史学,当前真正作到中西史学兼通的学者屈指可数。如果研究者仅局限于对中国史学和西方史学的一般了解,或对中西史学两者间的认识程度深浅不一,则中西史学比较研究很难能够有进一步的发展。如果说研究主体的知识程度是影响中西史学比较研究的客观因素的话,对中西史学的基本认识与价值判断,以及由此涉及的在比较中西史学的过程中所遇到的一系列具体问题的认知与处理方式,则是在史学比较时中外研究者的主观因素在起决定作用了。

从比较的对象和内容来看,中西史学比较研究的突破之一,是不再局限于中西史学间过分具体的两两对比。以往一说起比较研究,人们就会很自然地找出那些中西史学间有相似之处的史家、史书等进行比较,诸如司马迁与希罗多德的比较、《史记》与《历史》的比较、章学诚与柯林武德的比较。但是,历史上没有两件事情是完全一样的,历史有类似没有相同,更不会重演。中西古代史学原本是在互不了解、互不交叉的不同的文明渊源中各自发展的,如果过分强调进行具体的两两对比,忽略中西史学间存在的历时性与共时性的差异,往往最终就会出现是否有可比性的疑问。因此,课题意识的转换成为影响中西史学比较研究的关键因素之一,从中西史学间的史学理论特点、理论思维方式的不同、治史旨趣与史学精神的差异进行比较,关注深刻影响史学发展的中西间各自的文化传统,探讨中西史家对历史发展动因、历史发展进程、天人关系等历史理论问题和史学功用、撰史原则、据事直书等史学理论问题的基本结论、思维路径、表述方式的特点,其可比性可能就要大得多,比较研究的空间可能就会显得更为广阔,比较研究的收获可能就会更加丰富和深入。①

刘家和于2002年发表的论文《论通史》,所选择的比较研究的对象,可以说明这个问题。论文就“通史”一词所包括的丰富内涵在中西之间的区别作了深入讨论,探究并比较了西方的普世史传统和中国通

① 参见余英时:《中国史学思想反思》,吴莉苇译,载陈恒主编《历史与当下》,上海:三联书店,2005年。

史传统,认为两者之区别的渊源在于:“古代希腊罗马人的史学思想是人文主义加实质主义(反历史主义),而古代中国人的史学思想是人文主义加历史主义(反实质主义)。”[①]通过比较,作者认为,一部史书在体例上述及时间长且经历不止一朝一代,那只是作为通史的必要条件,还不具备作为通史的充分条件,真正的通史,必须具备通史精神,那就是“通古今之变”。通史精神不是西方学者(如李维)那样用后人(今人)自己的精神对于前人(古人)历史进行反思的所谓“反省的历史”,那样会使历史失去了直接性而成为间接的;而是如司马迁那样经过对于古今历史的反复思索,是古今有变而又相通,使古代历史具备了直接性与间接性的统一。“通史作为传统,既是中国史学体例的一种表现也是史学精神的一种展现;如果推展而言,这也是中国文明发展的连续性与统一性相互作用的一种在精神上的反映。”[②]对比之下,十分明确地体现了中国古代史学在中国通史撰述中的历史理性气质,也反映了中西史学对通史的不同要求,并由此说明了中国史学的通史精神与中国文明持续发展的关系。相关结论的得出,可见比较研究的作用,而撷取中西史学间真正具有比较研究潜力的专题作深入发掘,在中西史学比较研究领域尤显重要。

杜维运的三卷本《中国史学史》首次把中西史学比较研究的内容置于史学通史的逻辑结构中阐述,是从整体上比较中西史学的创新之作。作者言称:“撰写一部中国史学史,首先应置中国史学于世界史学之林,以浩瀚广阔的眼光,用比较史学(comparative historiography)的观点,阐述中国史学的出现、成立与发展。世界其他地区同时期发展的史学,皆须涉及,比较其异同,衡量其得失,中国史学的优点与缺失,于是尽现。”[③]在第一章《引论》中,作者阐述了史学之于人类历史发展的重要意义,强调中西史学各有其特点,批评了西方史家对中国史学的偏见

① 刘家和:《论通史》,《史学史研究》2002 年第 4 期。

② 同上。

③ 杜维运:《中国史学史》第一册,台北:三民书局股份有限公司,1993 年,第 24 页。

和误解,申明“撰写一部翔实宽阔的中国史学史,藉见中国史学在世界史学丛林中所占的地位,更是学术上的盛事”①。作者在第二、三两章分述“民族、文化与史学”“东方的史学摇篮”“史官的设立”以及“纪实”“阙疑”“求真”“怀疑”等项,以专题的形式比较中西史学。在纵向论述中,相应于中国先秦、秦汉时期与西方希腊、罗马史学在修史制度、史学著述范围、史学研究方法等方面相比较,说明“中国古代史学的世界地位”;相应于中国自魏晋至唐末与西方自公元 476 年罗马帝国灭亡至 13 世纪末意大利文艺复兴前相比较,说明“中国中古史学的世界地位”;在阐述了两宋至清乾嘉时期史学后,论及西方 17 世纪以来史学的迅速发展,以致“十九世纪以后西方史学的进入黄金时期与中国史学的由极盛转入衰微”。最后指出:“中国史学自有其缺陷,然十九世纪以前,中国史学遥遥领先西方史学,是不争的事实。十九世纪以后,西方史学进入黄金时期,中国史学趋于式微,也是史学的潮流。”②杜维运的《中国史学史》是首次将中西史学比较研究置于中国史学通史撰述中的实践,在中西史学比较研究方面表现为以下几方面的特点:首先,史学观念的比较与史学发展的比较相结合。中西史学对于历史学的认识既有相通之处,也有相异之处。作者列举纪实、阙疑、求真和怀疑四项“史学原理”相比较,并从中西对史学功能的重视程度比较中西史学的不同认识,这些都属整体性的比较研究。同时,作者在阐述中国史学发展过程的同时,再以纵向眼光比较中西史学这两大不同史学发展系统的各自特征。二者结合,使中西史学间的比较呈现出立体感,所谓历史发展共时性和历时性的矛盾也可得到有效处理。其次,尝试比较中西史学在各自发展进程中对应时代的划分。中西史学在相当长时期中是互不联系、各自发展的,其发展特点和发展节奏并无关联,这就出现了比较研究中的可比性等问题,因此如何进行两者在时空长段上的划分,以便把握中西史学发展与变化过程中所呈现的共性与个性,

---

① 杜维运:《中国史学史》第一册,台北:三民书局股份有限公司,1993 年,第 23 页。

② 杜维运:《中国史学史》第三册,台北:三民书局股份有限公司,2004 年,第 529 页。

就显得十分关键。杜著以先秦至两汉时期的史学与西方希腊、罗马史学作为一个相应时段作比较,以魏晋至唐末的史学与西方罗马帝国灭亡至文艺复兴时期史学作为一个时段来比较,以宋至清的史学与西方文艺复兴后至19世纪史学作为一个时段来比较,对这个中西史学比较中非常重要的问题作了初步尝试,对于比较史学研究有着很重要的学术意义。再次,作者反复强调,中西史学比较研究的最终目的是为了深入认识中国史学、发展中国史学。书中比较研究部分,也处处体现出作者的这番深意。"他山之石,可以攻错。西方史学家以另一文化背景,品评中国史学,对中国史学而言,是极富启发作用的。"①

中西古代史学基本上是在互不发生关系的情况下的两种文明文化系统中各自发展着的,杜维运认为:"世界两大系统的中西史学,是中西不同文化下的产品,相去绝远,各自独立发展两千余年,不通声息。以中国方面而言,十九世纪中叶以前,中国史学自辟蹊径,不受西方史学任何激荡。中国史学也未曾输入西土。"②中西古代史学在发展中都涌现了许多史家、出现了许多史著,形成了各自的历史意识和史学传统,对史学的认识以及史学所产生的影响也各不相同。既然比较的对象各自独立,就可以更大限度地发挥比较者的理论构想,由比较者设定的比较范围或比较概念,将中西古代史学的某个方面联系在一起进行比较。尽管在比较研究中存在着"可公度性"和"不可公度性"的讨论,将特点各异的中西古代史学作共时性比较依然是人们不断从事的研究方向。再看19世纪中叶以后的中国近代史学,情况则发生了变化。中国史学在输入西方史学的同时,不断学习和借鉴西方史学,并努力在结合中西史学的基础上建立中国的新史学,而西方史学也开始知道并了解中国史学(尽管这种了解还十分有限,还存在着曲解、误解)。近一个半世纪以来,中西史学不再是不通生息独立发展,至少中国史学在各个方面均受到了西方史学的明显影响。相对而言,中西近代史学的比

① 杜维运:《中国史学史》第三册,台北:三民书局股份有限公司,2004年,第22页。
② 杜维运:《中西古代史学比较》,台北:东大图书公司,1988年,第2页。

较研究比中西古代史学的比较研究在研究对象、研究方法及研究理论上更具复杂性。目前所见的中西史学比较研究成果主要集中于古代史学的比较上,比较近代以来的中西史学还不多见,即说明了近代中西史学比较的难度更大。

总之,中西史学比较研究是一个具有开拓潜力的研究领域。由于中外史学比较研究的难度甚大,中西史学比较研究之路仍然艰难。朱维铮认为:"倘若只作个案比较,同样面临可比性问题。人们早就注意历史有共时性与历时性的区别,同时同地的历史过程充斥着复杂的矛盾,没有结局相同的历史事件,也就不可仅从形式来做比较,追寻个案发生的偶然因素或许更加必要。况且要对不同环境条件下发生的事件或人物进行比较,更不可只看局部的相似性而无视整体的差异性。""如果把中外史学的交流和比较,看作支撑史学史总体结构的鼎足之一,而这一足仍然有待铸造,应该说是有理由的。"①将中外史学比较研究视作"支撑史学史总体结构的鼎足之一",这样的观点,其实是对史学比较研究提出了更高的要求。在史学理论或历史哲学,以及历史编纂学或史料观等方面的辩证关系中把握中外史学理论各自的特点,将研究从史学史的基础上提升到史学理论的概念比较层次,在比较研究中注重对概念发生和演变的历史性保持充分的自觉,都是中西史学比较研究中亟待深入研究和讨论的重要问题。②

六　史学批评、史学评论与史学批评史

中国史学上的"史学批评"研究自从20世纪90年代以来逐渐展开,已成为中国史学史上不可忽视的一个研究领域。瞿林东说:"这一

① 朱维铮:《史学史三题》,《复旦学报》2004年第3期。

② 如刘家和、陈新《历史比较初论:比较研究的一般逻辑》,即属这方面的探讨之作,见《北京师范大学学报》2005年第5期。

研究,从长远的学术眼光看,目前尚处于起步阶段,其前景甚为广阔,其意义十分重要。"[①]在以往的研究中,陆续在对一些史学大家的史学批评观点和方法的阐发方面、在对中国史学中一些重要的史学批评范畴的论述方面、在对某一时期史学批评发展情况的梳理方面等,不断有研究成果出现。史学批评与通常意义上的历史研究有着明显不同,也非所谓史论、史观所能涵盖,若期望史学批评研究尽快从起步阶段进入到发展阶段,对学科属性及相关概念的厘清、对研究对象之内涵的清晰把握、对研究方法的重视均十分重要。譬如,从不同学科的性质而言,史学批评与文学批评之间的异同何在;从学科自身的内容上看,"史学批评"与"史学理论"及"史学史"之间是怎样的关系;从研究方法和研究特点上说,史学批评研究中的"史"和"论"、"纵"与"横"的位置应如何摆放等。诸如此类的问题如果没有得到充分的阐发,会影响到史学批评研究进一步的有序展开。

在已有的相关专著、论文、笔谈等研究成果中,"史学批评"与"史学评论"在很多论者那里似乎是同一个词,常常被当作同一个概念混用,史学批评即史学评论,史学评论亦即史学批评。在提倡开展史学批评研究之初,出现这样的现象也属正常,因为"评论"与"批评"看上去似乎区别不大,二者通用或混用一时也并不影响内容的表述。然而,当史学批评研究真正得以展开以后,当史学批评的研究对象、研究内容、研究范畴、研究目的等相关学科理论构建的问题都亟待进行深入讨论的时候,明确史学批评与史学评论的基本含义,区别二者的异同,以便更为准确地进行文本表述也就显得十分必要了。

史学评论早已有之,中国古代史部目录学中就有史评一类。《中国历史大辞典·史学史》卷"史评"条:"史书分类名目之一。始于宋晁公武《郡斋读书志》。清官修《四库全书总目》及张之洞《书目答问》亦有之。其内容可分两种:一为评论史书者,如刘知幾的《史

---

① 瞿林东:《历史学的理论成就与中国史学史研究的发展》,《史学理论与史学史学刊》2009年卷,北京:社会科学文献出版社,2009年。

通》、章学诚的《文史通义》等；一为评论史事者，如王夫之的《读通鉴论》《宋论》等。”[①]对“史评”的定义简明清晰，史学评论分评论史书和评论史事两类。《四库全书》收史评著作22部，399卷，《四库全书总目》著录史评著作“存目”100部，867卷，说明了“史评”在中国古代史学中受到重视的程度。

史评含评论史事和评论史书，在中国古代史学中认识得并不十分明确。南宋人晁公武的《郡斋读书志》于史部首设“史评类”，“自文史类内摘出论史者为史评，附史部”[②]，没有指明所谓史评是指评论史事还是评论史书，且从其著录、评介之书来看，既有《史通》《史通析微》这类评论史书之史评，也有《唐鉴》《三国人物论》这类评论史事之史评，还有《史记索隐》《五代史纂误》这类注释纠谬之书，说明晁公武并未对评论史书和评论史事有明确划分。同为南宋人的高似孙所撰《史略》，是一部评介历代史著的史评专书，以“各汇其书，而品其旨意”[③]为著述目的，可见该书著者具备评论史书的基本意识。到了元代，马端临《文献通考》卷200《经籍考二十七》中有“史评史钞”类，“著录诸书甚为驳杂，既有史评之书，又有史论之书，甚至还包含了一些注史之书，可见高似孙以‘史评’独立分类的思想，并未受到后人的关注。这种情况直到清代四库馆臣之所为，亦不曾有根本性的改变”。[④]

评论史书和评论史事虽均属评论类，因其评论对象的不同而存在差别。若以今人所谓现代史学的眼光看待，此差别当得以明确；若以所谓史学批评的眼光看待，此差别则必须予以辨明。评论史事，是论者对以往的客观历史进行评论，评论对象可以涵盖过去的一切，凡历史上之天人、古今、地理、时势、民族、国家、兴亡，乃至一人一事均在评论范围中。如王夫之在《读通鉴论》中说：“三代而下，吾知秦、隋之乱，汉、唐

① 吴泽、杨翼骧主编：《中国历史大辞典·史学史》卷，上海：上海辞书出版社，1982年，第113页。

② 晁公武：《郡斋读书志》卷七。

③ 高似孙：《史略·序》。

④ 瞿林东：《谈中国古代的史论和史评》，《东岳论丛》2008年第4期。

之治而已；吾知六代、五季之离，唐、宋之合而已。治乱合离者，天也；合而治之者，人也。”①对过往历史发展之治乱兴亡大势作出判断。司马迁评价项羽：“自矜攻伐，奋其私智而不师古，谓霸王之业，欲以力征经营天下，五年卒亡其国，身死东城，尚不觉寤而不自责，过矣。乃引‘天亡我，非用兵之罪也’，岂不谬哉。”②是对项羽败亡之因的议论与总结。评论史书，是论者对历史著述的评论，评论对象的范围显然要比史事评论小得多，而通过对历史著述的评论所涉及的则是整个历史学本身(而不是客观历史)的各个方面，凡史书编纂之得失、史家修养之要求、史学方法之总结、史学功用之讨论等均在评论范围中。如宋人晁公武论编年、纪传二体：“编年所载，于一国治乱之事为详；纪传所载，于一人善恶之迹为详。用此言之，编年似优，又其来最古。而人皆以纪传便于披阅，独行于世，号为正史，不亦异乎。”③评价二体之短长，持编年优于纪传之论。梁启超之论书法：“《史记》之书法也，岂尝有如庐陵之《新五代史》、晦庵之《通鉴纲目》，咬文嚼字，矜愚饰智，断断于缌小功之察，而问无齿决者哉。”④斥欧阳修《新五代史》、朱熹《通鉴纲目》任意褒贬的作法。

含有评论史书和评论史事两种内容的“史学评论”，如果用“史学批评”替用或混用，显然会出现误差，即评论史书之“史学评论”或尚可接近等同于“史学批评”，而评论史事之“史学评论”则与“史学批评”基本不是同一个概念。史学批评作为近代学术研究体系的内容之一，其课题意识与研究取向是近代式的，与古代史学分类体系中的“史评”类本就不是一回事。且今人所谓史学批评，属学术史内容，意指对某一门学科、学问的学术评判与学术批评，这与上述所谓评论史书的史学评论在内容上更为相近，因为评论史书势必进一步扩展为评论史学。事实上，以今人所谓史学理论的眼光考察古代史学，可以看出评论史书的

① 王夫之：《读通鉴论》卷一六《武帝七》。

② 《史记》卷七《项羽本纪》。

③ 晁公武：《郡斋读书志》卷五。

④ 梁启超：《新史学》，《饮冰室合集》文集之九，北京：中华书局，1989 年，第 29 页。

史学评论早就不再局限于评论史书,而已经发展为对历史学各个方面的评论了。反观评论史事的史学评论,其评论对象是客观史实(尽管缘于历史学学科特性,这史实需要从史书中获得),而并非历史学学科自身,这就超出了史学批评作为学术批评和学术史范畴的评判界限,史学批评大体不应与作为评论史事的史学评论等同起来。譬如,我们大概很难说,司马迁把项羽至死仍将败因归于“天亡我,非用兵之罪也”评价为“岂不谬哉”的评论是“史学批评”,因为这只是司马迁对一位历史人物的评价和感言,其评价对象是历史人物,是“历史”而不是“史学”;我们似乎也不能将王夫之“治乱合离者,天也,合而治之者,人也”的结论看做是“史学批评”,因为这是王夫之试图对治乱更迭的历史发展大势之内因的探究,其探究对象历代王朝的兴替,同样也是“历史”而不是“史学”。因此,史学批评在词义属性和批评对象上,均不可全然等同于史学评论,尤其不可等同于评论史事的史学评论。从上述两种含义的史学评论来看,史学批评所限定的范围,大约仅归于评论史书的史学评论并由此扩及对历史学之“学”的评论,包括史书的体裁体例、史学研究方法、史家在撰写史书过程中所涉及的一切史学学术现象。

那么,史学批评是否与作为评论史书(历史学)的史学评论(下文中提到的史学评论一词均指此含义的史学评论)完全相同呢？如上所言,史学批评是近代学术范式的一部分,与古代史学中的“史评”或今人泛称之史学评论相比,从立意到阐发、从思维方式到学术语境等方面,都有差异。尽管这并不妨碍我们用史学批评的视角看待古代史学,也不妨碍我们从古代史学中钩稽史学批评资源进行研究,就像古代史学中没有近代以来才有的史学史或史学理论这样的具体提法,却并无妨碍我们进行中国古代史学史研究和中国古代史学理论研究一样。但是,将古之史学评论与今之史学批评不加区别地任意混用,至少会影响到史学批评的严谨性和规范性。

一般而言,史学评论可以允许较为随意的议论、较为散漫的感言;只要有想法就可发议论,并且不排除那些带有评论者自己个人的情绪化色彩的议论;成体系的严谨论证为史学评论,有见解的只言片语也可看作是史学评论;可以是是非分明的褒贬,也可以是较为中性的评判,还可以是联想式的引申。总的看来,史学批评应属于史学评论,应该是史学评论中非常“精致”的那一部分,或者是史学评论中学术性较强的那个部分。在二者的关系上,史学批评当以史学评论为基础,史学评论又以史学批评为翘楚。史学批评应当具备有逻辑的、有倾向性的、有针对性的学术观点,所谓“批评”包含“批”和“评”,但并不是“批判”的意思,而是具备充分的理论和事实依据进行理性分析和讨论。史学批评必须有相应的概念范畴作为其评价体系的约束,其观点见解应该是一个较为完整的逻辑认证。正因如此,便需要进一步讨论那些关于史学批评本身的一系列问题:史学批评的内容、史学批评的性质、史学批评的范畴、史学批评的标准、史学批评的方法、史学批评的功用等。

中国古代史学的史学批评意识虽然从先秦、两汉和魏晋南北朝的历史文献中就可以看到,如《春秋》《左传》、孔子和孟子的言论、《史记·太史公自序》《文心雕龙·史传》《隋书·经籍志》等均可见到史学评论,但是尚难称之为史学批评。瞿林东认为:“刘知幾《史通》一书是我国古代史学中第一部以史学作为研究对象的、系统的理论著作。这部史学理论著作贯穿着强烈的批判精神,从这个意义上说,它应当被看作是一部史学批评著作。”①这里将《史通》认定是一部史学批评著作的理由,除了“贯穿着强烈的批判精神”外,还提炼出该书在史书内容的范围、撰史原则、史书的体裁体例、史书的文字表述、史家作史态度、史学的功用等六个方面的论述,合于“史学工作的内在逻辑联系”,正是这六个方面,才构成了《史通》的史学批评理论体系,也使之从一般性的史学评论中脱颖而出成为一部史学批评著述。如果按照上文所论之史学批评的标准而言,这里的史学批评已近等同于史学理论了。②

从材料上严格区分古代文献典籍中的史学评论和史学批评并非易

① 瞿林东:《中国古代史学批评纵横》,北京:中华书局,1994 年,第 10 页。

② 乔治忠认为:“《史通》是一部系统的史学理论著作,这是中国古代的最早的一部,也是唯一的一部。将之视为史学批评著作或其他别的什么性质,都是对此书的意义有所降低。”见乔治忠:《中国史学史》,北京:中国人民大学出版社,2011 年,第 180 页。

事,也不太可能。史学评论和史学批评本来就是你中有我,我中有你,而中国史学中史学评论的文字于经史子集诸部中的典籍、文献、笔记、序跋、书信中无处不在。然而研究者在概念上有可能也有必要对史学评论和史学批评有一个基本界定。如果将二者在相关论述和表述中完全不加区别地随意使用,将对史学批评研究的开展和深入产生消极影响。

大凡一门学科受到一定程度的关注并具备了一些研究成果的时候,人们就会想到建立这门学科的学科史,史学批评也是如此,不仅不断有人提出对中国史学批评史的研究,而且已有这方面的研究成果出现。进行史学批评史的研究、撰写史学批评史,这对于促进史学批评的深入研究当然是十分必要的。需要认真考虑的问题是,建立一门新的学科史应当具备什么条件?对该学科的研究基础确已到了可以建立这门学科史的程度了吗?这门学科本身所包含的学术范畴应当怎样反映到学科史中?怎样处理与之相关或与之交叉的学科间的关系?

此前曾有学者撰著《中国史学思想史》,有学者在评论该书时这样写道:"或许有人会这样想,我们最需要了解的是现实,为了了解现实而知道一些历史,这也就够了;现在又由历史而史学史,再由史学史而史学思想史,岂非于我们远了一些?"学科史的细化有利有弊,利在可以加强对该学科的专门探讨,弊端之一便是因研究内容的过于专一,反而距离我们最初的研究目的渐行渐远了,以至于该门学科史是否值得建立、以及建立的意义为何,都成了一个问题。在历史学领域,学科的细化的确会让我们不由自主地这样发问。对此,该学者回答说:"如果想深入了解现实,那就要深入了解历史;如果想深入了解历史,那就不能不了解史学;如果想深入了解史学,那就不能不了解史学史;如果你再想深入了解史学史,那就不能不了解史学思想的历史了。所以,只要变换一个角度,史学思想史对于我们就不是一个遥远的问题,而是一个深化认识所必经的途径了。"①这个提问同样适用于史学批评史。从现

---

① 刘家和:《中国史学思想史·跋》,见吴怀祺:《中国史学思想史》,合肥:安徽人民出版社,1996年,第389页。

实到历史,从历史到历史学,从历史学到史学史,再从史学史到史学批评史,学科的不断细化导致学科史也随之细化。同理,我们的回答也可以是,如果充分了解了史学批评史,会更有助于我们了解史学史、历史和现实。因此,建立史学批评史的意义,也在于"是一个深化认识所必经的途径"。尽管如此,我们仍需警惕学科史不断细化所带来的弊端,史学批评史仍然是史学理论及史学史学科的一部分,如果过分强调史学批评史在历史学诸分支学科史中的独特性,或者过分强调其在历史学中的"普遍性"意义,都会影响到其原本应有的生存空间,也会损害其原本具有的学术价值。某些分支学科史因缺乏充分的学理分析和扎实的基础研究而从膨胀到迅速沉寂的前车之鉴应该记取。

接下来讨论的问题应该是,以目前对史学批评的研究情况来看,已经达到了进行史学批评史研究的程度了吗?从 20 世纪 80 年代史学批评研究逐渐展开至今,"30 年来,学者们在中国史学批评的贯通研究、专题研究、个案研究等方面均取得了一定的成绩,有些相关问题应有比较深入的探讨。但总体看来,史学批评研究仍难尽人意"。[①] 概而言之,从学科概念的理解上看,尚未能将史学批评的自身含义辨析清楚,仍将一般意义上的"史评"混淆于现代学科意义上的史学批评,仍未能分清楚史学批评与史学史的关系;从已有研究成果看,以阐述开展史学批评的意义、重要性等的评论性文章较多,更为具体的研究,也集中于刘知幾、郑樵、章学诚、梁启超等少数几位史家上,较为系统的专书,仅有赵俊的《〈史通〉理论体系研究》(辽宁大学出版社,1990 年)、瞿林东的《中国古代史学批评纵横》(中华书局,1994 年)、白云的《中国古代史学批评史论纲》(人民出版社,2010 年)、张三夕的《批判史学的批判——刘知幾及其史通研究》(华中师范大学出版社,2011 年)等数本,确实难尽人意;从研究人员上看,有兴趣致力于对史学批评进行专门研究的仅为史学理论与史学史学科中的一小部分学者,人数极为有限。史学批评史的系统构建需要有扎实的史学批评研究作基础,正如中国

---

① 白云:《趋势和走向:中国史学批评研究 30 年》,《廊坊师范学院学报》2011 年第 4 期。

史学史研究要有大量的、具体的对史家史著的研究作基础一样。面对史学批评如此之研究状况，首先应该加强的是对史学批评的“基础”研究，包括用史学批评的眼光去梳理中国史学史及学术思想史上的那些属于史学评论的众多材料，通过分析归纳这些材料，确定中国学术史上史学批评的基本内容和基本范畴，逐一对这些内容和范畴作专门研究，逐渐明确中国史学中史学批评的基本原则、评价标准和评价规范，在此基础上，才有可能在较为充分的条件下进行史学批评史的研究和撰述。慎重对待史学批评史研究的开展，并不等于就此裹足不前。事实上，当下亟待加强的应该是对史学批评史研究如何进行、怎样开展的充分论证。作为一门分支学科，其必定会与所属的母学科和相关各级分支学科在内容上多有交叉重合，不从概念上厘清史学批评史所应研究的内容、明确史学批评史所应界定的范围，则研究成果很可能会成为一个拼盘和杂烩。

从学科属性和习惯上说，史学批评属于史学理论及史学史研究领域。“史学理论”与“史学史”在学科性质上的主要区别是，前者为“论”，后者为“史”。将两者并列在一起，遂使史学理论及史学史学科成为具有对历史学科进行回顾、反思以及自身理论建设意义的历史学学科门类下的一个从属学科，是历史学不可或缺的重要研究领域。笔者浅见，在史学理论方面，史学批评表现为“论”；在史学史方面，史学批评表现为“史”。史学批评与史学理论和史学史学科都有着密切关系，史学批评史与史学史的关系更为密切，史学批评史即作为史学史的一个子学科而受到重视。史学批评史之所以成为史学史的子学科，是史学史学科经过发展在研究程度逐渐深入之后，史学批评在学术逻辑与学术内涵方面的主动呈现，使研究者具有了明确的学术目标，为探索中国史学的史学理论认识的发展之逻辑线索而有意识专攻的研究路径。因此，将史学批评史作为史学史的分支学科而系统规划其研究范畴、研究内容、研究方法和研究目的，是保证史学批评史健康开展的前提条件。

附录一　学术资源

一　原始文献资料

中国史学史研究的相关原始文献另请参见本书第二章“史料概述”。

杨翼骧编著，乔治忠、朱洪斌订补　《增订中国史学史资料编年》（四卷本），商务印书馆，2013 年。

1987 年、1994 年和 1999 年，杨翼骧先后编纂出版了《中国史学史资料编年》（南开大学出版社）第一册（先秦至五代）、第二册（两宋）和第三册（元明）。后经乔治忠、朱洪斌续编清代卷，并对已出三册进行了修订、增补，于 2013 年由商务印书馆分先秦至隋唐五代卷、宋辽金卷、元明卷、清代卷共四卷完整出版，书名更为《增订中国史学史资料编年》。该书以年代先后为序，将古代文献中记录的有关史学内容（如史家活动、史著成书、史学观点、官方史学活动、史学发展的社会环境机制等）按其发生的时间先后编纂入书。编年方式首列公元纪年，次列帝王纪年，再附干支纪年，便于查找、检索。全书正文为引录资料原文，但加标题予以概括和提示，间或就所引资料加有作者按语，或考订史学活动和史籍成书的时间、旧说的真伪以及其他相关史实，或提示深入研讨时可参阅的文献，并不作学术分析与评论，尤显“资料编年”中“资料”之特点，利于初学者和研究者从原始资料中获得中国史学发展具体状况的原本面貌，亦方便读者以自己的研读兴趣按“年”索骥，在某个朝代、某个时段甚或某年中的史学编年中勾陈稽索，获取史实出处，并进一步由此及彼、由点到面地发掘材料背后的材料和史实。该书资料 + 编年的特点，使之具有中国史学史研究资料用书和工具书等多重价值，在众多中国史学史研究成果中独树一帜。

龚书铎、瞿林东主编　《中华大典·历史典·史学理论与史学史分典》（三卷本），上海古籍出版社，2007 年。

《史学理论与史学史分典》三册，分历史理论总部、史学理论总部和史学史总部，每个总部均独立成书，共计 600 余万字。全书框架类目的设定与编纂工作主要由瞿林东负责。三个总部合计共有 53 个分部，按类从先秦至清末的各类文献中辑出相关原始材料，以类相从，以时间为序。其部类设计充分展现了当代中国的史学理论与史学史研究的认知理念，内容则全由中国古代文献典籍资料原文中辑出，是史学理论与史学史学科的一部大型类书。《史学理论与史学史分典》第三册是"史学史总部"，包括史学通览、先秦史学、编年体史书、纪传体史书、纪事本末体史书、典志体史书、起居注、时政记、日历、实录、国史、会要、训诰、方略、传记、谱牒、方志、民族史、地理书、边疆史地、域外史地、历史蒙求、杂史、笔记、学术史、史论、史注、史考、史表、史官、史馆、史钞、杂书、目录、史评、史家传记等 36 个部类，汇集了相关部类在历代存留的大量史料，充分反映了中国古代史学中的丰厚积累与丰富内容。

张越主编　《中国史学史资料汇编》，北京师范大学出版社，2009 年。

该书是"历史学基础课系列教材配套用书"之一，与白寿彝主编的高校本科生教材《中国史学史教本》（北京师范大学出版社，2000 年）相配合而编纂成书。该书各章节基本按照《中国史学史教本》而设，选编"教本"各章所述之史学发展时期的重要史学史资料。每章有简短的"编者导语"，对该章所选资料作简要介绍；每节除了选编的资料外，列出若干与本节内容相关的研究性"论著目录"，提示有兴趣的读者进一步阅读；对所选资料的撰著者或资料本身都作了简单的说明；每章的最后,附有若干“材料解析题”。

王学典主编,陈峰、姜萌编撰 《20 世纪中国史学编年(1900—1949)》(上下册),商务印书馆,2014 年。

王学典主编,郭震旦编撰 《20 世纪中国史学编年(1950—2000)》(上下册),商务印书馆,2014 年。

《20 世纪中国史学编年》分 1900 年至 1949 年和 1950 年至 2000 年两大部分,各为上下册,合 4 册,计 200 万字。全书按年系事,由事系人,由人及学,每年以时间先后详细述及是年的史学事迹,从史家生平、交游、思想观点到史学社群活动、史学论辩、史学媒介,从与史学相关的思想文化领域态势到中外史学交流,从史学论文、论著到史学文集、研究报告等,内容丰富详尽,在尽显 20 世纪中国史学纷繁复杂面相、全面反映各时期史学演变总体状况的同时,侧重展现 20 世纪中国史学演进的趋势和主流,尤其关注重要人物、重大事件和重要成就,通过选材多寡、叙述详略的表述,突出百年中国史学各个阶段的主流和重心。于每年之初先列年度史学重点大事,年末附若干未尽事宜,整体框架逻辑清晰,具体内容繁而不乱,最大限度地容纳了大量材料,也十分灵活地利用了史学编年这样的史书体裁特点,展现了 20 世纪中国史学的精彩画卷。该书性质虽非“原始文献资料”,但就提供的大量学术资源与学术信息而言,仍可视之为了解 20 世纪中国史学史的资料指南,也是研究 20 世纪中国史学的工具书。

侯云灏、江心力、宋月华编著 《中国二十世纪学术系年·史学卷》,中国文联出版社,1999 年。

该书编年记述自 1900 年至 1994 年的史学事件,主要包括人物、成果、学术团体、学术刊物、学术论争、学术会议等,全书约 25 万字。

蒋大椿主编 《史学探渊——中国近代史学理论文编》,吉林教育出版社,1991 年。

该书选收1840年至1949年间的史学理论与史学史文献资料，计90篇，近100万字。所收文章分9组，每组主题是：第一组17篇，论述历史观；第二组5篇，概述历史学；第三组8篇，论述历史学学科性质；第四组11篇，论述历史学对象、功能、价值；第五组20篇，论述史学方法；第六组9篇，论述史学与其他学科的关系；第七组8篇，论述史书体裁及史家；第八组5篇，近代学者论述古代史学；第九组7篇，近代学者评介外国史学。每组文章按发表时间先后为序。书末附"中国近代史学理论论文索引"。

王东、李孝迁主编　"中国近代史学文献丛刊"，上海古籍出版社。（目前已出以下十二种）

李孝迁编校　《史学研究法未刊讲义四种》，2015年。

收录未刊史学研究法讲义四种。第一种是黄人望的《史学研究法讲义》（约1913年），基本节译于日本学者坪井九马三的《史学研究法》；第二种是柳诒徵的《历史研究法》（约1919年），2万字左右，凡七章，内容多取自日本学者的同类著作并结合中国史学论述；第三种是李季谷的《历史研究法》（1933年），内容多来自于坪井九马三的《史学研究法》；第四种是姚从吾的《历史研究法》（约1934年），据德国学者伯伦汉的《历史学导论》《史学方法论》等书编写而成。

李孝迁编校　《中国现代史学评论》，2016年。

收录58篇民国史学学者评论其"当代"史学发展的文章和访谈，在内容上以关注古史研究、近代史研究和蒙元史研究动向为主，还包括近代中国学校历史教育、中国学者的西洋史教学与研究、唯物史观史学、"整理国故"与"国学"方面的评论文章。

王传编校　《中国史学史未刊讲义四种》，2016年。

收录未刊中国史学史讲义四种。第一种是陈功甫的《中国史学史》（约1920—1924年间），分十章叙上古三代至明清时期史学；第二种是卫聚贤的《中国史学史讲义》（1932—1933年间），分史学定义、起源、分类、正史、史官、史家诸专题述之;第三种是陆懋德的《中国史学史》(约 1932—1934 年),分九章叙清代以前的中国史学;第四种是董允辉的《中国史学史初稿》(非讲义,1945 年),分"史官""史家""史学的成立及其发展""最近中国史学之趋势"四编共 44 章叙清末民国时期中国史学史。

王应宪编校 《现代大学史学系概览(1912—1949)》(上下册),2016 年。

收录民国时期国立、省立、私立等类高校中"史学系"(含历史学系、史地学系、历史社会学系、历史政治学系、文史学系等)关于课程学程、系况、课程标准等方面的资料。相关资料多散佚各处且少有整理,该书集而合之,于了解近代中国历史教育教学及史学发展,甚为有利。

刘开军编校 《京师大学堂历史讲义合刊》,2018 年。

收录屠寄的《京师大学堂史学科讲义》、陈黻宸的《京师大学堂中国史讲义》、王舟瑶的《京师大学堂中国通史讲义》和日本学者服部宇之吉的《京师大学堂万国史讲义》。这四种历史讲义共同的特点与价值是:重视史学理论与方法的传授,呈现了晚清"新史学"在历史撰述上的重要成果和晚清知识精英构建的中国历史体系和世界历史图景。讲义形式灵活,不拘一格,讲授者的个人学术特色和学术取向得到了比较充分的展示。

王应宪编校 《中国古代史学评论》,2018 年。

收录散见于各类报刊中的民国学人对中国古代史学的研究和评论文章。民国学人对中国古代史学重加重视,而当前研究则大多基于已刊著作立论,对于当时期刊、报纸上的资料利用明显不足,主要原因是此类文献过于零散,搜罗甚难,得之不易。该书编者遍检民国各类报刊,精选有关中国古代史学评论方面学术价值较高的数十篇论文整理编校,分史学通论、断代史学、史官史家、史籍体裁、史部目录、史馆制度、思想流派等专题依次排列,为研究者提供了一份时人讨论中国传统史学各种观点的参考文献。

李孝迁、任虎编校　《近代中国史家学记》(上下册),2018年。

收录散见于近代报刊和其他文献资料中有关五四前后至1949年间中国史学家(含地理学、考古学、社会学等领域的学人)的传记性文字,包括自述、访问记、印象记、述学、评传、悼文等。取材以详人所略、略人所详为原则,对较具影响力的学人,因其相关传记资料丰富,故而只收录学术价值较高或稀见者;对普通史家,则因其介绍文字较为罕见,发现不易,故而仅有只言片语也尽量采用。书中还大多配以学者在1949年前的照片,以与文字相得益彰。该书呈现出近代中国史家群体更加丰富多面的资料。

王传编校　《陈啸江史学论文集》,2018年。

收录陈啸江20世纪三四十年代的史学论文。陈啸江受其师朱谦之提倡"现代史学运动"的影响,积极从事社会经济史研究,尤擅长西汉、三国时代经济史研究,在史学理论、经济地理学等领域也有显著贡献。1948年之前他出访美国后淡出中国学界,他的学术成果亦鲜少有人道及,除了少数几种公开出版,其余散落在彼时报刊中的大量学术论文,至今未有人整理。该书对了解和研究陈啸江史学成就有积极意义。

贾菁菁编校　《近代中国学者论日本汉学》,2018年。

收录了吕振羽、童书业、周一良、冯承钧、安志敏、蒋廷黻、张荫麟、罗尔纲等70余位中国近代史学家对日本汉学著作的书评或论议近百篇,涉及日本汉学研究中政治经济、社会风俗、文明文化、历史地理、经学诸子、语言文字、文学戏曲、文献校注、考古调查等诸多领域,反映了近代中国史学对日本学界汉学研究成果的关注与看法,亦反映了日本汉学研究对近代中国学术的深刻影响。

李孝迁、胡昌智编校　《历史研究法二种合刊》,2018年。

收录李思纯翻译《史学原论》和何炳松据英译本选编并加以注释的英文本《历史研究法》。法国史家朗格诺瓦(C. V. Langlois)和瑟诺博司(C. Seignobos)合著的《史学原论》是一本史学研究法性质的著作,该书在中国近代史学界影响广泛,1926 年由李思纯译成中文,商务印书馆出版;何炳松选编的英文本《历史研究法》在民国时期史学界较为罕见。该书还附有陈训慈研究《史学原论》在中国传播及其影响和李璜介绍历史学方法的两篇专题论文。

胡昌智、李孝迁整理 《史学方法论》,2018 年。

收录德国史家伯伦汉(E. Bernheim)的代表作《史学方法论》。该书出版于 1889 年,后不断增订再版,融合了伯伦汉长期所致力的中古史史料考证心得,从历史研究的对象到史料的定义与分类,以及史料的考证方法与解释,如何综合叙述,都先后有序地进行了细密的解说,为近代历史学科的确立建立了学术规范。原书 1937 年由陈韬译成中文,商务印书馆出版。该书在民国史坛流传甚广,但一直没有新译本。此次重新整理出版,并附一篇专题论文,交代此书的特色以及对日本、中国史学界的影响。

李孝迁整理 《英国文化史》,2018 年。

英国史学家巴克尔(Buckle)的《英国文化史》以很大的篇幅阐述了史学理论和历史研究方法问题,注意探索历史的因果关系和社会的发展规律,试图把历史的研究提到科学的地位,并提出了有关历史研究的一些方法论问题。《英国文化史》在 20 世纪初年曾出现了数种中文译本,对中国的"新史学"思潮产生了直接或间接的影响。五四以后,巴克尔史学在更大范围内得到了介绍和探讨,巴克尔著作又被重新译刊。

瞿林东主编 "20 世纪二十四史研究丛书"(十卷),中国大百科全书出版社,2009 年。

第一卷《20 世纪二十四史研究综论》

第二、三卷《〈史记〉研究》(上下)

第四卷《〈汉书〉研究》

第五卷《〈后汉书〉、〈三国志〉研究》

第六卷《〈晋书〉、“八书”“二史”研究》

第七卷《新旧〈唐书〉与新旧〈五代史〉研究》

第八卷《〈宋史〉研究》

第九卷《〈辽史〉、〈金史〉、〈元史〉研究》

第十卷《〈明史〉研究》

分十卷分别收入20世纪学者研究二十四史的论文总计347篇，全书近400万字，较为全面地汇集了20世纪学者在二十四史研究方面的资料和成果。全书有主编撰写的“总序”，以各部正史为主题的分卷由分卷主编撰写“前言”，论述了二十四史在20世纪的研究情况。所收文章以围绕二十四史的史学研究类为主，兼收文学、历史地理、文献学等方面的研究文章。各卷卷末附论著索引，从中可见未能收入的相关研究著述书名以及论文篇目，各卷论著索引合计约五六千篇。

张越编　《史学史读本》，北京大学出版社，2006年。

该书选取现当代学者研究中外史学史的论文23篇，以典型性、开创性、多样性和规范性作为选文标准，目的是给初学者提供具有示范意义的史学史研究论文，编者在每篇论文之前写有该论文的内容简评和作者简介，在文后列出若干与该论文内容相近的“参考论著”。

瞿林东编　《20世纪中国学术文存·中国史学史研究》，湖北教育出版社，2006年。

该书分总论、通论、分论和专论四个专题，收录20世纪中国史学史研究论文、论著节录、书序等资料，重在反映20世纪中国史学史研究的主要学术观点和基本学术动态。作为全书的框架设计结构，书前有编者撰写的“导论”，阐述20世纪中国史学史研究的总体状况，书末附有“20世纪中国史学史研究主要论著目录索引”。

王学典、陈峰编　《二十世纪中国史学史论》，北京大学出版社，2010年。

该书收录27篇中外学者评论20世纪中国史学的文章,文章写成于20世纪40年代至90年代之间。文章内容主要包括:第一,分阶段评述晚清、民初、民国时期、抗战时期、20世纪后50年、后20年的史学;第二,总体评述20世纪中国史学;第三,论述西学冲击下的20世纪中国史学。

乔治忠主编 《中国史学史经典精读》,高等教育出版社,2014年。

该书收入29篇现当代学者撰写的中国古代史学史和近代史学史的重要研究论文。在每篇论文前,编者对作者的学术背景、论文的研究主题、论证方法、论文结论、学术价值等均予以较为详细的介绍、评述,是为"经典导读";在每篇论文后,附"延伸阅读文献目录"。

二 工具书性质的学术资料

吴泽、杨翼骧主编 《中国历史大辞典·史学史卷》,上海辞书出版社,1983年。

该书是《中国历史大辞典》专史分卷之一,是迄今唯一一部中国史学史专业辞典。《史学史》卷收词下限大致迄辛亥革命前后,共收词目3630条,其中古代部分2000余条,由杨翼骧主编,近代部分1000余条,由吴泽主编。词条类别主要由史学一般、史官、史家、史籍等组成。史学一般指历史学的一般词语;史官侧重选收古代部分;史家主要选收以史学著述而知名者,包括著述失传但仍有着重记载者;史籍包括史论、史著、典制、表谱、辑佚、史评及史籍校勘等。入词目的史家1000余人,史籍不下2400余部。该书为史学史研究提供了专业工具书,更重要的是,经过史学史词典的编纂,中国史学史学科的各类概念得以明确,古今具名史家和重要史籍得以系统发掘和表述,是对中国史学史研究资源的一次全面清理,不仅具有工具书的使用价值,而且具有中国史学史研究的重要学术价值。

蒋大椿、陈启能主编 《史学理论大辞典》,安徽教育出版社,2000年。

该书是国内第一部有关史学理论的辞书。蒋大椿负责史学理论及中国史学的相关概念和术语部分,陈启能负责外国部分。编者解释《史学理论大辞典》中的“史学理论”的含义,是从较为广义的角度来理解史学理论,即包括了以历史学自身作为理论考察对象的狭义史学理论的内容,也包括了对史学研究对象——人类客观历史发展过程作理论考察的部分内容,亦即包括了历史理论的部分内容。书中条目主要包括史学领域理论研究的基本概念和术语,如史学知识论、史学认识论、史学方法论、历史编纂学等史学理论的基本概念和术语,以及从宏观角度考察人类客观历史过程的历史理论的基本概念和术语,还包括对史学理论研究作出贡献的史学家、反映史学领域理论研究成就的史学著作以及史学理论流派、机构、刊物、会议、重要史学理论问题的讨论和重要历史问题的理论讨论等。书中有关外国的史学理论方面的条目,史方便读者查阅、了解国外史学理论的概念、信息。该书既可以作为史学理论辞典使用,也可以作为史学史辞典使用。

邱树森主编 《中国史学家辞典》,河北教育出版社,1990年。

收入古今史家近3000人,除著有史书的汉族和少数民族史家外,主持大型史学著作编纂的史官或官员、考古学者、金石学者、历史地理学者、方志学学者、图书馆学学者、目录学学者以及文学史、思想史、艺术史、科技史等方面的学者,均在收录范围内。

杨翼骧审定,乔治忠、姜胜利编著 《中国史学史研究述要》,天津教育出版社,1996年。

《中国史学史研究述要》以检阅中国史学史学科已经取得的成果、回顾和评述以往中国史学史研究状况为主要内容,兼具资料性、学术性、工具性。书中的“绪论”部分,对史学史的研究对象和任务、史学史学科的特点、研究中国史学史的意义、中国史学史的研究方法以及史学史研究的回顾和展望等作了比较全面的论述。在“研究状况概述”部分,分中国史学史的基本理论、先秦史学、秦汉史学、魏晋南北朝史学、隋唐五代史学、宋辽金元史学、明清史学以及近代以来的非马克思主义史学和马克思主义史学等几个部分,分别对相关部分的研究状况作了概括和总结。本书以“中国史学史的基本史料”和“中国史学史参考专著”两个专门的章节,介绍了中国史学史的各种资料。在“基本史料”部分,作者言及史学史方面的史籍、史家和史家别集的各种基本资料,包括序文和凡例、疏表和书信、传记、年谱,以及重要的史家别集等方方面面的内容,有专文介绍,有列表铺陈,上自古代,下及现代。在“参考专著”部分,作者介绍了古代学者和近代学者的史学史著述。书末附有中国史学史重要论文论著索引,时间大致从20世纪初至80年代后期。本书既适于中国史学史的初学者和研究者学习和参考,也是对中国史学史研究的一次学术盘点和成果总结。该书的出版时间是1996年,但是书稿的完成时间是1988年,此后30多年的中国史学史研究状况不可能在书中反映出来,可视为此类著述的阶段性成果。

刘泽华主编 《近九十年史学理论要籍提要》,书目文献出版社,1991年。

该书收录了自梁启超《新史学》(1902年)之后直到20世纪80年代末出版的有关史学理论方面的著述51种(集体论文集不收,个人论文集酌要收录),每种书均撰有三五千字不等的“提要”。包括清末民国时期学者如梁启超的《中国历史研究法》、何炳松的《历史研究法》、杨鸿烈的《史学通论》、陆懋德的《史学方法大纲》等书,还包括1949年以后出版的如白寿彝主编《史学概论》、葛懋春等主编《历史科学概论》、赵光贤的《中国历史研究法》、杜维运的《史学方法论》等书,国外学者如法国朗格诺瓦和瑟诺博司的《史学原论》、法国施亨利的《历史之科学与哲学》、德国伯伦汉的《史学方法论》、英国柯林武德的《历史的观念》等书,也在其中。诸书的“提要”简单介绍了原书出版信息、书的主要内容和简要评价。

陈光崇主编、赵俊编辑　《中国史学史论文、著作索引》(1900 年—1981 年 12 月),辽宁大学历史系编印,1983 年 4 月。

该索引是第一次全面收录中国史学史研究论著的篇、著目索引,收录 1900 年至 1981 年间的中国史学史研究论文和著作。该索引分 14 大类,分别是:1、总论,2、史学史研究的目的、对象和任务,3、史学史专论,4、修史制度,5、史书编撰,6、史学方法,7、史学史的边缘学科,8、史家研究,9、史籍研究,10、方志研究,11、历史地理学史研究,12、历史教材研究,13 书评,14、(参考)国外对中国史学研究。每一类目中,论文在前,著作其次,后附台湾省相关论著,是收录 1981 年以前最为详尽的中国史学史论文、著作的资料索引。

徐凯、杜静、赵桂英编　《中国史学史论著索引选编》,北京大学历史系,2000 年 8 月。

该索引选编是为配合中国史学史课程教学而编,以选收 1936 至 1999 年间的中国史学史研究著述目录和 1961 至 1998 年间的中国史学史研究论文目录为主,专著目录附简要介绍,论文目录分总论(含史学史分期、史官、修史制度与机构、史著体裁与编纂、史学思想、史学近现代化、史学社会功能、著名史学家和史学名著等)、先秦、秦汉、魏晋南北朝、隋唐五代、宋辽金元、明清(含 1840—1911 年)、近现代等七个部分,分别以论文发表时间先后为序。

张越等编　《〈史学史研究〉目录索引(1961—2002)》,北京师范大学史学研究所,2002 年。

朱露川、李扬编　《〈史学史研究〉目录索引(2003—2012)》,北京师范大学历史学院,2013 年。

该索引汇集了《史学史研究》杂志自创刊至 2012 年发表的论文及各类文章的篇目,以篇目按类分时间先后排列,附作者人名索引,方便查找该刊所发论文及作者。

三　学术期刊

《史学史研究》季刊(北京师范大学主办,北京师范大学史学理论与史学史研究中心承办)

1961 年 6 月创刊,刊名《中国史学史参考资料》,1961 年 12 月第 4 期开始改刊名为《中国史学史资料》,至 1964 年 7 月,共出刊九期,其间另出“教学专刊”两期。1979 年复刊,更名《史学史资料》,至 1980 年出刊十一期。1982 年起更名《史学史研究》,为季刊,国内外公开发行。

《史学史研究》以历史理论、历史教育、历史文献学和历史编纂学为主要内容,以发表中外史学史研究论文为主。刊物栏目有“中国古代史学”“中国近代史学”“中国现代史学”“中国少数民族史学”“外国史学”“方志学”“人物志”“书刊春秋”“史林偶拾”“史学精粹”等栏目。

《史学理论研究》季刊(中国社会科学院历史理论研究所主办)

1987 年 3 月中国社会科学院世界历史研究创办该刊,刊名《史学理论》,季刊,1990 年停刊,共出刊十二期。1992 年复刊,更名《史学理论研究》,季刊。该刊于 2019 年第 3 期开始,改由中国社会科学院历史理论研究所主办,为该所所刊。

《史学理论》和《史学理论研究》以发表史学理论和中外史学史研究论文为主。先后设“圆桌会议”“马克思主义史学思想研究”“历史学家”“专访”“探索与讨论”“理论沙龙”“史学沙龙”“信息之窗”“书讯”“读者评刊”等栏目。

复印报刊资料《历史学》月刊(中国人民大学书报资料中心主办)

中国人民大学附属剪报资料图书卡片社(简称“报卡社”)于 1962 年底成立,1963 年 7 月开始出版《复印报刊专题资料》,《历史学》作为其中的 G1 专题号开始出版发行,1966 年停刊。1978 年 5 月,“报卡社”更名“中国人民大学书报资料社”(简称“书报社”),《复印报刊资料》恢复编辑发行,其中的《历史学》改为 K1 专题号出版。1985 年 10 月,“书报社”更名“中国人民大学书报资料中心”,《历史学》继续出版至今。《历史学》从数百种社科类综合期刊、历史研究专业期刊、历史学集刊、考古学期刊等学术杂志中遴选史学理论和史学史、历史文献学、考古学等领域的学术论文,按月辑为一期,具有专业水准一流、选材广泛、时效性强、追踪学术动态、把握学术前沿等鲜明特点,以关注历史学研究和考古学研究等领域的新理论、新方法、新材料、新发现为基本特色。主要栏目有:“历史理论”“史学理论”“史学史研究”“史学家研究”“历史文献学”“考古学研究”“历史文献学”等。

《史学理论与史学史学刊》半年刊(北京师范大学史学理论与史学史研究中心主办)

2002 年创刊,为年刊,2016 年改为半年刊。以刊发史学理论和中外史学史研究文章为主。

《历史研究》《史学月刊》《学术研究》《河北学刊》《江海学刊》《天津社会科学》《人文杂志》《学习与探索》《求是学刊》《中共党史研究》《史学集刊》《郑州大学学报》《河南师范大学学报》《淮阴师范学院学报》《廊坊师范学院学报》等杂志均常设史学理论与史学史研究的相关栏目。

四　网络资源

随着电子信息技术的迅速发展,当今电子文献数据库日渐增多,与中国史学史研究有关的网络资源十分丰富,这些网络资源涵盖了绝大多数原始文献与相关研究论著,为中国史学史的研究提供了很大的便利。其中,一般性的人文社科数据库包括中国知识资源数据库(www.

cnki. net)、读秀知识库(www. duxiu. com)、超星电子图书数据库(www. sslibrary. com)、万方数据库(g. wanfangdata. com. cn)、国家哲学社会科学学术期刊数据库(www. nssd. org)、中国历史文献总库·民国图书数据库(http://mg. nlcpress. com)、中国历史文献总库·近代报纸数据库(http://bz. nlcpress. com)、台湾学术期刊在线数据库(www. twscholar. com)、全国报刊索引数据库(www. cnbksy. cn)、瀚堂近代报刊数据库(www. neohytung. com)、瀚文民国书库(www. hwshu. com)、人大复印报刊资料系列数据库(ipub. exuezhe. com)、中国国家数字图书馆(mylib. nlc. cn)、商务印书馆精品工具书数据库(211. 151. 247. 238/cpnet/)、西文过刊数据库(www. jstor. org)、西文回溯期刊数据库(sage. cnpereading. com)、ProQuest 学位论文全文库(pqdt. bjzhongke. com. cn)等。

另外,与中国史学史研究相关的网络数据资源主要有:

(1)二十五史全文阅读检索系统网络版

二十五史全文阅读检索系统网络版(202. 112. 82. 27/net25/default. asp)由南开大学组合数学研究中心与天津永川软件技术有限公司联合开发,可在线全文阅读"二十五史",其检索功能尤其便利。

(2)中国社会科学网"中国史·史学理论与史学史"专题栏目

中国社会科学网"中国史"栏目(chis. cssn. cn/zgs/)内设"史学理论与史学史"专题板块,该板块及时转载、摘编与中国史学史研究有关的论著。

(3)近代中国研究网"马克思主义与史学研究"专题栏目

近代中国研究网"马克思主义与史学研究"专题栏目(jds. cass. cn/ztlm/mkszyysxyj/)及时转载与中国马克思主义史学研究有关的论著、访谈及会议通讯。

2016 年 11 月华东师范大学历史系史学理论与史学史教研室创立"丽娃史学工坊"微信公众号。2017 年 10 月南开大学历史学院史学理论及史学史研究中心创立"学忍堂史学"微信公众号。这两个公众号不定期发布最新史学理论与史学史研究动态、研究成果、学术会议、学术活动等信息,方便及时了解本学科的学术资讯。

附录二　关键词

史学　也称历史学。以过去发生过的历史为研究对象的学问或学科。由于历史学家只能通过史料、文本才能间接地接触过去，使得历史学研究的主体与客体之间存在着相当大的距离，又由于历史学具有的独特的人文特性，致使对什么是历史学、历史学研究的任务和目的等学科性质和学科理论的看法大相径庭，长期以来形成了历史学是科学、艺术还是技艺等各种分歧。因此，历史学对于自己的学科边界、学科功能都需要加以认真思考，并且保持足够的警醒与谦卑。无论如何，历史本身和历史真实是客观存在的，过去并未因为历史学的文本性而丧失其效用和意义。作为一门古老学问长期积淀的经验与方法，加之近代以来所形成的学科规范，历史学家的技艺，乃是其生命力和合法性的来源。

史学史　历史学自身的产生和发展过程。包括不同时期史书、史家与史家谱系的梳理与评价，史学成果及其内在的史学观念对史学发展走向产生的深层作用，史学发展在不同时期与当时社会的互动关系，史学与其他相关学科间的渗透和影响等。史学史研究基于历史研究各个领域的具体成果之上而以总结、反思、批评、评估为特征，更需要个案研究与理论思维相结合；作为一门学术史或学科史的专门研究领域，史学史研究还需要具体研究与贯通研究相结合。

中国古代史学　从远古传说到出现文字，从《尚书》《诗经》等先秦典籍到《春秋》《左传》等早期史书，中国史学从萌芽到发展，经两汉时期出现的司马迁的《史记》、班固的《汉书》等史著，奠定了中国古代史学继续发展的坚实基础，至魏晋南北朝时期史书数量和种类的大量增多,传统学术体系形成了经、史、子、集的基本格局,史学成为中国传统学问中的重要组成部分。唐初官修正史,设馆修史渐成定制,形成了官方修史与民间著史的多种发展途径。宋元时期,史学发展的内容进一步丰富、充实,各种史书体裁不断成熟,通史、断代等各种历史撰述蔚为大观,以《资治通鉴》为代表的一批史著的出现标志着中国史学发展更为繁荣。明清时期史学发展势头不减,史学不断深入社会,乾嘉考史成就显著。到了 19 世纪后半期,由于西方列强的入侵,中国历史发生了前所未有的变化,中国古代史学也在时代和社会的影响下,开始向近代史学转变。历史悠久的中国古代史学,史籍浩繁,史家辈出,唐代刘知幾、清代章学诚分别著《史通》《文史通义》,对中国古代史学给予理论和方法上的总结。史学与政治等社会因素密切结合,史学与经学等传统学问相互交织,通古今之变、究天人之际、以史为鉴、经世致用、春秋笔法等史学传统深刻影响着中国古代史学的内涵与品质,构成了中华民族统一多民族国家历史的恢宏篇章。

中国近代史学 19 世纪后期时局的变化,逐渐对中国史学产生影响。20 世纪初梁启超号召建立中国的"新史学",标志着中国史学开始了近代史学的发展历程。"救亡图强"的时代呼唤是中国史学从古代步入近代的外在推力,学习和借鉴西方史学是中国近代史学的主线之一。中西史学间的碰撞与融通、新旧史学间的承递与张力,构成中国近代史学复杂而多变的图景。新的历史观的影响、史料观念的变化、经史关系的转换、研究方法的更新、历史学研究和教学建置的设立、历史学学科体系的完善、史学著述体例和发表方式的改变等,都使中国近代史学呈现出不同史学思潮涌动、多种史学流派并存的全新面貌。史学"求真"和"科学方法"的提倡,使以王国维、陈垣、胡适、陈寅恪、顾颉刚、傅斯年为代表的历史考证学成为中国近代史学的主流;运用唯物史观认识中国历史与现实的诉求,使以郭沫若、范文澜、吕振羽、翦伯赞、侯外庐等为代表的中国马克思主义史学在中国史坛迅速发展起来。随着 1949 年中华人民共和国的成立,中国史学进入了新的发展阶段。

中国现代史学 中华人民共和国成立后,马克思主义史学在中国史学中居主导地位，这是中国现代史学最主要的特征。中国近代史、世界史、考古学等学科建设渐成规模。用唯物史观与中国历史相结合进行研究所形成的一系列重大历史理论问题得到广泛深入地讨论。“文革”期间的学术研究秩序陷入混乱，中国史学发展基本停滞。改革开放后中国史学重新步入正轨，中国通史、中国古代史、中国近现代史、考古学与历史文献学、世界史以及各种专门史研究等，都程度不同地获得重大进展。中外史学交流趋于频繁，中国史学以新的姿态走向世界，日益彰显中国史学固有的民族特色。21 世纪以来，以中外史学会通的学术境界考察中国历史和中华文明独特的发展过程和发展方式，实事求是地认识历史上中国在世界中的地位和中华文明在世界文明中产生的影响，加强世界史研究以形成中国史学对世界历史的独立分析与判断，构建具有中国特色的史学话语体系，成为中国史学继续努力的宏大目标。

中国当代史学 通常与 1949 年以后的中国现代史学通用，也可以特指 1978 年以后至 21 世纪以来的中国史学。

史学遗产 历史学在其以往的发展过程中给后人遗留下来的所有成就。具体包括史学家和思想家的历史观点、史料学和历史编纂学的成绩、史学著述成果、历史表述原则与历史教育经验等历史学的各个方面。史学遗产与历史遗产既有联系又有区别，史学遗产是历史遗产的组成部分，然而史学遗产又有其“史学”自身的特殊性。研究和继承史学遗产，可以更为有效地认识历史学的作用、突出历史学的价值、明确继承与创新的关系，提供各种有益于历史学发展的传统史学资源。

史学理论 对历史及历史学的理论认识的泛称。其中，对客观历史过程的理论考察与认识，又称为历史理论；对研究人类客观历史过程的历史学自身问题的理论认识，也称为史学理论。历史理论大致指的是人们对历史发展过程本身作出认识所总结出的理论和方法，既包括对宏观历史诸如历史发展动因、历史发展模式、历史发展的阶段性特点、历史发展趋向等方面，也包括对具体历史诸如重大历史事件的认知总结、历史现象的分析原则、历史人物的评价方法等；史学理论大致指的是人们在研究历史的过程中所形成的有关历史学自身的理论和方法,如历史学的性质和特点、历史认识范围与程度、历史编撰的法则与规范、历史学家的修养与技艺等。从概念上区别历史理论与史学理论,不仅有利于更为清晰、方便地分析、思考和研究相关理论问题,而且也有利于突出研究对象的不同性质以便使理论研究更为均衡、有效地开展。还应该认识到,这里所区分的历史理论与史学理论,内涵上有许多是重叠、交叉和互相包容的,或者说,人们对相关理论问题认识得愈深入,其关联性表现得可能就愈明显,如历史事实与历史叙事的关系问题、历史建构过程中的主观性与客观性问题等。因此,在概念上区分二者的同时,还应当注意到二者之间的联系。

史料 史家研究历史、编纂和著述史书所需的资料。一般而言,过往留下的一切,都可能成为了解历史、认识历史和研究历史的依据,都可以是史料。史料大致可分为以文字记录为主的历史文献和以历史遗迹、遗物为主的实物史料。文字记录为主的历史文献种类众多,既包括主观上以记载历史和保存历史为目的的官私历史著述与各种历史记录,还包括更多的非主观记录与存留下的各种文字材料,后者是否被视为史料,取决于史家史料观念的扩展与延伸,当然也取决于被发现的几率。实物史料多为文献史料的辅助材料,但是文字出现以前的上古时期,考古发掘的遗址、遗迹、遗物就显得尤其重要了。随着历史学研究的深入,史料的范围逐渐扩大,以往不被重视的史料被重视起来,以往不被看作是史料的东西被看作为史料。对史料本身的研究成为史料学,史料学可分为史料观念、史料分类、史料的应用方法(搜集、整理、考辨史料)等内容。

历史编纂 通过对历史与史料的研究,将研究成果反映于史著的表现形式与方法。对历史理论与史学理论的认知与运用、对史料的搜集与考证、对史实的组织与再现、对历史叙事与历史事实的把握与取舍、对历史书写的能力与态度等,都在历史编纂中有所体现。中国史学历来重视史著的编纂形式,古代史学中曾出现编年体、纪传体、纪事本末体、典志体等多种不同的史书体裁和体例,并一直强调对史书体裁体例的创新与变通，不断讨论不同编纂形式的优劣短长，目的就是为了更全面、准确地记录客观历史，更明确地阐发著述旨趣，更深刻地表达对历史的认识，更灵活地处理历史、史料、历史叙事与历史书写间的复杂关系。无限的历史事实与有限的历史书写、客观的历史真实与主观的历史文本、相同的研究对象和不同的研究理念等矛盾都是史书编纂体例表现形式下的深层问题，从这个意义上说，历史编纂也属于史学理论范畴。

史官　中国古代执掌记载史事、撰写史书的官员。早期史官并非仅以记事为职责，殷商有册，西周时期有大史、小史、内史、外史等职，他们多参与重大礼仪活动，既执掌“祝册”这种神职，又执掌“册命”这种世务，还要秉笔记事。此后掌管政务文书者以其熟知史事而承担记史之任，逐渐演变出记录时事政务的史官和纂修史书的史官。秦、汉设太史令，掌天时星历，兼及管理典籍、记载史事。从三国时魏设著作郎开始，晋、南北朝、隋唐、五代置著作郎、著作佐郎、著作下士等，宋、元、明、清有修撰、编修、检讨等，这些官职的职责专以修史为主。

史馆　中国古代官修史书的机构。北朝时期的北齐和北周开始设立史馆机构，时任宰相领衔，设置著作郎、著作佐郎等职，以修史为务。隋仍行此制，唐太宗贞观三年(629 年)置史馆于禁中，仍由宰相监修，他官兼任史职者称为修撰、直馆，始为定制。五代、宋延续此制。元废史馆之名，改设翰林兼国史院。明以其职归翰林院。清代分设国史馆、实录馆等，设修撰、编修、检讨等职。专以修撰前朝正史为目的的史馆，一般为暂时性机构，书竣馆闭。

史家三长　指才、学、识，为唐代史家刘知幾最早对史家自身素养提出的标准或要求。“才”，主要是指史家应具有的才华与能力，大致包括处理史料、运用体裁体例等方面所具有的能力和研究问题、文本书写与叙事等方面所具备的才华。“学”，主要指史家需要掌握的学问与知识，也可以说是通过日积月累而逐渐形成的丰厚学养，既包括以文献史料为主的专业领域的知识，也包含对与史学相关的各种学问的涉猎、熟悉与领会。“识”，主要是指史家的思想与见识，也指史家对历史意义的判断力。“史识”通常被认为是“史家三长”中最关键的部分，既包括从史料中提炼见解与结论的能力，也包括这种能力所产生的见解与结论本身。“史识”也与史家的理论修养直接相关。

史德 “谓著述者之心术也”，是清代史家章学诚对刘知幾所说的才、学、识的重要补充，可以理解为史家所应具备的道德修养、求真精神、客观态度。章学诚说：“能具史识者，必具史德……文史之儒，竞言才、学、识，而不知辨心术以议史德，呜呼可哉。”他对“心术”的解释是：“盖欲为良史者，当慎辨于天人之际，尽其天而不益以人也。尽其天而不益以人，虽未能至，苟允知之，亦足以称著书者之心术矣。”梁启超将德、才、学、识合称为“史家的四长”。在学术层面，史德以史家求真为要务，即如梁启超所说的“史家第一件道德，莫过于真实”，无论对待史实还是对待史料，不偏不倚的公正态度、严谨求实的治学方法，都是史德所要求的重要内容。史德更贯穿于学术伦理层面，在历史研究中刻意曲笔、任意褒贬、片面致用、挟私议公、蓄意隐讳等，都是违背史德的。在现代史学研究中，严守学术规范、尊重他人研究成果、杜绝抄袭和剽窃，也应纳入史德范畴。

史义（史意） 中国古代史学理论的基本概念，或可泛指历史理论、历史观念或史学思想。语出《孟子·离娄下》：“孟子曰：王者之迹熄而诗亡，诗亡然后春秋作。晋之乘，楚之梼杌，鲁之春秋，一也。其事则齐桓、晋文，其文则史。孔子曰：其义则丘窃取之矣。”对应于史事、史文，史义明显区别于史实而属于理论层面的认识。孔子著《春秋》的“微言大义”、司马迁著《史记》的“成一家之言”、司马光著《资治通鉴》的“有资于治道”，均可归为“义”的范畴。章学诚在《文史通义》中说：“刘言史法，吾言史意。”进一步突出了史义在史学研究体系中的地位与作用。在中国古代史学中，“义”“意”“旨”“言”“道”“理”等不同概念均可见史义蕴含于其中的丰富内容；中国古代史书中的“赞”“论”“序”“叙”“曰”“例”“传”，以及“属辞比事”、遣词用语的不同体例的表述形式，通常也是集中阐发史义之所在。

直书 在历史叙事中史家尊重事实、据事直书的原则和态度。中国古代史学很早就提倡“实录”和“书法不隐”，推崇能够做到据事直书的史家是“古之良史”“有良史之才”。刘知幾撰《史通》，设“直书”篇，用“正直”“良直”“直词”“直道”等概念阐述直书的意义。在中国古代史学范畴中，直书既表现为记载历史、撰著史书时要做到“文直”“事核”，也表现为对历史的态度要坚持“不虚美”“不隐恶”。故直书的内涵并不仅局限于学术层面，也涉及政治和道德层面，就后者而言，在不同的语境中，对直书有着不同的要求，凡有助于彰显诸如“以史为鉴”“惩恶劝善”“纲纪天人”“推明大道”等符合传统的资鉴、道德、礼法原则的历史记述，也能够作为直书而加以肯定。近代以来，据实直书、如实客观地“复原”历史，成为专业历史学研究追求的目标，也是衡量历史学是否具有“科学性”的基本标准。然而，从历史学的学科性质出发，历史学究竟能否真正做到“据实直书”，则成为近代史学理论研究中的核心问题之一。

曲笔　在历史叙事中史家有意歪曲、篡改、隐讳史实的做法与企图，可视为直书的反义词。刘知幾撰《史通》，设“曲笔”篇，对史书中的曲笔现象进行了抨击，他用“舞词”“臆说”“不直”“谄言”“谤议”“妄说”“曲词”等概念解释曲笔的各种表现方式。中国古代史学中否定曲笔的传统，起到了抵制史家在历史撰述中做出的有损历史真实性和可靠性行为的作用，维持了客观史实在历史研究主体和客体间的平衡关系，然而，那些为尊者讳、为亲者讳、为贤者讳的作法，那些隐恶扬善、子为父隐的行为，尽管也属曲笔范畴，却被看作符合“《论语》之顺”和“《春秋》之义”而在很大程度上又得到了理解和肯定。在近代史学中，作为学术层面的“史学独立”理念被反复强调，各种曲笔行为在理论上均被否定，但是在实际的研究过程中，出于各种主客观原因而产生的“曲笔”未必是个别现象，这同样也是史学理论研究中的重要问题。

记注　指按照一定的记事规范记录、考证、编排、汇总历史文献资料。与记注相对应的是撰述。记注之说始于章学诚：“记注欲其方以智”“智以藏往”“记注欲往事之不忘”“记注藏往似智”“藏往欲其赅备无遗，故体有一定，而其德为方”。即记注的目的是“藏往”，以有效保存和考订记录了历史的文献资料为主,要求“方以智”,史书体例严整有序,使之能够分类容纳更完备的历史知识,即所谓“赅备无遗”。保存史料是对过去而言,目的是尽可能多地、规范地保存过去以备分析。记注和撰述是历史研究的两大门宗,区别二者的不同性质与特点具有重要理论意义,但是在实际的历史研究过程中则应相辅相成,“两家本自相因,而不相妨害”,“圆神方智,自有载籍以还,二者不偏废”。

撰述 指史家依其撰史宗旨处理史料、撰著史书、形成史著,撰述之说始于章学诚:“神以知来”“撰述欲来者之兴起”“撰述知来拟神”“知来欲其决择去取,故例不拘常,而其德为圆”。即撰述的目的是“知来”,即通过历史研究达到了解历史、认识历史、从历史中得到收获的目的,要求“圆而神”,能够灵活充分地反映史家的历史见解,即所谓“决择去取”。在掌握详实史料的基础上撰著史书,对当时和未来而言,可以通过史著认识历史发展变化的原因和过程,启迪人们借鉴历史经验教训,获得历史智慧,展望历史发展趋势。

属辞比事 对史书记载在史事安排和文字表述上的要求。《礼记·经解》说:“属辞比事,《春秋》教也。”又说:“属辞比事而不乱,则深于《春秋》者也。”《春秋》的特点被概括为“属辞比事”。“比事”指史事安排,《春秋》对头绪纷繁的史事,经严格取舍,用以事系日、以日系月、以月系时、以时系年的基本体例,作出简明恰当的安排,是编年体史书的基本规范。“属辞”指历史书写过程中遣词用语的选择,孔子修订《春秋》,对文辞的使用有着自己的使用规则,包含着所谓“微言大义”,也可称为“书法”。

书法 古代史学中史官记事需遵循的法度、恪守的原则、掌握的分寸。用规范的文字简明扼要地记载历史,是书法的基本要求。更重要的是,书法是反映“微言大义”的表现方式。春秋时晋灵公被赵盾族人赵穿所杀,太史董狐书曰“赵盾弑其君”,以追究赵盾“子为正卿,亡不越境,反不讨贼”的责任。孔子评论说:“董狐,古之良史也,书法不隐。”书法遂与直书联系起来,不畏权势、据事直书通常是书法所要求的基本原则,成为衡量中国古代史家品德高下的标准之一。然而书法也一直存在着“尊义理”与“重事实”之间的矛盾，形成了“褒贬义例”与“据事直书”的对立。通过历史叙事彰显春秋笔法、达到惩恶劝善、维护名教观念的目的，故在中国古代史学史中更被重视，书法具有传统史学的特定意义。

史论　史家对所述历史发表的议论。中国古代史书中较早出现的史论是《左传》中出现的“君子曰”。司马迁在《史记》每篇正文或前或后中以“太史公曰”的形式发表议论，概括原篇内容，总结经验教训，臧否历史人物。《资治通鉴》中的“臣光曰”，是司马光在书中阐发史家议论的重要部分。“寓论断于叙事”是中国古代历史叙事的重要特点之一，通过历史叙事不动声色地表达对历史的看法，引导读者得出对历史的认识与评价，这是史论中的一种较高境界，然而这样的做法会不会影响到叙事的客观性，则是一个争议问题。专门以历史为议论的对象所撰成的史论专篇，是史论的另一种表达形式，如陆贾的《新语》、贾谊的《过秦论》、柳宗元的《封建论》、顾炎武的《郡县论》、王夫之的《读通鉴论》《宋论》等。

六家二体　唐代史家刘知幾在《史通》中对史书编纂形式的概括与总结。六家分别指《尚书》家、《春秋》家、《左传》家、《国语》家、《史记》家和《汉书》家；二体分别指的是以《左传》为代表的编年体和以《史记》为代表的纪传体。《史通》中有“六家”篇和“二体”篇，刘知幾对此作了专门论述。六家二体的提出，是对此前中国古代史书编纂形式的一次总结，既有确定某种史书体裁的意义，也有对史书体裁继续作改造变通的作用，在六家二体的格局中评价编年、纪传两种体裁及诸“家”之短长得失，也是《史通》的重要特征之一，而“六家”之论，也含有经史同源的意识。后人评价说：“《史通》开章提出四个字立柱棒，曰‘六家’，曰‘二体’，此四字刘氏创发之，千古史局不能越。”

编年体　中国古代史书体裁，大致以时间为中心。编年体史书按时间先后记录历史，是出现最早的史书体裁。《春秋》是编年体史书的早期创制，《左传》将编年体进一步完善。东汉末荀悦据班固《汉书》撰成《汉纪》，首创编年体皇朝断代史。北宋司马光所修《资治通鉴》为编年体史书最重要的代表。此后,在编年体史书不断完善的基础上,又据此演变出纪事本末体等史书体裁。编年体史书按时序先后叙事,符合历史依时间延续而持续发展的基本性质,历史发展大势能够得以较好地反映,也符合人们阅读和了解历史的一般习惯,但是历史发展变化纷繁,不同史事持续时间长短不一,各类史事也并非都具有明确的时段坐标(如思想、制度等)。故编年体史书记事的优点和缺点都十分突出。

纪传体 中国古代史书体裁,大致以人物为中心。纪传体创于司马迁的《史记》,由本纪、表、书、世家、列传五个部分构成,其中的本纪、世家、列传以记载人物为主,表、书等部分以记载时代大事和典章制度为主。班固的《汉书》取消世家,改书为志,修成第一部纪传体皇朝断代史,纪传体史书体裁至此基本定型。"正史"二十四史采用的都是纪传体史书体裁。历史人物在纪传体占据了主要地位,即使本纪部分实为记载治乱兴衰的大事记,也还是系于某个皇帝的名下,将皇帝本身的传记与他在位的大事结合起来。纪传体史书虽名为"纪传",但是记载典章制度的"志"的部分仍占有重要地位。因此,纪传体其实是以编年体的本纪统领全书,以下按制度、人物等分门别类,兼顾了多种体裁之所长。纪传体史书体裁记事特点的优劣短长一直存在争论,史家在使用纪传体史书体裁的时候也会根据实际情况略作变通。一般认为,纪传体史书记载的史事类别明晰、内容丰富,但是有着记事重复等缺点。

纪事本末体 中国古代史书体裁,大致以事件为中心。纪事本末体以集中叙述重大历史事件始末为主、按事件的发生前后时序排列。南宋袁枢的《通鉴纪事本末》为纪事本末体的创制。袁枢据编年体史书《资治通鉴》所记内容,择出重要历史大事,详述其始末过程,一一独立成篇,又按各篇所记史事的发生先后为序编排,成纪事本末体。纪事本末体史书体裁方便表现具体历史大事发生发展的全过程,有效缓解了编年体和纪传体史书体裁本身的不足,有着"文省于纪传,事豁于编年"的特点。但纪事本末体仅突出历史事件本身之始末,不便反映事件之间的联系和影响,对历史事件背后的各种潜在历史现象的表现也有局限。

典志体　中国古代史书体裁,以记载典章制度为中心。典志体来自于纪传体史书中的书志部分,唐贞观年间修成的《梁书》《陈书》《北齐书》《周书》《隋书》五部正史均无志,于是修《五代史志》,后编入《隋书》,《五代史志》为典志体史书体裁的先声。唐代史家杜佑撰《通典》,记历代典章制度的沿革发展以及历代政治家和学人对典制的评论,以分门囊括制度,以会通贯穿古今,以论议指陈得失,为第一部典志体通史。南宋郑樵《通志》中的"二十略"、元马端临的《文献通考》等书,也以记载典章制度为主,此三书并称"三通",后又有"九通""十通"的编纂。断代记载典制的史书体裁被称为"会要"体。

学案体　中国古代史书体裁,以记载学术史为主要内容。清初黄宗羲的《明儒学案》记述了明代学术思想及其流派的学术史著作,卷首有《师说》一篇,以为总纲,以下略按时间先后及学术流派编次。每一学案,首先撰一小序,略述其学术渊源及论学要旨;其次为每一学人撰一小传,略述其生平、著作、师承,于小传后摘录其主要学术见解及相关评论,间或撰有按语。全书脉络清晰,结构严谨,是一部具有独特形式的学术史专书,创立了学案体史书体制。黄宗羲等又撰《宋元学案》,在体例上有所变化,《宋元学案》每学案先列一表,列举师友弟子,以明学术渊源,此外每案主传后还附有轶事及后人评论。

纲目体　中国古代史书体裁。朱熹和他的学生根据《资治通鉴》编纂成《资治通鉴纲目》,创立了纲目体。《通鉴纲目》的记事体例为:在逐年之上行,外书甲子纪年;在甲子纪年之下,大书"正统"王朝的年号,其下则分书不得"正统"的王朝年号;用大字把该年史事以提要形式写出来;继而详细叙述事件始末因果、人物言行、诸儒议论及朱熹自己的观点。通过前后记叙的历史重大事件,明确反映天理历史观,把叙事、史论、史评糅合成一个整体,纲目体义例精密,它的编写凡例有统系、名号、即位等,各类有关的史事记载,行文有讲究,连文字上的遣词用句都是微词奥义,以此达到辨名分、正纲常、示劝戒的目的,即"大纲概举,而鉴戒昭矣;众目毕张,而几微著矣""上下千有余年,乱臣贼子真无所匿其形"。纲目体成为流行广泛的启蒙和流行历史读物。

方略　亦称纪略,是清代官修史书的一种特殊形式,记载重大军事活动始末,体裁一般采用纪事本末体。编纂时专门设馆,以重臣任总裁,书成罢馆。方略之书始修于康熙二十年的《平定三逆方略》,至乾隆时修纂最盛。嘉庆以后,方略编纂步入低潮。编纂方略虽意在宣扬朝廷武功,但也保存了相关战事的资料。

方志　亦称地方志,专门记载某个地方的历史、自然和社会状况,凡举一地的所属区域、沿革、山川、河流、土地、赋役、军事、职官、选举、名士、艺文、金石、古迹、风俗、方言、轶闻等,都在记述范围内,地理、历史、政治、经济、文化、社会、人物等方面的内容应有尽有,具有存史、资治、教育等功能。较早的有东汉袁康《越绝书》、东晋常璩《华阳国志》等。隋唐时期逐渐增多,宋元时期修志已相当普遍,每个州、府、县都定期编撰方志,方志编纂体例也成熟固定下来,综合地理、历史、人物和文献等编纂为书,具有辅助和补充国史的作用。明清时期方志修纂繁盛,数量巨大,有全国性的"一统志"、记述各省发展沿革的"总志""通志",以及反映不同行政区划状况的"府志""州志""县志""镇志""乡志"乃至"里志"等。清代章学诚撰写了《方志立三书议》《州县请立志科议》和《修志十议》等一系列论著,形成了系统的方志学理论,不仅丰富了史学理论,也促进了方志学的建立。

长编　编撰史书的方法与程序,指详细汇集编排史料,以供删定成书之用。司马光编撰《资治通鉴》,编修成书前的两个主要步骤分别是:先将收集到的史料按照时间先后顺序,标明事目编排起来,叫做"丛目","丛目"要求事无巨细,尽量网罗详备;之后将"丛目"中编排的史料做初步整理,经过选择,决定取舍,并在文辞上加以修正,同时,对记载不同的史料进行初步考订,作为附注,这样修成的初稿叫做"长编"。

考异　对史料的鉴别与考订,以决定取舍。司马光撰《资治通鉴》的过程中,对史料参考同异,辨正谬误,说明史料取舍理由,做了大量的史料考订工作,最后择其要者,编为《资治通鉴考异》一书,遂得"考异"之称。北宋吴缜的《新唐书纠谬》《新五代史纠谬》,是专门对一部史书做考辨校订的专书,清代钱大昕的《廿二史考异》是对多种史书进行考订的专书,清人阎若璩的《古文尚书疏证》是要考证《古文尚书》之伪,崔述的《考信录》是要考证古史料之信。以上种种,都可以视为不同类型的考异之作。

金石学 以金石铭文为主要研究对象,注重考证其上的文字资料,以达到证经考史的目的。中国古代学者留意于金石铭文者甚早,至宋代开始对其进行比较系统的搜集、整理、研究并用于证经考史,欧阳修《集古录》和赵明诚《金石录》是具有标志性的著述,其中后者的贡献尤为突出。郑樵在《通志》的“二十略”中特立《金石略》,著录上古文字、钱谱、三代款识、秦至唐历代刻石,对于金石学在理论、分类、著录方面皆有开创性贡献。从《集古录》《金石录》到郑樵《通志 · 金石略》,金石学成为历史文献学的一个重要方面,古代金石学的创立已初具规模,并在其后不断得到发展。

实录 编年记录一朝皇帝在位时期历史大事的文献资料性记载。最早可见的实录有南朝梁周兴嗣编《梁皇帝实录》,记梁武帝事;又有谢吴(一作吴)编《梁皇帝实录》,记梁元帝事。唐朝编修实录成定制,每朝皇帝均敕史臣编纂先朝皇帝实录。唐代实录今保存有韩愈等编纂的《顺宗实录》。五代、辽、宋、金、元、明、清均沿袭此制。至清末光绪朝,历代实录共有一百一十余部,其中绝大部分已亡佚。实录是历史研究的第一手材料,具有重要的史料价值。

起居注 帝王言行的记录,《隋书 · 经籍志》史部起居注类解释为:“起居注者,录纪人君言行动止之事。”两汉时期应该有固定的记注制度,有固定的柱下史之类官员专司此职,修有如汉武帝的《禁中起居注》、东汉明德马皇后撰的《明帝起居注》等。魏晋以后,修起居注已较为兴盛,隋唐时期非常重视修纂起居注,如《隋开皇起居注》、王胄等所修《大业起居注》,成为国史撰述的主要内容之一。宋朝设置起居郎、起居舍人负责专职记录和编辑《起居注》。元以后,起居注的修撰虽一直在进行,但起居注官后来因不能入值内廷,记载已逐渐简略。明代基本取消了起居注制度。起居注能够保存帝王日常言行及治理朝政的史实,是正史等撰述的重要材料依据。

正史(二十四史) 指《史记》《汉书》《后汉书》《三国志》《晋书》《宋书》《南齐书》《梁书》《陈书》《魏书》《北齐书》《周书》《隋书》《南史》《北史》《旧唐书》《新唐书》《旧五代史》《新五代史》《宋史》《辽史》《金史》《元史》《明史》共二十四部纪传体史书,《史记》为通史,他书皆为皇朝断代史(《南史》和《北史》分述南、北诸朝历史),总计3213卷,约4000万字。“正史”含正统、正式之意。“正史”之称见于《隋书·经籍志》:“世有著述,皆拟班、马,以为正史。”魏晋南北朝时期有“三史”之说,分别指《史记》《汉书》《东观汉记》。唐开元以后,《东观汉记》佚,遂以范晔的《后汉书》代之,再加上《三国志》,称为“四史”;唐代还有“十三史”之称,含前四史、南北朝时期成书的《宋书》《南齐书》和《魏书》、唐代官修的《梁书》《陈书》《北齐书》《周书》《隋书》(又称“五代史”)及《晋书》。宋代在唐代的“十三史”外,再加《南史》《北史》《新唐书》《新五代史》四部,称“十七史”。明代在“十七史”外,又加《宋史》《辽史》《金史》《元史》,称“二十一史”。清乾隆初年官修《明史》告成,为“二十二史”,后来又增加了《旧唐书》,成“二十三史”,从《永乐大典》中辑录出来的《旧五代史》也被列入,乾隆四年(1739年),经乾隆皇帝钦定,合称“二十四史”,并刊“武英殿本”存世。“正史”之称遂为“二十四史”所专有。1921年,大总统徐世昌下令以柯劭忞撰《新元史》为正史,与“二十四史”合称“二十五史”。

野史 相对官方修纂的史书而言,野史主要指私人撰写的史书。以往有“稗官野史”之说,野史也被称为稗史,表明野史的内容并不为人所信服,然而野史也有其特点。明人王世贞认为:“野史人臆而善失真,其征是非、削讳忌,不可废也。”清末刘鹗说:“野史者,补正史之缺也。名可托诸子虚,事虚证诸实在。”

杂史 史书的一种类型,史部分类名目之一。《隋书·经籍志》以“率尔而作,非史策之正”定义杂史,又称“自后汉已来,学者多钞撮旧史,自为一书,或起自人皇,或断之近代,亦各其志,而体制不经。又有委巷之说,迂怪妄诞,真虚莫测。然其大抵皆帝王之事,通人君子,必博采广览,以酌其要,故备而存之,谓之杂史"。《四库全书总目·史部·杂史类叙》述其著录杂史的标准是:"大抵取其事系庙堂,语关军国。或但具一事之始末,非一代之全编;或但述一时之见闻,只一家之私记。要期遗文旧事,足以存掌故、资考证,备读史者之参稽云尔。"

五代史志　史书名,又称"隋书十志"。唐太宗贞观十年(636 年)撰成的"五代史":《梁书》《陈书》《北齐书》《周书》《隋书》,均只有纪、传而无志。贞观十七年(643 年),唐太宗诏褚遂良监修《五代史志》,《五代史志》包括《礼仪志》《音乐志》《律历志》《天文志》《五行志》《食货志》《刑法志》《百官志》《地理志》《经籍志》。《五代史志》综叙梁、陈、齐、周、隋五朝典章制度,与"五代史"纪传相配合,却又单独成书。《五代史志》的撰述质量上乘,由"正史"书志发展而来,成为典制体史书的雏形。《五代史志》后与《隋书》合刊在一起。

三通　杜佑的《通典》、郑樵的《通志》、马端临的《文献通考》的合称,是典志体史书的三大名著,其中郑樵的《通志》虽是一部纪传体通史,但其书的主要价值在于《二十略》,即典制史部分。清代又修《续通典》《清通典》《续通志》《清通志》《续文献通考》《清文献通考》,与"三通"合称为"九通"。1935 年刘锦藻撰《清朝续文献通考》刊行,与"九通"合称"十通"。

新史学　中国近现代史学中对新的史学思潮、史学流派、史学趋向的称呼,在近现代中国史学史上,如梁启超倡导的"新史学"、何炳松翻译的美国人鲁滨逊的《新史学》以及马克思主义史学等,都曾先后使用或被称之为"新史学"。1902 年梁启超在《新民丛报》发表《新史学》一文,激烈抨击旧史学,提出"史界革命",号召建立中国的"新史学"。梁启超运用进化史观对史学作了界定:"历史者,叙述进化之现象也";"历史者,叙述人类进化之现象也";"历史者,叙述人类进化之现象而求得其公理公例者也"。梁启超的"新史学"将史学的致用功能放在首位,"史学者学问之最博大而最切要者也,国民之明镜也,爱国心之源泉也",但是也规划了区别于传统史学的中国"新史学"建设目标,如"中国史之范围""中国史之命名""地势""人种""纪年"、历史发展的阶段划分等,成为中国近代史学开端的标志。

进化史观 英国生物学家、博物学家达尔文的《物种起源》提出了生物进化论学说,斯宾塞等人将此学说用于解释人类社会现象与社会发展。严复把赫胥黎的《进化论与伦理学》译介为《天演论》,社会进化论中所宣扬的"物竞天择、适者生存"的思想在中国产生重大影响。康有为把进化论结合于传统的变易思想,提出"三世"说的历史进化观。梁启超在《新史学》中的"史学之界说"贯彻进化观念,提出"历史者,叙述人类进化之现象而求得其公理公例者也"。章太炎尝试撰述中国通史,"以发明社会政治进化衰微之原理为主"。夏曾佑在《最新中学中国历史教科书》中把中国历史进程划分为上古、中古、近古三个大的发展阶段和传疑、化成、极盛、中衰、复盛、退化、更化等七个小的时期,称"总以发明今日社会之原为主"。刘师培在其《中国历史教科书》中"于征引中国典籍外,复参考西籍,兼及宗教、社会之书,庶人群进化之理可以稍明"。进化论成为在近代中国史学的历史解释中通用的进化史观,进化史观也成为中国史学转型过程中的重要理论依据之一。

历史教科书 清末废止科举,不断兴办的新式学堂需要历史教科书用于教学,文明书局等出版机构开始出版历史教科书。1902 年和 1904 年,朝廷先后颁行《钦定学堂章程》和《奏定学堂章程》,商务印书馆、中华书局等出版了按照现代学制编写的历史教科书。在史学转型过程中,历史学者们以编纂历史教科书的形式不断探索着中国历史书写的叙事模式,这期间大量出现的历史教科书十分有效地将近代史学理念实践于中国史的书写中,起到了新旧史学转型的桥梁作用。夏曾佑编写的《最新中学中国历史教科书》等,在历史观、历史分期、体裁体例等方面都有较大影响。历史教科书作为通行的传播历史知识的重要载体,其对历史的解释与评价也时常成为敏感问题,如顾颉刚编写的历史教科书《本国史》因"不承认三皇五帝为事实"被禁,吕思勉编写的历史教科书《白话本国史》因岳飞的评价问题被禁。近代中国史学中的历史教科书,既是历史研究成果在历史知识的传播与历史教育中的通俗反映,也折射出学术研究与国家意志间的张力。历史教科书成为历史研究和历史教育中的重要组成部分。

二重证据法　古史“二重证据法”。王国维在《古史新证》中说：“吾辈生于今日，幸于纸上之材料外，更得地下之新材料。由此种材料，我辈固得据以补正纸上之材料，亦得证明古书之某部分全为实录，即百家不雅驯之言，亦不无表示一面之事实。此‘二重证据法’，惟在今日始得为之。”利用地下实物与文献记载互证的方法，并非王国维的发明，至少宋人就因金石学的兴盛而加以运用，但王国维是将这种方法条理化并总结出来的第一人，也是在近代史学语境下首次将二重证据法上升到方法论层面的古史研究者。二重证据法不仅使研究者卓有成效地认识到了上古历史的些许真实状况，证实了文献记载的可信程度，而且还启发了后人在有规模的考古发掘的基础上进行古史研究的正确方法。近现代史学在古史研究中取得的成绩，不能不说与二重证据法受到普遍重视有着直接关系。

整理国故　新文化运动使引进和学习西学的热潮更加高涨，西学的涌入，也使“国学”的价值、“国学”的位置、“国学”与科学精神等问题凸显并引发讨论，在胡适等人的引导下，形成了“整理国故”运动。“整理国故”运动对传统学术文化的态度是“整理”，而不是简单的全盘否定。胡适在《国学季刊发刊宣言》中说明“整理国故”的目标：“国学的使命是要使大家懂得中国过去的文化史；国学的方法是要用历史的眼光来整理一切过去文化的历史；国学的目的是要做成中国文化史。”这在客观上是对历史研究的范畴与内容作了新的界定，希求以各种现代意义的专史研究充实于历史学的各个研究领域，通过“整理国故”逐渐用现代学术体系来取代“国故”，构建中国史学的新体系。这是新文化运动时期“整理国故”运动的重要收获，也是“新史学”之后对传统史学的更为理性的处理方式，中国近代史学经过“整理国故”运动，初步形成了史学“学科化”的新面貌。

“层累地造成的中国古史”说　1922年，顾颉刚为商务印书馆编写教科书时，仔细勘比《尚书》《诗经》《论语》中的古史资料，发现了尧舜禹的地位问题：“在我的意想中觉得禹是西周时就有的，尧舜是到春秋末年才起来的。越是起得后,越是派在前面","古史是层累地造成的,发生的次序和排列的系统恰是一个反背"。次年,他在《努力周报》上发表《与钱玄同先生论古史书》,指出:第一,时代愈后,传说的古史期愈长;第二,时代愈后,传说中的中心人物愈放愈大;第三,我们即不能知道某一件事的真确的状况,但可以知道某一件事在传说中的最早的状况。这就是随后引发古史论战、在中国的古史研究以及中国思想文化界产生了重要影响的"层累地造成的中国古史"说。此后,顾颉刚在回应质疑的《答刘胡两先生书》中,又提出了推翻非信史的四项标准:(一)打破民族出于一元的观念;(二)打破地域向来一统的观念;(三)打破古史人化的观念;(四)打破古代为黄金世界的观念。这四个"打破"也成为顾颉刚"层累"说理论的重要组成部分。

"古史辨派" 顾颉刚提出了"层累地造成的中国古史"说后,将他与胡适、钱玄同、刘掞藜等人讨论古史的函件和文章编纂成书,以《古史辨》为书名,于 1926 年由朴社出版,此后直到 1941 年,《古史辨》陆续出版至第七册。一般认为,在《古史辨》中同意、支持并论证"层累"说的学者群体,或者说,以"层累"说为基本理论辨别古史真伪、以追求古代真实可信的历史为学术目标的史家群体,被称为"古史辨派"。"古史辨派"其实是一个相当笼统的称呼。首先,"古史辨派"并不等同于"疑古派",顾颉刚本人说,"疑古并不能自成一派",如果与所谓"信古"和"释古"并列,这样便意味着"疑古派"仅仅是怀疑和为疑而疑,设若仅以"怀疑"为唯一特征看待"古史辨派"学人,则这样的"古史辨派"者几乎找不出来;其次,"古史辨派"自身的"学派"特征并不明显,顾颉刚无意建立一个有"许多盲目的信徒"的"古史辨派",他本人没有使用过"古史辨派"四个字,即使是所谓"古史辨派"中人,他们之间对于古史问题也存在很多对立意见。今天看来,"古史辨派"仅是一个"笼统"的称谓,"古史辨派"作为以顾颉刚为代表的一批学者所成就的学术思潮确然存在,但是"古史辨派"在现代学术史上更多的是一种学术现象,而并非严格意义上的"学派"。

中国社会史论战 发生在 20 世纪 20 年代末到 30 年代初、运用唯物史观讨论中国历史不同阶段的社会性质问题的论战。1927 年第一次国共合作破裂,大革命失败,各派政治势力都在思考、探索“中国向何处去”的问题,中国的社会性质问题则成为判断革命对象与任务的首要问题,形成了中国社会性质论战。造成这场论战的另一个原因,是来自于苏联以斯大林和托洛茨基为代表的、对中国革命的不同观点而导致的政治斗争对中国国内的影响。因社会性质问题论战而发展到社会史论战,是以《读书杂志》出版的“中国社会史论战”四辑专号为标志。中国社会史论战主要集中于三个问题:第一,奴隶社会是不是人类必经的社会阶段,中国历史上是否存在奴隶社会?第二,中国封建社会始于何时,终于何时?有何特征?第三,马克思所说的亚细亚生产方式是什么?亚细亚生产方式在中国历史上是否出现过?对于这些问题,各种观点的论辩错综复杂,观点与政治立场并不一一对应,各种观点的论证标准及史料也多有交叉重合,唯物史观在论战中得到广泛传播。郭沫若的《中国古代社会研究》、陶希圣及其他人的观点都成为论战中的重点问题。论战平息后,何干之、吕振羽、翦伯赞等发表对论战中不同观点的清算与总结。通过中国社会史论战,唯物史观史学许多重大历史理论问题逐渐明确,中国马克思主义史学的基本形态被确立起来。

历史语言研究所　为了集中力量、有组织地以现代学术研究的理念和体制进行中国历史学和语言学的研究,以赶超国外汉学并将汉学研究中心从巴黎、东京夺回中国为目标,中央研究院于 1928 年 10 月成立了中央研究院历史语言研究所,下设历史、语言和考古三组,所长是傅斯年。史语所成立伊始,即抢救性购买了流失在外的明清内阁大库档案,并经过历史组人员长达三年的艰苦努力,对八千麻袋档案进行了整理。语言组在十多年的时间里进行了二十余次大范围的汉语及方言调查。考古组除了在河南安阳对殷墟甲骨进行了系列发掘之外,还在河南、山东、四川、甘肃等地进行了多次考古发掘。在这些学术活动中,史语所聚集并培养了一大批历史学、考古学和语言学研究人才。史语所先后出版了各种学术研究成果,其中以《历史语言研究所集刊》最为著名,成为中国近代史学史上最有影响的刊物之一。在《历史语言研究所工作之旨趣》中,傅斯年陈述了他的学术理念:"我们反对疏通,我们只是要把材料整理好,则事实自然显明了。一分材料出一分货,十分材料出十分货,没有材料便不出货。""我们只是上穷碧落下黄泉,动手动脚找东西。""利用自然科学供给我们的一切工具,整理一切可逢着的史料。"他提出的一个著名的学术口号是:"近代的历史学只是史料学。"

食货派 围绕陶希圣创办的《食货》半月刊而形成的以研究中国经济史为主的学术群体。中国社会史论战结束后,陶希圣有感于社会史论战空谈理论而论据不足的缺陷,于1934年底创办"中国社会史的专攻刊物"《食货》半月刊,"集合正在研究中国经济社会史尤其是正在搜集这种史料的人,把他们的心得、见解、方法,以及随手所得的问题、材料,披露出来"。食货学派以陶希圣为核心,包括其学生、弟子鞠清远、武仙卿、曾謇、连士升、何兹全、沈巨尘等人,他们从事的社会史研究是以社会经济,尤其是生产方式、社会结构、社会形态为中心内容,大大拓展了社会史研究的领域,诸如对婚制的研究、对民间宗教的研究等,涉及生产、分配、流通和社会生活的各个方面,对中国经济史研究做出了重要贡献。"七七事变"后,《食货》停刊,食货派在学术界的活跃状态基本停止了。

禹贡派 以顾颉刚、谭其骧等创办的《禹贡》半月刊为学术平台、以沿革地理学和边疆史地学为主要研究对象的学术群体。1933年顾颉刚、谭其骧分别在在燕京大学、北京大学和辅仁大学开设"中国古代地理沿革史"和"中国地理沿革史"的课程,为了给三校同学提供一个发表习作、切磋交流的园地,他们于1934年3月创办《禹贡》半月刊。之所以以"禹贡"为名,一是因为《禹贡》篇是研究中国地理沿革史的出发点,二是因为《禹贡》篇"实为吾民族史上不灭之光荣,今日一言'禹域',畴不思及华夏之不可侮与国土之不可裂者"。1934年8月,顾颉刚参加的"平绥沿线旅行团"至百灵庙,与蒙古王公德王会谈,深感边疆危机之严重,"百灵庙会谈"是促成《禹贡》半月刊的办刊旨趣转向对民族演进史和边疆史地学的研究的重要契机。1936年5月成立了禹贡学会。青年学者谭其骧、冯家昇、史念海、侯仁之、张维华、聂崇岐、郭敬晖等人成为禹贡学派的中坚力量。《禹贡》在三年半的时间里共刊发了七百余篇文章,包括沿革地理、边疆史地、民族史、宗教史等方面研究成果,还包括抨击日本学界别有用意的观点的文章。禹贡派学人“深知抱‘为学问而学问’之态度实未可以应目前之急,亦非学人以学术救国所应出之一途,爰纠集同志从事于吾国地理之研究,窃愿藉此以激起海内外同胞爱国之热诚,使于吾国疆域之演变有所认识,而坚持其爱护国土之意向。”禹贡派学人在历史地理学、民族史、宗教史等领域为现代中国史学做出了重大贡献,当代历史地理学等学科的发展与繁荣,不能不说源自于禹贡派的开创之功。

战国策派　以林同济、雷海宗为首的战国策派引用文化形态史观试图对中国历史作新的诠释,为抗战建国献计献策。1940 年 4 月至 1941 年 7 月,云南大学、西南联大的教授林同济、雷海宗、陈铨等在昆明主办《战国策》半月刊,后又于 1941 年 12 月到 1942 年 7 月在重庆《大公报》开辟《战国》副刊,由此而得名“战国策派”或“战国派”,撰稿人还有陈铨、贺麟、何永佶、沈从文、梁宗岱等一批史学、哲学、文学界的知识分子。战国策派学人目睹日本入侵造成的国家民族危机态势,以提倡和研讨战国时代之“大政治”作为应对抗战时期时代主题的定位,提出在大政治时代应推行“唯实政治”和“尚力政治”,遵循民族至上、国家至上的原则。《战国策》半月刊成为他们宣传这些主张的阵地。林同济、雷海宗还根据文化形态史观提出了中国历史文化的发展阶段,其中春秋战国时期的“列国阶段”被认为是“任何文化体系最活跃、最灿烂、最形紧张而最富创作的阶段”,倡导“兵的文化”、元首制度、士的改造等。战国策派学人在抗战时期积极探讨时代与社会提出的新课题,深刻反思中国文化的优缺点,并提出解决问题的相应策略,尝试从一个方面开辟出中国史学的研究新途径,尽管其主张在学理和现实层面未必完美,却也反映出学者对国家与民族的责任感。

史源学　陈垣创建的历史文献学领域的一门学问,也是在继承乾嘉考据学基础上,将文字音韵训诂学和校勘辨伪目录版本学作为研究方法,考寻史料来源、鉴别史料真伪、解读史料本意的一门课程。抗战时期,陈垣在辅仁大学开始讲授“史源学实习”(原名“史源学研究”)课程,史源学即由他开设的“史源学实习”课而来。史源学以寻求史料来源为主,其基本内容是,“择近代史学名著一二种,逐一追寻其史源,检照其合否,以练习读一切史书之识力及方法,又可警惕自己论撰时不敢轻心相掉也”。所选“史学名著”教材,主要是赵翼的《廿二史札记》、全祖望的《鲒埼亭集》、顾炎武的《日知录》、王鸣盛的《十七史商榷》等。学生将所选教材“端楷抄之”、断句、考出文中人名或故事的出处、“晦者释之、误者正之”、写出考证文章,“非逐一根寻其出处,不易知其用功之密,亦无由知其致误之原”。史源学有效培养了学生习史在读书、查书、考证、研究、写作诸方面的基本功,使学生从实践中了解、体会到了治史的途径与方法。

校勘四例　陈垣总结出的校勘学方法。陈垣曾校勘《元典章》,校正其讹误达一万二千余条,取有代表性的校补实例分类示之,于1933年出版《元典章校补释例》(又名《校勘学释例》)六卷,总结出《元典章》存在着行款误例、通常字句误例、元代用字误例、元代用语误例、元代名物误例等五个方面“误例”。在此基础上,提出了“校法四例”,将校勘学的方法归纳为对校法(“以同书之祖本或别本对读,遇不通之处,则注放其旁”)、本校法(“以本书前后互证,而抉摘其异同,则知其中之谬误”)、他校法(“以他书校本书”)和理校法(“遇无古本可据,或数本互异,而无所适从之时,则须用此法,此法须通识为之”)。这是中国史家首次以近代史学意识对古代校勘学进行的理论总结,胡适认为“校法四例”“是中国校勘学的第一次走上科学的路。”

中国马克思主义史学　以马克思主义唯物史观理论为指导进行历史研究的中国史学。19世纪末20世纪初以后,唯物史观传入中国,李大钊、瞿秋白、蔡和森等致力于宣传辩证唯物主义、历史唯物主义、社会发展史等理论观点。中国社会史论战期间,唯物史观成为人们论辩中国历史阶段社会性质的最主要理论依据。1930年郭沫若的《中国古代社会研究》出版,是首次尝试以马克思主义理论解释中国历史发展全过程的著作,被认为是中国马克思主义史学建立的重要标志。抗战期间,以范文澜为主的延安地区和以郭沫若为主的重庆等地区的中共学者和进步人士在中国共产党的领导下,用唯物史观研究中国历史、论证中国历史和现实中的社会性质、结合对历史和现实的解释配合中国革命,取得了多方面、多领域的众多研究成果,中国马克思主义史学在中国史坛迅速发展,形成了团队型研究规模。中华人民共和国成立后,中国马克思主义史学居中国史学的主导地位,在中国古代史、中国近代史、世界史等领域构建起完整的研究体制,中国大陆的马克思主义史学得以全面发展。

马克思主义史学"五老" 指中国马克思主义史学中五位最具代表性的学者:郭沫若、范文澜、吕振羽、翦伯赞和侯外庐。

"十七年"时期史学 也称"十七年"史学,指中华人民共和国成立后至"文革"前即1949年至1966年十七年间的中国史学。

"五朵金花" 指1949年至1966年的"十七年时期"中国马克思主义史学对一系列重大历史理论问题的讨论中的五个重要问题:中国古史分期问题、中国封建土地所有制形式问题、中国资本主义萌芽问题、农民战争问题和汉民族形成问题。这些问题大多在民国时期的唯物史观史学研究中已经提出并有讨论。中华人民共和国成立后,确立了中国马克思主义史学的主导地位,"五朵金花"很快以其强烈的问题意识而在马克思主义史学研究中广受关注,在当时亟待充实马克思主义史学研究的情况下,以这五个问题为代表的一系列中国马克思主义史学语境中的重大历史理论问题在史学界引发广泛而深入的讨论热潮,是建设与充实中国马克思主义史学学术体系的集中反映。时至今日,"五朵金花"的境遇虽各不相同,讨论中存在的教条主义、公式主义等各种问题也有很多,然而其关注思考宏观问题和理论问题的特点对今后中国史学的发展不无借鉴意义。

阶级分析法 民国时期和新中国建立后"十七年"间马克思主义史学的主要研究方法之一,指运用马克思主义关于阶级和阶级斗争理论,从阶级对立和阶级斗争的角度去观察历史现象、认识历史本质。马克思主义史学中的阶级分析方法,主要是分析每个历史时期里的各阶级和阶层,分清哪些是新生的革命阶级,哪些是没落的反动阶级;各阶级和阶层形成的历史条件及其发展情况和历史地位;论证每个历史时期阶级斗争的内容、性质和特点;阐发阶级斗争在历史中的作用。

历史主义 主要指的是历史研究要从历史实际出发,具体问题具体分析,在特定的历史条件下,理解历史人物的思想与行为,以及各种历史事件和历史现象得以存在的理由,把具体的历史问题放在当时的历史范围中加以考察和研究。历史主义方法论大约形成于19世纪初期,马克思主义的历史主义对其加以批判继承。"十七年"时期,面对中国马克思主义史学中存在的问题,翦伯赞等史家强调历史主义原则,批评非历史主义倾向,并由此形成对历史主义与阶级观点之间关系的讨论。如一种观点认为,不存在没有历史主义的阶级观点,也不存在没有阶级观点的历史主义;另一种观点认为,马克思主义的历史主义应当作为一种相对独立的观点和方法而存在。

"评法批儒" "文革"期间涉及史学领域的政治运动。1971年"九一三"事件后展开"批林批孔"运动和"评法批儒"运动。在"评法批儒"运动中,儒家和法家被极端对立化,成为"影射史学"的学术闹剧。"评法批儒"运动因抑儒扬法的政治需要而注释、出版了一批被标签为法家人物著作的出版物,如《商君书注译》《韩非子校注》《荀子新注》等。

"新时期"史学 指1978年改革开放后十余年间的史学发展。"新时期"史学经过拨乱反正,出现了前所未有的思想解放的局面,开始步入应有的学术环境中,表现出了新的气象。"新时期"史学强调对马克思主义理论的理解和运用应摆脱教条化和公式化的错误倾向,研究工作要从历史事实出发而不是从概念和原则出发。史料和历史考证方法重新被重视起来。文化史和社会史研究成为热门领域,政治制度史和军事史成为新的研究重点,民族史研究继续受到重视,中华民族多元一体的观点得到广泛认同。

夏商周断代工程 1996年启动的国家"九五"科技攻关重点项目。

该工程以自然科学、社会科学和人文社会科学相结合的方法来研究中国历史上夏、商、周三个历史时期的确切年代,是一个多学科交叉联合攻关的研究项目,设置9个课题44个专题,组织来自历史学、考古学、文献学、古文字学、历史地理学、天文学和测年技术学等领域的170位学者联合攻关。该“工程”的研究目的和研究方法对于中国上古史研究有着重要意义,但是课题组的研究结论也引发了质疑和争论。

《清史》编纂　2002年国家清史编纂委员会成立,决定编纂一部记载清代历史的历史著作——《清史》,在对《清史》体裁体例作了广泛研讨、大体确定了全书的总体框架之后,2004年编纂工作全面启动。新《清史》计划由通纪、典志、传记、史表、图录五大部分组成,共92卷、3000余万字。全书采用将《二十四史》经典体例与目前国际通用的章节体相结合的“新综合”体进行编写,其中通纪部分采用章节体,其余部分采用传统体例。

中国历史研究院　2019年1月3日,中国社会科学院中国历史研究院成立,下设6个研究所,分别是:历史理论研究所、古代史研究所、近代史研究所、世界历史研究所、中国边疆研究所、考古研究所;另有首批5个非实体研究中心(中国历史学学科体系 学术体系 话语体系研究中心、海外中国历史文献研究中心、甲骨学研究中心、近代以来中国历史学知识体系研究中心、中华文明与世界古文明比较研究中心)。中国历史研究院的职责是统筹指导全国历史研究工作,整合资源和力量制定新时代中国历史研究规划,组织实施国家重大项目,讲好中国历史、传播中国文化等。

推荐阅读文献

（以初版时间先后为序，"/"后为新版信息）

一　中国史学通史

金毓黻：《中国史学史》，重庆：商务印书馆，1944 年/石家庄：河北教育出版社，2000 年。

刘节（曾庆鉴等整理）：《中国史学史稿》，郑州：中州古籍出版社，1982 年。

尹达主编：《中国史学发展史》，郑州：中州古籍出版社，1985 年。

白寿彝：《中国史学史》第一册，上海：上海人民出版社，1986 年。

蒙文通：《中国史学史》，收入《蒙文通文集》第三卷《经史抉原》，成都：巴蜀书社，1995 年/上海：上海人民出版社，2006 年。

杜维运：《中国史学史》（三卷本），台北：三民书局股份有限公司，1993 年、1998 年、2004 年/北京：商务印书馆，2010 年。

瞿林东：《中国史学史纲》，北京，北京出版社，1999 年。

白寿彝主编：《中国史学史》（六卷本），上海：上海人民出版社，2006 年。

杨翼骧：《杨翼骧中国史学史讲义》，姜胜利整理，天津：天津古籍出版社，2006 年。

〔日〕稻叶一郎：《中国史学史の研究》，京都：京都大学学术出版会，2006 年。

〔日〕内藤湖南：《中国史学史》，马彪译，上海：上海古籍出版社，2008 年。

仓修良：《中国古代史学史》，北京：人民出版社，2009 年。

乔治忠：《中国史学史》，北京：中国人民大学出版社，2011 年。

杨翼骧：《杨翼骧先生中国史学史手稿存真》，北京：国家图书馆出版社，2013 年。

〔美〕伍安祖、王晴佳：《世鉴：中国传统史学》，孙卫国、秦丽译，北京：中国人民大学出版社，2014 年。

朱维铮:《中国史学史讲义稿》,廖梅、姜鹏整理,上海:复旦大学出版社,2015 年。
谢保成:《增订中国史学史》,北京:商务印书馆,2016 年。
瞿林东主编:《中国史学史》(马克思主义理论研究和建设工程重点教材),北京:高等教育出版社,2019 年。

二 专 论

梁启超:《中国历史研究法》,上海:商务印书馆,1922 年/石家庄:河北教育出版社,2000 年。
何炳松:《通史新义》,上海:商务印书馆,1923 年/长春:吉林人民出版社,2013 年。
李大钊:《史学要论》,上海:商务印书馆,1924 年/北京:商务印书馆,2000 年。
刘咸炘:《史学述林》,刻本,1929 年/《刘咸炘学术论集·史学编》,桂林:广西师范大学出版社,2007 年。
梁启超:《中国历史研究法补编》,上海:商务印书馆,1930 年/石家庄:河北教育出版社,2000 年。
何炳松:《历史研究法》,上海:商务印书馆,1927 年/长春:吉林人民出版社,2013 年。
李则纲:《史学通论》,上海:商务印书馆,1935 年。
姚永朴:《史学研究法》,上海:商务印书馆,1939 年。
杨鸿烈:《史学通论》,长沙:商务印书馆,1939 年/长沙:岳麓书社,2012 年。
陆懋德:《史学方法大纲》,南京:独立出版社,1947 年/北京:北京师范大学史学研究所印,1980 年。
柳诒徵:《国史要义》,上海:中华书局,1948 年/北京:商务印书馆,2011 年。
杜维运:《史学方法论》,台北:华世出版社,1979 年/北京:北京大学出版社,2006 年。
葛懋春主编:《历史科学概论》,济南:山东教育出版社,1983 年。
白寿彝主编:《史学概论》,银川:宁夏人民出版社,1983 年。
顾颉刚口述,何启君整理:《中国史学入门》,北京:中国青年出版社,1983 年。
李振宏:《历史学理论与方法》,开封:河南大学出版社,1989 年/2008 年。
姜义华、瞿林东、赵吉惠:《史学导论》,上海:复旦大学出版社,2004 年/2010 年。

蒋大椿:《历史主义与阶级观点研究》,成都:巴蜀书社,1992 年。

瞿林东:《中国古代史学批评纵横》,北京:中华书局,1994 年/重庆:重庆出版社,2016 年。

汪荣祖:《史学九章》,台北:麦田出版,2002 年/北京:生活·读书·新知三联书店,2006 年。

周文玖:《中国史学史学科的产生和发展》,北京:北京师范大学出版社,2002 年。

庞卓恒等:《史学概论》,北京:高等教育出版社,2006 年。

李剑鸣:《历史学家的修养和技艺》,上海:上海三联书店,2007 年。

严耕望:《治史三书》,上海:上海人民出版社,2008 年。

瞿林东主编:《中国古代历史理论》(三卷本),合肥:安徽人民出版社,2011 年。

柳诒徵:《中国史学之双轨》,《史学与地学》第 1 期,1926 年 12 月。

郑鹤声:《正史总论》,《史学杂志》第 1 卷第 2 期,1929 年 9 月。

萧鸣赖:《史与史学及史学史》,《史学专刊》第 2 卷第 1 期,1937 年 8 月。

朱子方:《中国史学史之起源与演变》,《文化先锋》第 6 卷第 21 期,1947 年 4 月。

朱谦之:《中国史学之阶段的发展》,《现代史学》第 2 卷第 1—2 期,1934 年 5 月。

白寿彝:《谈史学遗产》,《新建设》1961 年第 4 期。

耿淡如:《什么是史学史?》,《学术月刊》1961 年第 10 期。

白寿彝:《中国史学史研究任务的商榷》,《人民日报》1964 年 2 月 29 日。

白寿彝:《谈史学遗产答客问》,《史学史研究》1981 年第 1 期。

白寿彝:《谈历史文献学——谈史学遗产答客问之二》,《史学史研究》1981 年第 2 期。

白寿彝:《谈史书的编撰——谈史学遗产答客问之三》,《史学史研究》1981 年第 3 期。

白寿彝:《谈历史文学——谈史学遗产答客问之四》,《史学史研究》1981 年第 4 期。

许凌云:《试论"通史家风"》,《历史研究》1983 年第 4 期。

白寿彝(田孔):《中国史学史上的两个重大问题》,《史学史研究》1984 年第 3 期。

陈光崇:《中国史学史研究的回顾与展望》,《史学史研究》1985 年第 2 期。

张广智:《西方史学史研究在中国》,《史学史研究》1985 年第 2 期。

吴怀祺:《论封建史学的二重性》,《史学理论》1987 年第 4 期。

王东:《正统论与中国古代史学》,《学术界》1987 年第 5 期。

施丁:《说“通”》,《史学史研究》1989 年第 2 期。

张越:《中国史学史分期问题综述》,《史学史研究》1989 年第 3 期。

施丁:《中国史学的传统与维新》,《中国社会科学》1989 年 5 期。

瞿林东:《中国古代史学理论发展大势》,《历史研究》1992 年第 2 期。

冯天瑜:《经史同异论》,《中国社会科学》1993 年第 3 期。

杨翼骧、乔治忠:《论中国古代史学理论的思想体系》,《南开学报》1995 年第 5 期。

刘家和:《史学的求真与致用问题》,《学术月刊》1997 年第 1 期。

王明珂:《历史事实、历史记忆与历史心性》,《历史研究》2001 年第 5 期。

林甘泉:《关于史学理论建设的几点意见》,《史学理论与史学史学刊》2002 年卷,2003 年 11 月。

刘家和:《论通史》,《史学史研究》2002 年第 4 期。

王记录:《五十年来中国史学史分期研究述评》,《中国史研究动态》2002 年第 6 期。

姜胜利:《中国史学史学科的发展与存在的问题》,《南开学报》2004 年第 2 期。

朱维铮:《史学史三题》,《复旦学报》2004 年第 3 期。

朱维铮:《历史编纂学:过程与形态》,《复旦学报》2006 年第 6 期。

张耕华:《历史知识在致用上的特殊性》,《探索与争鸣》2006 年第 11 期。

张越:《中国史学史学科的发展路径与研究趋向》,《学术月刊》2007 年第 11 期。

向燕南:《后现代理论视域下的问题意识与史学史的重写》,《学术研究》2008 年第 3 期。

汪高鑫:《论中国古代的经学与史学》,《宁夏社会科学》2009 年第 1 期。

瞿林东:《史学遗产与历史学的理论与历史》,《中国史研究》2009 年第 4 期。

向燕南:《道与势:传统史权与君权的紧张》,《文史哲》2009 年第 4 期。

瞿林东:《关于当代中国史学话语体系建构的几个问题》,《中国社会科学》2011 年第 2 期。

朱正惠:《中国史学史研究的国际视野》,《学术月刊》2012 年第 1 期。

乔治忠:《中国史学史学科体系的思考》,《学术月刊》2012 年第 1 期。

王记录:《回归与变革:中国史学史研究及学科发展趋向》,《史学月刊》2012 年第 8 期。

张越:《史学批评二题》,《学习与探索》2013 年第 4 期。

史金波:《中国民族史学史刍议》,《云南社会科学》2014 年第 6 期。

阎步克:《一般与个别:论中外历史的会通》,《文史哲》2015 年第 1 期。

陈其泰:《关于拓展中国史学史研究的思考》,《陕西师范大学学报》2015 年第 4 期。

乔治忠:《试论史学理论学术体系的建设》,《中国史研究》2017 年第 2 期。

顾少华:《清末"历史哲学"概念的创制》,《学术月刊》2017 年第 7 期。

王晴佳:《我们应该怎样研究史学史? ——格奥尔格·伊格尔斯先生去世之际的反思》,《史学史研究》2018 年第 1 期。

汪荣祖:《新时代的历史话语权问题》,《国际汉学》2018 年第 2 期。

刘开军:《学术宗旨与史学批评——关于中国古代史学理论的一个考察》,《江海学刊》2018 年第 3 期。

杨念群:《"经世"观念史三题》,《文史哲》2019 年第 2 期。

三 中国古代史学

柴德赓:《史籍举要》,北京:北京出版社,1982 年。

白寿彝:《历史教育和史学遗产》,郑州:河南人民出版社,1983 年。

杜维运:《清代史学与史家》,台北:东大图书公司,1984 年/北京:中华书局,1988 年。

杜维运:《中西古代史学比较》,台北:东大图书公司,1988 年/2006 年修订版年。

瞿林东:《唐代史学论稿》,北京:北京师范大学出版社,1989 年。

汪荣祖:《史传通说》,台北:联经出版事业公司,1988 年/北京:中华书局,1989 年。

雷家骥:《中古史学观念史》,台北:台湾学生书局,1990 年/《中国古代史学观念史》,北京:北京师范大学出版社,2018 年。

乔治忠:《清朝官方史学研究》,台北:文津出版社,1994 年。

吴怀祺:《中国史学思想史》,合肥:安徽人民出版社,1996 年。

陈其泰:《再建丰碑——班固和〈汉书〉》,北京:生活·读书·新知三联书店,1996 年。

陈其泰:《清代公羊学》,北京:东方出版社,1997 年。

白寿彝:《中国史学史论集》北京:中华书局,1999 年。

罗炳良:《18 世纪中国史学的理论成就》,北京:北京师范大学出版社,2000 年。

胡宝国:《汉唐间史学的发展》,北京:商务印书馆,2003 年/修订本,北京:北京大学出版社,2014 年。

罗炳良:《清代乾嘉史学的理论与方法论》,兰州:兰州大学出版社,2004 年。
杨艳秋:《明代史学探研》,北京:人民出版社,2005 年。
罗炳良:《清代乾嘉历史考证学研究》,北京:北京图书馆出版社,2007 年。
谢贵安:《中国实录体史学研究》,武汉:武汉大学出版社。2007 年。
乔治忠:《中国官方史学与私家史学》,北京:北京图书馆出版社,2008 年。
王记录:《清代史馆与清代政治》,北京:人民出版社。2009 年。
汪高鑫:《中国经史关系史》,合肥:黄山书社,2017 年。

朱希祖:《中国史学之起源》,《北大社会科学季刊》第 1 卷第 1 期,1922 年 5 月。
张其昀:《刘知幾与章学诚之史学》,《学衡》第 5 期,1922 年 5 月。
顾颉刚:《郑樵传》,《国学季刊》第 1 卷第 2 期,1923 年 3 月。
顾颉刚:《郑樵著述考》,《国学季刊》第 1 卷第 2—3 期,1923 年 3、8 月。
郑鹤声:《司马迁之史学》,《史地学报》第 2 卷第 5、6 期,1923 年,7—8 月。
郑鹤声:《汉隋间之史学》,《学衡》第 33—35 期,1924 年 9—11 月。
陆懋德:《中国第一篇古史之时代考》,《清华学报》第 1 卷第 2 期,1924 年 12 月。
何炳松:《章学诚史学管窥》,《民铎杂志》第 6 卷第 2 期,1925 年 2 月。
陈守实:《〈明史稿〉考证》,《国学论丛》第 1 卷第 1 期,1927 年 6 月。
王国维:《宋代之金石学》,《国学论丛》第 1 卷第 3 期,1928 年 4 月。
缪凤林:《明人著与日本有关史籍提要》,《中央大学图书馆年刊》,1929 年 10 月。
李正奋:《魏书源流考》,《国学季刊》第 2 卷第 2 期,1929 年 12 月。
郑鹤声:《古史官考略》,《史学杂志》第 2 卷第 1 期,1930 年 3 月。
傅振伦:《中国史学之起源》,《学文》第 1 卷第 2 期,1931 年 1 月。
陈训慈:《清代浙东之史学》,《史学杂志》第 2 卷第 5—6 期,1931 年 4 月。
黄云眉:《〈明史〉编纂考略》,《金陵学报》第 1 卷第 2 期,1931 年 11 月。
陈述:《陈范异同》,《师大月刊》第 1 卷第 10 期,1934 年 3 月。
周一良:《魏收之史学》,《燕京学报》第 18 期,1935 年 12 月。
杨向奎:《论〈左传〉之性质及其与〈国语〉之关系》,《史学集刊》1936 年 10 月。
孟森:《万季野明史稿辨诬》,《史地杂志》第 1 卷第 2 期,1937 年 7 月。
王锺翰:《清三通之研究》,《史学年报》第 2 卷第 5 期,1938 年 12 月。
金毓黻:《论〈史通〉之渊源及其流别》,《致言》第 54 期,1939 年 7 月。
方甦生:《清实录修改问题》,《辅仁学志》第 8 卷第 2 期,1939 年 12 月。

金毓黼:《唐宋时代设馆修史制度考》,《说文月刊》第3卷第8期,1942年9月。
朱希祖:《史馆名称议》,《说文月刊》第3卷第8期,1942年9月。
李光壁:《谷氏〈明史纪事本末〉探原》,《中和》第3卷第12期,1942年12月。
蒙文通:《论〈尚书〉之传写》,《图书集刊》第4期,1943年3月。
蒙文通:《宋代史学》,《华文月刊》第2卷第2—5期,1943年7—11月。
柳诒徵:《〈三国志〉裴注义例》,《文史哲季刊》第2卷第1期,1944年4月。
傅振伦:《中国历代修史制度考》,《说文月刊》第4卷,1944年6月。
张芝联:《资治通鉴纂修始末》,《汉学》第1辑,1944年9月。
吕思勉:《论魏史之诬》,《文艺春秋》第1卷第1期,1944年10月。
王锺翰:《〈三国志〉裴注考证》,《中国文化研究汇刊》第5卷(下),1944年12月。
李长之:《司马迁之性格与交游》,《东方杂志》第41卷第6期,1945年3月。
翦伯赞:《论司马迁的历史学》,《中山文化季刊》第2卷第1期,1945年6月。
翦伯赞:《论刘知幾的历史学》,《中山文化季刊》第2卷第2期,1945年9月。
杨翼骧:《班固的史才》,《经世日报·读书周刊》第70期,1947年12月17日。
齐思和:《"战国策"著作时代考》,《燕京学报》第34期,1948年6月。
齐思和:《魏源与晚清学风》,《燕京学报》第39期,1950年3月。
顾颉刚:《穆天子传及其著作时代》,《文史哲》第1卷第2期,1951年。
缪钺:《魏收年谱》,《四川大学学报》1957年第3期。
束世澂:《范晔与〈后汉书〉》,《历史教学》1961年第11—12期。
仓修良:《胡三省和他的通鉴注》,《文史哲》1962年第4期。
吴泽:《康有为公羊三世说的历史进化观点研究》,《中华文史论丛》第1辑,1962年8月。
赵吕甫:《欧阳修史学初探》,《历史教学》1963年第1期。
杨翼骧:《裴松之与〈三国志注〉》,《历史教学》1963年第2期。
嵇文甫:《晚明考证学风的兴起》,《郑州大学学报》1963年第3期。
白寿彝:《司马迁与班固》,《北京师范大学学报》1963年第4期。
王仲荦:《资治通鉴和通鉴学》,《历史教学》1963年第5期、。
仓修良:《顾祖禹和他的〈读史方舆纪要〉》,《江海学刊》1963年第5期。
赵俪生:《顾炎武〈日知录〉研究》,《兰州大学学报》1964年第1期。
张岂之:《评王夫之的历史观》,《西北大学学报》1977年第4期。
周予同:《"六经"与孔子的关系问题》,《复旦学报》1979年第1期。

柴德赓:《王西庄与钱竹汀》,《史学史资料》1979 年第 3 期。
袁英光:《夏燮与〈明通鉴〉研究》,《历史研究》1980 年第 1 期。
陈光崇:《论范晔之死》,《史学史资料》1980 年第 1 期。
施丁:《论司马迁的"通古今之变"》,《历史研究》1980 年第 2 期。
逯耀东:《裴松之与〈三国志注〉研究》,杜维运、黄进兴编《中国史学史论文选集》第三册,台北:华世出版社,1980 年。
葛兆光:《杜佑与中唐史学》,《史学史研究》1981 年第 1 期。
葛兆光:《晋代史学浅论》,《北京大学学报》1981 年第 2 期。
刘节:《〈旧唐书〉的修订与研究》,《中山大学学报》1981 年第 4 期。
赖长扬:《司马迁历史学形成的基础和它在中国史学史上的成就及影响》,《史学史研究》1981 年第 4 期。
王锺翰:《清史馆与清史列传》,《社会科学辑刊》1982 年第 3 期。
刘家和:《说〈诗·大雅·公刘〉及其反映的史事》,《北京师范大学学报》1982 年第 5 期。
牛致功:《温大雅与〈大唐创业起居注〉》,《史学史研究》1983 年第 1 期。
张承宗:《张穆何秋涛对边疆历史地理的研究》,《史学史研究》1983 年第 3 期。
朱仲玉:《宋濂与王祎的史学成就》,《史学史研究》1983 年第 4 期。
朱维铮:《论三通》,《复旦学报》1983 年第 5 期。
杨向奎:《〈公羊传〉中的历史学说》,氏著《绎史斋学术文集》,上海:上海人民出版社,1983 年。
金景芳:《经学与史学》,《历史研究》1984 年第 1 期。
陶懋炳:《崔述〈考信录〉初探》,《史学史研究》1984 年第 1 期。
刘重来:《说〈华阳国志〉》,《史学史研究》1984 年第 4 期。
瞿林东:《论〈通典〉方法和旨趣》,《历史研究》1984 年第 5 期。
葛兆光:《明清之间中国史学思潮的变迁》,《北京大学学报》1985 年第 2 期。
赖长扬:《两周史官考》,《中国史研究》1985 年第 2 期。
刘家和:《史学与经学》,《北京师范大学学报》1985 年第 3 期。
朱仲玉:《五代十国的史学》,《史学史研究》1986 年第 2 期。
张孟仑:《孔子和中国古代史学》,《史学史研究》1987 年第 1 期。
姜胜利:《明代野史述论》,《南开学报》1987 年第 2 期。
胡逢祥:《洪钧与〈元史译文证补〉》,《文献》1987 年第 4 期。

陈剩勇:《论中西古代史学的差异及其特征》,《学习与探索》1987 年第 6 期。
吴树平:《〈东观汉记〉初探》(上下篇),《文史》第 28、29 辑,1988 年。
房鑫亮:《唐代史馆建制与馆内外修史实况的考察》,《华东师范大学学报》1988 年第 6 期。
赵光贤:《评班氏父子对司马迁的批评》,《史学史研究》1989 年第 1 期。
叶建华:《朱熹的史学思想》,《孔子研究》1989 年第 3 期。
徐喜辰:《说〈周礼〉、〈仪礼〉、〈礼记〉》,《史学史研究》1989 年第 3 期。
周一良:《略论南朝北朝史学之异同》,《北京大学学报》1990 年第 3 期。
姜胜利:《先秦诸子论史》,《史学史研究》1990 年第 4 期。
许殿才:《〈汉书〉的成就》,《史学史研究》1990 年第 4 期。
朱子方:《辽朝史官考》,《史学史研究》1990 年第 4 期。
赵俊:《刘勰的史学批评》,《社会科学辑刊》1990 年第 6 期。
刘家和:《〈史记〉与汉代经学》,《史学史研究》1991 年第 2 期。
吴怀祺:《对欧阳修史学的再认识》,《史学史研究》1991 年第 4 期。
赵伯雄:《〈公羊〉〈左传〉记事异同考》,《人文杂志》1991 年第 6 期。
罗仲辉:《明初史馆和〈元史〉的修纂》,《中国史研究》1992 年第 1 期。
乔治忠:《论清高宗的史学思想》,《中国史研究》1992 年第 1 期。
叶建华:《从〈三国志注〉看裴松之的史学批评》,《晋阳学刊》1992 年第 1 期。
朱本源:《"〈诗〉亡然后〈春秋〉作"论》,《史学理论研究》1992 年第 2、3 期。
暴鸿昌:《清代金石学及其史学价值》,《中国社会科学》1992 年第 5 期。
赵光贤:《崔述在中国史学史上的地位》,《北京师范大学学报》1992 年第 5 期。
路新生:《章学诚思想体系中的消极面》,《华东师范大学学报》1992 年第 5 期。
邵东方:《崔述的疑古考信与史学研究》,《学术月刊》1992 年第 10 期。
向燕南:《〈魏书·释老志〉的史学价值》,《史学史研究》1993 年第 2 期。
叶建华:《钱大昕的史学批评》,《学术月刊》1993 年第 2 期。
高敏:《试论魏晋南北朝时期史学的兴盛及其特征和原因》,《史学史研究》1993 年第 3 期。
孙家洲:《〈战国策〉记事年限与作者考析》,《中国人民大学学报》1993 年第 5 期。
杜维运:《邵晋涵之史学》,《清史研究》1994 年第 2 期。
崔凡芝:《裴注的史学意义》,《史学史研究》1994 年第 4 期。
刘家和:《论汉代春秋公羊学的大一统思想》,《史学理论研究》1995 年第 2 期。

牛润珍:《北齐史馆考辨》,《南开学报》1995 年第 4 期。
刘家和:《〈左传〉中的人本思想与民本思想》,《历史研究》1995 年第 6 期。
施丁:《论司马迁的“成一家之言”》,《中国史研究》1996 年第 1 期。
江湄:《元代“正统”之辨与史学思潮》,《中国史研究》1996 年第 3 期。
朱本源:《司马迁的史学原理本于〈六经〉》,《陕西师范大学学报》1997 年第 1 期。
王子今:《〈秦记〉考识》,《史学史研究》1997 年第 1 期。
钱茂伟:《明代前期史学特点初探》,《华东师范大学学报》1998 年第 3 期。
陈其泰:《钱大昕与 20 世纪历史考证学》,《史学理论研究》1999 年第 1 期。
向燕南:《焦竑的学术特点与史学成就》,《文献》1999 年第 2 期。
孙卫国:《清官修〈明史〉与王世贞》,《史学史研究》1999 年第 2 期。
李洪岩:《晚清国粹派史学》,《文史知识》1999 年第 3 期。
汤勤福:《朱熹史学思想在宋代史学上的地位》,《学术月刊》1999 年第 7 期。
刘家和:《论司马迁史学中的变与常》,《北京师范大学学报》2000 年第 2 期。
谢贵安:《明代史馆探微》,《史学史研究》2000 年第 2 期。
章益国:《论传统史学的“尚简”》,《史学理论研究》2001 年第 2 期。
刘治立:《〈洛阳伽蓝记〉自注的再认识》,《史学史研究》2001 年第 2 期。
杨艳秋:《明中后期的史学思潮》,《史学史研究》2001 年第 2 期。
尤学工:《先秦史官与史学》,《史学史研究》2001 年第 4 期。
林甘泉:《世纪之交中国古代史研究的几个热点问题》,《云南大学学报》2002 年第 2 期。
杨艳秋:《刘知幾〈史通〉与明代史学》,《史学史研究》2002 年第 4 期。
刘家和:《论历史理性在古代中国的发生》,《史学理论研究》2003 年第 2 期。
陈晓华:《从〈华阳国志〉看常璩的史学思想》,《史学月刊》2003 年第 11 期。
戴晋新:《20 世纪中国史学通史书写结构取向的演变》,《史学理论与史学史学刊》2003 年卷,2004 年 12 月。
朱维铮:《班固与〈汉书〉——一则知人论世的考察》,《复旦学报》2004 年第 6 期。
刘家和:《先秦史学传统中的致用与求真》,氏著《史学、经学与思想》,北京:北京师范大学出版社,2005 年。
罗炳良:《论章学诚“以史明道”观念》,《甘肃社会科学》2005 年第 1 期。
晁天义:《“巫术时代论”影响下的中国古史研究》,《求是学刊》2005 年第 1 期。
粟品孝:《蒙文通与南宋浙东史学》,《浙江学刊》2005 年第 3 期。

姜鹏:《〈资治通鉴〉长编分修再探》,《复旦学报》2006 年第 1 期。

刘国成:《尊经卑史——王安石的史学思想与北宋后期史学命运》,《四川大学学报》2006 年第 1 期。

胡宝国:《〈史记〉的命运》,《读书》2006 年第 2 期。

江湄:《从"大一统"到"正统论"——论唐宋文化转型中的历史观嬗变》,《史学理论研究》2006 年第 4 期。

李洪岩:《中国古代史学文本的理论与实践》,《文史哲》2006 年第 5 期。

汪高鑫:《何休对公羊"三世"说的理论构建》,《陕西师范大学学报》2007 年第 1 期。

晁福林:《试析上古时期的历史记忆与历史记载》,《安徽史学》2007 年第 6 期。

牛润珍:《〈大清一统志〉纂修考述》,《清史研究》2008 年第 1 期。

王志刚:《十六国北朝的史官制度与史学发展》,《史学史研究》2008 年第 1 期。

瞿林东:《论魏晋隋唐间的少数民族史学》,《河北学刊》2008 年第 3—4 期。

王记录:《清代史馆制度的特点》,《史学月刊》2008 年第 12 期。

施建雄:《中国封建社会正统论的思想体系及其时代特点》,《史学理论研究》2009 年第 3 期。

钱茂伟:《明末清初明史编纂特点三论》,《史学月刊》2009 年第 4 期。

向燕南:《道与势:传统史权与君权的紧张》,《文史哲》2009 年第 4 期。

乔治忠:《两汉时期中国古代传统史学基础的奠定》,《史学理论与史学史学刊》2010 年卷,2010 年 11 月。

孙卫国:《〈史记〉对朝鲜半岛史学的影响》,《社会科学辑刊》2010 年第 6 期。

瞿林东:《中国古代历史理论发展大势》,《河北学刊》2011 年第 6 期。

戴晋新:《班固的史学史论述与史学史意识》,《史学史研究》2012 年第 1 期。

刘家和:《论断代史〈汉书〉中的通史精神》,《北京师范大学学报》2012 年第 3 期。

何晓明、何永生:《古代圣学的终结与近代历史思想的发轫——章学诚"六经皆史"论新探》,《华中师范大学学报》2013 年第 5 期。

李振宏:《六十年中国古代史研究的思想进程》,《历史学评论》第一卷,北京:社会科学文献出版社,2013 年。

李传印:《中国传统史学"实录"范畴的经学取向》,《天津社会科学》2014 年第 2 期。

王嘉川:《唐宋元时期的"史才三长"论》,《史学理论研究》2014 年第 2 期。

燕永成:《南宋纲目体本朝史的编修及其流变》,《文史哲》2014 年第 6 期。

聂溦萌:《从丙部到史部——汉唐之间目录学史部的形成》,《中国史研究》2015 年第 3 期。

乔治忠:《中国传统史学对日本的宏观影响》,《南国学术》2015 年第 4 期。

舒习龙:《〈光绪会典〉纂修新探》,《史学月刊》2016 年第 2 期。

瞿林东:《论唐初史家群体及其正史撰述》,《人文杂志》2016 年第 6 期。

燕永成:《试论史书在宋代流传时的名人效应》,《人文杂志》2016 年第 6 期。

赵梅春:《文史分途与刘知幾的叙事理论》,《郑州大学学报》2016 年第 5 期。

谢贵安:《明清史学与中国史学近代转型研究刍议》,《人文杂志》2017 年第 6 期。

廉敏:《史"义"考略——试论中国古代史学中"史义"概念的流传及表现》,《文史哲》2018 年第 2 期。

章益国:《释"章言史意"——章学诚史学史论述新解》,《史学理论研究》2018 年第 2 期。

刘开军:《学术宗旨与史学批评——关于中国古代史学理论的一个考察》,《江海学刊》2018 年第 3 期。

张峰:《史学理论视野下的唐修正史探析》,《求是学刊》2018 年第 6 期。

向燕南:《从表彰乡贤到汉宋门户:明清学术思潮与郑樵接受史之分析》,《贵州社会科学》2019 年第 4 期。

四　中国近现代史学(20 世纪初至今)

顾颉刚、方诗铭、童书业:《当代中国史学》,南京:胜利出版公司,1947 年/上海:上海古籍出版社,2002 年。

许冠三:《新史学九十年》上下册,香港:香港中文大学出版社,1986 年、1988 年/长沙:岳麓书社,2003 年。

周朝民等:《中国史学四十年》,南宁:广西人民出版社,1989 年。

胡逢祥、张文建:《中国近代史学思潮与流派》,上海:华东师范大学出版社,1991 年。

桂遵义:《马克思主义史学在中国》,济南:山东人民出版社,1992 年。

蒋俊:《中国史学近代化进程》,济南:齐鲁书社,1995 年。

俞旦初:《爱国主义与中国近代史学》,北京:中国社会科学出版社,1996 年。

张岂之主编:《中国近代史学学术史》,北京:中国社会科学出版社,1996 年。

王学典:《二十世纪后半期中国史学主潮》,济南:山东大学出版社,1996 年。

李洪岩:《百年中国史话 · 史学史话》,北京:社会科学文献出版社,2000 年。

罗志田主编《20 世纪的中国:学术与社会 · 史学卷》(上下册),济南:山东人民出版社,2001 年。

刘龙心:《学术与制度——学科体制与现代中国史学的建立》,台湾:远流出版公司,2002 年/北京:新星出版社,2007 年。

张剑平:《新中国史学五十年》,北京:西苑出版社,2003 年。

路新生:《经学的蜕变与史学的"转轨"》,上海:上海古籍出版社,2006 年。

张越:《新旧中西之间——五四时期的中国史学》,北京:北京图书馆出版社,2006 年。

李孝迁:《西方史学在中国的传播(1882—1949)》,上海:华东师范大学出版社,2007 年。

陈其泰主编:《中国马克思主义史学的理论成就》,北京:国家图书馆出版社,2008 年。

王汎森:《近代中国的史家与史学》,香港:三联书店(香港)有限公司,2008 年/上海:复旦大学出版社,2010 年。

瞿林东主编:《20 世纪中国史学发展分析》,北京:北京师范大学出版社,2009 年。

王学典、陈峰:《二十世纪中国历史学》,北京:北京大学出版社,2009 年。

陈峰:《民国史学的转折——中国社会史论战研究(1927—1937)》,济南:山东大学出版社,2010 年。

李红岩:《中国近代史学史论》,北京:中国社会科学出版社,2011 年。

〔美〕李怀印:《重构近代中国——中国历史写作中的想象与真实》,岁有生、王传奇译,北京:中华书局,2013 年。

李孝迁:《域外汉学与中国现代史学》,上海:上海古籍出版社,2014 年。

于沛主编:《马克思主义史学思想史》(六卷本),北京:中国社会科学出版社,2015 年。

李勇:《中国新史学之隐翼》,北京:中国社会科学出版社,2015 年。

周一平主编:《20 世纪后半期中国史学史》(上下册),上海:上海书店出版社,2017 年。

胡一峰:《中国"社会发展史"话语生成考论(1924—1950)》,台北:花木兰文化事业有限公司,2018 年。

胡逢祥等:《中国近现代史学思潮与流派(1840—1949)》,北京:商务印书馆,2019 年。
刘龙心:《知识生产与传播——近代中国史学的转型》,台北:三民书局,2019 年。
赵庆云:《创榛辟莽:近代史研究所与史学发展》,北京:社会科学文献出版社,2019 年。

金静庵(金毓黻):《吾国最近史学之趋势》,《新民族》第 3 卷第 11—16 期,1939 年 2 月。
周予同:《五十年来中国之新史学》,《学林》第 4 期,1941 年 2 月。
金灿然:《中国历史学的简单回顾与展望》,《解放日报》1941 年 11 月 20—22 日。
张绍良:《近三十年来中国史学的发展》,《力行》第 7 卷第 4 期,1943 年 4 月。
沈兼士:《近三十年来中国史学之趋势》,《经世日报读书周刊》,1946 年 8 月。
齐思和:《近百年来中国史学的发展》,《燕京社会科学》第 2 卷,1949 年 10 月。
汪荣祖:《梁启超新史学试论》,《"中研院"近代史研究所集刊》1971 年第 2 期。
黄进兴:《中国近代史学的双重危机:试论"新史学"的诞生及其所面临的困境》,《中国文化研究所学报》(香港中文大学)第 6 期,1977 年。
汤志钧:《近代史学和儒学经学》,《学术月刊》1979 年第 3 期。
俞旦初:《梁启超论中国史学史的基本理论和方法》,《史学史资料》1980 年第 4 期。
白寿彝:《六十年来中国史学的发展》,《史学月刊》1981 年第 1 期。
余英时:《顾颉刚、洪业与中国现代史学》,《中国史研究动态》1981 年第 8 期。
俞旦初:《二十世纪初年中国新史学思潮初考》,《史学史研究》1982 年 3—4 期、1983 年第 2 期。
叶桂生、刘茂林:《中国社会史的论战与马克思主义历史学的形成》,《中国史研究》1983 年第 1 期。
白寿彝:《谈谈近代中国的史学》,《史学史研究》1983 年第 3 期。
刘起釪:《顾颉刚先生与〈尚书〉研究》,《社会科学战线》1984 年第 3 期。
朱士嘉:《顾颉刚先生与〈禹贡〉半月刊》,《晋阳学刊》1984 年第 4 期。
何兆武:《略论梁启超的史学思想》,《齐鲁学刊》1985 年第 2 期。
叶桂生:《抗战时期的中国史学》,《晋阳学刊》1986 年第 5 期。
俞旦初:《中国近代史学界对历史和科学关系问题的最初提出》,《史学理论》1987 年第 1 期。

陈其泰:《论近代史学对传统史学的扬弃》,《中国史研究》1987 年第 1 期。

刘大年:《侯外庐与马克思主义历史学》,《历史研究》1988 年第 1 期。

周朝民:《中国近代通俗史学论》,《历史教学问题》1990 年第 2 期。

杨志玖:《陈垣先生对元史研究的贡献》,《北京师范大学学报》1990 年第 5 期。

王宇信:《试论郭沫若的甲骨学研究》(上、下),《郭沫若学刊》1991 年 2—3 期。

朱政惠:《吕振羽的史学理论与史学成就》,《华东师范大学学报》1991 年第 5 期。

赵光贤:《顾颉刚与〈古史辨〉》,《史学史研究》1992 年第 1 期。

田居俭:《郭沫若与中国马克思主义史学》,《历史研究》1992 年第 2 期。

林甘泉:《郭沫若早期的史学思想及其向唯物史观的转变》,《史学史研究》1992 年第 2 期。

路新生:《崔述与顾颉刚》,《历史研究》1993 年第 4 期。

蒋俊:《梁启超早期史学思想与浮田和民的〈史学通论〉》,《文史哲》1993 年第 5 期。

张广智:《西方古典史学的研究及其在中国的回响》,《史学理论研究》1994 年第 2 期。

王戎笙:《论傅斯年》,《中国史研究》1994 年第 4 期。

姜义华:《从“史官史学”走向“史家史学”:当代中国历史学家角色的转换》,《复旦学报》1995 年第 3 期。

蒋大椿:《傅斯年史学即史料学析论》,《史学理论研究》1996 年第 4 期。

林甘泉:《二十世纪中国历史学》,《历史研究》1996 年第 2 期。

王晴佳:《胡适与何炳松比较研究》,《史学理论研究》1996 年第 2 期。

陈其泰:《梁启超在构建近代史学理论体系上的贡献》,《史学理论研究》1997 年第 2 期。

侯云灏:《论“古史辨”派史学评价的几个问题》,《史学史研究》1997 年第 2 期。

戴逸:《世纪之交中国历史学的回顾与展望》,《历史研究》1998 年第 6 期。

侯云灏:《20 世纪前期中国史学流派略论》,《史学理论研究》1999 年第 2 期。

李洪岩:《中国史学的近代化》,《学术研究》1999 年第 4 期。

王戎笙:《郭沫若关于历史编纂体裁的思考》,《历史研究》2000 年第 1 期。

李珍:《近五十年来的中国民族史学研究》,《北京师范大学学报》2000 年第 1 期。

林甘泉:《吕振羽与中国社会经济形态研究》,《史学史研究》2000 年第 4 期。

赵世瑜:《20 世纪历史学概论性质著述的回顾与评说》,《史学理论研究》2000 年第

4 期。
牛润珍:《陈垣与 20 世纪中国新考据学》,《史学史研究》2000 年第 4 期。
王晴佳:《论二十世纪中国史学的方向性转折》,《中华文史论丛》第 62 辑,2000 年 5 月。
罗志田:《〈山海经〉与近代中国史学》,《中国社会科学》2001 年第 1 期。
王东:《历史主义与 20 世纪上半期的中国史学》,《史学理论研究》2001 年第 3 期。
陈峰:《〈食货〉新探》,《史学理论研究》2001 年第 3 期。
李勇:《杜维运中西史学比较的理论与实践》,《中州学刊》2001 年第 3 期。
向燕南:《从"荣经陋史"到"六经皆史"——宋明经史关系说的演化及意义之探讨》,《史学理论研究》2001 年第 4 期。
侯云灏:《20 世纪初近代科学的提倡与新历史考证学思潮的兴起》,《史学理论研究》2001 年第 4 期。
蒋大椿:《当代中国史学思潮与马克思主义历史观的发展》,《历史研究》2001 年第 4 期。
胡戟:《陈寅恪与中国中古史研究》,《历史研究》2001 年第 4 期。
江湄:《"实证"观念与当代中国史学》,《史学月刊》2001 年第 4 期。
江湄:《当代中国史学的"两难之境":对史学危机的一种回顾》,《首都师范大学》2001 年第 5 期。
杨祥银:《中国口述史学现状》,《当代中国史研究》2002 年第 3 期。
张越:《五四时期史学:走出经学的羁绊》,《史学理论研究》2002 年第 3 期。
张越、叶建:《近代学术期刊的出现与史学的变化》,《史学史研究》2002 年第 3 期。
王学典、陈峰:《20 世纪唯物史观派史学的学术史意义》,《东岳论丛》2002 年第 2 期。
李振宏:《20 世纪中国的史学方法论研究》,《史学月刊》2002 年第 11—12 期。
李金铮、邓红:《"文革史学"初探——以中国近代史研究为例》,《史学月刊》2002 年第 12 期。
李勇、侯洪颖:《蒋廷黻与鲁滨逊的新史学派》,《学术月刊》2002 年第 12 期。
张剑平:《郭沫若古史分期的研究方法及其对中国古代社会的认识》,《郭沫若学刊》2003 年第 1 期。
葛兆光:《〈新史学〉之后:1929 年的中国历史学界》,《历史研究》2003 年第 1 期。
郭少棠:《文化的冲击与超越:当代香港史学》,《历史研究》2003 年第 1 期。

刘俐娜:《20 世纪 20 年代中国史学界对历史的认识》,《史学理论研究》2003 年第 1 期。

张耕华:《吕思勉与 20 世纪前期的新史学》,《华东师范大学学报》2003 年第 1 期。

罗新慧:《〈读书杂志〉与社会史大论战》,《史学史研究》2003 年第 2 期。

沈颂金:《试论“古史辨”与考古学的关系》,《齐鲁学刊》2003 年第 5 期。

尚小明:《论浮田和民〈史学通论〉与梁启超新史学思想的关系》,《史学月刊》2003 年第 5 期。

郭国义:《论近代经世致用史学思潮的兴起》,《史林》2003 年第 6 期。

王学典、李扬眉:《“层累地造成的中国古史”:一个带有普遍意义的知识论命题》,《史学月刊》2003 年第 11 期。

王学典:《近五十年的中国史学》,《历史研究》2004 年第 1 期。

杨念群:《梁启超〈过渡时代〉与当代“过渡期历史观”的构造》,《史学月刊》2004 年第 1 期。

汪荣祖:《论梁启超史学的前后期》,《文史哲》2004 年第 1 期。

胡逢祥、李远涛:《五十年来中国香港地区的史学史研究》,《河北学刊》2004 年第 2 期。

何晓涛:《蒙文通与中国史学史》,《四川大学学报》2004 年第 3 期。

张越:《“最低限度的国学书目”之争与文化史观》,《史学史研究》2004 年第 3 期。

桑兵:《从眼光向下回到历史现场——社会学人类学对近代中国史学的影响》,《中国社会科学》2005 年第 1 期。

吴忠良:《南高史地学派与中国史学史》,《福建论坛》2005 年第 2 期。

胡逢祥:《现代中国史学专业学会的兴起与运作》,《史林》2005 年第 3 期。

徐国利:《钱穆的学术史方法与史识——义理、考据与辞章之辨》,《史学史研究》2005 年第 4 期。

陈峰:《两极之间的新史学:关于史学研究会的学术史考察》,《近代史研究》2006 年第 1 期。

尚小明:《抗战前北大史学系的课程变革》,《近代史研究》2006 年第 1 期。

宋学勤:《梁启超对历史统计学的倡导与实践》《史学理论研究》2006 年第 3 期。

尚小明:《中研院史语所与北大史学系的学术关系》,《史学月刊》2006 年第 7 期。

卢毅:《章门弟子与中国近代史学转型》,《史学月刊》2006 年第 10 期。

李孝迁:《新旧之争:晚清中国历史教科书》,《东南学术》2007 年第 4 期。

桑兵:《傅斯年“史学只是史料学”再析》,《近代史研究》2007 年第 5 期。

叶建:《论陆懋德的史学思想》,《史学集刊》2007 年第 6 期。

张越:《“新史学”思潮的产生及其学术建树》,《史学月刊》2007 年第 9 期。

桑兵:《近代中国的新史学及其流变》,《史学月刊》2007 年第 11 期。

杜维运:《中国史学与西方史学之分歧》,《学术月刊》2008 年第 1 期。

赵庆云:《论金毓黻与中国近代史研究》,《史学史研究》2008 年第 2 期。

陈峰:《趋新反入旧:傅斯年、史语所与西方史学潮流》,《文史哲》2008 年第 3 期。

罗志田:《文革前“十七年”中国史学的片断反思》,《四川大学学报》2009 年第 5 期。

李锐:《疑古与重建的纠葛——从顾颉刚、傅斯年等对三代以前古史的态度看上古史的重建》,《清华大学学报》2009 年第 1 期。

朱洪斌:《从“美国化”到“本土化”:清华国学研究院的缘起》,《南开学报》2009 年第 3 期。

谢保成:《学术史视野下的社会史论战》,《学术研究》2010 年第 1 期。

陈峰:《傅斯年、史语所与现代中国史学潮流的离合》,《清华大学学报》2010 年第 3 期。

邹振环:《晚清史书编纂体例从传统到近代的转变》,《河北学刊》2010 年第 2 期。

瞿林东:《关于当代中国史学话语体系建构的几个问题》,《中国社会科学》2011 年第 2 期。

陈勇:《论钱穆文化民族主义史学思想的形成》,《史学理论研究》2011 年第 2 期。

张凯:《浙东史学与民国经史转型——以刘咸炘、蒙文通为中心》,《浙江大学学报》2011 年第 6 期。

张峰:《治史理念与学术分野——以明成祖生母问题的争论为中心》,《史学理论研究》2012 年第 1 期。

江湄:《章太炎〈春秋〉学三变考论——兼论章氏“六经皆史”说的本意》,《史学史研究》2012 年第 1 期。

朱洪斌:《清华国学研究院的学术建制及治学精神》,《史学史研究》2012 年第 3 期。

王应宪:《20 世纪上半叶中国史学史学科建设再探讨》,《华东师范大学学报》2012 年第 5 期。

王传:《中山大学语言历史学研究所与新史学》,《史学月刊》2013 年第 3 期。

孙喆:《以沿革地理学重构边疆:顾颉刚及〈禹贡〉半月刊对边疆问题的研究》,《求是学刊》2013 年第 3 期。

尤学工:《论顾颉刚对唯物史观的态度》,《史学史研究》2013 年第 3 期。

尹媛萍:《从〈夏鼐日记〉看夏鼐与蒋廷黻的一段学术因缘》,《清华大学学报》2013 年第 5 期。

王晴佳:《中国史学的西"体"中用——新式历史教科书和中国近代历史观之改变》,《北京大学学报》2014 年第 1 期。

李勇:《张贵永与西方史学研究》,《史学月刊》2014 年第 1 期。

胡逢祥:《沈曾植与晚清西北史地学》,《史学史研究》2014 年第 1 期。

朱洪斌:《清华国学研究院的存废之争及其现代启示》,《天津社会科学》2014 年第 4 期。

屈宁:《1950 年代的教授分级与史学大家》,《中国历史评论》第二辑,上海:上海古籍出版社,2014 年。

单磊:《内藤湖南"唐宋史学变革"说阐微》,《史学月刊》2015 年第 3 期。

姜萌:《国族、种族意识纠结下的〈新史学〉——兼谈历史书写主体问题对清末新史学的影响》,《清华大学学报》2015 年第 3 期。

王应宪:《民国时期西洋史学史课程检视》,《史学史研究》2015 年第 3 期。

史金波、关志国:《中国近现代民族史学史刍议》,《云南社会科学》2016 年第 1 期。

张越:《"五朵金花"问题再审视》,《中国史研究》2016 年第 2 期。

刘永祥:《"新史学":从思潮到流派——基于比较视野的考察》,《史学理论研究》2016 年第 2 期。

左玉河:《求真与致用:中国马克思主义史学的双重品格》,《中共党史研究》2016 年第 5 期。

向鸿波:《历史分期观念与"中国近世史"的生成》,《中山大学学报》2017 年第 4 期。

赵庆云:《范文澜与中国通史撰著》,《史学理论研究》2017 年第 4 期。

张越:《论中国近代史学的开端与转变》,《史学理论研究》2017 年第 4 期。

向燕南:《20 世纪前期新史学郑樵接受史之分析》,《史学月刊》2017 年第 8 期。

杨念群:《论"大一统"观的近代形态》,《中国人民大学学报》2018 年第 1 期。

张越:《商务印书馆历史类出版物与中国近代历史学的发展(1897—1949)》,《江海学刊》2018 年第 1 期。

赵庆云:《中国科学院 1950 年率先成立近代史所考析》,《清华大学学报》2018 年第 2 期。

赵庆云:《论"十七"年史学之集体研究模式——以中科院近代史所为中心的探讨》,《党史研究与教学》2018 年第 2 期。

李帆:《求真与致用的两全和两难——以顾颉刚、傅斯年等民国史家的选择为例》,《近代史研究》2018 年第 3 期。

李孝迁:《"红色史学":范文澜〈中国通史简编〉新论》,《中共党史研究》2018 年第 11 期。

李孝迁:《观念旅行:〈史学原论〉在中国的接受》,《天津社会科学》2019 年第 1 期。

王学典:《中国历史学的再出发——改革开放 40 年历史学的回顾与展望》,《中国高校社会科学》2019 年第 1 期。

孙卫国:《郑天挺与历史地理学研究》,《天津社会科学》2019 年第 2 期。